商管叢書　全華圖書
BUSINESS MANAGEMENT

保險學
實用知識與案例分析

蘇眞慧、張永郎、張婉玲 編著

U0072949

全華

個人很高興知道國內又多了一本很好的保險學教科書，這本教科書是蘇眞慧老師、張永郎老師和張婉玲老師三人合作，一起完成《保險學：實用知識與案例分析》，三位老師都是在保險領域學術專精的教師，這本教科書也完整涵蓋基礎的保險知識。個人對三位老師的精心傑作，除了整體性外，有兩個部份又更吸引我的注意。

首先，我很喜歡他們在每一章開始的安排，每一章開始會有一個「保險NEWS」，這讓一本教科書突然變得生活化。很多時候，我們會想像一本教科書就硬繃繃。然而，教科書的目地是系統性地介紹一個專業的本職學能，但像保險學這個專業，它就活生生在我們的日常中，幾乎每個人，都會遇到保險相關問題，每個人也經常在做各式各樣保險相關決策。這本教科書的每一章前的「保險NEWS」，不僅呼應整章內容，也讓後續的教科書的整理內容，更發讀者深想。

另外，我很喜歡本書最後一章「保險科技與未來趨勢」。教科書可以把之前的知識整理得很好，又能有前瞻性。我深信保險業正面臨前所未有的一個變革，如同本書上提及的自駕車，因為科技發展，如果將來大家的車都是自駕車，給定車險市場整體的保費收入平均佔產物保險整體保費收入的一半以上，像自駕車這樣的保險科技發展，會對整個產險業產生多大的影響？再如，書中提及的網路投保，隨著網路越來越無遠弗屆，網路投保對傳統保險行銷會有多大影響？如果網路投保能改變行銷成本模式，網路投保又會對傳統保險定價有多大影響？

推薦序

這本書中，「保險NEWS」讓讀者能想想，書中介紹的這些保險本職學能和真實已發生的問題之間有什麼關係？最後一章的「保險科技與未來趨勢」更讓讀者想想，書中介紹的這些保險本職學能和未來即將發生的問題之間有什麼關係？很高興看到這本教科書，不僅保險本職學能整理得很好，又特別有啟發性。

最後，蘇真慧老師和張永郎老師的博士論文，都是我指導的。我自己努力了很多年，一直想寫一本保險學的教科書，也一直沒完成。今天看了真慧和永郎和張婉玲老師合作完成《保險學：實用知識與案例分析》，真的很開心。對一個老師最大的喜悅，可能是看到自己的學生比自己更優秀，他們做到我一直想做到沒完成的，而且做得很好呢！

曾郁仁 謹識

2024年4月11日

從過去到現代，風險無處不在。生活當中的各種不確定性，都可能對我們的人身或財產帶來不利影響。為了應付風險，保險制度應運而生。

保險制度是一種社會機制與商業活動，其本質包括風險轉移與結合，進而減輕個人和企業可能面臨的巨大損失。因此，對於風險管理與保險相關理論的瞭解與技術的應用，在各領域都具重要性。本書內容包含保險理論基礎的探討、風險評估和管理以及保險經營實務與監理制度等各個方面，可做為初階學習與進階證照考試準備的參考。

本書屬於跨校合作，結合三位在不同學校教授保險相關課程的老師，以保險理論與實務經驗為基底，融合歷年的教學經驗，撰寫本書，期能在理論與實務相結合的目標下，在保險教育工作上略盡棉薄之力。

蘇眞慧、張永郎、張婉玲 謹識

2024年5月

作者序

CH01　風險概論

CH02　風險管理與企業風險管理

CH03　保險基本概念

CH04　保險契約

CH05 保險單之構成與效力

CH06 保險契約基本原則

CH07 保險組織

CH12 再保險

CH13 財產保險（一）

CH14 財產保險（二）

CH15 人身保險（一）

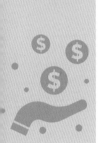

CH20 員工福利

CH21 保險科技與未來趨勢

附錄　參考文獻

NOTE

CHAPTER 01

風險概論

學習重點

1. 風險的意義
2. 風險的要素
3. 風險的分類
4. 風險的特性與要件
5. 風險的成本

INSURANCE

 保險NEWS

高雄城中城大樓火災

圖片來源：中央社

　　高雄城中城大樓火災於 2021 年 10 月 14 日凌晨 2 時 54 分發生，地點在臺灣高雄市鹽埕區府北路 31 號「城中城」大樓。此次大火是臺灣戰後史上死亡人數第二多的建築物火災，僅次 1995 年衛爾康餐廳大火。火災燃燒樓層為地上 1 至 6 樓，而傷亡的住戶則主要集中在 7 樓以上，多半因濃煙嗆傷而喪命。發生之時，高雄市政府消防局緊急動員 41 分隊、75 輛各型消防車車及 159 名消防隊員前往搶救，直到當日上午 4 時 51 分才控制火勢，並於當日 7 時 17 分全數撲滅。由於起火處騎樓堆放許多雜物，加上該建築屬危老大樓及缺乏管理，救援難度非常高，還造成兩名消防員受傷。此次火災的救援行動，最後共救出 89 人，其中 46 人死亡及 43 人輕重傷。

資料來源：維基百科－高雄城中城大樓火災；https://reurl.cc/zY45gV

 解讀

　　由上述案例可認知到，風險是無所不在的，任何時候及任何地點每個人或各行各業都可能會面臨不同的風險。該如何認識風險及處理這些潛藏的風險，是每個人或各行各業都該慎重面對的課題。

前　言

　　天有不測風雲，世事難料。面對風險時，人們常會問－明天與意外何者會先來臨？這個問題告訴我們不管是個人、家庭或企業，日常生活或經濟行為等皆可能面臨各種不同的風險，使個人、家庭或企業陷入經濟上的困境。風險是無所不在的，面對風險時該如何自處及因應對個人、家庭或企業而言是一個非常重要的議題，不可不重視。面對這些可能潛藏的風險，個人、家庭或企業必須以審慎及積極的態度來因應，以降低風險與不確定所帶來可能的傷害。

1-1 風險的意義

一、風險的定義

　　現今社會中每個人或各行各業在日常生活中的各項活動都可能會產生風險，且必須要嚴肅面對的問題。風險（Risk）是什麼呢？現今國內外學術界對於如何定義風險仍是有諸多不同的說法。從主觀的看法來探究風險時，風險指的是在一定情況下，事件不確定性的一種概念。一般而言，風險之定義，主要可分為下列幾種：

（一）事件發生的不確定性（Uncertainty）

　　所謂不確定性，指的是事件發生與否、發生的時間、發生的狀況與發生的後果均不能在事前確定。事件的發生是一種主觀的看法，著重於個人及心理狀況的認知情況。不確定性通常會帶給個人、家庭或企業一些恐懼或憂慮，使得個人、家庭或企業的成本上升或效率降低。但不確定性並非全部都是風險，亦可能會有充滿希望的一面。

（二）事件發生損失的機會（Chance of Loss）

　　事件的損失是一種客觀的認知，其是個人、家庭或企業在各種活動中發生損失的可能性。事件發生損失的機會指的是個人、家庭或企業在某一特定期間內的各種活動可能造成損失的或然率或是機率，如果機率＝0，即表示該事件不會遭

保險學

受任何損失，但如果機率＝1，則表示該事件必定會發生損失。一般而言，損失的機率介於 0 至 1 之間才能符合不確定性的基本要求。另外，損失發生的機率愈高，表示個人、家庭或企業在各種活動中發生損失的風險愈高。

上述所論述的風險為一狹義之風險定義，主要在說明風險所造成損失的事件為主。而廣意的風險定義則包括主觀及客觀的不確定性概念。另外，從統計觀點來探討風險時，風險指的是事件實際發生的結果相對於預期結果的變異程度而言。換言之，事件實際的發生結果可能會比預期發生的結果好，也可能會比預期發生結果差。而從財務的觀點來看時，風險指的是在投資的過程中，投資可能會造成獲利，也可能會造成損失。但一般而言在投資的過程中，投資的風險在於投資所造成的損失，而非投資所造成的獲利。因此，大部分的投資人在探討投資的風險時，會較關注在投資的實際結果較預期的結果差的情形，此亦為在財務領域中常被探討及使用的半變異數分析法或下方風險（Down Side Risk）的概念。

1. 風險與不確定性

   不確定性通常指的是在訊息較不足之下，造成無法精確衡量可能發生結果的變異程度。相對的，風險是指在訊息較充足之下，使個體可以客觀的衡量可能發生結果的變異程度。因此，風險一般又可稱為「可以衡量的不確定性」。

2. 風險與危險的差別

   風險指的是實際結果相對於預期結果的變異程度時，實際結果的發生可能會有獲利或損失的情況出現，如股票或房地產的投資。而危險指的是損失發生的不確定性而言，實際結果的發生只會有損失的情況出現，如開車時發生碰撞的損失等。由風險及危險的定義可知，風險是可能會造成獲利或損失的可能，而危險只會造成損失的情況。因此，風險的集合中是包含危險的集合的。

3. 損失機會（Chance of Loss）

   損失機會亦稱損失頻率。

二、風險的要素

由前述的風險定義可知，在事件的不確定性之下，風險可能會造成損失。而構成風險的要素有哪些呢？一般而言，風險的構成要素包括風險標的、風險因素、風險事故和損失等，以下將分別說明構成風險的四要素。

（一）風險標的（Exposure）

風險標的指的是在風險或不確定性之下，可能會造成損失的有形或無形的標的物而言。有形的風險標的物，諸如房子、廠房設備、商品存貨或人的身體與生命等等皆是；而無形的風險標的物，諸如企業的商譽或企業形象、因侵權行為造成依法應負的賠償責任或人的身體健康等等皆是。

（二）風險事故（Peril）

風險事故指的是造成風險標的物產生經濟不利結果或損失的原因（偶然事件）。而造成損失發生之直接原因或來源有下列諸項：

1. **自然風險事故**：諸如颱風、土石流、洪水、地震或火山爆發等。
2. **人為風險事故**：諸如恐怖攻擊、罷工或暴動、人為縱火或汽車不當駕駛的碰撞事件等。
3. **標的物之本質風險事故**：諸如汽油的自然耗損或容易自燃或自爆之化學物品等。
4. **經濟風險事故**：如景氣衰退、貨膨、技術的改變及消費品味的改變等。

（三）風險因素（Hazard）

風險因素指的是引起或增加風險事故發生的機會，或增加損失程度之種種因素等，諸如：應注意而未注意的怠忽行為、廠房設備的維護不善、梯間堆積物品影響通行、屋內堆積易燃物品或環境衛生情況不良等等。

(四) 損失 (Loss)

本書所要探討的損失主要為風險事故發生後，只會造成損失或沒損失兩種狀況的純粹風險為主，而排除會造成獲利、損失或沒損失三種狀況的投機風險或投資風險等。因此，本書所定義的損失是指風險標的物因不可預測、非故意或不可抗力的風險事故發生，導致其經濟價值的減少或滅失。此定義包含兩個重要的原素，其一為「不可預測、非故意或不可抗力的」，另一為「經濟價值的減少或滅失」，損失必須符合這兩個條件才能構成所的損失。

一般而言，損失可分為直接損失與間接損失兩種型態，茲分述如下：

1. 直接損失 (Direct Loss)

指因風險事故的發生，造成風險標的物直接的損失為之。如：駕駛汽車時發生車禍，造成汽車的直接損壞，需直接負擔汽車的修理費用所致的財務損失。

2. 間接損失 (Indirect Loss)

指因風險事故發生損失之後，所延伸出來的第二次損失謂之。此間接損失又可稱為從屬損失或附屬損失。如：工廠設備因火災發生造成損壞，因為間接造成工廠停工，在停工期間所造成的營業中斷收入之損失謂之。

由上述可知，風險因素、風險事故與損失三者之間存在著因果的關係。茲舉一例子說明風險四要素的關聯性，假設有一民宿業者經營民宿住宿服務，但因房子疏於檢修，導致電線走火，使房子有 60% 燒毀，業者要重新營業必須花 100 萬元來重新整修房子，而在房子整修期間無法經營住宿服務而造成營業收入損失 20 萬元。在此例中，風險標的物為提供住宿的房子，風險事故為火災的發生，而因為業者疏於檢修而導致電線走火為風險因素，最後因火災造成房子整修費用的直接損失為 100 萬元，而減少的營業收入 20 萬元則是火災後的間接損失，不管是直接損失或是間接損失均是風險事故發生後所造成經濟價值的減少或滅失的結果。

三、風險的要件

風險構成的要件有下列三項，缺一不可。一旦三項條件有其中一項不滿足，則不可稱之為風險。三個要件分別說明如下：

(一) 事件的發生必須為不確定

所謂不確定是指：

1. 風險事故發生與否？
2. 風險事故何時可能會發生？
3. 風險事故發生後會產生什麼結果？

以上三者均為不確定之下謂之。如果風險事故一定會發生，或者可預知何時發生，甚至可預知發生後的結果為何，在此情況下，雖會造成損失，此種損失因不具備不確定性的性質，因此不可稱其為風險。例如：易揮發的汽油或化學藥劑運送過程中的自然損耗，此是屬於必然發生之風險事故。

(二) 事件的發生須有損失發生

一般而言，有損失的發生才會有風險。風險事故發生時會造成財務的損失時，才會有風險的存在。假若風險事故發生時，經濟單位並沒有造成任何的財務損失，則此風險事故不構成所謂的風險，故風險不存在。例如：地震時，雖然會造成劇烈的搖晃，但如未造成人員傷亡、房屋傾倒或火災等等時，則無風險產生。

(三) 事件的發生須屬於未來

風險事故的發生必須具備未來性，亦即未來有發生意外事故的可能性，而非過去。如果風險事故已發生，且損失已造成及不確定狀況已經消失，則其不再是風險。因此，只有對未來不可預測、非故意或不可抗力之風險事故的發生，且可能會有損失的產生時，方構成風險的要件。

1-2 風險因素

　　誠如前小節之說明，風險因素指的是引起或增加風險事故發生的機會，或增加損失程度之種種因素等。風險因素可能會增加損失的機會，亦可能使損失幅度擴大。而風險因素可能會來自自然界的現象、或是人為的疏乎或故意的行為、亦或標的物本身缺乏適當的保養與維護等。一般而言，風險因素大致可分為以下幾種：實質風險因素、道德風險因素、心理風險因素與法律風險因素等。分別說明如下：

一、實質風險因素（Physical Hazard）

　　實質風險因素指的是存在於標的物本身或其本質及內在的風險因素，其是屬於標的物本身所具有之固有特質，是屬於非人為的風險因素。實質風險因素通常是可以客觀判斷及測定，是屬於客觀的風險因素（Objective Hazards），其大部分是屬於可保風險的範疇。就財產而言，主要的實質風險因素包括標的物本身的性質、標的物的製作材料與製作方式或使用性質等，例如建築物的製作材料為木造、磚造、鋼骨建材或防火建材的差異，對地震及火災的忍受程度亦會不同，同時房屋的耐震度也會因施工方式的不同也會產生差異。就人身而言，主要的實質風險因素為對人的健康或生命造成影響的風險因素謂之，如：操作危險的機具或長期暴露在有害的光線下。

二、道德風險因素（Moral Hazard）

　　道德風險因素是指引起或增加風險事故的發生，亦或可以擴大損失程度之風險因素。此風險因素主要是個人因環境或其本性所誘發之疏忽或不誠實之心態造成風險事故的發生增加或擴大損失程度。例如：個人圖謀詐取保險金，以不誠實的惡意行為故意縱火或為詐取保險金而故意自殺或企圖謀殺他人等。此類風險一般而言，保險公司皆列為不保事項或拒保風險。

三、心理風險因素（Morale Hazard）

　　心理風險因素又稱怠忽風險因素，指的是個人由於不良的習慣或疏於注意的心態，應注意而未注意致使事故發生之機會或損失程度增加之情況。例如開車時打瞌睡或未有足夠的睡眠、亂丟煙蒂的習慣造成之森林火災；或者火災意外事件

發生時，保持觀望的不積極作為之態度，能施救卻怠於施救，因此增加了火災損失的機會或擴大損失的幅度。另外，從保險契約的觀點來看，個人或被保險人可能因有保險契約之保障，故意對保險標的之損失預防與防護消極不作為或怠忽，使事故發生之機會或損失之程度增加之情況。例如：投保汽車全險之車主，開車時可能會較不注意行車速度及安全，不在乎碰撞事故是否發生，而發生事故時亦可能不會積極的減少碰撞損失等。保險公司在減少或降低心理風險因素的影響時，可以將心理危險因素的損失列為不保事項，亦可透過提高損失自負額的方式，來降低或排除心理風險因素所產生的損失。

四、法律風險因素（Legal Hazard）

法律風險因素指的是個人或企業在社會上或經濟體系中從事各項活動時，可能會對他人造成侵權的行為，以致需負擔侵權的賠償責任。個人或企業有時會因不小心或沒注意到法規的做法規定而造成他人之身體或財務損害，以致被求償。侵權的賠償責任做法，各國的制度各異，如美國的法院對於企業造成消費者的傷害或侵權行為所致之損失，通常會有加重處份，此謂之懲罰性賠款，所以一旦企業生產之商品或生產之行為造成消費者傷害或損失，法院的判決賠款通常會是很高的天價，以警惕其他企業善盡社會責任。

五、其他風險因素（Other Hazards）

從人身風險的角度出發，有些風險因素可能會對人的健康或生命造成影響，諸如：生物風險因素（Biological Hazards），個人與動植物接觸所產生風險因素，直接或間接造成個人身體的傷害或死亡之情況。例如實驗研究人員與血液或體液、細菌或病毒之接觸等，若長期處在病理實驗室或其他密閉場所時，均容易受到感染而致傷害或死亡。另外，人體工學風險因素（Ergonomic Hazards），指的是因為工作型態、身體姿勢與工作條件不良導致對人體產生的傷害。例如科技業員工長時間的站立或是工作時反覆執行同樣動作，造成造成肌肉酸痛或骨骼之疲勞，亦或造成眼睛之傷害，長久暴露在這類風險因素之下，可能導致嚴重的傷害。再者，化學風險因素（Chemical Hazards），指化學物品的使用、生產或處理的過程所產生對人體的傷害。例如廢棄物或清潔劑的排放或處理過程，企業可能會有意、無意或不小心將有毒物質透過廢水或空氣排出，使其污染水源、土壤與空氣，導致民眾的健康受到影響。

1-3 風險的分類

關於風險之分類，依不同的分類基礎下會有不同的類型，分別說明如下：

一、客觀風險與主觀風險

（一）客觀風險（Objective Risk）

指的是客觀存在之風險，可藉由統計估算發生機率。一般指的是實際損失值相對於預期損失值的變異程度有客觀的機率值可做為判斷的基礎，此種風險通常可以觀察且可以衡量。例如：擲銅板時，出現人頭面及字面的機率各是 1/2，此機率是經過長期統計觀測後所得出的機率。由於該數據是經過長期統計而來，所以稱其為客觀機率。

（二）主觀風險（Subjective Risk）

指的是個人主觀意識所感受到的不確定性而言。由於每個人的精神或主觀心理感受不同，因此對同一事件，即時客觀風險相同的情況下，有些人可能會感到悲觀，而有些人會感到樂觀，所以每個人感受到的主觀風險會有所不同。另外，個人或企業在做風險決策時，雖然會參考客觀的風險認知，但有時也會依據主觀的風險認知來做決策的。例如，個人看到親友確診 Covid-19 時，會使個人購買防疫保險的意願上升。

二、基本風險與特定風險

（一）基本風險（Fundamental Risk）

指的是會影響整體或大部分經濟單位之風險而言，其發生與否通常與個別經濟體的行為無關。此類風險主要是源自天然的巨災或經濟景氣變動，事件發生時會對全體社會造成巨大的影響及損失。例如：地震、結構性失業、經濟波動或是金融風暴等風險。一般而言，基本風險具有影響範圍廣泛、損失具累積性、損失具局部性及政府通常會介入等特點。

(二)特定風險（Specific Risk）

指的是會影響少數特定個體或經濟單位之風險而言。此特定風險僅會對少數個體或經濟單位造成損失，而且損失與否，常與個體或經濟單位的行為有關，其影響較小且較易控制，且此類風險可以透過大數法則達到風險分散的效果。例如：個人之房屋發生火災、汽車發生碰撞或失竊所致毀損或滅失之損失；或個人罹患重大傷病等之風險皆屬於特定風險之範疇。

實務分享

新型冠狀病毒（Covid-19）自今年初以來已席捲全球，對全世界各行各業造成嚴重衝擊。許多企業積極採取居家辦公、分署辦公及異地辦公等方式，盡可能減輕對公司的影響。企業面臨的作業風險也產生了根本性的變化，風險管理策略也需較以往更加細緻的思考及安排。韋萊韜悅公司提出了以下三大重點，協助企業思考風險管理的策略因應：

一、員工作業方式變化與網路風險變化的連動

為執行居家辦公或異地辦公，許多企業緊急購入足夠的筆記型電腦發配給員工，若公司欠缺 IT 的基礎架構、強大的安全軟體以及員工的風險意識時，新型的保險型態就應運而生。員工多在公司內部的安全網路內辦公，公司系統可阻絕大多數的外來惡意攻擊，然而若在準備不周全的情況下即推動異地辦公，一個簡單的失誤就可能對企業造成莫大的財務損失。若公司正面臨數位轉型，提供互聯網產品或服務，更須格外留意與提前規劃數位轉型下的網路風險應變策略。

二、新型態數位產品或服務衍生的風險

　　越來越多企業為滿足線上會議的需求，紛紛導入 Webex、Teams 及 Zoom 等線上會議軟體供員工及客戶使用。然而這些會議軟體很快的爆發了嚴重的隱私洩露疑雲。企業紛紛思考數位轉型及互聯網的今日，任何的產品開發過程中如未考慮到的風險，即會產生很大的風險事故或損失，考驗著企業風險管理人員的智慧與應對。

三、資訊安全保險的市場變化

　　透過保險移轉巨型網路風險，在歐美早已成為企業行之有年的風險管理策略，若考慮到上面提到的網路風險變化迅速，這樣的工具已是臺灣大多數企業必須考慮規劃的。遠程辦公方式的轉變，使企業的資訊安全工作受到壓力，這可能在短期內導致網路遭入侵的風險升高，及更複雜的網路釣魚攻擊模式增長，這些未預期的風險變動也直接影響保險公司的承保意願。

資料來源：工商時報 2020/06/17；https://view.ctee.com.tw/business/20648.html

三、按風險的潛在損失標的，可區分的風險種類

（一）人身風險（Personal Risk）

　　指的是發生在個人、家庭成員或企業員工的身體或生命上可能之風險，亦即人的身體或生命，因為生存、老年、疾病、死亡、殘廢或失業等風險事故，而可能會造成經濟上損失的風險。例如：意外事故致死或造成殘廢、罹癌或生病與中年失業等。

（二）財產風險（Property Risk）

　　指的是個人、家庭或企業對其自有、使用或保管的財產，因不可預期或不可抗力事件發生，亦或是因人為的疏忽或錯誤所造成財產的毀損或滅失謂之。此處財產之損失包括有形財產或無形財產之損失，例如：有形的不動產、車子及廠房設備等；無形的權利、信用、商標權及企業形象等，因為各種風險事故的發生，而造成價值減少的風險。

(三) 責任風險 (Liability Risk)

指的是個人、家庭或企業的侵權或違反契約的行為,而造成第三人遭受人身、財產或權益上的損害,依法應負賠償責任的風險。例如:開車時因疏忽或不小心撞傷人或撞壞他人之財物,行為人依法要負擔醫藥費或財物損失的賠償責任等。又如船舶製造公司與委託人簽訂製造遊艇契約,未能如期交付委託製造之遊艇而造成委託人之損失,此即為違反契約行為所造成之損失。

(四) 淨利風險 (Net Income Risk)

指的是企業因風險事故之發生,如地震、颱風或火災等,導致公司的營運失常或中斷,而使公司的營收減少,進而使公司的淨利或獲利減少的風險謂之。

四、純粹風險與投機風險

(一) 純粹風險 (Pure Risk)

指的是風險的發生只會產生損失機會,而無獲利機會產生之風險。換言之,純損風險只會產生損失或沒損失兩種狀況,例如:火災、水災或地震,亦或是人為的意外事故等,都可能會造成生命及財產的損害,而不會有因意外事故之發生而造成獲利的贏家。

知識小站

純粹風險的特性

1. 純粹風險發生的機率不大,但損失金額可能會很大。

2. 純粹風險只影響到個人或個別經濟體,而損失發生與否或損失嚴重性常常與個人的行為或個別經濟體的管理有關。

3. 純粹風險可以透過購買保險方式移轉風險,消費者透過購買保險方式可以以較少的代價移轉可能發生的重大損失風險。

4. 純粹風險的發生通常會減少個人或個別經濟體的財富,並且造成社會總財富的下降。

（二）投機風險（Speculative Risk）

指的是事件發生的結果，除了損失與沒有損失兩種情況外，尚有獲利機會的可能性存在。例如：投資股票、期貨與選擇權或不動產等資產，這些資產經過一段時間後，資產的價值可能高於或低於當初投入的資本，即會產生損失、沒損失與獲利等三種情況。許多財務上的風險都屬於投機風險，諸如：市場風險、利率風險、匯率風險及策略風險等。

五、靜態風險與動態風險

（一）靜態風險（Static Risk）

指的是在社會、經濟及政治等環境沒有發生變化時，在任何的靜態環境下，由自然力或人為因素造成不可預期或不可抗拒的事件，或人為上的錯誤或惡行所致的風險謂之，例如：故意詐欺、地震及颱風等。對企業而言，靜態風險所可能會導致企業產生財產、人身及責任損失之風險，諸如：財產的直接損失風險、員工傷亡損失風險、法律責任或契約行為損失風險及員工犯罪損失風險等。

（二）動態風險（Dynamic Risk）

指的是由於經濟、社會、政治、科技或技術創新等因素變動所產生的風險，個人無法操縱或控制此類風險。動態風險具有可變性，所以無法精確的以統計的方法推論出其規則性。例如：企業使用新的網路行銷通路拓展產品市場，如果消費者普遍較少透過網路來購買商品，則公司商品的銷售業績可能會不如人意，可能會造成產品滯銷且存貨上升，使企業透過使用新的網路行銷通路成為公司的損失。對企業而言，企業的動態風險大致有下列幾種：生產風險、行銷風險、財務風險、人事風險、創新風險、政治風險、政策風險及國際情勢風險等。

靜態風險與動態風險的差別

1. 發生特點不同：靜態風險具有一定的規律性，變化比較規則，可以透過大數法則加以統計、估計及推斷；動態風險則無規律可循，難以用大數法則進行估算。

2. 風險性質不同：靜態風險只有損失機會，而無獲利的可能，對於個人或社會來說都是負效果；動態風險則包含純損風險，同時也包含投機風險。

3. 影響範圍不同：靜態風險通常只影響少數個人或經濟單位；而動態風險的影響較大，通常會帶來連鎖反應。

六、可管理風險與不可管理風險

（一）可管理風險（Manageable Risks）

指的是個人或經濟單位在面臨風險時，可以以其知識、技術或智慧並且可以採取有效之方法，自行管理其所面對的風險謂之。個人或經濟單位在面臨此類風險時可以利用風險管理之方法來減低或排除此類風險可能會造成不利的影響。例如：汽車碰撞或失竊之風險、企業的廠房發生火災或股票與不動產之投資等均屬之。

（二）不可管理風險（Unmanageable Risks）

相對於可管理風險，不可管理風險指的是個人或經濟單位在面臨風險時，無法以其知識、技術或智慧或無法採取有效之方法管理其所面對的風險謂之。亦即個人或經濟單位在面臨此類風險時，無法利用風險管理之方法來減低或排除此類風險可能會造成不利的影響。例如：金融風暴時，造成的資產價值損失或區域政治風險所帶來的不利影響或損失等。

七、可保風險與不可保風險

(一) 可保風險 (Insurable Risks)

指的是風險可以透過商業保險方式加以管理之風險謂之。

另外,可用商業保險方式加以管理之風險包含財產風險、人身風險、責任風險與淨利風險。

(二) 不可保風險 (Uninsurable Risks)

指的是風險無透過商業保險方式加以管理之風險謂之。亦即風險不符合上述可保風險要件者,皆屬於不可保之風險。例如:行銷風險、政治風險或生產風險等。

八、按風險發生損失的對象可區分為

(一) 企業風險 (Business Risks)

指的是企業在經營時所導致企業的財產、人身、責任與淨利損失的風險。

(二) 個人與家庭風險 (Individual & Family Risks)

指的是個人與家庭之活動行為所導致之財產、人身與責任之風險。

(三) 社會風險 (Social Risks)

指的是經濟結構之變遷、生產技術之變革或政治環境之變化等,導致的各種基本風險或動態風險等。

九、依經濟單位體可區分為

(一) 個人風險 (Individual Risk)

指的是經濟單位體為個人。

(二) 家庭風險 (Family Risk)

指的是經濟單位體為家庭。

（三）企業風險（Business Risk）

指的是經濟單位體爲公司或法人。

1-4 風險的成本

因風險而產生的成本謂之風險成本（Cost of Risk）。風險成本指的是在管理純粹風險（Pure Risk）時，所需支付的風險管理與經濟耗費的成本。一般而言，風險成本可再區分爲風險經濟成本及風險的憂慮成本兩種。

一、風險經濟成本

風險經濟成本包括下列各項。

（一）保險費

個人、家庭或企業透過購買保險來因應所產生的相關風險所支出的保險費。

（二）自己承擔的損失

個人、家庭或企業對於未投保的風險發生損失時，自己要承擔此部分之損失謂之。此損失包括自負額的損失及自己承擔的風險所造成的損失等。

（三）風險和保險管理行政費用

此費用爲個人、家庭或企業在處理風險和保險安排時，所產生的相關行政事務成本，例如：個人或家庭處理風險或購買保險時額外付出的諮詢費用，或交際費用或一般企業風險管理部門的人事費用，及雜項費用支出等。

（四）風險控制成本

個人、家庭或企業在實施風險管理時，對實施風險預防或控制及減輕損失時所付出的成本。例如：家庭中安裝煙霧偵測或溫度感應器、企業廠房風險查勘費用、消防設備安裝及購置費用及員工等相關人員的安全訓練費用等。

（五）殘餘物價值、政府補償或社會救濟等

　　個人、家庭或企業在損失發生時，標的物本身殘餘物的殘餘價值，亦或是當損失後，社會各界的相關捐款或救濟等，亦或是政府相關救濟或稅負的減免等。殘餘物價值、政府補償或社會救濟讓風險的成本降低，因為這些做法可以減輕個人、家庭或企業在損失發生時的負擔。

二、風險的憂慮成本

　　風險除了會造成直接的風險經濟成本外，還可能會造成一些無形的或間接的的憂慮成本。這些憂慮成本有時對個人、家庭或企業也會造成巨大的影響。此類無形的或間接的憂慮成本一般包括：提存緊急準備金的損失、阻礙資本形成與減少生產能量的損失等。

（一）提存緊急準備金的損失

　　個人、家庭或企業在面對風險時，有時必須提存高流動性的緊急準備金以因應一些緊急事故發生時的資金需求。因此，此部分的資金為了要維持高流動性，所以被限制存放在銀行或投資流動性較高的資產上，如：股票。也因此，個人、家庭或企業因為要提存緊急準備金，所以要放棄可能會有較高獲利投資案，間接造成了投資價值的損失。

（二）阻礙資本形成

　　由於個人、家庭或企業在許多面向可能面臨一些風險，因此在經濟行為上可能會變得較保守或是風險趨避，所以會降低風險性投資或創新，間接的降低了投資的意願，也因此阻礙資本的形成。

（三）生產能量減少的損失

　　同理，也因風險的存在，使得相對風險趨避的個人、家庭或企業，在經濟行為或生產策略上變得較為保守，除了不願意增加資本的投入外，亦可能不願意增加或多生產商品。也因此，間接造成了一些社會無謂損失。

 **知識**小站

風險數理值（Mathematical Value of a Risk）

風險數理值，指的是一個風險單位所應負擔之代價（亦即預期損失或純保險費），此代價取決於損失頻率與損失幅度的大小，風險單位之數量愈多，則每一單位所負擔之代價愈少。公式如下：

$$風險數理值（預期損失或純保險費）＝損失頻率 \times 損失幅度＝\frac{損失金額}{風險單位總數}$$

本章習題

一、名詞解釋

1. 風險程度

2. 風險標的

3. 風險事故

4. 實質風險因素

5. 道德風險因素

6. 心理風險因素

7. 法律風險因素

8. 純粹風險

9. 投機風險

10. 靜態風險

11. 動態風險

12. 基本風險

13. 特定風險

14. 不確定性

二、選擇題

( )1. 下列何者並非投機風險（Speculative Risk）？ (A) 匯率波動 (B) 景氣循環 (C) 恐怖主義 (D) 市場利率。 【100 年初等考試】

( ) 2. 一般而言,危險係指「損失」發生的「不確定性」。保險係藉由損失分擔原理將損失由參加保險團體多數人共同分擔;至於不確定性,保險則是藉由下列何種方法之運用,予以降低或排除不確定性? (A) 平均律 (B) 大數律 (C) 或然律 (D) 經驗律。 【101 年初等考試】

( ) 3. 「危險單位不可同時發生損失」乃可保危險要件之一,主要係為要求損失之發生具有下列何種性質? (A) 同質性 (B) 分散性 (C) 一致性 (D) 多元性。 【101 年初等考試】

( ) 4. 政治危險或受到市場因素所致之損失通常屬於「不可保危險」,其主要原因為: (A) 損失可以預期,不符合保險原則 (B) 過去損失經驗不佳,保險人不願承保 (C) 損失程度無法明確預測,無法產生合理適當保費 (D) 具有道德性危險。 【101 年初等考試】

( ) 5. 為保險金而故意縱火,是屬於何種危險因素(Hazard)? (A) 心理危險因素 (B) 實質危險因素 (C) 道德危險因素 (D) 社會性危險因素。

【102 年初等考試】

( ) 6. 下列哪一個風險,不是屬於純粹風險(Pure Risk)? (A) 人身風險 (B) 財產風險 (C) 責任風險 (D) 商品價格變動的風險。 【103 年初等考試】

( ) 7. 凡足以造成損失的意外事件,稱之為: (A) 危險 (B) 危險事故 (C) 危險因素 (D) 危險標的。 【104 年初等考試】

( ) 8. 下列計算風險基礎資本額的風險類別中,何者為在計算財產保險或人身保險時均需考慮之風險類別? (A) 利率風險 (B) 核保風險 (C) 信用風險 (D) 資產風險。 【105 年初等考試】

( ) 9. 形成風險集合團體後,發生極端值之機率將會如何? (A) 變大 (B) 不變 (C) 變小 (D) 無法判斷。 【105 年初等考試】

( ) 10. 近年來行動支付日漸興盛,國內銀行業陸續推出 Apple Pay 或 Android Pay 等行動支付工具;但行動支付仍有資訊安全風險之疑慮,此種因為科技、經濟或社會等因素變動,所產生的新型態危險稱之為: (A) 純粹危險 (B) 投機危險 (C) 靜態危險 (D) 動態危險。 【106 年初等考試】

( )11. 危險管理程序之步驟有五個： ①危險管理成效檢討 ②危險辨認 ③危險管理方法選擇 ④危險管理決策執行 ⑤危險衡量 請依序排列出危險管理之程序？ (A) ②⑤③④① (B) ⑤②④③① (C) ⑤②①③④ (D) ②⑤④③①。 【106 年初等考試】

( )12. 近來手機遊戲寶可夢盛行，玩家在馬路上發生意外而受傷的案例時有所聞；張先生為避免玩寶可夢發生危險事故，所以不下載也拒絕玩寶可夢遊戲。就危險管理而言，張先生係採何種方式？ (A) 損失預防 (B) 危險避免 (C) 危險移轉 (D) 損失抑制。 【106 年初等考試】

( )13. 下列何者為人身保險業計算資本適足率的「風險資本」項目？ ①資產風險 ②保險風險 ③信用風險 ④利率風險 (A) ①②③ (B) ①②④ (C) ①③④ (D) ②③④。 【106 年初等考試】

( )14. 保險所稱之「損失幅度（Severity of Loss）」，係指： (A) $\dfrac{損失次數}{危險單位數}$ (B) $\dfrac{損失次數}{損失總額}$ (C) $\dfrac{損失總額}{損失次數}$ (D) $\dfrac{危險單位數}{損失總額}$。 【109 年初等考試】

三、問答題

1. 純損風險的特性為何？

2. 何謂風險因素？一般上，在保險學理將風險因素分為四類：(1) 實質風險因素。(2) 道德風險因素。(3) 心理風險因素。(4) 法律風險因素。請分別說明其意義。

3. 請說明風險、風險因素、風險事故與損失的意義。

4. 試述風險三要素之意義。

5. 保險可保的純粹風險為何？可保風險必須具備哪些要件？

6. 何謂純損風險與投機風險？

7. 試簡述直接損失與間接損失之意義。

8. 依風險事故發生時波及範圍的大小，具有哪些風險並試簡述其意義？

9. 依風險事故是否具統計上的規則性，將風險分為哪些並試簡述其意義？

02

風險管理與企業風險管理

學習重點

1. 風險管理的意義與目標
2. 風險管理的實施步驟
3. 企業風險管理

INSURANCE

2021 年 7 月河南水災

　　2021 年 7 月河南地區，由黃淮低渦主導的暴發持續性強降水天氣，而引發極為罕見的特大水災，造成當地大規模的死傷與財損，也加重冠狀病毒在河南境內的感染。其中，又以鄭州「7‧20 河南暴雨」的災情最為嚴峻，暴雨導致鄭州市內發生內澇，市內道路嚴重積水，交通中斷；鄭州市內大量隧道、地鐵站、地下商場及地下停車場等地下空間進水，全市有超過 40 萬輛機動車因水災受損。鄭州大學第一附屬醫院河醫院區一樓淹水嚴重，導致被迫停電，心電監護和備用電池全部耗完，醫院也因此次暴雨而短暫關門停業。該暴雨導致河南省 1,478.6 萬人受災，死亡失蹤 398 人，其中鄭州一市有 380 人；直接經濟損失高達 1,200.6 億元，鄭州占了 34.1%。這次的災難給災區的各級政府及人民帶來了極強的震撼、恐懼和心理創傷。

資料來源：2021 年 7 月河南水災，維基百科 2021/07/20；https://reurl.cc/aVY2zQ

 解讀

　　根據上述案例，天然災害除了會造成巨大的財物損失，也會帶來嚴重的傷亡。在事故發生前，企業風險管理扮演了極其重要的角色，用以因應未來造成巨大損失時，能有良好的應對措施及對策，同時使企業在極需資金的情況下能迅速的取得所需資金。

前　言

　　在人類文化發展的過程中，個人或群體無論是從事經濟活動還是社會活動，都可能面臨著風險。因此，風險的存在直接或間接地威脅著人類生存的安全，而追求現在和未來的生活安全是人類與生俱來的基本想法。所以，人們在追求生活安全的過程中，要努力減少對未來的未知，且希望戰勝風險帶來的威脅，進而管理好未來的風險。為了應對未來的風險，進而管理風險，用以減少或消除對個人、家庭和社會經濟活動的不利影響，此即為風險管理的基本概念。

2-1 風險管理的意義與目標

一、風險管理的意義

　　「風險管理」指的是個人、家庭及企業單位或團體利用現代最新的科學方法，對於各種潛在風險進行認知及衡量，繼而選擇適當處理方法加控制及處理，並以最低之風險成本，達成保障個人、家庭及企業單位或團體安全之目標。換句話說，個人、家庭及企業單位或團體採用各種可行的方法，識別和發現各種可能的風險，衡量可能發生損失的頻率和程度，而採取適當的方法進行事前預防和控制，做到防患於未然的效果，且於事故發生後可以減少損失和提供補償損失的效果，以維持個人、家庭及企業單位或團體之生存與安全。

　　風險管理的範圍可分為最廣義、狹義及最狹義三種。最廣義的風險管理範圍指的是，個人、家庭及企業單位或團體可能面臨的所有風險。也就是說，它不僅包含靜態（純損失）風險，還包含動態（投機）風險。狹義的風險管理的範圍是指靜態（純損失）的風險，通過風險管理的方法，將純損失降到最低。而最狹義的風險管理範圍指的是可保風險，而此種風險管理通常只以保險的方式進行管理，此亦所謂的保險管理。一般所謂的風險管理範圍指的是狹義的風險管理之意，亦即只對靜態（純損失）風險進行管理。但是隨著科技的進步及社會經濟環境的變遷，風險管理的範圍已逐漸擴大到動態（投機）風險的管理。尤其在企業的風險管理領域，已逐步發展到廣義的風險管理範圍。

二、風險管理的目標

風險管理最重要的目標，為對於任何風險的發生，個人、家庭及企業單位或團體能事先做好各項安排及透過各種方案，以最低的成本來達成控制及管理風險，並減輕直接及間接損失所造成的影響。同時，在損失發生後，可以透過事後補償的各項機制，將個人、家庭及企業單位或團體之財務或經濟損失降低到最小的影響程度。

(一) 個人及家庭風險管理的目標

1. 保全人身及財產之安全

每個個人或家庭的人身及財產可能會暴露在各種不同風險的環境中。因此，個人及家庭的風險管理的首要目標在於保全人身與財產之安全，以減輕各種風險事故發生時所造成的損失。個人或家庭的人身或財產發生意外事故時，會對個人或家庭產生嚴重的財務影響，因此，風險管理對個人及家庭而言是非常重要的。

2. 保險保障的安排

保險之購買可以提供生命、健康、殘廢、年老、財產及責任等風險之保障，因為有保險之安排，在保險事故發生後，可以確保個人及家庭財務上或經濟上的安全。在安排保險購買時，可保風險及不可保風險也應做妥善的處理，亦需考量到各種社會保險及團體保險等。

3. 儲蓄及投資

個人或家庭可藉由投資風險低及投資報酬率低的儲蓄商品，以作為緊急或其他未來特別需要之用。另外，投資風險高及投資報酬率高的理財商品，或建立各種基金，以因應未來特定目的之資金需求，如：子女教育基金、購車或購屋基金等。個人及家庭的儲蓄及投資金額會受所得高低、風險偏好、職業或收入的穩定性等因素影響。

4. 退休及遺產規劃

此目標最主要在安排退休或死亡後的財務安排。退休安排主要是解決年老後的經濟及財務上的問題，退休基金的累積，會受政府法規變更的影響，且其規劃期間通常會較長。遺產規劃為死亡後的財富保全及分配問題，做好遺產規劃可以避免或減少繳付遺產稅。

(二) 企業或團體風險管理的目標

企業或團體可以透過風險管理來解決或減少可能會面臨的風險。在做風險管理時，企業或團體必須設定風險管理所要達到的目標爲何，以規劃適當的資源投入解決企業或團體可能會面臨的風險。企業或團體風險管理的目標，又可區分爲損失發生前的目標，與損失發生後的目標，分別說明如下：

1. 損失發生前的目標

(1) 節省經營管理成本（Economy）

風險管理所欲達成的目標，是希望能以最小成本致最大安全效益。企業或團體如何以最經濟之成本，來應付損失之發生爲風險管理首要目標。換言之，企業或團體的各種風險管理對策中，以經濟合理的做法尋求最佳的處理方式，藉以減低經營管理成本。

(2) 減少內心的憂慮（Reduction in Anxiety）

任何人面對不確定之未來，均會產生憂慮。企業或團體可藉由風險管理來降低風險發生不確定性，進而謀求心靈安寧，降低心理的憂慮，使企業經營者可以放心的從事各項新的投資計畫，如投資新廠房及購買新設備等。另外，透過買保險可以減少企業或團體的不安全感，減少企業經營者內心的憂慮等。

(3) 履行外部的法定義務（Meet External Obligations）

企業在生產之過程中，必須承擔或排除生產時所衍生的負面社會成本，如公共意外污染責任等。另外，風險管理和企業其他管理的功能一樣，必須符合外部環境之要求。部分先進國家的政府常會要求企業經營者應設立符合勞工安全法規或裝置的安全設施，如：勞工法規定企業必須裝置安全設備，以保護員工安全；環境保護法規定企業必須裝設廢水、廢氣及廢物處理設備等。

(4) 履行社會責任（Social Responsibility）

企業在追求最大利益時，應秉持「取之社會且用之社會」的回饋精神，履行應有之社會責任。以風險管理的角度來看，企業的安全與社會之安定有著密不可分的關係。對整個社會而言，企業發生災害時，整個社會亦會同受其害，而企業做好風險管理，可預防或減少各種型態損失的發生，以達成或善盡應有的社會責任。

2. 損失發生後的目標

損失發生後的目標有下列諸項，分述如下：

(1) 確保公司能夠存活

風險管理的首要目的當然是企業能夠存活下來。一個好的風險管理計畫，有助於企業遭遇重大災害時，能保持公司員工的最大安全與財產的最大殘值，以維持企業的存續。在損失發生後，企業能在合理或較短的時間內可以先恢復一部分生產活動的運作，而在最終時能在一段時間後完全恢復營運。

(2) 公司能夠繼續營運

風險管理的目的在於損失發生後，除了可於損失發生後能繼續生存外，同時應避免造成營業中斷及客源流失，並能提供持續性顧客服務，企業如能於損失發生後繼續營業，則可在最短時間內恢復正常營運，達到永續經營之目標。

(3) 維持企業的穩定盈餘

損失發生後，企業能維持穩定收入是風險管理在損失發生後的重要目標之一。企業可透過風險管理的事前規劃而使損失可以得到迅速補償，繼而維持企業盈餘的穩定性。企業可以透過避免獲利能力之中斷及提存意外準備金等方法來穩定企業之盈餘。

(4) 企業能持續成長

一般而言，企業在損失發生後，還要能持續成長是較為困難的，企業通常必須保留資金做為擴充之用。但在損失發生時，若企業無適當的風險管理計畫為損失發生後的資金來源預做準備，則會使持續成長的目標受阻。如果企業在損失發生前，能透過適當的風險融資策略來因應損失發生後的資金來源，則企業可以較容易的維持持續成長的目標。

(5) 履行社會責任

履行社會責任是企業損失預防之目標，同時也是企業損失善後之目標。在損失發生後，企業除迅速的災後重建外，對於發生損失所致的人員及財產與社會之損害，應承擔所有賠償責任。透過風險管理計畫使企業於損失發生後，對受害人或其家屬有一合理的補償，同時也能在最短時間內恢復企

業的正常營運,以確保員工的工作權,以履行現代企業經營者所應擔負的企業社會責任。

三、風險管理部門的職掌

風險管理的概念近年來逐漸受到各界的重視,各領域企業也開始著重公司的風險管理策略。在國內,許多大型的企業或金融機構都已設立風險管理相關部門,落實企業風險管理。不過目前大部分企業仍未成立專責的風險管理部門,尤其是中小企業。許多企業將風險管理的職掌及功能分散在公司的各個單位之中,未做好有效之整合,故有時難以落實風險管理的功能。

一般而言,風險管理部門需負責管理公司的所有風險,包括投機風險與純粹風險等。許多規模較大的企業較有能力也較有意願,將成立一個專責的風險管理部門,這些企業因規模大,任何的風險發生,其損失發生可能會造成企業重大的財務負擔,因此大型企業透過良好的風險管理規劃,可以降低可能的重大損失。

就純粹風險而言,企業雖然都有管理純粹風險的需求,但功能是否由一個專責的獨立部門負責,是視企業的組織規模或經營需求而定的,規模較大的企業有能力成立一個獨立的風險管理部門,但對中小企業而言,成立一個專責的風險管理部門的難度較高,且目前實務上中小企業的做法通常是由財務部門負責,而純粹風險的風險管理功能則可能以其他不同的形式存在於其他部門。因此,中小企業大部分皆無法達到將風險管理與保險決策的事權統一,造成風險管理的效能不彰,但這也是許多企業普遍的現象。

風險管理部門的職掌又因行業特性而會產生一些差異,例如金融業的主要風險來源是其所持有的金融資產價值變化所造成的風險;製造業的主要風險來源是工廠的生產與製造過程產生的純粹風險;服務業的主要風險來源則是銷售及服務過程中產生的產品及責任風險等。不同的產業,風險管理人員的職掌可能會有極大的不同,例如對製造業而言,其著重的是機器設備及廠房所衍生的純粹風險等,而機器設備及廠房的保險購買,則包括在風險管理部門之中,但員工的相關醫療險、壽險或退休保險等需求,則由公司的人事部門負責。但是金融業主要面臨的風險是財務風險或投機風險,例如股票與債券等,風險管理部分主要是解決及如何規避這些財務風險。金融資產所帶來的財務風險或投機風險通常不會透過

購買保險方式來移轉。因此，金融業的風險管理部門所負責的業務大部分與保險決策無關，金融業的保險規劃通常是由風險管理部門以外的單位來負責。

風險管理的重點在於如何降低損失發生與避免損失金額擴大，之後再透過購買保險或其他契約形式，適度的移轉公司所面臨的相關風險，一個完整且完善的風險管理計畫可以降低公司的可能損失，且可以降低公司購買保險時的保險費支出。無論是製造業、金融業或是服務業的風險管理做法，大部分都是只管理其認為重要的風險而已，仍有許多風險管理的功能並不在風險管理部門中被執行，此為一般所謂的風險管理之做法，其並不是以公司整體性的風險管理做全盤考量之做法。

規模較大的企業在成立一個專責的風險管理部門時，通常會指派一位風控長（Chief Risk Officer，CRO）來管理風險管理部門，風控長必須對公司的風險管理執行及管控負起責任，風控長必須運用管理學中所提及的策劃、組織、用人、指導與控制來落實公司的風險管理規劃及步驟，包括認知及分析風險、檢視各風險管理策略、選擇最佳的風險管理策略、執行所選定的策略以及最後監視執行並評做執行成果。而風控長的基本職責主要可分為三項工作重點，即處理整體的風險管理計畫、運用風險控制策略及運用風險理財策略。

2-2 風險管理的實施步驟

個人、家庭或企業在面對風險時，必須先對風險有所認識，進而分析風險及了解有效的對策有哪些，最後執行風險策略及評估成效為何。因此，個人、家庭或企業面對風險時的一系列處理過程，我們稱為風險管理實施之步驟。風險管理的實施有下列五個步驟：(1) 辨認風險。(2) 評估損失頻率與幅度。(3) 選擇適當的風險管理工具。(4) 執行所選定的風險管理工具。(5) 監督與改進風險管理計畫。如圖 2-1。

➡️圖2-1　風險管理實施五步驟

一、辨認風險

　　風險辨認與分析是風險管理步驟中的第一步驟，也是最重要的步驟，因為先了解風險所在，才能對風險做進一步的處理，而此步驟也是風險管理人員在面對風險時最困難的工作。風險管理人員可以運用邏輯的分類方法，來辨認所有可能的各種損失風險或特定損失風險。

　　風險事故的發生可能會造成個人、家庭或企業金錢上的貨幣損失，也可能會造成精神上或身體上的非貨幣損失。其中非貨幣損失的風險是不易衡量的，而且也難以量化及移轉的。因此，個人、家庭或企業在面對貨幣及非貨幣損失的處理方式也要有所不同，例如在面對貨幣損失的風險時，個人、家庭或企業可以透過購買保險的方式，貨幣損失風險轉移給保險公司承擔。另外，由於非貨幣損失的風險是不易衡量的，且也難以量化及移轉的，所以最適合的風險管理策略為避免損失的發生。

　　個人、家庭或企業可能面對的風險，分別說明如下：

(一) 個人或家庭面對可能的損失風險

　　個人或家庭所擁有的資產都可能會因為風險事故的發生而造成損失，因此個人或家庭所面臨的損失風險大致可分為人身損失風險、財產損失風險及責任損失風險。

1. 人身損失風險

人身損失風險指的是，個人或家中成員因生存或死亡所產生的長壽風險及死亡風險，或是疾病或意外造成收入減少的風險與醫療費用增加的風險。

2. 財產損失風險

個人或家庭所擁有的資產，包括動產與不動產的所有財產，都可能因意外事故而發生，而造成資產的損失風險，如汽車、房屋或個人或家中的動產可能因為火災或天然災害等事故造成資產的損失。另外，個人或家庭所擁有的金融資產，如房子或股票等可能因金融風暴或景氣波動，而造成資產價值的增值或貶值所造成的價值波動風險。

3. 責任損失風險

個人或家庭因為侵害到他人權益而衍生的賠償責任謂之，例如個人或家中成員駕車不慎，撞到機車或行人所造成的損失，駕駛人需負擔車損及人員傷亡的賠償責任。

(二) 企業可能面對的風險

一般而言，企業所面對的風險比個人或家庭可能要面對的風險更為多樣且複雜。公司經營時可能要面對的風險主要有純粹風險與投機風險。

1. 純粹風險

因為風險事故的發生造成公司資產價值減損的風險。一般企業經營所產生的純粹風險大致有人身風險、財產損失風險、責任風險及法令風險等。

2. 投資及投機風險

企業可能面對的投資及投機風險非常多元，諸如策略風險、作業風險、財務風險、衍生性商品風險及信用風險等。

二、評估損失頻率與幅度

風險事故的發生可能產生直接損失與間接損失。一般而言，直接損失是較容易估算的，也是評估損失較主要的因素。而間接損失則較不容易估算，最主要原因是產生與否可能會主觀的認定有關。

當我們了解各種風險事故發生所造成的損失後，接下來即是對這些風險作適當衡量，衡量內容包括：

(一) 損失發生之頻率

亦是損失頻率，指的是特定期間內發生損失的次數。

(二) 如果發生損失，對財務之影響為何？

亦即為損失幅度，指的是特定期間內發生損失的嚴重程度。

1. 風險的估算

當我們辨識可能的風險後,接下來就要評估記錄單中每個風險的發生頻率,這個過程叫作風險估算。在風險估算的過程中,我們需要仔細地分析風險記錄單中,每個風險發生的概率和可能造成的影響為何,並儘量做到量化,以利損失分析。由於企業的資源是有限,並非所有的可能風險皆要進行管理或處理的,有時企業可能也無法一次同時處理所有的風險。因此,企業必須要對可能的風險進行優先排序。

2. 風險的評價

對可能風險的評價一般是採用預期貨幣損失價值的概念,其定義為每個風險影響的貨幣損失價值 × 該風險發生的可能概率。而此概念亦為一般保險費計算的基本原理。對於每個可能的風險,企業的經理人要能準確地估算每個可能的風險的預期貨幣損失價值是多少,才能了解企業應投入多少資源所可能產生的風險。

 知識小站

1. 損失頻率(Frequency of Loss)

損失頻率指在一特定期間內,風險單位(Risk Unit)可能遭受損失之次數而言,以損失次數占風險單位總數之百分比表示之。公式如下:

損失頻率=(損失次數 ÷ 風險單位總數)×100%。

2. 損失幅度(Severity of Loss)

損失幅度指在一特定期間內,風險單位(Risk Unit)可能遭受損失之程度,以損失金額除以損失次數之百分比表示之。公式如下:

損失幅度=(損失金額 ÷ 損失次數)

3. 風險程度(Degree of Risk)

風險程度,為一種衡量風險的工具,指的是實際損失次數與預期損失次數之相對變量(Relative Variation)而言,衡量的公式如下:

> 風險程度值＝｜（實際損失次數－預期損失數）｜÷ 預期損失次數

以臺中市之住宅火災損失機率為例。假設臺中有住宅 1,000,000 戶，假設從過去 10 年的統計資料分析，預期每年平均會有 1,000 件住宅發生火災損失事故，假設今年臺中市發生火災的件數為 1,200 件，則臺中市今年火災的風險程度值為 20%。同理，透過相同的計算方式，亦可算出臺北市或高雄市的風險程度值，假設臺北市及高雄市的風險程度值分別為 30% 及 15%，則透過風險程度值之比較可知臺北市的火災風險程度最高，而高雄市的火災風險程度是最低的，且臺北市的風險程度是臺中的 1.5 倍。

三、選擇適當的風險管理工具

　　個人、家庭或企業之可能風險經辨認與衡量後，接下來即是選擇適當之風險管理策略來因應相對應的可能風險，用以達成風險管理之目標。風險管理的策略大致可分為兩大類：其一為風險控制策略，在於阻止損失的發生。而另一為風險理財策略，在於彌補不可避免的損失。在選擇適當的風險管理工具時，應就各種不同的策略依照可能面臨風險的大小，在考量成本和效益之後，選擇最佳的風險管理策略。風險控制的方法包括：風險的避免、損失防阻、損失抑減、風險隔離及風險控制之契約性移轉等。而風險理財的方法則包括風險自留及風險移轉等。如圖 2-2。茲分述如下：

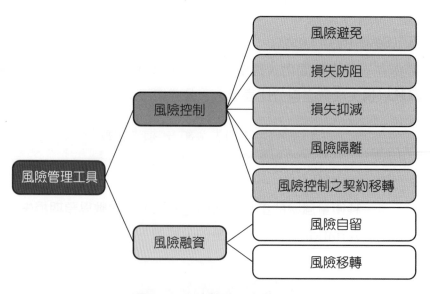

▶圖2-2　風險管理工具的架構

(一) 風險控制策略

　　風險控制策略目的在於降低損失頻率或損失幅度，進而可以降低預期之損失及預期損失之變異，同時降低實際結果變異程度的作為。換言之，風險控制策略包括可降低預期損失與損失變異性的工具。

1. 風險避免

係指個人、家庭或企業對於某項風險直接的予以避免，此法是最簡單且亦是較消極的風險管理做法。當面對風險是無法避免時，個人、家庭或企業必須採取其他更有效的風險管理策略。另外，損失頻率高且損失幅度大的風險，風險避免為較佳的做法。

2. 損失防阻

損失防阻主要的做法是在風險事故發生前，採行一切可行的預防措施，以降低損失頻率，亦即降低意外事故發生的可能性。在風險管理成本合理之下，任何合適的損失防阻做法皆可執行。損失防阻之做法可積極的降低損失頻率，但對損失幅度並不會造成影響。例如麥當勞紙杯上的「燙口」字眼提示及警示，可以降低消費者燙傷的機會。

3. 損失抑減

損失抑減主要是降低損失的幅度，損失抑減活動可能是在損失發生前執行，也可能是在損失發生後才執行。損失發生前的損失抑減活動最主要的做法即是做預防，降低損失發生時的嚴重程度，如：颱風季節來臨時，提醒民眾做好防颱準備，以降低颱風來時可能造成的損失。而損失發生後的損失抑減活動最主要的做法即是減少損失擴大，如：企業倉庫中裝設自動灑水系統，避免在火災發生時，延燒的面積擴大。

4. 風險隔離

指的是將有相同或相似的風險單位做隔離，把風險分散開來，以降低損失頻率或損失幅度的一種風險管理方法。風險隔離是屬於積極有效的風險管理策略。風險隔離的方式有：地區隔離、風險單位隔離、金額隔離及時間隔離等方式。風險的損失頻率較高且損失幅度較大時，採行風險隔離的方式是較佳的做法。

5. 風險控制之契約性移轉

個人、家庭或企業透過契約之方式,將本身所承擔的風險移轉他人。風險轉嫁的做法並不會對風險的損失頻率與損失幅度造成改變。個人、家庭或企業可透過直接轉嫁(如:房屋出售或工程轉包等)或是間接轉嫁(如:房屋租賃、債權債務契約或期貨)之方式來移轉風險。原則上,在損失頻率較低及損失幅度較大時,可採行契約性移轉風險之做法。

1. 風險控制策略

風險控制策略目的在於降低損失頻率或損失幅度,進而可以降低預期之損失及預期損失之變異,用以降低實際結果變異程度的作為。

2. 風險融資策略

風險融資指的是經濟單位在面臨損失的可能時,如何在損失發生前做適當的資金來源安排,用以在損失後可以迅速取得所需資金來支應因風險所造成的損失及降低損失可能帶來公司現金流量的不穩定性。

(二)風險融資策略

風險融資指的是經濟單位在面臨損失的可能時,如何在損失發生前做適當的資金來源安排,用以在損失後可以迅速取得所需資金來支應因風險所造成的損失及降低損失可能帶來公司現金流量的不穩定性。風險融資的方法主要有風險自留(Risk Retention)、自己保險(Self-Insurance)、自負額(Deductible)、專屬保險(Captive Insurance)、保險(Insurance)及非保險的風險移轉等,如圖 2-3。

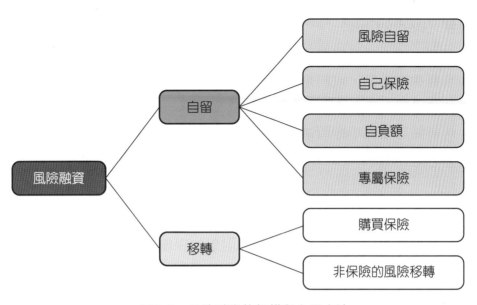

■圖2-3　風險融資的架構與主要方法

1. 風險自留（Risk Retention）

指個人或企業自行承擔風險事故所造成損失之一種風險管理方法。個人或企業需要將風險自留的原因有很多，諸如：損失金額較小且可自行承擔時、有豐富危險管理經驗時、風險無法移轉不得不自留時、自留風險之成本比其他的風險管理成本低時、財務狀況良好、足以因應可能的損失風險及未覺到的風險或因故無法及時移轉的風險等。一般而言，個人或企業在面對損失頻率低且損失幅度小的風險時，可採行風險自留之策略。

2. 自己保險（Self-Insurance）

指的是個人或企業根據過去之損失統計資料，如果發現有足夠數量的風險單位，使個人或企業可以估計未來可能發生的損失時，個人或企業可以擬訂一個風險財務計畫，提撥資金並建立準備金，於特定風險發生時，用以補償或填補損失之做法謂之。自己保險屬於主動、有計畫、全部或部分之風險自留，自己保險較適合損失頻率低，但損失幅度低的風險。

3. 自負額（Deductible）

指的是個人或企業於購買保險契約時，依保險契約規定應由個人或企業優先自行負擔約定金額，或約定比例損失金額的部分謂之。自負額具有節省保險成本及誘導個人或企業安全意識的建立之好處。對保險公司而言也有好處，諸如：可排除經常性小額賠案，節省人力、物力及理賠成本；減少保險賠款支出，擴大巨災保障範圍；免除小額賠案時間，加速理賠速度；防止道德危險，排除不可保危險等。

4. 專屬保險（Captive Insurance）

指的是非保險業之大型企業投資設立附屬的保險子公司，用以承保該大型企業旗下子公司的保險業務稱之。專屬保險是屬於風險自留的一種，其屬性是介於保險與自己保險之間，而此大型企業也同時具備被保險人與保險人的雙重身分。

大型企業投資設立之專屬保險公司可以減輕相關的稅賦，同時也可提升公司資金運用的效益。在理賠上亦具簡便性與時效性及可以避免理賠時不必要之爭執。另外，專屬保險可以作為自己保險的替代方案，同時也可與再保險做搭配，以達到風險分散之效果。

5. 保險（Insurance）

個人或企業可以透過風險移轉之方式將風險事故發生時所產生的損失移轉由他人來承擔，而風險移轉主要包括保險的購買及透過其他契約型式將風險移轉給他人。

透過保險契約移轉個人或企業的風險是重要的風險融資工具之一。個人或企業可以依據所訂定的保險計畫，向保險公司購買保險，個人或企業交付保險費給保險公司，以換取保險公司承諾未來在約定的損失發生時，由保險公司支付保險金以補償個人或企業之損失。保險之購買是風險管理中最有效管理方法之一，但保險方式之風險移轉只適用可保風險。另外，保險的主要功能是將個人或企業之「不確定性大損失」變成「確定性小損失」，而並非是完全規避損失之做法。

6. 非保險的風險移轉

非保險的風險移轉指的是企業透過保險以外的風險移轉契約，把風險事故所產生的財務損失風險移轉給他人之方法，如：避險交易（Hedging）與簽訂其

他風險移轉契約等。企業一般可以透過衍生性商品交易來達到避險效果，如透過期貨、選擇權或交換交易等來規避利率風險及匯兌風險等。另外，企業還可以利用其他契約之方式把風險轉嫁給另一方來承擔，如：透過委外契約或外包契約，將風險透過契約型式轉嫁給契約的另一方當事人。

（三）選擇最佳的風險管理策略

在認識各種風險控制策略及風險融資策略來因應特定的損失風險後，要用什麼樣的風險控制及風險融資策略組合「最能」符合個人或企業的需要，並最能配合個人或企業的目標。各種風險管理方法適用的時機，如圖 2-4。

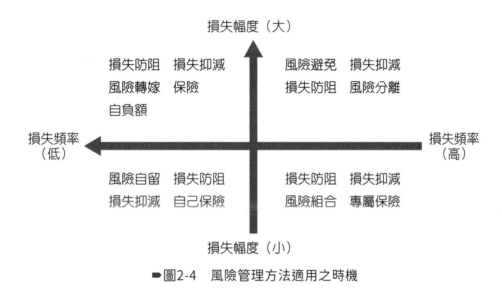

►圖2-4　風險管理方法適用之時機

1. 在損失頻率高且損失幅度大的情況，危險避免、損失防阻、損失抑減及危險分離爲較佳的處理策略。

2. 在損失頻率高且損失幅度小的情況，損失防阻、損失抑減、專屬保險及危險組合爲較佳的處理策略。

3. 在損失頻率低且損失幅度大的情況，保險、自負額、危險轉嫁、損失防阻及損失抑減爲較佳的處理策略。

4. 在損失頻率低且損失幅度小的情況，損失防阻、損失抑減、自己保險及危險自留爲較佳的處理策略。

四、執行所選定的風險管理工具

　　風險管理程序的第四步驟就是執行所選定的風險管理策略。風險管理策略經選擇探行後，風險管理人員必須切實執行風險管理策略，並須加以定期評估及檢討，以瞭解原有風險管理決策是否正確及可行，以及是否需要針對未來不同情況時，可以加以修正及改善。企業的風險管理人員或團隊在分析和思考風險管理策略的時候，應該本著全方位的思考或系統化的思考原則，把所有可能的風險管理策略都考慮到，之後再比較不同風險管理策略之間的優缺點，最終再挑選一個或數個最適合的風險管理策略，並制訂實施計劃加以落實。企業的每個風險之對應行動都必須落實到風險負責人及風險執行人。風險負責人通常是握有公司資源和權利的經理人，而風險執行人通常是一個職級不高但是有足夠的時間和精力實施風險管理策略的公司成員。另外，面對同一個風險時，風險管理負責人和執行人最好不是同一個人為宜，因為風險管理負責人是負責提供執行單位所需資源、做決策及監督風險管理執行人實施風險管理計劃，這兩個角色如果重疊時，在執行風險管理計畫時會出現問題。為確保風險管理目標之達成，在執行風險管理工作時，風險管理人員或團隊必須有效的執行人、時及成本等的最佳決策，並隨時注意執行情況及保全各項執行進度之記錄等。

五、監督與改進風險管理計畫

　　風險管理程序第五步驟就是監督與改進風險管理計畫。在選定可行的風險管理策略後，應有效執行風險管理策略，並進一步檢討執行成果，並隨時監督與檢討及改進風險管理計畫，以作為未來擬訂風險管理計畫時之修正參考，以達成風險管理的效能。在控制計畫時，監督及調整過程中需要設定可接受的績效標準、比較實際之成果及標準與採取糾正行動或修改不切實際之標準。在完成風險管理決策執行後，應定期檢討風險管理執行結果並加以修正。諸如：檢視風險管理計畫與執行是否吻合，及依實施結果再評估修正是否符合未來需求。

　　在監督的過程中應檢視風險管理策略是不是被執行了，執行風險管理策略行動後，是不是有效果及在執行風險管理策略的過程中，是不是會造成新的風險。在檢討及改進風險管理計畫過程中，如果風險管理人員發現計劃的風險管理策略沒有達到預期效果時，就需要儘快採取糾正的行動。

風險管理計畫執行一定期間後，需重新評估與檢討，主要是因為風險管理各個步驟在執行時，各項風險情況可能會隨時發生改變，因此必須經常注意並定期調整策略及執行方式。

2-3 企業風險管理

一、企業風險管理意義

美國 COSO 委員對企業風險管理（Enterprise Risk Management，ERM）定義為：「企業風險管理是一個遍及企業各層面之過程，該過程受到企業董事會、管理階層或其他人士而影響，而用以制定策略、辨認可能影響企業之潛在因素、管理企業之風險，使其不超出該企業之風險胃納，以合理擔保其目標之達成。」當企業追求成功的企業經營績效，必須更有技巧性地培養企業風險管理能力，如此才能避開各種風暴危機，做好 ERM 的企業可稱之為「風險智能企業」（Risk Intelligent Enterprise）。企業整體的風險除了傳統的人身及財產風險外，尚有較難評估的財務風險、策略風險及、營運風險及市場風險等。在評估及管理上更需要專業的風險、金融及策略管理等較專業之知識。一般而言，企業風險管理的步驟與傳統風險管理的程序相似，可分為風險鑑定、風險分析、選擇各種風險管理工具、落實及執行各項風險管理工具及評估該企業整體風險管理的績效等。

二、企業對損失防阻的理論

（一）企業對損失防阻的理論

損失防阻的主要對策是在於降低損失頻率或損失幅度。美國風險管理科學界針對損失事故的發生成因，提出兩種損失防阻理論，分別為：

1. 著重人為因素分析的亨瑞奇骨牌理論（Heinrich's Domino Theory）。
2. 著重物理因素探討的漢頓能量釋放定理（Haddon's Energy Release Theory）。

(二) 亨瑞奇的骨牌理論

亨瑞奇（H. W. Heinrich）於 1957 年提出風險事故的骨牌理論，他認為工業意外事故就骨牌傾倒一樣，如果一塊骨牌傾倒，將會導致另一塊骨牌也會隨之傾倒，最後風險事故的發生會是由一連串的事件接連發生所造成的效果，若是沒有即時抽中其中一張骨牌，停止事件接連的發生，它將會造成風險事故發生，並造成損失。骨牌理論的主要論點有以下諸點：

1. 人的傷害或是經濟損失主要原因是發生了意外的風險事故。

2. 意外的風險事故會發生主要是出現一定程度的風險因素，諸如：人的行為因素或機械因素等。

3. 風險的人為因素或機械因素主要原因係由於人為錯誤、人為疏忽或人為應注意而未注意等所導致。

4. 人為錯誤主要是所處的環境的各種情勢所造成。

圖 2-5 為亨瑞奇骨牌理論圖示說明。

▶圖2-5　亨瑞奇的骨牌理論

骨牌理論強調，若發生意外傷害或財務損失，必會和圖 2-5 中的五項因素有關，第一個因素的存在，可能會引發第二個、第三個、第四個及第五個情況發生，最終導致損失的結果。亨瑞奇主張損失預防應該從人的行為或機械的風險因素來著手。如圖 2-6 骨牌連鎖反應圖所示，在連鎖反應中，以「人的行為或機械的風險因素」的控制最為關鍵。因此，從一連串的骨牌中把風險因素的骨牌抽出，這個做法可以使前一張骨牌的傾倒中斷，因而中斷連鎖反應，而使意外事故最終不會發生。

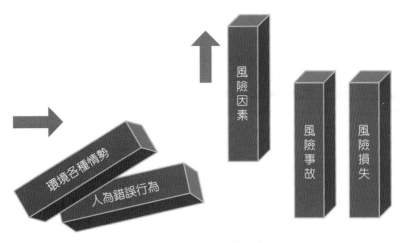

■ 圖2-6 　骨牌連鎖反應圖

（三）漢頓能量釋放定理

　　能量釋放定理是漢頓（Dr. William Haddon）於 1970 年所提出，他認為損失事故的發生是因為當能量累積至一定程度且超過負荷時，失去控制的能量就會被釋放出來，而導致損害發生的物理現象。因此，主要的損失防阻工作可從減少能量的形成或透過控制釋放的能量等方式，來提高人或結構物的負荷能力。如何減少能量的形成或控制釋放的能量，可由以下幾個面向來處理。

1. 減少能量的形成與累積，例如：特定的遊樂設施禁止懷孕、有心臟病者、老年者及幼童乘坐。

2. 適時的釋放能量，例如：遊樂設施或機器設備定時維修與預防性維護。

3. 降低已釋放能量的傷害，例如：在樓層間架設安全網，若有不慎墜落者，能在第一時間緩衝撞擊，保住性命。

4. 加強人或結構物的能量承受力，例如：騎重機時，準備足夠的防摔設備，穿防摔衣、戴手套及全罩安全帽等安全設備，可提高車禍時的能量承受力。

三、整合性企業風險管理

　　整合性風險管理（Integrated Risk Management）是從組織或企業整體的觀點，運用各種風險管理的方式，主動地以持續性及系統化的方法，實施相對應的策略來管理及控制企業的所有風險。以下分別說明整合性風險管理的意涵與其性質。

（一）整合性風險管理的意涵

隨著金融市場全球化的競爭更加劇烈，各國的資本市場與保險市場相結合。整合性風險管理計畫除了提供可保風險的保障外，也保障了能夠利用資本市場進行避險交易的財務風險。透過整合性風險管理的做法，可使各項風險帶來的可能損失都可以獲得保障。在整合性風險管理的策略下，除了企業本身的保險之外，還可以同時有多種資產避險（Asset Hedge）、負債避險（Debt Hedge）及權益避險（Equity Hedge）等工具可使用。

（二）整合性風險管理的性質

現代化整合型風險管理有下列幾項特質：

1. 綜合了保險、財務與經營風險之全面性風險管理的觀點，風險管理策略實施前會先經過公司分析及評估各種風險的風險成本。

2. 具有全方位的風險管理思維。全方位的風險管理可能會與實體安全技術的風險工程（Risk Engineering）、概括安全設備的投資決策以及因應各種損失發生前後的融資計畫（Risk Financing）有重大的關連，同時也包括人員作業績效與文化認知的風險人文（Risk Humanity）差異。不同的企業所進行的風險管理策略也會不相同。

3. 整合性風險管理常被用來支持企業的重大投資計畫。同時，其也被運用在企業發生損失後，企業需要再投資時的資金融資計畫。

實務分享

企業風險管理個案探討

20 世紀末與 21 世紀初是改變金融市場結構的關鍵，受到金融危機的影響，企業風險管理（Enterprise Risk Management，ERM）成為當代各大企業所要學習的必修課。安隆醜聞案（Enron Corporation）是美國史上最大宗的破產案，公司利用會計規範上的漏洞與低劣的會計財報來遮蔽公司與專案失利帶來的數十億美元的債務，多名

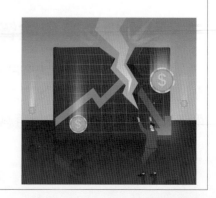

高層財務幹部在高風險會計行為上誤導了安隆企業的董事長及審計委員會，同時也向全球五大審計會計事務所之一的安達信會計事務所施壓，最終也導致安達信會計事務所被迫解體。也因為安隆醜聞案的爆發，催生了「2002 年薩班斯－奧克斯利法案（the Sarbanes- Oxley Act，SOX）」這項法案，該法案要求企業必須揭露企業本身面臨的風險及風險管理的資訊，也規範企業要重視消費者或民眾對該企業進行風險管理策略的要求。以此安隆醜聞案為分水嶺，美國監理機關開始更加注重企業對風險的揭露與財務風險控管的方式。在臺灣，也有安隆醜聞案的翻版事件，此章節將對「博達掏空案」進行簡單個案分析：

1. 事件簡介

    博達科技公司 1991 年成立，公司的業務內容主要是做電腦周邊產品的進出口貿易、以及開發 SCSI 介面卡，再以自有品牌 PROCOMP 行銷。2004 年 6 月 15 日博達無預警宣告破產，無法償還兩天後到期的 29.8 億公司債，向士林地方法院聲明重整，顯示有資金流向不明及虛列營收的現象，證交所依照證交所營業法之規定將博達股票列為全額交割股，6 月 24 日宣布停止交易，隔日公司董事長因詐欺及背信罪被移送至士林地檢署，被判 14 年有期徒刑，併科罰金一億八千萬，後來因公司董事長還不出一億八千萬，所以多關了三年。

2. 事件過程

    博達故意將吹捧業績，增加應收帳款來增加募資，90 年到 93 年期間業績不斷下滑，但博達的應收帳款皆超過 30 億。每到募資前，單月業績會突然明顯「被拉升」，年度結算的應收帳款也隨之被拉高。至 93 年被會計師要求，才提列出大筆的呆帳 26 億元。

    博達虛增現金，帳面上的現金數字明顯高過一年到期的長期借款，所以投資人大膽且信任地購買博達的可轉換公司債「博達一」，放款給博達的 14 家銀行也未急著拿回合計 47 億元的長短期貸款。博達以此手法讓銀行、投資人認為財報都是真的，未對財報有可疑之心。

    博達持續募資，用來補足資金缺口，在股票上市前，一年內博達兩度辦理現金增資，股票上市後更是連年持續增資，總共向股東拿了超過 120 億元現金，其中因為本業及業外投資皆呈虧損，公司負債比率更是令人擔憂。

3. 風險管理策略

當年疑似掏空的博達案重創投資者的信心，博達案件凸顯了選股的重要性，選股前除了要檢視經濟與產業面等基本因素，還需要留意公司更換財務長及會計師等資訊，對於股權質押及應收項目等消息更是不可忽視，投資人對於公司的經營與財務狀況一向都很重視。站在博達的立場，博達有掌控好公司營運的狀況嗎？當財務已發生異狀，不但沒有立即進行損失抑減，也未檢討資金的來源與流向是否恰當，對於風險控管工具也未做好規劃，紙終究包不住火，最終公司也面臨破產。臺灣經過這次嚴重的掏空案件，企業風險管理更是企業管理中一個具有相對關鍵的角色，圍繞在企業的經營與發展的核心目標，風控長在企業中更是扮演重要的角色。

本章習題

一、名詞解釋

1. 風險控制

2. 風險避免

3. 損失控制

4. 風險分散

5. 風險理財

6. 風險自留

7. 自己保險

8. 專屬保險

二、選擇題

( )1. 下列何者屬於控制型之風險管理方法？　①危險自留　②損失抑減　③損失預防　④危險迴避　(A) ②③④　(B) ①③④　(C) ①②③　(D) ①②④。

【101 年初等考試】

( )2. 危險管理工具中之「損失控制」（Loss Control），主要方法包括：　①危險自留　②損失抑減　③損失預防　④危險迴避　(A) ①③　(B) ②③　(C) ③④　(D) ②④。　【102 年初等考試】

( )3. 下列何者屬於危險管理工作在損失發生後（Post-Loss Objectives）的目標？　(A) 減少心理憂懼　(B) 維持企業繼續生存　(C) 節省經營管理成本　(D) 滿足外界強制性的。　【102 年初等考試】

( ) 4. 下列哪一種風險管理的作法，屬於損失理財（Loss Financing）的方法？
(A) 更換老舊電線，防止電線走火引起火災 　(B) 教室設置滅火器，防止火災損失擴大 　(C) 自己保險（Self Insurance） 　(D) 害怕發生空難，不去搭飛機。

( ) 5. 下列哪一種風險管理的作法，通常最適合用來管理損失頻率小且損失幅度大之可保的純粹風險（Pure Risk）？ 　(A) 保險 　(B) 自留 　(C) 損失預防 　(D) 衍生性商品避險。 　　　　　　　　　　　　　　　　　　【103 年初等考試】

( ) 6. 「自留」常是何種管理風險方法之首選？ 　(A) 損失頻率低、損失幅度低 　(B) 損失頻率低、損失幅度高 　(C) 損失頻率高、損失幅度低 　(D) 損失頻率高、損失幅度高。 　　　　　　　　　　　　　　　　　　【105 年初等考試】

( ) 7. 政府常透過颱風或土石流警報的發布，提醒民眾做好防颱準備或做必要的疏散，此為： 　(A) 風險融資 　(B) 損失預防與抑制 　(C) 自己保險 　(D) 風險移轉。 　　　　　　　　　　　　　　　　　　【105 年初等考試】

( ) 8. 一般企業有計劃的提撥資金，做為損失發生時所需的資金來源，稱為：
(A) 專屬保險 　(B) 自己保險 　(C) 共同保險 　(D) 重置成本保險。
　　　　　　　　　　　　　　　　　　【105 年初等考試】

( ) 9. 風險控制是指降低風險的決策或作為，下列何者不屬於風險控制的方法？
(A) 避免從事風險行為 　(B) 分散資產 　(C) 損失預防與抑制 　(D) 自留。
　　　　　　　　　　　　　　　　　　【105 年初等考試】

( ) 10. 下列哪一項措施，屬於企業在遭受損失後的風險管理目標？ 　(A) 節省經營管理成本 　(B) 履行外部的法定義務 　(C) 維持企業的繼續生存 　(D) 建立良好的企業形象。 　　　　　　　　　　　　　　　　　　【106 年初等考試】

( ) 11. 何種危險最適合用保險作為風險管理的策略？ 　(A) 損失頻率高、損失幅度大 　(B) 損失頻率低、損失幅度大 　(C) 損失頻率高、損失幅度小 　(D) 損失頻率低、損失幅度小。 　　　　　　　　　　　　　　　　　　【107 年初等考試】

( ) 12. 有關風險管理中的重要步驟－「風險的衡量與分析」，主要是衡量分析什麼？ 　(A) 損失頻率及損失幅度 　(B) 損失分布及事故項目 　(C) 投入成本之項目及金額 　(D) 管理措施及調整情形。 　　　　　　　　　　　　　　　　　　【107 年初等考試】

( ) 13. 下列各項危險管理的方法，何者強調事前的危險控制技巧，其功能在於藉由降低損失頻率或損失幅度，實質改變危險，真正減少社會的損失？
(A) 專屬保險　(B) 自己保險　(C) 危險自留　(D) 危險分離。

【109 年初等考試】

( ) 14. 甲經理擔心出國參加會議，可能會在國外或飛機上感染新冠病毒（COVID-19）。所以在疫情盛行期間，為避免在國外染疫，甲經理不出國且將所有會議改為網路視訊舉行，此種危險管理方式屬於下列何者？
(A) 危險迴避　(B) 危險分散　(C) 危險隔離　(D) 危險移轉。

【110 年初等考試】

( ) 15. 下列哪些危險管理的方法是屬於危險理財（Risk Financing）的類型？
①危險自留　②危險隔離　③自己保險　④專屬保險　⑤危險避免
(A) ①②③　(B) 僅③④　(C) 僅①③④　(D) ①③④⑤。

【110 年初等考試】

三、問答題

1. 危險的存在使得個人或企業遭受極大的不便，甚至產生很大的成本，試問如何透過有系統的步驟進行危險管理？　　　　　　　　　　　　【102 年普考】

2. 何謂損失頻率（Loss Frequency）？何謂損失幅度（Loss Severity）？又損失頻率與損失幅度對危險管理決策之影響如何？試分別說明之。　【108 年高考】

3. 何謂保險式的危險移轉（Insurance Type of Transfer）？何謂非保險式的危險移轉（Non-Insurance Type of Transfer）？請詳述之。　　　　【106 年產經代】

4. 危險管理之方法不外乎危險控制（Risk Control）與危險理財（Risk Financing），而危險理財對企業之營運及生存尤關重要。其手段基本上有自留與移轉。企業決定將危險自留其原因為何？又針對危險自留通常所採行之方法為何？試分別說明之。　　　　　　　　　　　　　　　　　　【101 年普考】

5. 何謂專屬保險（Captive Insurance）？試述企業設立專屬保險公司之主要原因為何？此外，試述設立專屬保險公司之主要功能為何？　　【104 年產經代】

6. 何謂自己保險？自己保險與保險有何不同？企業採取此方式管理危險有何優點？請說明之。　　　　　　　　　　　　　　　　　　【102 年產經代】

7. 何謂整合性風險管理（Integrated Risk Management）？又其對保險業之重要性為何？試分別說明之。　　　　　　　　　　　　　　　　　【101 年高考】

03
保險基本概念

學習重點

1. 保險的起源
2. 保險的意義與功能
3. 可保風險的要件
4. 保險之分類
5. 大數法則的應用

INSURANCE

保險NEWS

柯媽媽立法案－強制汽車責任保險

　　1989 年 6 月，柯媽媽收到痛心、悲憤的消息，即將從東海研究所畢業的長子，在行徑東海別墅附近一條管制區的產業道路上，被違規駕駛人的聯結車從後方撞上，當場死亡。柯媽媽表示，當時肇事車行老闆說：「我們經營二、三十年的車行，常常在撞死人好像在吃飯一樣！」，又說「那一天我們才壓死兩個，也是大學生，一個二十萬，妳兒子是研究生，三十萬要不要拿，不然就去告；妳去告也是拿雞蛋碰石頭而已，臺灣全省有勢力的包括我不會超過五個。」這番冷嘲熱諷讓她十分心痛，但在兒子托夢告訴她必須以立法來保障往後的受害者後，柯媽媽決定走上艱辛的立法一途，企圖以立法來保障車禍受害者，歷時八年後催生《強制汽車責任保險法》的立法。

資料來源：維基百科－柯蔡玉瓊；https://reurl.cc/v7bpxe

 解讀

　　根據上述的案例可知，強制汽車責任保險法的由來也是歷經艱難而後才立法的。保險在其中扮演了至關重要的角色，是對生命的保障，也是對整體社會的救濟，救助遍布臺灣各個角落不幸的車禍受害者。經由這次的立法，讓臺灣人民更加認知保險的重要性，也讓保險更加融入人們的日常。

前 言

　　保險已成為我們生活中不可缺少的商品。個人、家庭到企業都可能面臨人身生命到財產的相關風險，都需要透過保險的規劃及風險管理以對應這些風險。保險的理念擴及對風險的掌控、資金的分配與應用、意外事故的損失抑減以及個體遭遇不測的補償金等。因此，保險制度使保險扮演一個良善的用意與安定社會的角色。

3-1 保險的起源

　　世界上最古老的保險制度，發源於 13 世紀義大利的海上借貸風險，而在 15 世紀時開始出現保險單，類似現代保險經營的海上保險。16 世紀時由於工業革命以及科學技術更加進步，各種有關於工業發展的保險迅速擴展，義大利將海上保險傳入英國，直至 17 世紀末成立了勞依茲（Lloyd's）保險商交易中心。勞依茲是由愛德華·勞依德（Edward Lloyd）於泰晤士河附近開設以自己名字命名的咖啡廳，而此地因聚集許多海運商及貿易商等人，因此，此咖啡廳便成為船運的交流信息場所，保險經紀人及保險商便也將此名號當作經營場所。而後，在中世紀時，德國的「救濟金庫」、英國的「友愛社」、荷蘭與法國的「年金制度」等皆以集資的方式開啟了人壽保險業。在 17 世紀時，因倫敦發生巨大火災，之後便出現第一家房屋火災保險商。

3-2 保險的意義與功能

一、保險的意義

　　從保險的基本原理來看，保險是為了幫助經濟個體面對共同的風險而存在的。透過大數集合和大數法則，保險公司可以根據過去的承保單位的損失經驗，估算出預期的損失成本並計算出合理的保費。當消費者（即要保人）支付保險費時，風險就會轉移給保險公司。保險公司透過集合多數人的損失經驗，降低風險並在發生保險事故造成損失時，提供財務補償的制度。

（一）構成保險意義之四大面向

1. 法律觀點－保險監理層面

根據保險法第一條規定：「本法所稱保險，謂當事人約定，一方交付保險費於他方，他方對於因不可預料，或不可抗力之事故所致之損害，負擔賠償財物之行為。根據前項所訂之契約，稱為保險契約。」因此，當要保人支付保險費後，保險人承諾對未來可能會發生的損失負責賠償。在保險事故發生時，保險人必須履行責任，提供補償。

2. 經濟觀點－保險人層面

保險是一種持續性的經濟制度，用以處理可能發生的特定偶然事件。透過集合多數經濟單位的方式，並以合理的保費精算為基礎收取保險費，共同籌備資金。當發生保險事故時，保險公司可以公平進行補償，以確保經濟單位生活的穩定。

3. 風險管理觀點－要保人層面

從風險管理的角度來看，保險的作用是將經濟單位面對「不確定性的巨大損失」的風險轉換為「確定性的小損失」，以減輕損失的影響。因此，要保人必須向保險公司支付保險費，這是一種有效的風險管理策略。

4. 財務觀點－社會大眾層面

保險是一種理財型管理策略，它可以將少數經濟單位所面臨的財務負擔轉變為多數經濟單位共同承擔的輕微財務壓力。具體而言，少數人承擔的財務重擔是保險事故發生時的損失金額，而多數人所需支付的則是保險費。

（二）保險契約的當事人與關係人

因要保人必須向保險公司支付保險費，而保險公司危險事故發生時承擔賠償責任，因此保險契約牽涉到要保人和保險公司兩個當事人。此外，保險契約的訂立涉及到多個不同的對象，其中被保險人和受益人也是保險契約的關係人。

知識小站

大數法則（Law of Large Numbers）

保險的大數法則，又稱作「保險大數定理」，是保險經營的基礎數理概念。若只觀察個別的風險事件是否發生，無法精確地評估風險；但若觀察大量同類型風險事件時，則能推算出同類型事故發生的平均數，當觀察樣本越多時，所預測的結果會越為精確。因此，大數法則也成為保費費率制定的基礎。

保險利益（Insurable Interest）

保險利益又稱「可保權益」，指要保人對於保險標的具有經濟上的利益。

保險法第十四條規定：「要保人對於財產上之現有利益，或因財產上之現有利益而生之期待利益，有保險利益。」

保險法第十五條規定：「運送人或保管人對於所運送或保管之貨物，以其所負之責任為限，有保險利益。」

保險法第十六條規定：「要保人對於左列各人之生命或身體，有保險利益。」

1. 本人或其家屬。
2. 生活費或教育費所仰給之人。
3. 債務人。
4. 為本人管理財產或利益之人。

二、保險的功能

保險的基本功能包括風險分散和損失補償。通過將少數保戶因自然災害，或意外事故遭受的損失分攤給多數保戶，同時建立的保險基金也用於對受損保戶的經濟補償。保險的功能可細分為風險轉移、風險降低、風險融資和資金積累等，分別說明如下：

(一) 風險移轉之功能

風險移轉是將風險及可能引起的損失全部或部分轉移給他人承擔的過程。保險的其中一項功能為個人或公司支付保險費，將未來可能發生的損失風險轉移給保險公司承擔。

(二) 降低風險之功能

保險公司可以接收個人或企業組織的風險移轉，透過大數法則及風險分散之策略，降低保險公司所承擔的風險。

(三) 風險融資之功能

保險具有對價關係，保戶向保險公司支付保費，當事故發生時，保險公司會給付賠償金。因此，保戶可以確保個人或公司企業在遭受意外損害時，能夠取得保險金，也就是保險的融資功能。

(四) 資金累積之功能

保險公司必須收取足夠的保險費，以補償保戶的財務損失。因此，保險公司需要將收到的保險費累積至一定金額，以便將來發生損失時能夠實現對保戶的承諾，給予賠償金。

實務分享 · · · ·

保險保障的案例探討

保險是轉嫁重大風險的工具，然而也有人認為選擇「風險自留」並非不可行，因此選擇自行儲蓄，而不購買保險。一位網友在臉書上分享了姐姐的理財方式，姐姐只儲存錢用於準備醫療費，並不購買保險，但引發多數網友的擔憂。他們認為，一旦遇到重大疾病，這些儲蓄很可能會很快用完。

這位姐姐對於保險持負面看法，結婚時聽取理財專家的建議，決定不購買保險，而是把錢存到另一個銀行帳戶的定期存款中，以應對可能出現的醫療需

求。經過 20 多年的時間，已經累積了 100 多萬元。而姐姐也認為，擁有團險的意外險就足夠了，否則遇到經常拒賠的保險公司「真的就會虧大了」。

網路上亦有人分享了身邊的慘痛經歷，當家人確診癌症時，平均每次進入醫院治療要花費 15 萬，每三周需要赴院治療一次，而治療時間需持續 2 年。幸好擁有保險可以全額轉嫁醫療費用，而家人計畫醫療保險，自行支付所有費用，每年保費僅為 3 萬多元，讓這位網友深感「保障做好，真的不小心遇到意外至少不會拖累家裡」。事實上，投保保險的最大優勢在於用較少的錢轉嫁重大風險，其中必要的保障包括醫療險、意外險、雙實支實付、癌症、重大疾病／重大傷病、失能／長照險等。

資料來源：今周刊 2021/12/09；https://reurl.cc/v7bpbL

3-3 可保風險的要件

通常保險公司只承保純粹損失風險，但並不是所有的純粹損失風險都會被保險公司所接受。從保險經營的角度來看，保險公司只會接受符合可保風險要件的風險，詳細說明如下：

一、風險單位須數量眾多且同質性

保險公司需要利用大數法則的技術，並且必須有眾多的風險單位面臨相同的風險，才能夠根據過去的承保經驗來估算預期損失。在承保大量風險單位的前提下，保險公司還需透過核保來篩選業務，以拒絕承保高風險的業務，提升所有承保之風險單位的同質性並收取相同的保險費。

二、風險事故的發生須為獨立

風險事故的發生必須為獨立事件，而風險單位之間也應該分散且不過度集中，以避免單一風險事件對保險公司造成過大的損失。然而，在我國住宅火災及地震基本保險是例外情況。由於火災可能波及多個風險單位，因此超出了保險公司單獨承擔的能力範圍，透過共同承擔的方式，以保障公共利益。

從分散風險單位的角度來看，每個風險單位發生損失的獨立性，對於保險公司進行風險分散是至關重要的。如果損失程度高度相關，即某一風險單位遭遇損害時，其他風險單位也可能遭受威脅，這將影響保險公司利用大數法則進行風險分散的效果。

三、損失金額須為可衡量

損失金額必須可衡量，以便保險公司在保險事故發生時，針對被保險人的實際損失給予補償。如果損失無法衡量，保險公司必須花費更多時間和精力來評估損失，這可能會影響保險公司的經營績效，也有可能導致損失金額評估不正確的情況發生。

四、事故發生須為意外

保險公司所承保的事故必須是無法預測或隨機發生的事件。如果事故是由人為因素或可預測的因素引起的，保險公司將無法承擔責任。如果保戶能夠預見到可能發生的風險，他們可能會在事故發生前投保以減少損失，但這可能會引發道德風險和大數法則失衡的問題，對保險公司的經營產生不利的影響。

五、損失須對被保險人造成沉重負擔

理論上，保險公司只應承擔對被保險人造成巨大財務損失和金錢負擔的風險。如果風險只會對被保險人造成較小的損失，則被保險人可以自行承擔風險，或者通過其他風險管理方式來減輕風險，而不需要保險的保障。

六、保費須可計算

　　保險公司必須能夠清楚地、客觀地評估風險事故的發生頻率和損失程度。這樣保險公司就可以根據過去的承保經驗，利用大數法則預測未來的損失成本，合理估算純保費及附加費用，使保費更加客觀、公正和合理。

七、保費須合理

　　如果保險公司承保的風險範圍過大，損失成本也會反映在保費上。高昂的保費會不利於保險公司的行銷，進而影響整個公司的經營狀況。因此，在一定的承保範圍內，保險公司在計算保費時要達到保費合理，也要考慮到被保人對此保費的負擔能力。

八、保險標的須合法

　　保險只承保合法的標的，若此標的符合上述七種要件，但卻是法律不允許的事項，保險公司則會拒絕承保。保險的初衷是基於合法的互助互惠之精神，如果保險標的物不合法，則違反了保險的意義，也損害了保險的道德性。

　　以上為可保風險的八個要件。由於各保險公司經營模式的不同，可保風險的要件也可分為絕對必要條件和相對必要條件，並且可以根據不同公司的經營型態進行彈性調整，如表 3-1 為可保風險要件及屬性。

❖表3-1　可保風險要件及屬性

可保風險要件	絕對必要條件	相對必要條件
風險單位須數量眾多且同質性	V	
風險事故的發生須為獨立	V	
損失金額須為可衡量		V
事故發生須為意外		V
損失須對被保險人造成沉重負擔		V
保費須可計算		V
保費須合理		V
保險標的須合法		V

道德風險（Moral Hazard）

道德風險是指保險交易雙方在契約簽訂後存在資訊不對稱的問題，而被保險人在購買保險後改變行為模式，導致保險公司承擔的風險增加。被保險人行為改變所導致的道德風險可以分為兩種類型。第一種是「事前」道德風險，指被保險人因為有保險保障而降低了對於損失風險的防範，因此導致保險事故發生機率上升。例如，當被保險人購買健康保險後，可能會減少對於疾病預防的積極性，進而提高罹患疾病的風險。第二種是「事後」道德風險，指被保險人在保險事故發生後因有保險保障而增加非必要的支出，或者放任損失擴大。例如，當被保險人購買健康保險後，在面對疾病時可能會因為醫療成本降低而增加非必要的醫療支出，進而導致保險公司給付的醫療費用增加。

逆選擇（Adverse Selection）

逆選擇是指在簽訂契約前，交易中的一方隱瞞自己的個人資訊，沒有揭露真實情況，並選擇對自己更有利的方案，這導致交易雙方擁有不同程度的資訊不對稱，使得保險公司無法有效地分散風險。

3-4 保險之分類

根據保險法第十三條規定：「保險分為財產保險及人身保險。財產保險，包括火災保險、海上保險、陸空保險、責任保險、保證保險及經主管機關核准之其他保險。人身保險，包括人壽保險、健康保險、傷害保險及年金保險。」保險法主要將保險分為財產保險與人身保險，但從保險公司經營層面來看，保險可依照不同的性質分為以下六大類，分別說明如下：

一、財產保險與人身保險

(一) 財產保險 (Non-Life Insurance)

財產保險為當風險事故導致財產直接或間接損失，或對第三方造成損害賠償責任時，由保險公司負擔賠償責任。財產保險通常包括所有非人身保險的項目，而保險期限通常很短，幾乎都是一年期或更短，財產保險主要的種類如下：

1. 火災保險 (Fire Insurance)

火險，是指保險公司對動產及不動產的機器、設備、房屋及廠房等負擔因火災所致的毀損賠償責任。火險可分為商業火災保險和住宅火災保險兩種，並且也包含由火災間接導致的損害賠償。

2. 海上保險 (Marine Insurance)

水險，本質為海上運輸險，是指保險公司對海上運輸所承擔的風險負責賠償。海上保險的承保項目包括船舶本身、進出口貨物、運費、船費、出售貨物的預期利潤以及在運送途中可能承擔的責任等，主要是因海上事變及災害所導致的毀損、滅失及費用支出。

3. 陸空保險 (Land and Air Insurance)

陸運險包括內陸運輸保險和航空保險。它是指當保險標的物在陸地、內河或航空運輸中遭受事變或災害損壞、失竊或產生費用支出時，由保險公司負擔賠償責任。航空保險承保範圍涵蓋各種航空風險事故，主要是針對財產損失和責任賠償，如航空運輸保險、航空機體保險及機組員人身意外險等。

4. 責任保險 (Liability Insurance)

責任保險可分為企業責任保險、個人責任保險和專業責任保險三大類。責任保險是指在法律上被保險人應對第三方進行賠償時，由保險公司負擔賠償責任的保險。責任保險承擔的損失包括第三方的財產損失和人身傷害。

5. 保證保險 (Bonding Insurance)

保證保險是指被保險人因被保證人的不誠實行為或未履行義務所導致的損失，由保險公司負擔賠償責任。保證保險可分為誠實保證和確實保證兩種。誠實保證針對被保證人是否誠實，而確實保證則針對被保證人未履行義務時，由保險公司賠償被保險人的損失。

6. 汽車保險（Automobile Insurance）

汽車保險是最貼近我們日常生活的險種之一，其承保項目包括汽車碰撞險、汽車竊盜險及汽車責任險等。指當擁有、使用或管理汽車的行為導致車體毀損或責任賠償時，由保險公司負責賠償。強制汽（機）車責任險實施後，我國所有汽（機）車的所有人必須購買基本額度的汽（機）車責任保險，並依照所有人的需求決定是否購買其他商業性汽（機）車責任保險。

（二）人身保險（Insurance of the Person）

隨著人們成長，每個人可能會面臨疾病、意外、老化、失能及死亡等風險，人身保險相較於財產保險更關注人的身體和生命。人身保險主要的種類如下：

1. 人壽保險（Life Insurance）

人壽保險是以被保險人的生命為保險標的，當保險事故發生（如生存或死亡）時，保險人需賠償保險契約約定之受益人保險金。人壽保險的承保期間通常較長，除了有一年期的定期壽險外，還有長達五年、十年及二十年，甚至是終身的保單。人壽保險可依照保險事故分為以下幾種：

(1) 死亡保險：也稱為定期壽險，保障期間為約定期間內，若被保險人在此期間內身故，保險公司才會賠償受益人保險金；若被保險人存活至保單到期時，則受益人無法獲得滿期金。

(2) 生存保險：若被保險人在保險期間結束時仍存活，保險人才會給付保險金。

(3) 生死合險：也稱養老險，結合了死亡保險與生存保險的概念。在保險期間內，若被保險人死亡或存活，保險人都要給付保險金或滿期金給受益人。購買生死合險需要支付較高的保費，但保戶可以將多支付的保費視為儲蓄，而多繳保費的本利和稱為現金價值。相對於財產保險，人壽保險主要承保內容是人的生命與身體，因此在人的一生中，人壽保險扮演了重要的角色。

2. 年金保險（Annuity Insurance）

年金保險是一種定期給付被保險人一定保險金的保險，可以在特定的年齡或一段時間內開始給付，直到被保險人身故為止。年金保險提供定期持續的收入，是處理老年生活津貼的一種傳統保險商品。國民年金保險則為政府所辦理的年金保險。

3. 傷害保險（Injury Insurance）

傷害保險是指保障被保險人在遭受意外傷害、失能、傷亡或醫療費用時的風險。傷害保險中的「意外傷害」定義為非疾病所引起的突發事故所造成的傷害，例如車禍或摔倒。相反地，若失能或傷亡是由健康問題或疾病所導致，則不能被納入傷害保險承保的範圍內。

4. 健康保險（Health Insurance）

健康保險覆蓋的風險包括因身體不適、疾病、分娩而導致失能、死亡的醫療費用和看護費用，以及因收入受影響而產生的損失。由於少子化日益嚴重，老年人對長期照護保險的需求大幅增加，此種類型的健康保險將成為未來的主流。

5. 投資型保險商品（Investment-Linked Insurance）

投資型保險商品是將保險保障和投資結合在一起，但其基本性質仍是保險商品。相對於傳統的人壽保險，投資型商品的保險費也具有儲蓄性質，但保險公司無法保證其報酬率。購買投資型保險商品的保戶必須自行承擔投資風險，只能移轉死亡風險和費用風險給保險公司。

知識小站

現金價值（Cash Value）

現金價值是人身保險中具有儲蓄性質的價值，又稱為保單現金價值或保單價值準備金。通常，保單價值準備金是由要保人支付的保險費累積而成，保險公司會將這些資金儲存起來，以履行未來可能產生的保單權利，例如保單貸款、解約金、減額繳清或墊繳保費等責任。

二、損害補償保險與定值保險

根據損失發生時，保險公司決定理賠金額的計算方式，可以區分為事後計算的損害補償保險和事先估算的定值保險，詳細說明如下：

(一) 損害補償保險 (Indemnity Insurance)

損害補償保險也稱為不定值保險，補償標準是根據被保險人的實際損失金額作為補償依據。理賠時，實際損失金額也是賠償的上限。

(二) 定值保險 (Valued Insurance)

定值保險是指由要保人和保險公司事先共同約定一個固定金額。如果保險標的發生全損，則保險公司支付該約定的損失金額。此方式通常適用於承保藝術品及古董等沒有市場價值的商品。人壽保險也屬於定值保險，因為人身無價，且在死亡時難以衡量實際的損失。因此，保險公司支付的理賠金額是要保人和保險公司事先約定好的保險金額。

三、個人性險種與商業性險種

保單的購買者可以是個人或企業，由於他們購買保險的目的不同，因此保險分為個人性險種和商業性險種。以下分別介紹：

(一) 個人性險種 (Personal Lines)

個人性險種主要是由個人購買的保險，相對於企業、組織及團體購買的保險，個人所需支付的保費較少，議價能力也較差。因此，個人性險種所承保的風險同質性較高，且有更多的統計資料，應用大數法則後風險損失也較小。

(二) 商業性險種 (Commercial Lines)

商業性險種主要是由企業及組織購買的保險，所需支付的保費遠高於個人性險種。對保險公司而言，企業客戶是非常重要的客戶，因為他們對保險公司的經營貢獻非常大。企業對於保險公司的議價能力也較強，並且能聘請專家協助風險管理決策和選擇適當的保險種類。

四、原保險與再保險

依照保險公司負擔責任的次序，保險種類可分為最先承保的原保險和再轉嫁給其他保險公司承保的再保險。具體說明如下：

（一）原保險（Primary Insurance）

原保險是指由要保人和保險公司簽訂的保險契約，保險公司為保戶人提供風險保障和賠償責任。

（二）再保險（Reinsurance）

再保險是指原保險公司將部分風險轉移給其他保險公司的保險形式。再保險與原保險是獨立的法律契約。因此，如果原保險公司未能履行賠償責任，原保險之保戶無權要求再保險人進行賠償；同樣地，再保險人也無法向原保險之保戶要求繳納保險費。此外，原保險公司不得因再保險公司未支付賠償金而延遲或拒絕對原保險之保戶人進行賠償。如圖 3-1 為原保險契約與再保險契約之關係圖。

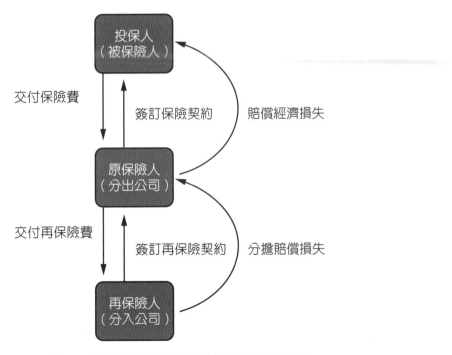

▶圖3-1　原保險契約與再保險契約獨立關係圖

五、強制保險與任意保險

　　保險是否為強制購買可分為兩種，分別是法令約束下的強制保險與依照消費者自由決定的任意購買，分別說明如下：

(一)強制保險

　　強制保險是指政府透過法令要求某一類民眾或某特定行業必須購買某種保險，以防範意外事故發生，並提供一定的基礎保障。我國的強制汽（機）車責任保險為其中之一，該保險是政府規定所有領有汽車或機車牌照的車主必須購買的保險。

(二)任意保險

　　保險購買與否取決於消費者自身需求及偏好，政府不會強制規範。任意保險是指「強制險」以外的險種，以汽車保險為例，包括竊盜險、車體險及超跑險等等。

六、政策性保險與非政策性保險

　　保險性質可分為是否存在政策考量，包括具有法律約束的政策性保險和非政策性保險。以下分別說明：

(一)政策性保險

　　政策性保險通常由政府出面，具有非營利性，提供補助、免稅策略和立法保護等政策性措施。這些保險是為了實現某項特定政策而推出，以商業保險的方式經營。通常由國家設立的專門機構、委託官方或半官方保險公司來承辦此類保險。社會保險是現代社會保障制度重要的一環，國家強制人民投保各項保險，為各種社會風險做好準備，包含疾病、傷害、失能、失業、老年衰退和死亡風險等，例如勞工保險、全民健康保險和國民年金保險等。

(二)非政策性保險

　　商業保險強調契約自由，購買商業保險與否完全取決於消費者和保險人雙方自願締結的關係。商業保險的經營主體主要為商業保險公司，其以獲取公司最大的利潤為主要目標，而提供保戶最大限度的經濟保障。

3-5 大數法則之應用

保險是一種具有承諾性的特殊無形商品，其經營和管理需要各種不同的專業知識。在保險經營中，遵循大數法則、風險分散原則和風險選擇原則是非常重要的。

一、大數法則相關說明

根據大數法則，風險單位數量越多，其實際發生損失的結果會越接近這些單位數量中預期可能損失的結果。因此，保險公司能夠更準確地預測可能發生的風險，並計算出更合理的保費，使得保險期間內所收取的保險費與負擔賠償的保險金額能夠達到平衡。

大數法則對於保險公司的經營效益，在業務面及財務面皆有重要的影響。分別詳細說明如下：

(一) 大數法則在業務面上的基本效益

1. 降低保險費率

透過大數法則，可以擴大承保的風險單位數量，從而降低固定成本和保險費率中的附加費用率。因此，保險費率得以下降，使保險產品更具競爭力。

2. 減少不確定性

不確定性是指實際賠款與預期損失之間的差距。若能減少不確定性，就能更精準地掌握損失風險。以下列出不確定性的公式，並以表 3-2 說明不確定性與風險單位數之關係，藉此說明當風險單位數增加時，不確定性也會相應地降低。

$$不確定性 = \frac{|預期損失次數 - 實際損失次數之變動範圍|}{風險單位數}$$

❖表3-2　不確定性與風險單位數之關係表

風險單位數	損失機率	預期損失次數	實際損失次數之變動範圍	不確定性
100	2%	2	0 ～ 4	0.02
1,000	2%	20	16 ～ 24	0.004
10,000	2%	200	170 ～ 230	0.003
100,000	2%	2,000	1,980 ～ 2,020	0.0002

3. 幫助風險程度下降

風險程度是指風險單位實際損失次數，與預期損失次數的可能偏差，與預期損失次數的比值。為了說明風險程度會隨著風險單位數的增加而減少，以下列出不確定性之公式，並以表 3-3 風險程度與風險單位數之關係表進行說明。

$$風險程度 = \frac{|實際損失次數 - 預期損失次數|}{預計期損失次數}$$

❖表3-3　風險程度與風險單位數之關係表

風險單位數	損失機率	預期損失次數	實際損失次數變動範圍	風險程度
100	2%	2	0 ～ 4	1
1,000	2%	20	16 ～ 24	0.2
10,000	2%	200	170 ～ 230	0.15
100,000	2%	2,000	1,980 ～ 2,020	0.01

4. 增加保險經營之穩定性

從上述表 3-2、表 3-3 可得知，損失是否發生的不確定性，與風險程度會隨著風險單位數的增加而逐漸降低。這對保險公司而言，能使其經營更趨穩定。

5. 增加統計結果的可靠性

隨著風險單位數的增加，累積至一定數量後，其統計結果的可靠性也會提高，這是精算師參考的重要依據之一。

6. 降低保險費的安全係數

在確定保險費率時，為了避免受到市場波動的影響，通常會在保費中附加安全係數。這個安全係數的大小通常是跟風險單位數成反比。

(二) 大數法則在財務面之基本效益

1. 降低單位成本

當風險同質性越高，保險公司可以承擔更多的風險數量，因為所估計之損失會更接近真實情況。當保單數量達到規模經濟時，管理保單的成本也會隨之降低。這樣保險公司就有更多的資金用於增加其他部門的人力與資源，進而提高效率。

2. 擴大保險營運資金

因大數法則讓保險公司的承保業務量提升，保險公司除了自有資金外，還有保費收入可運用。因此，保險公司可以從事更多的投資項目，讓保險公司有良好的資金動能與循環。

3. 提供清償能力之擔保

大數法則的應用技術讓保險公司可以累積了豐厚的資金，使其得以進行多種風險屬性不一致或策略不相近的投資組合。這不僅有助於降低投資風險，確保保險公司的經營和財務狀況，也提供了清償能力之擔保。

4. 提升責任準備金之提存

在擴大承保業務的同時，保險公司也需要遵守法規限制，提高提存責任準備金以預先做好未來的補償準備。這對保險公司的資金規劃提供了更大的彈性。

(三) 運用大數法則之限制

　　雖然理論上大數法則可以成為保險公司經營和管理的依據，對業務和財務方面都有正面的效果，但在實際運用上仍存在以下的限制。分別說明如下：

1. 大數法則基於$N \to \infty$的假設，但實際上保險公司所處的市場環境和經營狀況並不可能無限趨近於無窮大。

2. 風險同質性相近的樣本並不容易取得，因此實際的風險單位可能存在差異和落差。

3. 風險單位數量是會不斷變化的，而保險公司對於這些變化的掌握並不容易。

4. 人為因素也會影響到大數法則的結果，例如道德風險和心理因素的影響可能會扭曲預期的結果。

二、風險集合相關說明

風險集合是指通過平均風險水平來分擔個人風險損失的機制。通過風險集合，個人風險得以分散，將風險分散到更大的集體中，從而降低了個人承擔風險的成本和風險的不確定性。如表 3-4、表 3-5 之說明：

❖表3-4　林小姐需面對的發生機率與損失金額

發生機率	損失金額（元）
0.1	100,000
0.9	0

由表 3-4 得知，有 10％的機率會發生損失，其損失金額為 100,000 元，預期損失金額為 10,000 元，標準差為 20,000 元。

$$預期損失金額 \rightarrow 10,000 元 = (0.1 \times 100,000 + 0.9 \times 0)$$

$$標準差 \rightarrow 30,000 元 = \sqrt{0.1 \times (100,000 - 10,000)^2 + 0.9 \times (0 - 10,000)^2}$$

假設今天林小姐與王先生是同質性的個體，且彼此是否發生損失皆不影響損失金額之大小，雙方約好要共同分擔彼此之風險，因此林小姐與王先生組成一個風險集合，透過風險集合來平均損失，彼此分攤損失。

❖表3-5　林小姐與王先生組成風險集合，個別分攤後之金額

	損失發生之機率	損失總額	個別分攤後之金額
雙方皆無損失	0.9×0.9 = 0.81	$0	$0
只有林小姐損失	0.1×0.9 = 0.09	$100,000	$50,000
只有王先生損失	0.9×0.1 = 0.09	$100,000	$50,000
雙方皆有損失	0.1×0.1 = 0.01	$200,000	$100,000

由表 3-5 得知，林小姐除了要負擔一半自身可能發生的損失，還要負擔一半王先生可能會遭受的損失。原本林小姐個人要負擔的損失金額為 0 元與 100,000 元，如今與王先生組成風險集合後，有額外 18％(0.09×2) 的機率要一同分擔 50,000 元的損失。預期損失仍為 10,000 元，標準差則為 14,142 元。

預期損失金額 → 10,000 元 = $(0.81 \times 0 + 0.18 \times 50,000 + 0.01 \times 100,000)$

標準差 21,213=
$$\sqrt{0.81 \times (0-10,000)^2 + 0.18 \times (50,000-10,000)^2 + 0.01 \times (100,000-10,000)^2}$$

由上述表 3-4、表 3-5 之比較，透過風險集合的機制，可以得出以下四點結論：

1. 加入風險集合後，個人的預期損失不會改變。

2. 風險集合的成員增加，個人負擔損失的變異性會減少，承擔的風險也會隨之減少。

3. 每位風險集合成員所分擔的金額更容易預測，且隨著成員增加，分擔的金額會更接近預期損失。

4. 這符合大數法則的概念。

三、風險分散相關說明

分散風險是指保險公司為確保經營穩定性而將風險分散的範圍擴大。如果保險公司承保的風險過於集中，當事故發生造成損失時，可能會影響到多項保險標的物，增加保險公司的賠償，甚至無法負擔此賠償責任。從宏觀的風險分散來看，保險公司可以透過地理、時間和多種經營方式來分散風險。從微觀的風險分散來看時，保險公司可以依據承保前後的時間點，採取適當的風險分散策略。此外，風險分散的另一個重點是要了解損失之間是否存在相關性，並辨認風險是否為可分散或不可分散的風險。

(一) 承保前後之風險分散

1. 承保前的風險分散

為了保持保險業務的穩定性，保險公司在承保時會合理分配風險單位，考慮每個風險單位可能的最大損失金額。對於超出自身負擔責任的風險，保險公司會視情況進行部分承保或拒保。

2. 承保後的風險分散

保險公司通常會透過再保險和共同保險兩種策略進行風險分散。再保險是指原保險公司將風險轉移給再保險公司；共同保險則是指多家保險公司為同一保險利益、同一保險事故、同一保險期間及同一要保人簽訂的契約。

(二) 損失具有相關性

在現實世界中，損失之發生可能存在高度相關性。當某一危險事故發生時，可能會對多個保險標的物同時造成損失。例如 921 大地震、911 恐怖攻擊事件以及 311 海嘯等，這些悲劇都在同一時間對財務造成嚴重損失，並造成數千人傷亡。因此，損失發生時可能存在高度相關性，這可以從損失頻率和損失金額是否相關的兩個方面來觀察。

當損失具有高度正相關性（Positive Correlation）時，意味著某一損失發生時，其他成員可能同時受到影響。在這種情況下，風險集合無法達到風險分散的效果。因此，透過風險集合來降低風險可能不是一個好的策略。相反地，如果損失不具有高度正相關性，風險分散的效果就會更好，可以有效地降低風險。

(三) 風險屬性

有一句俗話說：「不要把所有雞蛋放在同一個籃子裡，但也不要把雞蛋分散在十個籃子裡。」風險分散是一個好的策略，但是過度分散風險可能不是最佳方法。把雞蛋放在籃子裡的策略就像投資組合的安排和選擇，下面將說明風險是否可分散，以幫助投資者制定投資策略。

1. 可分散風險（Diversifiable Risk）

又稱為非系統性風險或非市場風險，指的是可以透過分散投資來減少或消除的風險。如果投資者把資金分散到多個資產中，當某個資產價值發生變化並導致價值下降時，並不會影響到其他資產的價值。有時候，資產價值的上漲或下跌會彼此抵銷，使投資者的資產價值更穩定。

2. 不可分散風險（Nondiversifiable Risk）

又稱為系統性風險或市場風險，指的是無法透過分散投資來減少或消除的風險。這種風險是由整體大環境變動或整體經濟市場所導致的，例如戰爭、自然災害、通貨膨脹及能源危機等。無論投資者如何進行投資組合策略，都不易減少此類風險對投資者的影響。

本章習題

一、名詞解釋

1. 大數法則

2. 風險分散

3. 風險集合

4. 風險程度

5. 保險利益

6. 道德風險

7. 逆選擇

8. 再保險

二、選擇題

( ) 1. 有關保險之敘述,下列何者不正確? (A) 保險可以避免危險事故發生,轉嫁損失於被保險人 (B) 保險是一種互助性持續性的經濟制度 (C) 就法律觀點,保險是一種契約行為 (D) 就財務觀點,保險是共同醵金後,合理重新配置之財務再分配。 【102 年初等考試】

( ) 2. 保險的本質是損失分擔,其方法是以確定的小損失取代不確定的大損失,此所謂之確定的小損失是指: (A) 佣金支付 (B) 保險費支付 (C) 保險金額支付 (D) 解約金支付。 【103 年初等考試】

( ) 3. 下列何者不是可保危險的要件? (A) 損失機會不可預測 (B) 損失的發生純屬意外或偶然 (C) 保險成本須合乎經濟可行性 (D) 大量的同質危險單位。 【103 年初等考試】

( ) 4. 下列哪一項屬於「不可保危險」(Uninsurable Risk)? (A) 車禍 (B) 外匯投資 (C) 火災 (D) 死亡。 【104 年初等考試】

( )5. 下列何者比較不符合可保風險的要件？　(A) 必須有大量預期損失相當的危險單位　(B) 個別危險單位發生損失的可能性必須高度正相關　(C) 損失必須是意外或不受人為操控　(D) 損失金額必須容易衡量。

【105 年初等考試】

( )6. 下列有關可保危險（Insurable Risk）要件之敘述，何者錯誤？　(A) 需有大量的同質危險單位　(B) 損失需為明確且可以衡量　(C) 保險成本須合乎經濟可行性　(D) 危險單位須具高度相關性。　　　【106 年初等考試】

( )7. 保險所稱「實際現金價值」（Actual Cash Value），係指：　(A) 重置成本減折舊　(B) 重置成本減費用　(C) 重置成本減銷貨成本　(D) 重置成本減合理利潤。　　　【108 年初等考試】

( )8. 下列何者為可保危險的要件？　(A) 須有大量的異質危險單位　(B) 須有釀成多數經濟單位同時損失的可能　(C) 保險成本須合乎經濟可行性　(D) 損失機率須無法有效預測。　　　【109 年初等考試】

( )9. 下列何者不是可保風險的要件之一？　(A) 危險單位多且性質相同　(B) 損失必須為意外　(C) 損失需同時發生　(D) 損失金額可衡量。

【110 年初等考試】

( )10. 下列何種風險並非保險可保的風險？　(A) 投機風險　(B) 人身風險　(C) 財產風險　(D) 責任風險。　　　【110 年初等考試】

三、問答題

1. 可保要件有哪些？請說明之。

2. 何謂道德風險和逆選擇？這兩者的主要差異為何？

3. 何謂大數法則？風險分散？風險集合？並請說明這三者的差異。

4. 保險契約的當事人與關係人有那些？請說明之。

5. 大數法則在業務面上的基本效益為何？請說明之。

6. 何謂原保險與再保險？請說明之。

CHAPTER **04**

保險契約

學習重點

1. 保險契約的意義
2. 保險契約的主體與客體
3. 保險契約的成立與要件
4. 保險契約的性質
5. 保險契約的種類

INSURANCE

保險NEWS

產險電子保單 拼兩年內達陣

金管會保險局近年逐步推動保單電子化，並預計將在兩年內全面落實保單電子化。各產險業者正積極朝主管機關訂定方向前進中，截至 9 月底為止，大半產險公司個人險電子保單占比已逾五成，尤其強制險目前都規定要發電子式保險證，因此，強制險電子保單幾乎已達到 100%。

電子保單不僅讓民眾可以揮別厚重紙本保單，成為未來推動保單存摺的基礎，同時能減少紙本保單所產生之碳排放量，與資源的耗用效益。

某產險公司近日宣布該公司已取得「保單碳足跡」與「電子保單碳中和」雙認證，成為臺灣首家達成「電子保單碳中和」、實現「零碳電子保單」的保險公司。該公司表示，針對 2020 年所有電子保單，導入 PAS 2060 碳中和實施標準，將推動電子保單生命週期間之各項減碳措施，無法再減量之碳排放量，再購買臺灣彰濱再生能源風力發電所產生的碳權，進行碳抵換（Carbon Offset），並經臺灣檢驗科技股份有限公司第三方查證，確定所有電子保單達成碳中和，讓電子保單碳排放量影響為零。

資料來源：工商時報 2021/10/25；https://ctee.com.tw/news/insurance/536862.html

 解讀

隨著環保意識的提高，保險業也響應節能省碳、綠能無紙生活，推出電子保單服務。現行電子保單是透過保險事業發展中心（簡稱保發中心）提供的第三方認證服務，協助保險公司產製電子保單，內容包括保險業者及保發中心的雙重數位簽章，確保電子保單內容不被竄改，並加註公司標誌以提升文件的可信度及公信力。電子保單為 PDF 檔案，以 E-mail 方式寄送給要保人，包含保單內容、數位簽章及公司標誌等三個部分，客戶只需要輸入密碼後即可開啟。電子保單經由第三方公司認證，其法律效力與紙本保單相同。

前　言

　　從前一章的課程學習中，我們知道保險，從法律上的定義，是由當事人雙方約定，一方支付固定金額，即保險費，另一方承擔未來可能發生的損失賠償。依據約定所簽訂的契約即為保險契約。本章的學習重點在於對保險契約的進一步認識，包括契約的主體與客體、成立要件、性質與種類。

4-1　保險契約的意義、主體與客體

一、保險契約的意義

　　保險，依保險法第一條第一項的定義，是由當事人約定，一方交付保險費於他方，他方對於不可預料，或不可抗力之事故所造成之損害，負擔賠償財物之行為。保險法第一條第二項進一步說明：「根據前項所訂之契約，稱為保險契約。」換言之，任何契約的簽訂，如果當事人雙方在契約中的約定內容滿足保險法第一條第一項的要件，則該契約可歸類於保險契約。

　　保險業務屬於特許營業項目，即經營者必須向主管機關提出許可申請，經核准後才能經營相關業務。保險法第一百三十六第二項規定：「非保險業不得兼營保險業務。」因此，如果有其他非保險業者與客戶簽訂契約時，契約的內容與上述保險的定義有雷同之處，則該業者可能已違反保險相關法令的規定。

二、保險契約的主體

　　保險契約的主體，包括與契約發生直接關係的當事人、與契約發生間接關係的關係人以及協助契約成立的輔助人。其中，當事人為要保人與保險人；關係人為被保險人與受益人；輔助人包括保險經紀人、保險代理人與保險公證人。圖 4-1 顯示三者的關聯性。

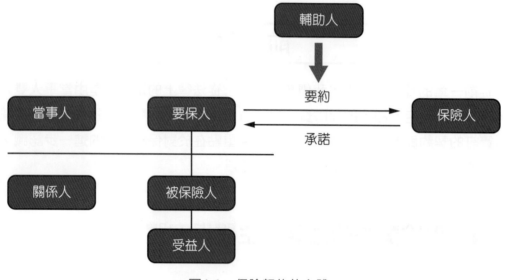

➡圖4-1　保險契約的主體

(一) 保險契約的當事人

從法律的觀點，契約的成立是雙方當事人互相表示意思一致，而在法律上生成效果。保險契約的當事人為訂立保險契約者，即要保人與保險人：

1. 要保人 (The Applicant)

依保險法第三條，要保人是指對保險標的具有保險利益，向保險人申請訂立保險契約，並負有交付保險費義務之人。要保人為訂立契約的當事人一方，可以為自然人或法人。若要保人為自然人，須符合民法上的規定，具有行為能力。

2. 保險人 (The Insurer)

依保險法第二條，是指經營保險事業的各種組織，在保險契約成立時，有保險費的請求權；在承保危險事故發生時，依其承保的責任，負擔賠償義務。因此，保險人為保險業務的經營者，向要保人收取保險費，於保險事故發生時，依約定的承保責任，負擔損害賠償或支付保險金義務。

知識小站

保險事故

保險人所承保的危險,即在保險契約中,足以構成保險金給付條件的特定危險事故。

保險費與保險金

保險費為保險人依其承保責任向要保人所收取的費用;保險金,是指在保險事故發生後,保險人所支付給被保險人或受益人的損害補償金額,也稱保險給付或保險賠款。

(二) 保險契約的關係人

被保險人與受益人不是簽訂保險契約當事人,但兩者可能因保險事故的發生而遭受損害或享有保險金的請求權,所以稱保險契約的關係人:

1. 被保險人 (The Insured)

依保險法第四條,被保險人是指於保險事故發生時,遭受損害而享有賠償請求權之人。要保人亦得為被保險人。

就財產保險而言,被保險人是指以其財產、利益或因約定事故發生,而對第三人賠償責任為標的,於保險事故發生時,遭受損害而享有賠償請求權之人。就人身保險而言,被保險人是指以其生命或身體為保險標的之人。舉例來說,某甲擁有一輛汽車,並以這輛車為保險標的,向保險公司投保汽車車體損失保險或第三人責任保險,則某甲是保險契約的要保人,也是被保險人;父親為自己的小孩投保住院醫療保險,則父親為要保人,小孩為被保險人。

實務分享 ·····

汽車保險契約的被保險人

實務中，通常會在保險契約中針對「被保險人」加以定義，以汽車保險為例，被保險人包括列名被保險人（即契約上所載明之被保險人）與附加被保險人。舉例來說，車體損失保險對於附加被保險人的定義為：

1. 列名被保險人之配偶、家長、家屬、四親等內血親及三親等內姻親。

2. 列名被保險人所僱用之駕駛人或所屬之業務使用人。

3. 經本公司同意之列名使用人。

2. 受益人（The Beneficiary）

依保險法第五條，受益人是指被保險人或要保人於保險契約中約定享有賠償請求權之人；要保人或被保險人均得為受益人。具有權利能力的自然人或法人皆可以為受益人，享有保險金請求權。

受益人主要用於人身保險給付：

(1) 身故保險金：要保人得經被保險人同意，於訂立保險契約時指定受益人或於保險契約期間內變更受益人。

(2) 失能保險金、健康保險之醫療費用保險金、年金保險之生存保險金：受益人為被保險人本人。

（三）保險契約的輔助人

保險實務的運作涉及保險專門技術與知識，保險契約的當事人或關係人可藉由保險輔助人的居中協助，讓保險功能達到有效發揮。保險契約的輔助人包括保險代理人、保險經紀人與保險公證人。

1. **保險代理人**

   依保險法第八條，保險代理人，是指根據代理契約或授權書，向保險人收取費用，並代理經營業務之人。

2. **保險經紀人**

   依保險法第九條，保險經紀人，是指基於被保險人之利益，洽訂保險契約或提供相關服務，而收取佣金或報酬之人。

3. **保險公證人**

   保險公證人，依保險法第十條規定，是指向保險人或被保險人收取費用，為其辦理保險標的之勘查，鑑定及估價與賠款之理算、洽商，而予證明之人。

三、保險契約的客體

保險契約的客體為保險標的。所謂保險標的，是指保險契約中雙方當事人權利及義務所指向的對象或事物。保險標的為「物」時，一般稱為保險標的物；保險標的為「人」時，則為被保險人。因此，保險標的可分為兩大類：財產保險標的與人身保險標的。

財產保險標的即具有經濟價值的財貨，但不限於有形的實體，也包括無形的利益；此外，被保險人因侵權行為或契約行為，對於第三人依法應負的賠償責任亦可為財產保險標的。人身保險標的為被保險人的身體與生命。

4-2 保險契約的成立

一、保險契約的訂立

保險契約的訂立與一般契約相同，是依照當事人（要保人）一方的要約與另一方（保險人）的承諾而成立。保險契約的訂立程序可分為以下三部分。

(一) 要保人提出要約聲請

保險法第四十四條第一項規定：「保險契約，由保險人於『同意』要保人聲請後簽訂。」由此可知，保險契約的訂立首先由要保人提出聲請或要約，再由保險人決定接受或拒絕。要保人要約，可以採用口頭或書面的方式提出，主要為填寫保險人所提供的要保書。

要保書是要保人提出要約意思表示的正式文件，其格式與內容多由保險人制定。由於要保人於要保書中告知內容為保險人核保的重要參考，應填寫事項除了要保人基本資料外，也包括與保險標的有關的告知事項及聲明事項等。

隨著投保管道的多樣化，要保書的填寫已不限定於紙本書寫，要保人也可以透過電話語音或網路投保等方式提出要約聲請。

網路投保

網路投保業務，是指要保人得經由網路與保險公司電腦連線或親臨保險公司之方式，完成首次註冊及身分驗證程序後，於網頁輸入要保資料並完成投保及身分驗證程序，直接與保險公司締結保險契約者（要保人以自然人為限）。

資料來源：保險業辦理電子商務應注意事項

(二) 保險人承諾

即保險人同意接受要保人的聲請要約。保險人同意接受要保人的要約時，可以口頭承諾或以暫保單或收據等書面憑證，表示同意保險契約的訂立。

暫保單亦稱臨時保險單，為保險人於保險單未簽發前所製作的臨時保險契約憑證，與保險單具有同樣效力，但有效期間最多以三十日為限。如果暫保單的期限已到期而正式保險單尚無法簽發時，保險人可再次出具延長時效的暫保單。暫保單的使用以財產保險居多，並於正式保險單簽發時失其效力。

人身保險一般不會採用暫保單。要保人填寫要保書並繳納第一期保險費後，由於保險人尚未表示是否接受要約，因此以簽發送金單作為預收保險費的憑證。保險人同意承保後，其應承擔的保險責任則追溯自預收相當於第一期保險費金額時開始。

(三) 簽發保險單

保險法第四十三條規定：「保險契約應以保險單或暫保單為之。」保險單是保險契約成立的正式書面文件，由保險人簽發，交付要保人保管。保險單的內容

明確規範保險契約當事人的權利與義務事項。

隨著科技的發展，投保型態的多樣化，保險人也開發電子保單，其法律效力與紙本保單相同。

實務分享····

遠距投保

　　大多數客戶在投保時，主要仰賴需親晤的投保通路。近期，隨著新冠肺炎疫情的升溫，保險業採取防疫措施，要求業務員盡可能避免主動拜訪客戶。受限於保險相關法規，業務員在無法親自面見客戶、取得本人簽名（即「親晤親簽」原則）的情況銷售保單，因而造成業務員收入減少與經濟上的困難。於是監理機關採取權宜措施，同意業務員可以視訊「親晤」保戶，即將原本親晤親簽方式，在確認客戶身分及客戶同意之前提下，改採視訊錄音錄影方式取代，另於在疫情結束後補送紙本簽名，即遠距投保。金融監督管理委員會於 2021 年 5 月備查「壽險業／產險業因應新冠肺炎疫情服務涉親晤親簽與紙本作業之暫行原則」暨相關業務招攬、核保、保全、理賠及商品審查等，暫行作業細則，以維持疫情期間保險服務的不間斷。

二、保險契約生效的法定要件

　　保險契約的生效與一般民事契約的簽訂過程沒有差異，必須包括下列四個法定要件。

(一) 雙方當事人必須具有法定行為能力

　　訂立保險契約的雙方當事人，無論自然人或法人，皆必須具有法定行為能力，也就是能以自己行為依法行使權利及承擔義務，從而使法律關係發生、變更或消滅的資格。

（二）雙方當事人的意思表示必須一致

當事人一方提出要約的意思表示，必須經另一方承諾。任何一方不能憑藉其經濟或專業優勢或特殊地位將其意志強加於另一方。

（三）必須具合法有效的對價

要保人給予保險人的對價為投保當時或之後定期支付的保險費；保險人給予要保人的對價則是於被保險人發生損失時，依保險契約的約定履行其保險責任。

（四）必須為合法

所謂合法包括不違反民法、保險法及海商法等相關法令規定，也不得違反公序良俗或是以非法利益作為保險標的。

4-3 保險契約的性質

保險契約為契約的一種，以下就一般契約可能具備的各種性質，說明保險契約所具有的特性：

一、射倖契約（Aleatory Contract）

若契約當事人雙方因契約所生的交換利益或價值相同，則稱該契約為等值契約（Commutative Contract），例如不動產交易契約。若當事人雙方因契約所生的交換利益或價值於契約訂立時非明確已定，反而取決於未來不確定的事件，則該契約為射倖契約。就保險契約而言，訂約時要保人交付保險費已屬確定，而保險人賠付保險金則取決保險事故未來是否會發生，因此，保險契約為射倖契約。

雖然射倖契約的本質為不確定性，其價值取決於偶然事件的發生結果，但保險契約與具投機性質的契約仍有差異。具投機性質的契約，例如：賭博，會產生交易前原本不存在的投機風險；而保險契約則是用來因應已經存在的純粹風險。

二、最大誠信契約（Utmost Good Faith Contract）

任何契約的訂立與履行皆必須遵守誠信原則。因保險契約的特殊性質，對誠信原則的要求比一般契約更為嚴格；要保人於投保時據實告知，不得有任何隱瞞

或虛假情事；保險人於承保及理賠時應秉持專業，確實履行契約義務，故稱保險契約為最大誠信契約。

　　保險契約對於最大誠信的要求源自於早期海上保險的運作。由於海上保險的保險人對於所承保的船舶或貨物無法親自審核，核保過程完全仰賴要保人所作的陳述，因此，對於當事人誠信的要求比一般契約來得更嚴格。

三、有償契約（Contract of Consideration）

　　一般契約可分有償契約與無償契約，取決於契約雙方當事人之間是否具有對價關係。保險契約成立時，要保人需支付保險費以作為對價，換取保險人承諾對保險事故所致損失的補償。因此，保險契約為有償契約。

四、雙務契約（Bilateral Contract）

　　契約雙方當事人相互間皆享有權利且負有義務的契約，稱雙務契約；若僅當事人其中一方負有義務，則稱單務契約。大部分的商業契約屬於雙務契約，由當事人雙方各自作出具有法律效力的承諾。若其中一方不履行義務，則另一方可以堅持其義務之履行，或要求對方賠償因違約所致的損失。就保險契約而言，保險人就保險事故發生所致損失承擔損害賠償義務，而要保人有支付保險費、危險變更、保險事故發生的通知等義務。因此，保險契約為雙務契約。

五、要式契約（Formal Contract）／非要式契約（Informal Contract）

　　契約以是否須依法採取一定的形式，分為要式契約與非要式契約。要式契約是指契約必須具備一定形式，並由當事人合意完成該形式，契約始生效力。非要式契約則不要求契約具備一定形式，只要當事人合意，無論口頭或書面，該契約即生效力。

　　對於保險契約屬要式或非要式契約，學者有不同的觀點。部分學者認為，保險法規定，保險契約應以保險單或暫保單為之，故保險契約為要式契約。另有學者認為保險契約雖作成保險單或暫保單，但其效力的發生並非以保險單或暫保單的簽發為要件，保險契約應屬非要式契約。

六、附合契約（Contract of Adhesion）

所謂附合契約，是指簽訂契約時，契約內的各項條款與條件等皆由當事人一方擬定，另一方只能表示同意與否的契約。就保險契約而言，契約條款內容皆由保險人單方事先制定完成，要保人僅能表示同意或拒絕，無任意修改或增刪的權利。因此，保險契約爲附合契約。

對於保險契約內容的變更，要保人可透過批單、批註或附加條款等方式予以修改，但所適用的批單、批註或附加條款等也是由保險人事先擬訂。因此，爲保障要保人與被保險人的權益，保險法第五十四條第二項規定：「保險契約之解釋，應探求契約當事人之眞意，不得拘泥於所用之文字；如有疑義時，以作有利於被保險人之解釋爲原則。」這種對保險人的約束稱爲合理預期原則（Principle of Reasonable Expectations）。換言之，保險人所提供的保障應符合被保險人的合理預期，契約中對於不保事項、除外責任或限制條件等應有顯著且清楚明確的論述才能生效。

七、繼續性契約（Continuous Contract）

契約可分爲一時性契約與繼續性契約。一時性契約是指一次給付即實現契約內容的契約，例如：買賣或贈與契約；繼續性契約則爲契約內容非一次給付即可完結，而須繼續實現的契約，例如租賃契約。保險契約訂立後，當事人於保險期間內持續享有權利且負有義務，屬於繼續性的法律關係。因此，保險契約爲繼續性契約。

八、附條件契約（Conditional Contract）

訂立保險契約時，於條款中規定，保險人應否承擔保險事故所致的損害賠償責任，取決於要保人或被保險人是否履行保險契約中所附之條件。要保人爲保險契約的當事人，除了應履行交付保險費的義務外，尚須善盡告知義務、通知義務、損害防止義務或保全代位求償權義務等，作爲保險人賠付的必要附加條件。被保險人爲保險契約關係人，如未依照保險契約規定履行其義務，亦會影響其保險賠款請求權。因此，保險契約爲附條件契約。

九、對人契約（Personal Contract）

保險契約屬於對人契約，亦即保險標的可能的損失發生，不僅與自身的實質危險因素有關，也與被保險人有關聯。以財產保險契約而言，保險標的為財產，但保險人並非承保該財產本身，而是被保險人因該財產毀損所致的經濟損失。訂定保險契約時，除了保險標的本身的實質風險因素為保險人承保與否的重要考量因素外，保險人也會考量要保人或被保險人的誠信、健康、行為與財務狀況等。因此，財產保險契約通常在未經保險人的同意下，不能任意移轉給第三人；被保險財產轉讓時，保險契約的移轉需徵得保險人的同意。反觀人身保險的保險標的為被保險人，其風險不會受到要保人變更的影響，保險契約移轉只要向保險人辦理變更，無需徵得其同意。

知識小站

海上貨物保險非屬於對人契約

為配合國際貿易條件，海上貨物保險契約得採用背書方式，轉讓予保險標的物的受讓人，因此海上貨物保險非屬於對人契約。

十、諾成契約

契約的成立，若須以物的交付為要件，稱為要物契約；若僅需意思表示一致，非以物之交付為生效要件，則稱為諾成契約或非要物契約。保險契約是以要保人繳付保險費，而保險人承諾保險事故發生時承擔損害賠償責任，一般認為保險契約屬於諾成契約。

十一、有名契約

有名契約是指在法律上有特定的名稱，其成立的條件、內容、效力、當事人的權利義務，法律都有具體規定的契約，如民法債編第二章所列之買賣契約、租賃契約及承攬契約等皆屬有名契約。保險法所規範之保險契約，亦屬於有名契約。

4-4 保險契約的種類

保險契約的型態多樣化，以下依照不同的性質，將保險契約予以分類說明。

一、不定值保險契約與定值保險契約

依保險法第五十條第一項規定：「保險契約分不定值保險契約及定值保險契約。」兩者的區分，是依照保險標的價值的確認時間，適用於財產保險契約。

此外，若保險事故發生時，保險人依據訂約時與要保人約定的保險金額賠付，無須考慮保險標的價值或實際損失金額，則稱定額保險契約。人壽保險契約即屬於定額保險契約。

(一) 不定值保險契約

保險法第五十條第二項規定：「不定值保險契約，為契約上載明保險標的之價值，須至危險發生後估計而訂之保險契約。」保險法第七十三條第三項則規定：「保險標的未經約定價值者，發生損失時，按保險事故發生時實際價值為標準，計算賠償，其賠償金額，不得超過保險金額。」由此可知，不定值保險契約適用於標的物價值可客觀衡量的風險，由當事人雙方共同或委託保險公證人居中協調，估計保險標的物於保險事故發生時之價值。大多數的財產保險契約與實支實付型的醫療費用保險契約屬於不定值保險。

 知識小站

實際現金價值

不定值保險契約中，財產保險之保險標的其價值係以實際現金價值為基礎，即重置成本扣除折舊。

(二) 定值保險契約

保險法第五十條第三項規定：「定值保險契約，為契約上載明保險標的一定價值之保險契約。」使用定值保險契約的原因，主要是某些保險標的物的價值

並無客觀標準，或不容易確定，為避免發生損失後保險標的物價值估算困難，雙方當事人於保險契約訂立時，即先將該價值予以約定，作為保險人於保險事故發生後賠償的依據。保險法第七十三條第二項即規定：「保險標的，以約定價值為保險金額者，發生全部損失或部分損失時，均按約定價值為標準計算賠償。」保險法第七十五條則規定：「保險標的物不能以市價估計者，得由當事人約定其價值，賠償時從其約定。」定值保險契約通常適用於古董、藝術品、珠寶及海上保險之保險標的等。

二、足額保險契約、超額保險契約與不足額保險契約

保險金額為雙方當事人訂立保險契約時，於契約中約定保險期間內保險人所負責任的最高額度，保險事故發生時，以此金額作為保險人賠付的上限。保險價額為保險標的物的實際價值。保險契約依保險金額與保險價額的關係，分為以下三種情形。

(一) 足額保險契約

指保險金額等於保險價額的保險契約。當保險事故發生造成保險標的物損失時，由保險人依照保險契約規定，足額賠償被保險人的實際損失。通常保險人較不願意簽訂足額保險契約，主要原因在於容易產生心理風險因素，即被保險人可能因為損失發生後可獲得足額補償，而疏於對保險標的之維護與風險管理。

知識小站

保險金額

保險金額為要保人與保險人約定，經明訂於保險契約，保險人在保險期間內，所負責任之最高額度。

保險價額

保險標的物的價值。在不定值保險契約中，為保險標的物的實際現金價值或重置成本；在定值保險契約中，為約定價值。

（二）超額保險契約

指保險金額大於保險價額的保險契約。保險法第七十二條規定：「保險人應於承保前，查明保險標的物之市價，不得超額承保。」其目的在於避免誘發道德危險。

（三）不足額保險契約

指保險金額小於保險價額的保險契約。

三、個別保險契約與集合保險契約

保險契約依照所承保保險標的之數量，分個別保險契約與集合保險契約。

（一）個別保險契約

即以特定一人或一物爲保險標的之保險契約。例如個人或家庭與保險人簽訂的汽車保險契約或住宅火災保險契約，其保險標的爲某特定車輛或房屋，即屬個別保險契約。

（二）集合保險契約

即以多數人或多數物爲標的之保險契約。以多數人爲保險標的者，一般稱團體保險，例如企業可提供爲員工福利的團體傷害保險。以多數物爲標的者，稱集合保險，例如企業與保險人簽訂商業火災保險以承保特某廠區內的所有機具設備。

 知識小站

團體保險契約中，「團體」的定義

團體保險契約示範條款中，「團體」是指具有五人以上且非以購買保險而組織之團體。

四、特定保險契約與總括保險契約

保險契約依照保險標的於保險期間內變動與否，分為特定保險契約與總括保險契約。

(一) 特定保險契約

特定保險契約（Specific Policy）為保險標的為特定而不能變動的保險契約，即訂定保險契約時，保險標的物或被保險人為特定且確實載明於契約中。

(二) 總括保險契約

總括保險契約（Blanket Policy）是以一個總保險金額承保於一定範圍內可變動的多數人或物，或承保被保險人於各處的同一種財產。保險事故發生時，該範圍內的人或物所遭受的損害，保險人應予以補償。例如，要保人投保火災保險，由保險人承保進出於某一倉庫內的所有貨物。

五、短期保險契約與長期保險契約

保險契約為繼續性契約，依保險期間長短，分短期保險契約與長期保險契約。

(一) 短期保險契約

即保險期間小於或等於一年的保險契約。

(二) 長期保險契約

即保險期間在一年以上的保險契約。

航程保險契約

航程保險契約係以特定航程的出發與到達為保險期間，不載明保險期間的起迄日期，可進一步區分為港口到港口與倉庫到倉庫兩個階段。

本章習題

一、名詞解釋

1. 要保人

2. 保險人

3. 被保險人

4. 射倖契約

5. 附合契約

6. 定值保險契約

7. 不定值保險契約

8. 足額保險契約

9. 集合保險契約

10. 總括保險契約

二、選擇題

( )1. 依據保險契約，保險人於保險期間內所負責任之最高額度為： (A) 保險價額　(B) 保險金額　(C) 保險利益　(D) 保險標的。　【100 年初等考試】

( )2. 向保險人或被保險人收取費用，為其辦理保險標的之查勘、鑑定及估價與理賠、洽商，而給予證明之人，稱之為： (A) 保險業務員　(B) 保險經紀人　(C) 保險代理人　(D) 保險公證人。　【100 年初等考試】

( )3. 下列有關「保險人」之敘述，何者不正確？ (A) 保險契約成立時，有保險費之請求權　(B) 約定之危險事故發生時，負擔賠償損失之義務　(C) 指經營保險事業之各種組織　(D) 保險契約之關係人。　【101 年初等考試】

( ) 4. 下列對於要保人的敘述，何者錯誤？ (A) 要保人又稱為保單持有人 (B) 要保人係向保險人申請，訂立保險契約之人 (C) 要保人對於保險標的須具有保險利益 (D) 要保人是享有賠償請求權之人。【105 年初等考試】

( ) 5. 房屋價值 150 萬元，投保火災保險 100 萬元，此種保險契約係屬於下列何者？ (A) 低額保險契約 (B) 足額保險契約 (C) 超額保險契約 (D) 面額保險契約。【101 年初等考試】

( ) 6. 根據我國保險法的規定，保險契約的條款內容，如果發生解釋上的爭議時，應該以有利於被保險人的角度解釋，採取這樣解釋的方法，請問與下列哪一項保險契約的特性相關？ (A) 保險契約是射倖契約 (B) 保險契約是有償契約 (C) 保險契約是單務契約 (D) 保險契約是定型化契約。

【104 年初等考試】

( ) 7. 下列有關人壽保險之保險契約當事人及關係人，對彼此關係或權利之敘述，哪一項是最正確的？ (A) 要保人、被保險人以及身故受益人可以是同一人 (B) 我國保險法規定，如果保險給付項目包含死亡給付在內，則在被保險人與受益人之間，必須有保險利益關係的存在 (C) 要保人有隨時終止契約的權利 (D) 被保險人有向保險人直接提出終止契約的權利。

【104 年初等考試】

( ) 8. 保險依契約關係的分類，當事人為要保人與保險人的保險契約，稱為：(A) 原保險 (B) 再保險 (C) 損害保險 (D) 補償保險。

【106 年初等考試】

( ) 9. 保險契約的內容由保險人事先擬定，要保人或被保險人僅能對其內容表示同意與否。此種特性的契約，稱為： (A) 有償契約 (B) 誠信契約 (C) 要式契約 (D) 附合契約。【106 年初等考試】

( ) 10. 下列有關保險契約之性質，何者敘述正確？ (A) 保險契約為交換契約 (B) 保險契約為無償契約 (C) 保險契約為非定型化契約 (D) 保險契約為射倖契約。【106 年初等考試】

( ) 11. 火災保險契約之轉讓須經保險人書面同意，因此該種保險契約屬於：(A) 對人契約 (B) 對物契約 (C) 補償契約 (D) 附合契約。

【108 年初等考試】

( ) 12. 依我國保險法規定,保險經紀人係基於下列何者之利益,代為洽訂保險契約或提供相關服務之人? (A) 要保人 (B) 被保險人 (C) 受益人 (D) 保險人。 【108 年初等考試】

( ) 13. 保險契約為控制道德危險與危險評估之考量,當標的物所有權移轉時,須徵得保險人書面同意並完成變更手續,此乃為保險契約哪一項之法律特性? (A) 最大誠信契約 (B) 要式契約 (C) 附合契約 (D) 對人契約。

【104 年產經代】

( ) 14. 下列何種保險屬於對人契約? ①傷害保險 ②責任保險 ③汽車保險 ④海上貨物保險 (A) 僅① (B) 僅①② (C) 僅①②③ (D) ①②③④。

【105 年人經代】

( ) 15. 若保險契約內容不清楚時,應做有利於被保險人的解釋,此項規定是基於何項契約之特性? (A) 射倖契約 (B) 有償契約 (C) 最大誠信契約 (D) 附合契約。 【107 年人經代】

三、問答題

1. 保險契約的當事人為何?試說明其權利與義務。

2. 保險契約的主體所指為何?請分別說明。

3. 何謂暫保單?其主要作用為何?

4. 請說明保險契約生效的法定要件。

5. 何謂附合契約?請說明保險契約為附合契約之主要理由為何?

6. 何謂射倖契約?請說明保險契約為射倖契約之主要理由為何?

7. 請說明定值保險契約與不定值保險契約兩者的意義。

8. 依保險標的是否為特定,保險契約的種類可分為哪些?

9. 何謂不足額保險與超額保險?請分別說明其形成的原因與保險人的賠償責任。

10. 試分別解釋定額保險與定值保險兩保險用語的意義,及說明兩者在理賠處理方式的差異,並列舉兩者應用場合。 【107 年人經代】

CHAPTER **05**

保險單之構成與效力

學習重點

1. 保險單的構成部分
2. 保險契約的變更與停效
3. 保險契約的消滅
4. 保險契約的標準化

INSURANCE

保險NEWS

保單存摺平臺

民眾不必再擔心翻箱倒櫃找不到保單，也不怕保單遺失，壽險公會推出的「保險存摺」111 年 6 月 1 日正式上線，提供民眾隨時隨地查詢本人為要保人或被保險人的所有人身保險已投保狀況，開啟保單隨身的新頁。

現行保險契約多以實體紙本方式提供給保戶，尤其是人身險保單多為長年期契約，民眾收納保單時，常有保管過程中遺失、紙本受潮及占空間等痛點。為提供保戶體驗保險科技所帶來的便利性，且在疫情後的新常態下，降低民眾接觸風險，甚至還可以零接觸，亦能繼續獲得保險服務，壽險公會偕同產險公會、22 家壽險、14 家產險公司及中華電信、臺灣網路認證公司等合作廠商，在現行保險科技運用共享平臺的基礎上建置「保險存摺」，於 111 年 6 月 1 日正式上線，提供民眾即時查詢保險資料。

透過保險存摺平臺，可以查詢以本人為要保人或被保險人的所有人身保險已投保狀況，掌握自己的投保情形，免除整理、保存的不便，凡已成年具完全行為能力者，均可藉由自然人憑證、晶片金融卡、強化版行動身分識別（即強化版 MID）擇一進行註冊成為保險存摺的會員。

資料來源：自由財經 2022/06/01；https://ec.ltn.com.tw/article/breakingnews/3946798

解讀

保險單簡稱保單，是保險契約成立的證明文件，由保險人製作完成後，交由要保人收執。保險單為正式的憑證，應妥為收存，為辦理契約變更或申請理賠時需檢具的文件。現行保險單多以實體紙本方式提供給保戶，其中人身保險保單多為長年期契約，民眾常有保管過程中遺失、紙本受潮、占空間或管理不易等缺點。透過保險存摺平臺，保戶可以查詢以本人為要保人，或被保險人的所有人身保險已投保狀況，掌握自己的投保情形，免除整理、保存的不便，屬於保險科技的相關應用。

```
┌────────────────┐
│     前  言      │
└────────────────┘
```

　　保險單簡稱保單，是保險契約成立的證明文件，由保險人製作完成後，交由要保人收執。一般人對保險單的印象多認為內容複雜艱澀難懂，甚至稱之為最難閱讀的書，殊不知保險單中的各項條款規範攸關當事人與關係人的權利與義務。本章首先介紹保險單的構成部分；進一步說明保險契約的變更、停效與消滅；並介紹從過去到現在保險契約標準化的緣由與過程。

5-1　保險單的構成部分

　　保險單是保險契約成立的證明文件，由保險人製作完成後，交由要保人收執。保險單的內容詳載保險當事人與關係人的權利義務以及各項重要資訊。保險單的結構主要包括聲明事項、承保範圍、不保事項、條件事項、基本條款及特約條款等部分，分別說明如下：

一、聲明事項（Declarations）

　　聲明事項（或陳述事項）記載被保險人基本資料、保險標的相關資訊及要保人於要保書中的陳述事項等，以為保險人承保的依據。

　　對於保險單中聲明事項的表達方式，國內財產保險人與人身保險人的作法並不同。財產保險人通常將聲明事項以附表方式顯示於保險單首頁，內容包括當事人名稱、地址、保險標的、保險期間、承保範圍、保險金額以及保險費等保險法規定應記載的事項；人身保險人則將要保人要約時所填寫之要保書附著於保險單上，構成保險單的一部分，另外也會將被保險人名稱、年齡、保險費、承保日期以及保單號碼等資訊置於保險單首頁。

二、承保範圍（Insuring Agreement）

　　承保範圍為保險單中最重要的一部分，主要規範保險人的承保責任，說明哪些危險事故發生時，保險人應負的責任與應盡的義務，包括損害賠償、保險金給付、提供特定的損失預防諮詢服務或協助被保險人訴訟辯護等。保險單中所列的承保範圍，依其型態可分為以下兩類：

（一）承保特定風險事故（Named-Perils Coverage）

所謂承保特定風險事故，是指保險人將承保風險事故，以正面表列方式列舉於保險單中。對於未列舉的風險事故所致損失，則保險人不負賠償責任。保險契約的承保範圍採承保特定風險事故者，稱爲列舉式保險契約或列舉風險事故保險契約。

（二）承保全部風險事故（All-Risks Coverage）

所謂承保全部風險事故，是指保險人因所承保的風險事故難以計數，無法一一列舉，故採負面表列方式，除列舉的不保事故外，其他風險事故所致損失，保險人應負賠償之責。保險契約的承保範圍採承保全部風險事故者，稱爲全險式保險契約或綜合保險契約。

承保全部風險事故的保險單通常比承保特定風險事故的保險單較受保戶青睞，主要原因在於承保範圍更廣。此外，若保險人拒絕理賠，需證明造成損失的危險事故屬於不保事項，亦即舉證責任在保險人而非被保險人。

實務分享

汽車車體損失保險承保範圍

汽車車體損失保險依其承保範圍分為甲式、乙式與丙式：

1. 甲式：碰撞、傾覆；火災；閃電、雷擊；爆炸；拋擲物或墜落物；第三者之非善意行為；不屬保險契約特別載明為不保事項之任何其他原因。

2. 乙式：碰撞、傾覆；火災；閃電、雷擊；爆炸；拋擲物或墜落物。

3. 丙式：因與車輛發生碰撞、擦撞所致之毀損滅失。

我們可將乙式與丙式歸類於承保特定風險事故的保險契約；甲式對於不屬保險契約特別載明為不保事項之任何其他原因所致損失予以理賠，屬於承保全部風險事故的保險契約。

三、不保事項（Exclusions）

不保事項為保險人列舉於保險單中不負賠償責任的事項。不保事項可分為絕對不保事項與相對不保事項。絕對不保事項是指其基本性質不具可保性的事項；相對不保事項屬於保險人原則上不予承保的事項，但經要保人特別要求，保險人可予以採用附約方式加費承保。

（一）訂定不保事項的原因

保險人於保險單中訂定不保事項，其原因如下：

1. 排除不可保的風險

有些風險事故無法符合前述有關可保風險的要件，由商業保險人認定為不可保的風險，例如天然巨災、恐怖攻擊或自然耗損等。

2. 排除異常的風險因素

風險因素為增加某一特定風險事故發生的情況或條件。保險人將異常的風險因素列為不保事項以維持損失發生率的穩定。例如，住宅火災保險其承保之建築物須作為住宅使用，凡全部或一部分供辦公、加工、製造或營業用之建築物，則不在承保範圍內。

3. 避免重複承保

將其他保險已承保的風險予以排除，避免保險重複，要保人支付多餘的保險費。例如，鍋爐損失保險與機械保險的承保範圍會將火災事故所致的損失予以排除。

4. 避免道德風險

道德風險的存在會增加保險的社會成本，應該予以排除，減少因故意行為所致發生風險的可能。

5. 排除多數要保人無需求的風險

將多數要保人無需求的風險予以排除,可簡化保險內容並減輕其保險費負擔。例如,住宅火災保險將颱風洪水等列為不保的危險事故,有特定需求的要保人可向保險人另外要求加保。

實務分享

自發性醫美整型,保險不理賠

整型手術可分為「醫療導向和追求美麗」;但若保險消費者為追求美麗,透過整型或微整型外科手術來改善外貌,例如割雙眼皮、隆鼻或隆乳,或施打玻尿酸、雷射等微整型手術,因屬於消費者自發性進行的整型,都屬「除外不保」範圍。

當事人若因為意外事故,造成「外觀缺失」,且經醫生建議,進行必要性整型手術,且在衛生署認定的醫療院所實際進行治療,醫療險及意外醫療險等保單就會理賠。例如兔唇等天生疾病,或是因後天意外造成身體異常而進行的整型手術,都屬「醫療導向」整型。另外,重大傷害患者,例如發生燒燙傷意外,受傷部位可能會遺留明顯疤痕,需要進行長期整型手術。這類型的整型治療,保險公司基於可讓患者重建身體機能,或者能擁有正常的外觀,多半會依照手術費用進行理賠。

資料來源:聯合報 2012/05/01;https://reurl.cc/GAqN63

（二）不保事項的種類

1. **不保事故**：如戰爭、天災或故意行為等。
2. **不保損失**：資產價值的貶損或精神損失等。
3. **不保財產**：如有價證券、貨幣、文稿或動植物等。
4. **不保期間**：如空屋期間或汽車駐廠送修期間。
5. **不保地區**：如旅行平安保險不保約定以外的地區。

四、條件事項（Conditions）

條件事項為保險契約中規範或限制保險人履行承諾的條款，若要保人或被保險人未確實遵循條款的規定，保險人可拒絕賠付保險金。條件事項主要為通知條款，包括保險事故發生的通知、風險增加的通知與複保險的通知等。保險法第五十七條規定：「當事人之一方對於他方應通知之事項而怠於通知者，除不可抗力之事故外，不問是否故意，他方得據為解除保險契約之原因。」其他條件事項包括損害防阻條款、保險標的維護條款與訴訟合作條款等。

五、基本條款（Miscellaneous Provisions）

（一）法定基本條款

保險法中所列基本條款，為保險契約均應記載的法定事項，亦稱為法定基本條款。

1. 保險法第五十五條規定：「保險契約，除另有規定外，應記載下列各款事項：
   (1) 當事人之姓名及住所。　　(2) 保險之標的物。
   (3) 保險事故之種類。　　(4) 保險責任開始之日時及保險期間。
   (5) 保險金額。　　(6) 保險費。
   (7) 無效及失權之原因。　　(8) 訂約之年月日。」
2. 保險法第一○八條規定：「人壽保險契約，除記載第五十五條規定事項外，並應載明下列事項：
   (1) 被保險人之姓名、性別、年齡及住所。
   (2) 受益人姓名及與被保險人之關係或確定受益人之方法。

(3) 請求保險金額之保險事故及時期。

(4) 依第一百十八條之規定，有減少保險金額之條件者，其條件。」

3. 保險法第一一八條規定：「若保險人依保險法第一一七條規定，或因要保人請求，得減少保險金額或年金。其條件及可減少之數額，應載明於保險契約。」

(二) 任意基本條款

任意基本條款為保險人基於契約運作與保險商品特性等因素考量，於法定基本條款之外所訂立的一般規範事項，包括時效條款、公斷條款、理賠申請、其他保險與保險單轉讓等。

六、特約條款

特約條款為當事人於保險契約基本條款外，承認履行特種義務的條款。與保險契約有關的一切事項，不問過去、現在或將來，均得以特約條款定之。

特約條款屬於義務條款，當事人必須切實遵守履行，否則會影響契約效力。保險法第六十八條第一項規定：「保險契約當事人之一方違背特約條款時，他方得解除契約；其危險發生後亦同。」保險法第六十九條則規定：「關於未來事項之特約條款，於未屆履行期前危險已發生，或其履行為不可能，或在訂約地為不合法而未履行者，保險契約不因此而失效。」

狹義的特約條款係指保證條款；廣義的特約條款則包括保證條款與附加條款。

(一) 保證條款

保證條款的內容為規範要保人或被保險人在取得保險人的保障時，所必須履行的事項。所謂保證，是指要保人擔保某種特定事實的存在或不存在；某種行為未來的作為或不作為；或某種特定條件的履行。

1. 依保證期間區分，保證可分為確認保證與承諾保證

(1) 確認保證：保證某些特定事項在過去、現在的存在或不存在，但不涉及未來的情況。

(2) 承諾保證：保證某些特定事項未來的作為或不作為。

2. 依表達方式區分，保證可分為明示保證與默示保證

(1) 明示保證：將保證事項以文字表示明確載明於保險契約上，稱為明示保證。

(2) 默示保證：保證事項僅屬於保險當事人共同默契的擔保事項，不以文字載明於保險契約上。例如海上保險的默示保證有三：保證船舶有適航能力；船舶不改變航程與航道；船舶與貨物具有合法性。

(二) 附加條款

附加條款為保險當事人約定，在原保險單中增加的條款，以因應被保險人個別需求，擴大、減少保障項目或調整原有條款的內容。附加條款的效力優於保險單原有的基本條款；如有兩種以上的附加條款先後出現，則較後追加的附加條款優先適用。

附加條款的使用目的：

1. 滿足被保險人個別特殊需求

由於被保險人或保險標的物存在顯著個別差異，保險人無法以單一保險商品滿足全部被保險人的需求，故採用附加條款，調整原有基本條款的內容，以切合不同被保險人的實際保險需求。

2. 調整變更原有保險單的內容

為了因應社會環境的變動、監理政策的改變或公司經營政策的調整，利用附加條款修改原有保險契約的承保內容。

知識小站

附加條款與附約的使用

附加條款的使用常見於財產保險。例如投保住宅火災基本保險，被保險人可選擇附加「颱風及洪水保險附加條款」。

附約的使用主要用於人身保險，要保人投保時，可透過附約增加額外保障。例如「要保人豁免保費附約」或「住院醫療保險附約」。

(三) 批單與批註的使用

保險單中的基本條款為事先印製的標準化契約,當事人以特約條款變更或補充契約內容時,多採用批單或批註附貼或追加於原保險單之後;保險契約內容變更時,亦採用批單或批註方式予以修改,取代原有的約定內容。

批單為事先印妥的書面文件或文字,以制式化條款載明保險契約之修正內容,附加於原保險單之後;批註為補充或變更原有內容的文字記載,僅於原有保險單空白處載明。批單與批註的主要作用在變更或補充原有保險單內容,以因應不同要保人與被保險人的需求,賦予標準化契約彈性調整的空間。

批單與批註為之後附加的文件,其效力會優先於原先的保險單;後附加的批單與批註,其效力則優先於先前附加的批單與批註。在各種追加的方式中,採書寫方式追加的內容其優先順序最高,其次為打字,再其次為橡皮圖章打印,最後為事先印妥的批單。

5-2 保險契約的變更

保險契約屬於繼續性契約,契約成立後,若在其存續期間,因發生新的應記載事項而必須變更原有的契約記載內容,則以契約變更的方式處理。保險契約的變更,可分為主體的變更與內容的變更,分別說明如下。

一、主體的變更

保險契約主體的變更分為當事人的變更與關係人的變更。

(一) 當事人的變更

1. 要保人的變更

通常發生於要保人死亡、破產或保險標的物所有權移轉時。保險法第二十八條規定:「要保人破產時,保險契約仍為破產債權之利益而存在,但破產管理人或保險人得於破產宣告三個月內終止契約。其終止後之保險費已交付者,應返還之。」要保人變更時,保險契約效力依舊存在,保險法第四十九條第二項規定:「保險人對於要保人所得為之抗辯,亦得以之對抗保險契約之受讓人。」

知識小站

指示式契約與無記名式契約

保險法第四十九條第一項規定：「保險契約除人身保險外，得為指示式或無記名式。」指示式保險契約，是指保險契約雖記載要保人姓名，但並非為特定要保人所持有，要保人可以背書轉讓其保單於第三人；無記名式保險契約，只需交付保單，即可發生轉讓效力。

2. 保險人的變更

保險人的變更，通常發生於保險人發生併購時，被併購的保險人雖然歸於消滅，基於概括承受的約定，原保險契約歸於存續保險人繼續有效。此外，保險人因經營策略改變或退出市場，將原有業務轉賣或轉讓由其他保險人承接，也屬於保險人的變更。

(二) 關係人的變更

1. 被保險人的變更

保險法第十八條規定：「被保險人死亡或保險標的物所有權移轉時，保險契約除另有訂定外，仍為繼承人或受讓人之利益而存在。」因此，針對財產保險契約，被保險人死亡或保險標的物所有權移轉時，可透過變更被保險人，維持契約效力。

2. 受益人的變更

人壽保險身故保險金的受益人為被保險人或要保人約定享有賠償請求權之人，可經由要保人通知保險人後進行變更。

二、內容的變更

保險契約內容的變更包括基本資料的變更、風險的變更及其他約定內容的變更等。保險契約內容的變更，必須經過雙方當事人的同意。若變更為要保人提出，除人身保險外，保險人接到通知後十日內不為拒絕者，視為承諾。

保單活化

　　金融監督管理委員會自 2014 年 8 月開辦「功能性契約轉換」政策,俗稱保單活化,民眾可將已投保數年的終身壽險,以全部或部分保單價值準備金為轉換同一家壽險公司的醫療險、長照險或年金險,讓保戶在不增加保費支出的原則下,支付未來可能發生的醫療費用、長照費用或退休生活支出。

　　保戶在年輕時投保壽險,多以其他家庭成員的經濟需求,包括房貸、生活費為優先考量。隨著保戶步入中高年,其他家庭成員的照護需求就會越來越低,此時的壽險需求已不如投保當時高,可透過「功能性契約轉換」予以調節,轉換至健康險或長期照護險,補足自身步入中高年後增高的醫療需求及照護需求。因此,功能性契約轉換屬於人身保險契約中保險商品的變更。

5-3　保險契約的停效與消滅

一、保險契約的停效與復效

　　保險契約在存續期間內,由於某項特定原因致使保險契約效力暫時停止,稱為停效。在契約停效期間,當事人雙方權利與義務暫時凍結,若保險事故在這段期間內發生,保險人無須承負理賠責任。已經停效的保險契約,日後經由一定程序完成後,可恢復保險契約效力,稱為復效。

　　保險契約的停效與復效常見於人壽保險、汽車保險與火災保險,分別說明如下。

(一) 人壽保險的停效與復效

1. 人壽保險的停效

人壽保險契約多為長期契約，保險費的支付主要採分期繳納方式，在約定繳費期間內由要保人定期支付。

依人壽保險單示範條款的規定，人壽保險契約發生效力停止的原因有以下三項：

(1) 續期保險費逾寬限期間仍未交付。

(2) 未償還的保單借款本息超過其保單價值準備金時。

(3) 保險費墊繳的本息超過其保單價值準備金時。

2. 人壽保險的復效

保險契約效力停止後，要保人得在停效期間（至少兩年）內，清償保險費扣除停效期間的危險保險費之餘額及利息後向保險人申請復效。保險期間屆滿後則不得申請復效。

人壽保險的停效與復效

保險法第一一六條：

1. 人壽保險之保險費到期未交付者，除契約另有訂定外，經催告到達後屆三十日仍不交付時，保險契約之效力停止。

2. 催告應送達於要保人，或負有交付保險費義務之人之最後住所或居所，保險費經催告後，應於保險人營業所交付之。

3. 第一項停止效力之保險契約，於停止效力之日起六個月內清償保險費、保險契約約定之利息及其他費用後，翌日上午零時起，開始恢復其效力。要保人於停止效力之日起六個月後申請恢復效力者，保險人得於要保人申請恢復效力之日起五日內要求要保人提供被保險人之可保證明，除被保險人之危險程度有重大變更已達拒絕承保外，保險人不得拒絕其恢復效力。

4. 保險人未於前項規定期限內要求要保人提供可保證明或於收到前項可保證明後十五日內不為拒絕者，視為同意恢復效力。

5. 保險契約所定申請恢復效力之期限，自停止效力之日起不得低於兩年，並不得遲於保險期間之屆滿日。

6. 保險人於前項所規定之期限屆滿後，有終止契約之權。

7. 保險契約終止時，保險費已付足兩年以上，如有保單價值準備金者，保險人應返還其保單價值準備金。

8. 保險契約約定由保險人墊繳保險費者，於墊繳之本息超過保單價值準備金時，其停止效力及恢復效力之申請準用第一項至第六項規定。

(二) 汽車保險的停效與復效

汽車保險契約於汽車買賣未辦理過戶時，暫時停止效力。被保險人向保險人申請權益的移轉後，可恢復保險契約的效力。

(三) 火災保險的停效與復效

火災保險契約，若有下列情形之一者，保險契約對於該項保險標的物之保險效力即告停止。

1. 承保的建築物或置存承保動產的建築物，連續六十日以上無人看管或使用。
2. 承保之動產搬移至本保險契約所載地址以外之處所。

保險契約於停止原因消失後其效力即自動恢復，保險人按日數比例退還停效期間的保險費。

二、保險契約的消滅

所謂保險契約的消滅，是指於保險契約存續期間，由於違反法定原因或約定事項，致使保險契約效力歸於消滅。保險契約一旦消滅，將無法回復其原有的效力。保險契約的消滅，可分為自始消滅與自今消滅，前者為契約追溯至訂約時不發生效力，包括無效與解除；後者自發生消滅事由之日起契約不生效力，包括失效與終止，如圖 5-1。

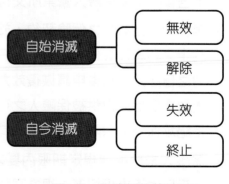

▶圖5-1　保險契約的消滅

（一）無效

1. 無效的原因

保險契約的無效就其原因可分為約定無效與法定無效。其中約定無效係由契約當事人任意約定無效的原因，法定無效則包括以下情形：

(1) 因危險不存在而無效：保險法第五十一條規定：「保險契約訂立時，保險契約之危險已發生或已消滅者，其契約無效；但為當事人雙方所不知者，不在此限。」

(2) 因惡意複保險而無效：保險法第三十六條規定：「要保人故意不為通知，或意圖不當得利而為複保險者，其契約無效。」

(3) 死亡保險未經被保險人同意：保險法第一○五條規定：「由第三人訂立之死亡保險契約，未經被保險人書面承認並約定保險金額者，其契約無效。」另外，保險法第一○七條規定：「以未滿 15 歲之未成年人，或心神喪失、或精神耗弱之人為被保險人，而訂立之死亡保險契約無效。」

(4) 虛報年齡：保險法第一二二條規定：「人壽保險契約被保險人真實年齡已超過保險人所訂保險年齡限度時，其契約無效。」

知識小站

保險年齡

保險年齡，投保時被保險人以足歲計算之年齡，但未滿一歲的零數超過六個月者加算一歲，以後每經過一個保單年度加算一歲。保險中被保險人的年齡，是用來計算保費或做為投保資格的評估。

2. 無效的效果

保險契約的無效，就其範圍分為全部無效與一部無效。若為全部無效，契約自始不成立，除有特別規定外，當事人之間所為包括保險費、保險金等之給付，應視為不當得利，受領人應返還之。如為一部無效，保險契約僅一部分無效，其餘仍為有效，除有特別規定外，保險人應返還該一部無效的保險費。

(二) 解除

　　保險契約的解除為當事人一方行解除權，使契約的效力自始消滅，回復至契約訂約前的狀態，分為法定解除權與約定解除權。

1. 法定解除權

　　基於保險法規定的法定解除權，包括以下情形：

(1) 因怠於通知的解除：保險法第五十七條：「當事人之一方對於他方應通知之事項而怠於通知者，除不可抗力之事故外，不問是否故意，他方得據為解除保險契約之原因。」

(2) 因違反告知義務的解除：保險法第六十四條：「…，要保人有為隱匿或遺漏不為說明，或為不實之說明，足以變更或減少保險人對於危險之估計者，保險人得解除契約；其危險發生後亦同。」

(3) 因違背特約條款的解除：保險法第六十八條：「保險契約當事人之一方違背特約條款時，他方得解除契約；其危險發生後亦同。」

(4) 因惡意超額保險的解除：保險法第七十六條：「保險金額超過保險標的價值之契約，係由當事人一方之詐欺而訂立者，他方得解除契約。」

2. 約定解除權

　　雙方當事人於保險契約中約定，由於一定事由的發生，一方即得以之理由，向對方主張解除契約。約定的事由，只需無害公益及不違反法律的強制規定即可，並得同時約定其行使期間。

3. 解除的行使與效果

　　保險契約解除後，契約效力回溯自訂約開始時失其效力，被保險人或受益人已受領的保險金應返還給保險人；已受領的保險費，除非法律規定或契約約定不必返還，保險人應返還給要保人。被解除契約的一方，則負有損害賠償的義務。解除權的行使期間，稱為除斥期間。依據保險法第六十四條與第六十八條規定，因違反告知義務的解除以及因違背特約條款的解除，以權利人知有解除原因此日起一個月內或契約訂立後兩年內不行使而消滅。

(三) 失效

所謂失效，是指保險契約成立後，因法律規定或契約約定之失效原因，自失效原因發生之時起，失其效力。

1. 法定失效

保險法第十七條規定：「要保人或被保險人，對於保險標的物無保險利益者，保險契約失其效力。」

若保險契約的被保險人為兩人以上，保險法第十九條另外規定：「合夥人或共有人聯合為被保險人時，其中一人或數人讓與保險利益於他人者，保險契約不因此而失效。」

2. 失效的效果

保險契約自失效原因發生之日起失去效力；而失效原因發生前的契約效力，依然存在。

(四) 終止

保險契約的終止，依其發生的原因，可分為當然終止與任意終止。

1. 當然終止

所謂當然終止，是指保險契約在下列各種情形時，無須當事人的意思表示，契約效力自動歸於終止。

(1) 保險期間屆滿：當保險契約所載的保險期間屆滿時，契約即行終止。

(2) 保險標的物全部滅失：當財產保險的保險標的物發生毀損滅失時，保險契約效力終止，可進一步區分為兩種情況：

① 保險標的物的滅失非因保險契約的承保事故所致，保險法第八十一條規定：「保險標的物非因保險契約所載之保險事故而完全滅失時，保險契約即為終止。」

② 保險標的物因承保範圍所致之毀損滅失，保險人以全損或推定全損賠付後，契約即行終止。

(3) 保險人破產：保險法第二十七條規定：「保險人破產時，保險契約於破產宣告之日終止，其終止後之保險費，已交付者，保險人應返還之。」

2. 任意終止

保險契約因當事人的意思表示，使契約效力終止的情形如下：

(1) 人壽保險停效期間屆滿後：人壽保險於寬限期間屆滿後，契約效力停止。如果要保人未於約定的停效期間內申請恢復效力或被保險人的風險程度有重大變更已達拒絕承保，保險人於規定的停效期限屆滿後，有終止契約之權。

(2) 危險變動時：危險變動時，得終止契約，或提議另定保險費。要保人對於另定保險費不同意者，其契約即為終止。

(3) 保險標的發生部分損失：保險標的物受部分之損失者，保險人與要保人均有終止契約之權。

(4) 保險標的失常時：保險法第九十七條規定：「保險人有隨時查勘保險標的物之權，如發現全部或一部分處於不正常狀態，經建議要保人或被保險人修復後，再行使用。如要保人或被保險人不接受建議時，得以書面通知終止保險契約或其有關部分。」

(5) 要保人破產時：保險法第二十八條：「要保人破產時，保險契約仍為破產債權人之利益而存在，但破產管理人或保險人得於破產宣告三個月內終止契約。」

(6) 要保人終止契約。

3. 終止的效果

保險契約終止，契約效力向將來消滅，不溯及既往，雙方當事人皆不負回復原狀的義務。終止前的保險費，保險人無須返還；終止後的保險費已給付者，要保人得請求返還或由保險人返還之。

5-4 保險契約的標準化

保險契約標準化是指各保險人製訂的保險契約內容與基本條款的標準化，在標準化的過程中，保險契約的內容、格式與用詞等趨於一致。

一、保險契約標準化的途徑

(一) 依習慣或特定權威

保險契約的內容可能因過去的習慣用法，或判例解釋而逐漸成為大多數業者使用的標準。例如英國過去因國際貿易的盛行，著重海上保險市場的發展，勞依茲保險單的型式與內容，因此普遍為其他保險業者採用。

(二) 同業協議

保險契約藉由標準化可適用相同的解釋內容並有效解決理賠爭議，可由保險業者透過保險同業公會或相關協會組織共同協議訂定。

(三) 法令規定

保險契約或保險條款由政府或監理機關透過法令規定提供標準化內容。

二、保險契約標準化的優缺點

(一) 優點

1. 便於要保人或被保險人的選擇與投保。
2. 理賠標準一致。
3. 損失統計資料具同質性，增加保險費率合理性。
4. 利於保險行銷與保險商品的比較。
5. 有利於保險主管機關監理上的一致性。

(二) 缺點

1. 缺乏投保彈性，無法滿足個別消費者的需求。
2. 保險業者的共同協議結果未必是保險消費者的最佳保單。
3. 降低保險商品創新的誘因。

 本章習題

一、名詞解釋

1. 不保事項

2. 相對不保

3. 確定保證

4. 承諾保證

5. 明示保證

6. 默示保證

7. 特約條款

8. 附加條款

9. 停效

10. 復效

二、選擇題

( )1. 當要保人違反訂約時之據實說明義務時，下列敘述何者正確？ (A) 保險契約自始無效 (B) 被保險人得解除保險契約 (C) 保險人得無須返還已收取之保險費 (D) 保險人得終止保險契約。 【100 年初等考試】

( )2. 我國保險法規定，由第三人訂立之死亡保險契約，未經被保險人書面同意，並約定保險金額者，其契約效力為何？ (A) 無效 (B) 終止 (C) 解除 (D) 失其效力。 【101 年初等考試】

( )3. 保險契約之要保人或被保險人，對於保險標的無保險利益者，對於保險契約效力有何影響？ (A) 保險人得終止契約 (B) 保險契約失效 (C) 保險人得解除契約 (D) 保險契約停效。 【102 年初等考試】

( ) 4. 下列何者的法律效果與其餘三者不同？　(A) 保險人破產時　(B) 保險期間屆滿　(C) 保險標的物非因保險事故完全滅失　(D) 惡意複保險。

【102 年初等考試】

( ) 5. 下列哪一個保險名詞，其對於保險契約的法律效果，係指「自始消滅」？
(A) 無效　(B) 失效　(C) 停效　(D) 終止。　【103 年初等考試】

( ) 6. 依我國保險法，保險契約訂立時，保險標的之危險已發生或已消滅者，其契約：　(A) 無效　(B) 終止　(C) 得解除　(D) 停效。　【104 年初等考試】

( ) 7. 人壽保險契約因為續期保費到期未繳交，除非契約另有墊繳保險費或其他約定，否則經過保險公司催告到達後超過一定期間仍未交付時，保險契約之效力會如何？　(A) 停止　(B) 中止　(C) 終止　(D) 無效。

【104 年初等考試】

( ) 8. 下列關於保險契約效力的敘述何者錯誤？　(A) 財產保險交易中，在正式保單尚未發給前，保險效力以暫保單（Binder）的內容為準　(B) 人壽保險交易中，在正式保單尚未發給前，保險效力依附條件收據（Conditional Receipt）或送金單記載的日期開始生效　(C) 要保人填寫的要保書也是保險契約的一部分　(D) 批單或批註書通常是用來變更原來保險契約的內容，因此效力高於原來的保險契約。　【105 年初等考試】

( ) 9. 下列何者屬於保險契約的特約條款記載事項？　(A) 當事人的姓名及住所
(B) 保險事故的種類　(C) 無效及失權的原因　(D) 不置存危險品或特別危險品。　【106 年初等考試】

( ) 10. 保險契約生效的法定要件不包含哪一項？　(A) 當事人雙方意思表示一致
(B) 訂立須為合法的目的　(C) 當事人雙方互為對價關係　(D) 需要交付書面契約。　【107 年初等考試】

( ) 11. 對於保險契約附加條款之附加方式，下列何者的效力最優先適用？　(A) 打字方式　(B) 使用橡皮印章　(C) 書寫方式　(D) 使用制式批單或附加條款。　【108 年初等考試】

( ) 12. 下列何者不屬於保險法第 55 條所規定的基本條款？　(A) 保險之標的物
(B) 保險費　(C) 保險事故之種類　(D) 保險價額。　【110 年初等考試】

( ) 13. 下列何項不是保險契約法定無效之原因？　(A) 被保險人年齡不實且超過年齡上限　(B) 要保人意圖不當得利而為複保險　(C) 保險標的之危險在契約訂立時已發生　(D) 保險契約當事人之一方違背特約條款。

【110 年初等考試】

( ) 14. 保險單是保險契約成立的證明文件，其中包括哪些項目？　①條件事項　②除外事項　③批單、批註　④聲明事項　(A) ①②③④　(B) 僅①②③　(C) 僅②③④　(D) 僅①③④。　【106 年保經代】

( ) 15. 保險契約因保險期間屆滿時，其保險契約呈現的法律狀態為何？　(A) 保險契約終止　(B) 保險契約無效　(C) 保險契約停止　(D) 保險契約解除。

【103 年保經代】

三、問答題

1. 保險單的基本架構主要包括哪些項目？

2. 保險契約法定無效的原因有哪些？

3. 何謂批單與批註？其作用與效力為何？

4. 請說明保險契約中特約條款的意義及其效力。

5. 何謂相對不保？何謂絕對不保？請比較兩者的差異並舉例說明之。

6. 何謂保險契約效力停止？請說明人壽保險契約的停效與復效。

7. 保險單標準化的優點與缺點為何？

8. 何謂保險單之標準化？有哪些途徑可以達成保險單之標準化？並請各列舉三種我國財產保險及人身保險方面保險標準化的例子。　【99 年保經代】

9. 保險單的承保事項主要規範保險公司對被保險人的賠償責任，而就危險事故表示的範圍而言，一般有兩種方式，一為列舉危險事故保單，另一為全險保單。何謂列舉危險事故保單？何謂全險保險？又何謂除外事項？試問保險公司在保單中設置除外事項的原因為何？　【102 年高考】

10. 保險契約效力無效的意義為何？並請詳述造成契約無效的原因及無效的效果。

【100 年高考】

06

保險契約基本原則

學習重點

1. 保險利益原則
2. 最大誠信原則
3. 損害補償原則及其引申原則
4. 主力近因原則

INSURANCE

保險NEWS

投保隱匿病情，不理賠

消費者購買保險商品，可千萬別忽視「善盡告知義務」重要性！金管會表示，保險已成為現代人轉移風險的重要工具，對於保險業者的要保書書面詢問事項，消費者應該逐一據實告知，以提供保險公司核定判斷是否接受投保，以及衡量適合哪種保險費率之參考。

保險局並提出近期發生案例，有位要保人以自己為被保險人，其投保前兩個月內，曾因甲狀腺毒症、甲狀腺腫與甲狀腺亢進等疾病求診，不過，當保險公司以書面詢問「最近兩個月，是否因受傷或生病接受治療、診療或用藥」、「過去兩年內是否接受檢查異常，而被建議接受其他檢查或治療」及「過去 5 年內是否曾患有甲狀腺疾患，而被建議接受醫師治療？或診療用藥？」這位保戶均答稱「沒有」。結果，在投保一年後，因為甲狀腺疾病引發敗血症不幸過世，但是，保險公司以被保險人違反「保險法」之「據實說明」義務，經法院審理判決無須理賠保戶，並且解除該保險契約。

金管會官員呼籲，購買保險產品時，要保書之詢問事項應據實填寫，如果要保人口頭陳述，但業務員並未在要保書上填寫，或者陳述的內容與記載的內容有差異或不一致時，未來容易衍生爭議。

資料來源：自由時報 2012/05/07；https://ec.ltn.com.tw/article/paper/581925

 解讀

保險契約的訂立是基於最大誠信原則，保險人所收取之保險費對價，則繫於正確估計危險之發生；評估項目包括：要保人的說明、保險標的物的查勘、被保險人的體檢及其他相關數據資料等。為避免道德風險或逆選擇的產生，現行保險法規定訂立保險契約時，消費者對於保險人的書面詢問，若無據實回答，保險人依保險法第六十四條的規定，可以在兩年內解除保險契約，且不需退還保險費。

前　言

　　保險契約基本原則為保險交易過程中，當事人與關係人執行各項權利與義務應遵循的法則，包括保險利益原則、最大誠信原則、損害補償原則與主力近因原則。其中，損害補償原則另外延伸賠款分攤原則與保險代位原則。在保險經營及相關運作中，從保單條款的擬訂、契約的要約與成立、事故發生的理賠責任判定以及賠款金額的理算等，到保險相關法規的訂定、保險評議與訴訟判決等，都必須依循本章所說明的保險契約基本原則。

6-1 保險利益原則

一、保險利益的意義

(一) 保險利益的意義與存在目的

　　保險利益（Insurable Interest）又稱可保利益，是指要保人對保險標的因具有各種利害關係而享有，且可能因風險事故的發生而失去的合法經濟利益，或依法可能產生的損害賠償責任。

　　保險利益原則（Principle Of Insurable Interest）即保險契約的成立，必須存在保險利益。換言之，保險利益是否存在將影響保險契約的效力。保險法第十七條規定：「要保人對於保險標的無保險利益者，保險契約失其效力。」

　　保險契約要求保險利益必須存在，其主要的理由有以下三項：

1. 避免賭博行為

　　人們從事賭博行為的主要目的在獲得意外之財，與保險以損害填補為目的大相逕庭。若保險利益不存在，被保險人無遭受損失的可能卻有機會獲得額外的利益，保險契約的訂立無異成為賭博行為，違背了當初契約成立的目的。

2. 防止道德危險

　　保險的目的為損害補償，保險事故的發生，若要保人或被保險人無利益的減損或費用的增加，反而因此獲利，將可能誘發道德風險的發生。

3. 限制財產保險損害賠償的額度

保險利益為以貨幣單位客觀衡量的經濟利益，即要保人簽訂保險契約對保險標的所具有的最大利益關係。除人身保險外，保險事故發生時，應以保險利益為保險契約損害填補的最高限度。

(二) 保險利益的成立要件

保險利益為經濟利益，但並非任何經濟上的利害關係都能夠成為保險利益。保險利益的成立，必須包括以下三要件：

1. 保險利益須為合法利益

保險契約為合法的契約，保障法律所認許的利益。凡是違反法律規定或違背公序良俗的非法利益，皆不得為保險利益。

2. 保險利益須為確定利益

保險利益必須為現有利益或基於現有利益所生之可得期待利益。保險利益若無法確定，不僅保險人不能確認應收取的保險費金額，更易產生道德風險。

3. 保險利益須為經濟利益

不論是保險金額的約定或保險費的計算，皆必須能夠以貨幣單位客觀衡量，因此保險利益必須為經濟上的利益。

(三) 保險利益的性質

保險利益必須具備三個基本要素：首先，必須有可承保的標的存在，如身體、生命、財產、潛在責任或財務利益；其次，可保標的成為保險標的；最後，要保人或被保險人與前述保險標的必須存在合法經濟利害關係，並因保險標的之安全存在或無潛在責任而受益。

保險利益依據上述基本要素，可進一步區分為積極的保險利益與消極的保險利益。

1. 積極的保險利益

即損失發生前利益已存在，要保人或被保險人因保險標的安全存在，而享有其利益，因風險事故的發生而造成利益減損。例如屋主因其房屋的安全存在而享有其所有、管理及使用上之利益，若火災不幸發生，將面臨財務上的損失。因此，屋主對其所擁有的房屋具有保險利益。

2. 消極的保險利益

即損失發生前利益不存在，要保人或被保險人因風險事故發生，產生對第三人的賠償責任或額外的負債。例如公共場所因場地維護不當導致遊客跌倒受傷，經營者因遊客求償而需承擔的賠償責任。

二、保險利益原則的應用

(一) 財產保險的保險利益

1. 現有利益與期待利益

保險法第十四條：「要保人對於財產上之現有利益，或因財產上之現有利益而生之期待利益，有保險利益。」其中，現有利益為要保人因保險標的之存在而享有的利益，此利益會因保險標的遭受損害而減損，例如屋主對於所擁有的房屋、車主對於其汽車等皆有保險利益。期待利益則為要保人本於保險標的上的現有利益，於未來可獲得的利益，例如房東對已出租房屋未來會產生的租金收入具有期待利益。

2. 責任利益

保險法第十五條：「運送人或保管人對於所運送或保管之貨物，以其所負之責任為限，有保險利益。」責任利益屬於消極的保險利益，為要保人或被保險人有承擔民事損害賠償責任的可能時，對該可能賠償責任具保險利益。因此，不管是運送人或是保管人，對於所託運或託管的貨物，在其所負的損害賠償責任限度內，具有保險利益。

(二) 人身保險的保險利益

人身保險的保險標的為人的身體或生命，保險法第十六條規定，要保人對於下列各人的身體或生命，具保險利益：

1. 本人或其家屬

要保人本人對於自己的身體與生命，當然具有保險利益。所謂家屬，是指以永久共同生活為目的而同居一家者，不限定為親屬關係。

2. 生活費或教育費所仰給之人

所謂生活費或教育費所仰給之人，是指實際供給生活費或教育費予要保人的人。若要保人的生活費或教育費需仰賴他人提供，此供給者的健康存在與否

對其生活影響甚鉅。因此，要保人對於提供其生活費或教育費的人具有保險利益。

3. 債務人

債務人的生存或死亡，關係到債權人能否完整主張其債權。因此，債權人得以自己為要保人，債務人為被保險人，在其債權限額內投保人身保險，以確保其債權未來得以收回。

4. 為本人管理財產或利益之人

為要保人管理財產或利益者，對要保人而言當然具經濟上的利害關係。因此，要保人得以其為被保險人，投保人身保險。例如企業的專業經理人對公司的經營與收益貢獻卓著，則企業可擔任要保人，以該專業經理人為被保險人，投保人身保險。

(三) 基於有效契約而生之利益

保險法第二十條規定：「凡基於有效契約而生之利益，亦得為保險利益。」例如租賃契約、承攬契約等，要保人因有效契約的簽訂而得享有之財產上的現有利益、期待利益與責任利益，亦可為保險利益。又如雇主與員工簽訂雇傭契約，對於員工的勞務產出享有經濟利益，因而對員工具有保險利益。由此可知，保險法第二十條的規定，不僅適用於財產保險，也適用於人身保險。

三、保險利益存在的時間

(一) 財產保險利益的存在時間

財產保險利益的存在時間，不必嚴格限於保險契約訂立時存在，但於保險事故發生時須存在。如果保險事故發生時，要保人與被保險人對保險標的已無保險利益，則無經濟上的損失，也就無損害補償的必要。

(二) 人身保險利益的存在時間

人身保險利益，於保險契約訂立時必須存在，其主要目的在避免道德風險。然而，以他人為被保險人的人身保險契約，要保人與被保險人的經濟利害關係雖可能改變，以致保險事故發生時保險利益已不存在，但不會因此影響契約的效力。

四、保險利益的移轉

保險利益的移轉包括繼承、轉讓及破產。

(一) 繼承、轉讓

保險法第十八條：「被保險人死亡或保險標的物所有權移轉時，保險契約除另有訂定外，仍爲繼承人或受讓人之利益而存在。」

(二) 破產

保險法第二十八條：「要保人破產時，保險契約仍爲破產債權人之利益而存在，但破產管理人或保險人得於破產宣告三個月內終止契約。其終止後之保險費已交付者，應返還之。」相關法令規定主要適用於財產保險。

6-2 最大誠信原則

一、最大誠信原則的意義

任何契約的簽訂，都必須以當事人的誠信爲基礎，若其中一方有任何欺瞞或違反契約內容的行爲，另一方得解除契約；若因對方不誠信的行爲而受有損害，亦得要求賠償。

保險契約的簽訂，則要求雙方當事人的最大誠信。所謂最大誠信原則（Principle Of Utmost Good Faith），是指保險契約雙方當事人於簽訂及履行契約內容時，必須本於最大誠信，遵守契約的約定及承諾，履行其應盡之義務，否則保險契約無效或當事人得解除契約。

二、最大誠信原則的理由

在保險契約的簽訂與履行過程中要求雙方當事人必須要盡最大誠信，其主要理由在於當事人之間存在相當程度的資訊不對稱（Information Asymmetry），也就是雙方所各自擁有、可影響交易的資訊不同。

資訊不對稱

參與交易的雙方，彼此擁有以及可影響交易的資訊內容處於不對等的狀態。例如，在二手車市場，賣方對於所銷售的車輛擁有較多資訊；而在保險市場中，被保險人對於自身的健康狀況或駕駛習慣較保險人更為瞭解。

以下就要保人與保險人兩方面說明應遵循最大誠信原則的理由：

（一）就要保人而言

保險所承保的保險標的，其真實狀況只有要保人或被保險人最為瞭解。保險人對保險標的所進行的風險評估，包括是否承保、以何種條件承保等，需依賴要保人或被保險人所提供的相關資料。因此，在保險契約的簽訂過程中，必然要求要保人與被保險人盡最大誠信。

（二）就保險人而言

保險屬無形的商品，要保人交付保險費於保險人，以換取保險人於未來損害補償的承諾。再者，保險契約條款內容及保險費率均由保險人單方面訂定，其專業性往往非要保人或被保險人所能理解。惟有仰賴保險人的最大誠信，要保人與被保險人才能以合理的保險費支出獲得確實的保險保障。

因此，保險契約的簽訂及履行，須以最大誠信為雙方當事人遵循的原則，才能確保雙方當事人的權益及保險市場的正常交易運作。

三、最大誠信原則的應用

（一）告知

1. 告知的意義

所謂告知，是指要保人在訂立保險契約時，應將與保險標的有關的重要事實或具體事項，向保險人據實說明。保險法第六十四條第一項規定：「訂立

契約時，要保人對於保險人之書面詢問，應據實說明。」因此，告知的內容以保險人對要保人在要保書中的書面詢問事項為主。保險人透過書面詢問事項，取得保險標的相關資訊，以作為風險評估與承保依據。告知義務人告知的方法，採取書面或是口頭方式告知均可。然而，若採用口頭方式告知，未來發生契約爭議時可能會面臨舉證上的困難。

2. 告知的事項

要保人及被保險人告知的目的在提供保險人風險評估的相關資訊，告知內容僅限於重要事實，並非所有事實皆應告知。所謂重要事實，是指足以影響保險人對於風險估計的相關事項，可歸納為以下四類：

(1) 足使被保風險較正常情況為高者。

(2) 基於特殊動機而投保者。

(3) 屬特殊風險者。

(4) 顯示被保險人處非正常狀態者。

3. 告知義務的違反

要保人違反告知事項，可分為以下四種：

(1) 漏報：指要保人因疏忽或其他原因所致非故意的不告知。

(2) 隱瞞：指要保人對於與風險有關的重要事項故意隱瞞不告知。

(3) 偽報：指要保人對於與風險有關的重要事項非故意的告知不實。

(4) 詐欺：指要保人意圖誤導保險人對於風險的估計而故意不實告知。

依保險法第六十四條第二項規定，「要保人有為隱匿或遺漏不為說明，或為不實之說明，足以變更或減少保險人對於危險之估計者，保險人得解除契約；其危險發生後亦同。但要保人證明危險之發生未基於其說明或未說明之事實時，不在此限。」因此，要保人違反告知義務與風險的發生兩者之間須具有因果關係，保險人始得以解除契約。

對於保險人解除權的行使，保險法第六十四條第三項則規定：「前項解除契約權，自保險人知有解除之原因後，經過一個月不行使而消滅；或契約訂立後經過兩年，即有可以解除之原因，亦不得解除契約。」其中「一個月」與「兩年」

的期間稱爲除斥期間。若保險人未在規定的除斥期間內行使解除權，則其解除權消滅。

(二) 保證

所謂保證，是指保險人向要保人提出的約定事項，由要保人擔保在契約有效期間內特定事項的存在或不存在；特定行爲的作爲或不作爲；特定條件的履行或不履行。

保證事項在保險契約中多以特約條款的型式呈現，保險法第六十七條規定：「與保險契約有關之一切事項，不問過去現在或將來，均得以特約條款定之。」對於保險契約中之保證事項，要保人或被保險人必須嚴格遵循，如有違反，保險人得解除契約，危險發生後亦同。

由於保證事項涉及不確定的未來，對於保證的不履行，保險法第六十九條另設除外規定：「關於未來事項之特約條款，於未屆履行期前危險已發生，或其履行爲不可能，或在訂約地爲不合法而未履行者，保險契約不因此而失效。」

(三) 通知

通知是指要保人或被保險人於保險契約訂立後，契約或風險狀況有變更時，應將變更的事實通知保險人，並據以採取因應措施。依保險法的規定，通知義務的內容有下列三項：

1. 複保險的通知

保險法第三十六條：「複保險，除另有約定外，要保人應將他保險人之名稱及保險金額通知各保險人。」

保險法第三十七條：「要保人故意不爲前條之通知，或意圖不當得利而爲複保險者，保險契約無效。」

2. 危險發生的通知

保險法第五十八條：「要保人、被保險人或受益人，遇有保險人應負保險責任之事故發生，除保險法另有規定，或契約另有訂定外，應於知悉後五日內通知保險人。」要保人或被保險人不於期限內爲通知者，對於保險人因此所受之損失，應負賠償責任。

3. 危險增加的通知

保險法第五十九條：「要保人對於保險契約內所載增加危險之情形應通知者，應於知悉後通知保險人。

危險增加，由於要保人或被保險人之行為所致，其危險達於應增加保險費或終止契約之程度者，要保人或被保險人應先通知保險人。

危險增加，不由於要保人或被保險人之行為所致者，要保人或被保險人應於知悉後十日內通知保險人。」

要保人或被保險人不於期限內為通知者，對於保險人因此所受之損失，應負賠償責任。

6-3 損害補償原則

一、損害補償原則的意義

(一) 損害補償原則的意涵

損害補償原則（Principle Of Indemnity），又稱損失塡補原則或損害塡補原則，是指被保險人因保險事故發生所遭受的實際損失，保險人應予充分損害補償，以恢復至損失發生前之原有相同水準為原則。因為保險的目的，在於彌補被保險人因保險事故所造成的損失，使其回復至損失發生前的狀態，所以保險的運作需依循損害補償原則。

損害補償原則的另一層涵義，在於被保險人所獲得的損害補償金額不可超過其實際損失金額。若被保險人可拿到的保險金超出其實際損失，容易誘發被保險人因貪圖不當得利而發生道德風險。然而，若所領取的保險金低於實際損失，被保險人無法獲得充分補償，反而無法落實保險保障的功能。因此，損害補償原則的運作，在於透過公平合理且客觀的核保功能與理賠機制，以確保保險人的穩定經營與被保險人的實質保障。

(二) 實際損失

　　保險事故發生後，實際損失的衡量包括保險標的的實際損害或價值減損、損害防阻費用與訴訟費用。其中，損害防阻費用，是指保險事故發生時要保人或被保險人為避免或減輕損害的必要行為所衍生的費用，保險法第三十三條第一項即規定：「保險人對於要保人或被保險人，為避免或減輕損害之必要行為所生之費用，負償還之責。其償還數額與賠償金額，合計雖超過保險金額，仍應償還。」

　　至於保險人對於訴訟費用的承擔，主要適用於責任保險。保險法第九十一條規定：「被保險人因受第三人之請求而為抗辯，所支出之訴訟上或訴訟外之必要費用，除契約另有訂定外，由保險人負擔之。」

(三) 損失填補的程度

　　基本上，保險人對被保險人因保險事故所造成的損失，其補償金額不得超過實際損失、保險金額與保險價額，以下分別說明：

1. 以實際損失為限

實際損失為保險事故發生所造成保險標的之毀損，被保險人之實際損失。保險人對於被保險人的補償，實務上應以實際損失為最大填補限度，著重於使被保險人回復到事故發生前的狀態，同時避免被保險人有不當得利，誘發道德危險的可能。

實際損失的評估，財產保險是以保險標的物於保險事故發生前之真正價值為依據；於責任保險是以被保險人對第三人的損害賠償金及法律訴訟費用為依據；於實支實付型的健康保險則以被保險人實際支出之醫療費用為基準。至於人身保險，如人壽保險與傷害保險，其性質非屬於以損害補償為目的之保險契約，則不適用損害補償原則。

2. 以保險金額為限

保險金額為保險契約雙方當事人於保險契約上約定，保險人的最大補償限度。保險法第七十二條規定：「保險金額為保險人在保險期內，所負責任之最高額度。」因此，當保險標的因承保事故發生而致毀損，保險人的補償金額不得超過雙方於保險契約中約定的保險金額。

3. 以保險價額為限

財產保險中,保險價額為保險標的物在損失發生當時的實際價值。實際價值又稱實際現金價值,為保險標的物的重置成本扣除折舊後的餘額。因此,當保險標的物因承保事故發生而致毀損,保險人的補償金額不得超過保險標的物的保險價額。

總而言之,保險利益為要保人或被保險人對保險標的物所具有的經濟利益,此經濟利益可能因保險事故的發生導致保險標的毀損而喪失。所以保險利益是保險契約簽訂時,約定保險金額的依據,也是保險人填補被保險人損失的最高額度,避免被保險人因保險補償而額外獲利。因此,損害補償原則對於被保險人損失的填補程度,以其實際損失、保險金額及保險價額三者中的最低者為基準。

二、損害補償原則的應用

(一) 損害補償方式

保險人對於被保險人因保險事故所造成損失的補償,其補償方式可分為下列四種:

1. 現金給付

即保險人以支付現金的方式補償被保險人因保險事故發生所造成保險標的之損失。採現金給付方式,其最大的優點為理賠過程簡單,且相對省時。通常由被保險人提供理賠原因及損失證明,經保險人確認後,再以現金支付給被保險人。財產保險如工程保險、火災保險、責任保險、保證保險、信用保險與健康保險等理賠時,多採用此種補償方式。

2. 修理

即保險人對保險標的所遭受的損失,在合理範圍內,以修理方式使其恢復至損失前的原有情況。此種補償方式常見於汽車保險中的車體損失保險。

3. 重置

適用於財產保險,即保險人以相同或相似的實物,重建、重購或置換原有損害的保險標的物。針對毀損無法修復的保險標的物以重置方式補償,可協助被保險人於保險事故發生後的迅速回復。例如玻璃保險,保險人於承保玻璃遭受破壞後,直接以新玻璃置換。

4. 復原

也稱為回復原狀，即保險人對保險標的所遭受的損害，在合理範圍內，將其回復至損失前的原有情況。以火災保險為例，針對建物較小部分的損害即可採用復原方式予以補償。

(二) 損害補償原則的限制

損害補償原則的基本精神，在於彌補被保險人的實際損失，使其回復損失前的狀態。然而，保險人提供補償時，會另外以相關條款限制最後的補償金額，以強調損失分擔，進一步落實要保人與被保險人的風險管理與損害防阻。

1. 不足額保險的損失負擔

保險契約中所約定的保險金額未達保險價額，稱不足額保險或低額保險。不足額保險的情形，通常源自於保險標的物價值的上漲、要保人欲節省保險費支出或保險人意圖增加要保人的損失負擔藉以提高風險管理意識。在不足額保險時，保險人的損害補償金額，依保險金額對於保險價額之比例計算：

$$損害補償金額 = \frac{保險金額}{保險價額} \times 損失金額$$

例題 1　要保人投保火災保險，保險金額為 $1,200,000。在保險期間內發生保險事故，損失金額為 $800,000。若保險價額為 $2,000,000，則：

$$損害補償金額 = \frac{\$1,200,000}{\$2,000,000} \times \$800,000 = \$480,000$$

2. 共保條款

共保條款的運作，是由保險人事先規定一特定百分比，要保人投保時，若其保險金額達保險價額的特定百分比時，視為足額保險；若保險金額未達保險價額的特定百分比，則保險人之損害補償金額，以保險金額對保險價額的特定百分比之比例給付。其計算方式如下：

$$損害補償金額 = \frac{保險金額}{保險價額 \times 共保百分比} \times 損失金額$$

例題 2　要保人投保火災保險，保險金額為 $1,200,000，並訂有 80% 共保條款。在保險期間內發生保險事故，損失金額為 $800,000。若保險價額為 $2,000,000，則：

$$損害補償金額 = \frac{\$1,200,000}{(\$2,000,000 \times 80\%)} \times \$800,000 = \$600,000$$

承上例：

若在保險期間內發生保險事故導致全損，損失金額為 NT$2,000,000。以公式計算得結果為 $\frac{\$1,200,000}{(\$2,000,000 \times 80\%)} \times \$2,000,000 = \$1,500,000$，大於投保時所約定的保險金額 $1,200,000。然而，因損害補償以保險金額為限，故保險人損害補償金額應為 $1,200,000。

3. 自負額

所謂自負額（Deductible），是指當事人於保險契約中所約定的固定金額或比率，保險事故所致損失，保險人承擔賠償責任之前，由被保險人先行負擔該約定金額或約定比率的損失。

自負額制度的設計上可進一步區分以金額為基礎的自負額及以時間為基礎的自負額，分述如下：

(1) 以金額為基礎的自負額

① 定額式自負額：

亦稱為扣減式自負額，是指當事人在事先保險契約中約定一確定金額或比率，之後每一次保險事故發生所致損失，由被保險人先行負擔該確定金額內的損失或比率，超出的部分始由保險人承擔。

② 起賠式自負額：

為當事人在保險契約中約定一確定金額，每一次保險事故發生所致損失，未達到該約定額度時，由被保險人自行負擔；若超過該約定額度，則由保險人全額賠償。

③ 消失式自負額：

是指當事人在保險契約中約定的自負額會隨著損失金額的增加而遞減；當損失金額達一定程度後，則自負額消失，由保險人全額賠償。

④ 累積式自負額：

為當事人在保險契約中約定一確定金額，在特定期間或保險期間內，每次保險事故發生所致損失累積總額達到該約定金額後，才由保險人承擔後續的損失。

(2) 以時間為基礎的自負額

可分為試保期間與免責期間兩種，一般通稱為等待期間（Waiting Period），但兩者意義不同，分述如下：

① 試保期間（Probationary Period）：

是指保險契約生效後，至承保責任開始前之一段期間，在這段期間內所發生的損失，保險人不負賠償責任。試保期間的規定一般適用於健康保險，其目的在於避免被保險人帶病投保。因此，保險契約生效日起未滿試保期間所發生的損失，保險人不負保險責任。

② 免責期間（Elimination Period）：

是指保險事故發生日起至保險人開始承擔保險責任的一段時間。一般適用於財產保險的營業中斷險或人身保險的失能保險。

（三）損害補償原則的例外

某些特定保險契約在保險事故發生後，保險人所承擔的賠償責任或支付的保險金，與被保險人當時的實際損失無實質的關聯性，可視為損害補償原則的例外，以下分別說明：

1. 定值保險

定值保險是在契約訂立時，由雙方當事人事先約定保險價額，並以此為保險金額。事後發生損失時，保險人直接按訂立契約時所約定的保險價額賠付保險金。

2. 定額保險

定額保險是於契約訂立時，將所約定的保險金額作為日後賠付之唯一依據，適用於人壽保險以及定額給付的健康保險與財產保險。

3. 重置保險／復原保險

是指當保險標的發生毀損時，保險人以相同或相似之實物，重購或置換原有損害之保險標的，或者以修復或重建的方式復原保險標的原有狀態。不管是重置保險或復原保險，皆採用以新換舊的方式補償被保險人的損失，未扣減折舊的差額。

三、賠款分攤原則

賠款分攤原則又稱損失分攤原則，屬於損害補償原則的引申原則，適用於財產保險。依據賠款分攤原則，保險標的發生損失時，若有其他保險存在，則各保險人應依約定條件共同分攤。而各保險人所承擔的賠款金額總額，依損害補償原則，不得超過損失金額，也不得超過保險價額。

(一) 複保險

所謂複保險，依保險法第三十五條規定：「謂要保人對於同一保險利益，同一保險事故，與數保險人分別訂立數個保險之契約行為。」

依上述複保險的定義，複保險應具備的要件如下：

1. 要保人與數保險人分別訂立數個保險契約。
2. 同一保險利益。
3. 同一保險事故。
4. 同一保險期間。

其中同一保險期間是指數保險契約的保險期間有重疊的情形，以致損失發生時，數保險人同時需承擔保險責任，各保險契約的起迄日期不必相同。

保險法第三十六條規定：「複保險，除另有約定外，要保人應將他保險人之名稱及保險金額通知各保險人。」此為複保險的通知義務，其主要目的，在避免要保人利用複保險故意使保險金額總額超過保險價額，進而謀取不當利益。若要保人故意不為通知，或意圖不當得利而為複保險者，屬惡意複保險，依保險法第三十七條規定，其契約無效。

實務分享

人身保險是否適用複保險？

　　長久以來，複保險究竟應不應該適用在人身保險上，在保險學界與實務界中，都是一個爭論不休的問題。直到司法院大法官於 93 年 4 月 23 日做成釋字第 576 號「人身保險契約，並非為填補被保險人之財產上損害，亦不生類似財產保險之保險金額是否超過保險標的價值之問題，自不受保險法關於複保險相關規定之限制」的解釋，即人身保險不適用保險法第三十六條及三十七條等複保險之規定，這個爭議多時的問題在法律上才算初步有了結論。因此，壽險公司不能以保戶同時或先後向多家保險公司投保且未通知為理由，而拒絕理賠。

 **知識** 小站

保險競合

　　又稱其他保險，可分為兩種情況，一種為要保人簽訂數個保險契約且不同種類的保險，但保險事故發生時，均須承擔損害賠償責任，例如海上保險與火災保險承保貨物因火災所致損失。另一種情況為不同要保人投保不同種類的保險，於保險事故發生時，對同一保險標的之損失，皆須承擔損害賠償責任。例如醫療機構投保醫療責任保險，而該機構內的醫師又自行投保醫師專業責任保險。

(二) 賠款分攤原則的計算

善意複保險的賠款分攤,主要有下列四種計算方式。

1. 比例責任制

即依各保險人的保險金額對全部保險人總保險金額的比例分攤賠款金額,為最常用的賠款分攤方式,保險法第三十八條亦規定:「善意之複保險,其保險金額之總額超過保險標的之價值者,除另有約定外,各保險人對於保險標的之全部價值,僅就其所保金額負比例分擔之責。但賠償總額,不得超過保險標的之價值。」

採用比例責任制時,各保險人應分攤賠款金額之計算公式如下:

> 保險人應分攤賠款 = 保險人個別保險金額 ÷ 全部保險人總保險金額 × 損失金額

例題 3 現有甲、乙、丙保險人分別承保某建築物之火災保險,甲保單的保險金額為 100 萬元;乙保單的保險金額為 200 萬元;丙保單的保險金額為 300 萬元。在三張保單有效期間內發生保險事故,損失金額為 180 萬元,事故當時保險價額為 500 萬元。依比例責任制,各保險人應分攤多少賠款?

因全部保險人總保險金額大於保險價額,依損害補償原則,全部保險賠款等損失金額,即 180 萬元。各保險人應分攤賠款為:

甲保險人應分攤賠款 = [100 萬 ÷(100 萬 +200 萬 +300 萬)×180 萬]=30 萬

乙保險人應分攤賠款 = [200 萬 ÷(100 萬 +200 萬 +300 萬)×180 萬]=60 萬

丙保險人應分攤賠款 = [300 萬 ÷(100 萬 +200 萬 +300 萬)×180 萬]=90 萬

2. 責任限額制

又稱為獨立責任制,計算方式分為兩部分。首先,個別保險人先假設在無其他保險存在的前提下,計算個別保單應承擔的獨立責任金額。之後,再依各保險人的獨立責任金額對全部保險人總獨立責任金額的比例分攤賠款金額。其計算方式分為兩部分:

> (1) 保險人獨立責任金額=保險人個別保險金額 ÷ 保險價額 × 損失金額

> (2) 保險人應分攤賠款=保險人獨立責任金額 ÷ 全部保人總獨立責任金額 × 損失金額

例題 4 現有甲、乙、丙三保險人分別承保某建築物之火災保險，甲保單的保險金額為 300 萬元；乙保單的保險金額為 200 萬元；丙保單的保險金額為 100 萬元。在三張保單有效期間內發生保險事故，損失金額為 120 萬元。若事故當時保險價額為 200 萬元，依責任限額制，各保險單應分攤賠款之計算如下：

(1) 各保險人獨立責任金額：

甲保險人獨立責任金額＝ 120 萬（甲為超額保險）

乙保險人獨立責任金額＝ 200 萬 ÷200 萬 ×120 萬 =120 萬

丙保險人獨立責任金額＝ 100 萬 ÷200 萬 ×120 萬 =60 萬

(2) 保險人應分攤賠款：

甲保單應分攤賠款＝ [120 萬 ÷(120 萬 +120 萬 +60 萬)×120 萬]=48 萬

乙保單應分攤賠款＝ [120 萬 ÷(120 萬 +120 萬 +60 萬)×120 萬]=48 萬

丙保單應分攤賠款＝ [60 萬 ÷(120 萬 +120 萬 +60 萬)×120 萬]=24 萬

3. 平均分擔制

採用平均分擔制者，由各保險人在個別保險金額限額下，平均分攤被保險人之損失，無須按承保金額之比例計算。

例題 5 現有甲、乙、丙三保險人分別承保某建築物之火災保險，各保單之保險期間與保險金額如下：

甲保單：保險期間 Z 年 3 月 1 日至 Z+1 年 2 月 28 日，保險金額 150 萬

乙保單：保險期間 Z 年 6 月 1 日至 Z+1 年 5 月 31 日，保險金額 200 萬

丙保單：保險期間 Z 年 9 月 1 日至 Z+1 年 8 月 31 日，保險金額 300 萬

若該建築物於 Z+1 年 5 月 3 日發生保險事故全損，損失金額為 300 萬元，採用平均分擔制，各保險單應分攤賠款為：

甲保單：0 元（非契約有效期間）

乙保單：150 萬元

丙保單：150 萬元

4. 超額賠償制

此種方式係於損失發生後而有其他保險存在時,保險人就其他保險人先行給付保險金後,超額損失部分負賠償責任。換言之,保險事故發生後,被保險人應先向其他保險人索賠,如有不足時,可向保險人求償。

以住宅地震保障為例,若住宅地震保險與擴大地震保險同時應負賠償責任時,以住宅地震保險優先賠付,擴大地震保險是以超過住宅地震保險之部分負賠償責任。

5. 優先賠償制

此種分攤方式係由各保險人按簽發保險單之先後時間順序承擔賠償責任。由訂約日在前的保險人就其承保責任先行理賠,如有不足,再由其他保險人依序承擔損失。

四、保險代位原則

(一) 保險代位的意義

保險代位原則屬損害補償原則的引申原則。所謂保險代位,是指保險人依保險契約履行損害賠償義務後,基於其應得之權利,對負有責任之第三人或對被保險人追償應得之金額。

由於保險契約為風險轉移之契約,被保險人若因保險事故的發生,致保險標的遭受損失,可向保險人請求賠償。若該保險標的之毀損可歸責於第三人之侵權行為,則被保險人亦有權向該第三人請求損害賠償。如此一來,被保險人可因單一損失而獲得雙重賠償,有違保險之原意。保險代位的意義,在於被保險人接受保險人的損害補償後,應將對第三人之損害賠償請求權或受損標的之所有權,移轉予保險人。

(二) 保險代位原則的目的

保險代位原則的行使目的,可分為兩方面來看。

1. 有效降低保險人的負擔

保險代位的行使，可減少保險賠償金額的支付，降低保險人實際損失率，有利於保險人的實質經營，並可進一步反應於保險費率的計算，減輕要保人的保費負擔。

2. 避免被保險人不當得利

當保險標的之毀損係由第三人所造成，若被保險人同時擁有保險補償請求權與對第三人的損害賠償請求權，將因雙重賠償而不當得利。

如保險人對保險標的以全損賠付後，被保險人仍享有保險標的的殘餘物之所有權，亦有超額獲利的可能。

(三) 代位求償

所謂代位求償，又稱權利代位，是指對第三人賠償請求權的代位。當被保險人的損害係由第三人侵權行為所造成時，保險人於支付保險賠款後，在保險賠款金額限度內，取得被保險人對第三人的追償權利。

1. 代位求償產生的原因

(1) 因第三人侵權行為所致。

加害人侵權行為所致受害人的損失，加害人應負損害賠償責任。若受害人因保險契約的存在而獲得補償，應於取得保險賠款後將損害賠償請求權移轉由保險人行使。

(2) 因有效契約權利所致。

有效契約的運作，對於當事人一方因違反契約規定所造成他方損失，應負損害賠償責任。因此，受害一方獲得保險補償後，應將損害賠償請求權移轉由保險人行使。

(3) 因法律規定所致。

係指於法律中明訂保險人代位求償權之相關規定者，如強制汽車責任保險法、全民健康保險法等。

2. 代位求償的行使

(1) 被保險人須對第三人依法有損害賠償請求權。

損害賠償請求權包括第三人之侵權行為而產生及因契約關係而產生者。例如因運送人之違約行為所致保險標的之損失，保險人於履行保險責任後可請求運送人賠償。

(2) 保險人於給付保險金後，始取得代位權。

代位求償權的成立，在於保險人支付保險金後，非保險事故發生時。因此，保險人未完成理賠程序前，被保險人向第三人之損害賠償請求權尚未移轉於保險人。

(3) 代位求償的金額以不超過其賠款金額為限。

保險法第五十三條第一項後段規定：「其所請求之數額，以不逾賠償金額為限」，即保險人所能向第三人請求之金額，以保險人給付予被保險人之金額為限。實務上保險人則以保險給付金額為代位求償之金額。

(4) 保險人以自己名義向第三人代位求償。

保險法所規定之代位求償權，屬法定代位之一種，即代位權之取得，係基於保險法規定，非隨同保險契約之訂立而生，因此保險人不必經被保險人之讓予，即能以自己名義向第三人求償。

3. 代位求償的限制

(1) 若該第三人為被保險人的家屬或員工，則保險人無代位權，但出於其故意者，則不在此限。

(2) 人身保險不適用代位求償。其原因如下：

① 人身保險的保險標的為人的身體或生命，其價值無法衡量，因此無雙重補償的問題。

② 被保險人的人身傷害如為第三人所致，其賠償請求權具有專屬權性質，不得讓與他人。

4. 代位求償權的消滅時效

保險人取得代位求償權後,雖得以自己名義向第三人代位求償,然而其本質係因承繼被保險人對第三人之損害賠償請求權,故代位求償權之消滅時效,應以被保險人可行使賠償請求權之日起算。

(四) 物上代位

所謂物上代位,係指保險人於保險事故發生後,對於保險標的以推定全損方式賠償,在給付全部保險金額後,取得保險標的殘餘物之所有權。

1. 物上代位的產生原因

(1) 避免超額理賠不當得利。

保險標的僅部分損失,卻以全損方式理賠,若殘餘物仍由被保險人持有與處置,反而造成不當得利。再者,殘餘物的處理對被保險人而言通常較為棘手,交由保險人處理相對容易,亦可藉以提升服務品質。

(2) 基於理賠的單純性與公平性。

直接以全損方式理賠,可簡化損失的鑑定與賠款金額的理算過程,但基於理賠公平原則,殘餘物應交由保險人處份。

(3) 配合相關法令或契約條款之規定。

海商法、住宅地震保險或汽車保險等法令與條款皆有相關規定,當保險標的之損害達特定程度時,被保險人得要求保險人以全損理賠方式處理。

2. 物上代位的行使

(1) 保險標的以推定全損方式理賠,即保險標的損失雖僅屬分損,但保險人以全損方式理賠。

(2) 保險人須給付全部保險金額。

(3) 物上代位權的行使僅以保險標的殘餘物為限。

3. 物上代位的限制

(1) 僅適用於財產保險。

(2) 僅適用於實體保險標的之部分損失。

(3) 物上代位在海上保險中稱為「委付」,屬被保險人法定權利,保險人不得拒絕,但在海上保險以外之其他險種,物上代位大多屬於保險人權利,保險人可以拒絕。

6-4 主力近因原則

一、主力近因原則的涵義

保險契約並非將所有風險事故予以全部納保，保險人通常基於經營考量，僅承保某些特定風險事故或將若干風險事故予以排除不保。因此，當風險事故的發生，造成保險標的損失時，為避免保險當事人發生理賠上的爭議，主力近因原則是決定保險人是否應承擔理賠責任的重要原則。

(一) 主力近因的認定

所謂主力近因，係指造成損失「最主要」、「最有效力」及「最接近」的原因。因此，對於主力近因的判斷，應依循下列四項條件：

1. **須為最主要原因**：即造成損失的最重要原因。
2. **須為最有效原因**：即損失發生的最關鍵原因。
3. **須為最接近原因**：係指事故原因與損失之間，具明確的因果關係。
4. **須為損失的原因、非結果**：保險人應否承擔賠償責任係依損失原因來判定，而非損失結果。

(二) 主力近因的確認方法

1. 從事故開始

順著事故鏈的方向，進行因果關係分析。如該事故與損失結果存在不中斷的因果關係，則推斷該事故為損失之主力近因。例如廠房因地震引起爆炸再引起火災而造成損失，則主力近因為地震。

2. 從損失回溯

以最後的損失為起始點，沿著事故鏈逆向回推，探求事件發生原因，追溯至最初的事故即為損失之主力近因。

二、主力近因原則的應用

主力近因原則的運用，傳統上可採用四分法，將事故原因分成四大類，分述如下：

（一）單一原因

損失為單一原因所造成。若造成損失的風險事故只有一個，即為該損失的主力近因。若單一原因屬承保風險，則保險人負理賠責任；若單一原因為不保風險，則保險人不負保險賠償責任。

（二）多數原因同時發生

數個原因同時發生，不僅無法區分其時間上的先後順序，且對損失皆具有直接的影響。原則上，這數個原因皆為損失的主力近因，保險人的賠償責任，可依下列情況來判定。

1. **多數原因皆為承保風險**：保險人承擔全部保險賠償責任。

2. **多數原因皆為不保風險**：保險人不負保險賠償責任。

3. **多數原因中，僅部分屬承保風險，其餘為不保風險，損失可區分**：保險人僅對承保風險所致的損失負保險賠償責任。

4. **多數原因中，僅部分屬承保風險，其餘為不保風險，損失不可區分**：保險人不負保險賠償責任。

（三）多數原因連續發生

數個原因先後發生，且各原因此間的因果關係沒有中斷，則最先發生並造成後續事故接連發生的前因即為主力近因。若該前因屬承保風險，則保險人負理賠責任；若該前因為不保風險，則保險人不負保險賠償責任。

（四）多數原因間斷發生

數個原因先後發生，但前因與後因彼此間各自獨立，無因果關係，則保險人的賠償責任，依個別原因是否屬承保風險而訂。

1. **前因與後因皆為承保風險**：保險人承擔全部保險賠償責任。

2. **前因與後因皆為不保風險**：保險人不負保險賠償責任。

3. **前因屬承保危險，後因為不保風險**：保險人僅對前因所致的損失負保險賠償責任。

4. **前因為不保危險，後因屬承保風險**：保險人僅對後因所致的損失負保險賠償責任。

本章習題

一、名詞解釋

1. 保險利益

2. 告知

3. 自負額

4. 試保期間

5. 80% 共保條款

6. 複保險

7. 比例責任制

8. 代位求償

9. 物上代位

10. 主力近因

二、選擇題

( )1. 下列有關保險利益原則的敘述，何者錯誤？ (A) 保險利益原則同時適用於人壽與財產保險 (B) 基於有效契約而生之利益，可以作為保險利益 (C) 財產的保險利益可以是期待的利益 (D) 人壽保險契約之要保人死亡，即使其繼承人對於被保險人不具有保險利益，保險契約仍然為繼承人的利益而存。 【103 年初等考試】

( )2. 下列有關保險利益存在的時間點之敘述，何者錯誤？ (A) 人身保險利益在契約訂立時，一定要存在 (B) 人身保險利益在保險事故發生時，可以不存在 (C) 財產保險利益在契約訂立時，不一定要存在 (D) 財產保險利益在保險事故發生時，不一定要存在。 【103 年初等考試】

( ) 3. 老王提供小張生活費及教育費。下列敘述何者正確？ (A) 老王對小張的生命或身體有保險利益 (B) 小張對老王的生命或身體有保險利益 (C) 老王與小張彼此並無保險利益 (D) 老王與小張彼此互有保險利益。

【109 年初等考試】

( ) 4. 保險契約訂立之時，何人必須遵守「最大誠信原則」？ (A) 要保人及被保險人 (B) 要保人及保險人 (C) 保險人及受益人 (D) 保險人及被保險人。

【109 年初等考試】

( ) 5. 假設在善意及同時複保險之前提下，要保人分別向 3 家保險公司投保火災保險，甲保險單承保 150 萬元，乙保險單承保 100 萬元，丙保險單承保 50 萬元，倘若在保險期間內發生保險事故時，保險價額為 100 萬元、損失金額為 80 萬元，試依「責任限額制」計算丙保險單應分攤多少保險賠款金額？ (A) 16 萬元 (B) 32 萬元 (C) 40 萬元 (D) 13.33 萬元。

【101 年初等考試】

( ) 6. 下列有關權利代位之敘述，何者不正確？ (A) 須被保險人對第三人有損失賠償請求權 (B) 保險人給付保險金於被保險人後，始得行使代位權 (C) 保險人不得以自己名義行使代位權 (D) 保險人行使代位權，有助於降低保險費。

【101 年初等考試】

( ) 7. 人壽保險契約原則上較不適用下列何種原則？ (A) 保險利益原則 (B) 最大誠信原則 (C) 損害補償原則 (D) 主力近因原則。 【101 年初等考試】

( ) 8. 損害填補原則的主要目的在於： (A) 找出導致損失的有效原因 (B) 向有賠償責任的第三人求償 (C) 避免道德危險 (D) 讓受益人或被保險人所受損失得以受到補償。

【102 年初等考試】

( ) 9. 損害填補原則有其例外不適用之情況，大致有哪些？ ①定值保險 ②重置成本保險 ③人壽保險 ④不定值保險 (A) ①②③④ (B) ①②③ (C) ②③④ (D) ①③④。

【102 年初等考試】

( ) 10. 下列有關賠款分攤原則之敘述，何者錯誤？ (A) 於複保險、其他保險與共同保險時採用之 (B) 賠款分攤是指保險人與被保險人間之分攤 (C) 通常適用於財產保險 (D) 賠款分攤原則是由損害填補原則衍生出來。

【102 年初等考試】

( ) 11. 我國大部分的財產保險之保險單遇有善意複保險時採用下列何種賠款分攤方式？ (A) 超額賠償制　(B) 優先賠償制　(C) 平均分擔制　(D) 比例責任制。　　【108 年初等考試】

( ) 12. 下列哪些為保險人行使權利代位之基本要件？

甲、被保險人須屬於受害人。

乙、須有損害金額發生。

丙、損失為全損。

丁、保險人已賠付保險賠款。

(A) 甲乙　(B) 乙丙丁　(C) 甲乙丁　(D) 甲乙丙丁。　　【109 年初等考試】

( ) 13. 主力近因原則為保險人決定賠償責任之重要依據，此種近因係指下列何種原因而言？　(A) 導致損失的第一個原因　(B) 導致損失的最主要、最有效力的原因　(C) 在時間上與損失最為接近的原因　(D) 導致損失的最後一個原因。　　【101 年初等考試】

( ) 14. 下列何者是指近因（Proximate Cause）？　(A) 指直接導致損失發生的原因　(B) 指增加損失發生的可能性或是損失嚴重性的原因　(C) 指影響損失發生與否或損失嚴重性的外在環境　(D) 指與人類接近可能產生損失的危險因素。　　【105 年初等考試】

( ) 15. 依據保險契約的主力近因原則，損失發生時，同時存在若干連續發生的原因，若前因是除外危險，後因是承保危險，則保險公司應負的賠償責任為何？　(A) 負全部損失的賠償責任　(B) 一概不負損失的賠償責任　(C) 僅負所承保危險所致損失的賠償責任　(D) 僅負全部損失一半的賠償責任。

【106 年初等考試】

三、問答題

1. 保險契約的成立，要保人對保險標的須具有保險利益，其理由為何？

2. 現行保險法對財產保險的保險利益與人身保險的保險利益有哪些規定？

3. 保險契約當事人雙方均須遵守最大誠信原則，其主要理由為何？

4. 何謂保險代位權？人身保險一般不適用代位求償的理由為何？

5. 保險契約訂立時，要保人負有告知義務，其告知事項之範圍為何？又違反告知義務之法律效果為何？請分別說明之。 【101 年普考】

6. 請說明保險利益之基本構成因素為何？保險利益之轉讓，通常有哪幾種情形？請分別說明之。 【103 年高考】

7. 損害補償原則與保險代位原則均為保險契約的重要原則，請分別詳述這兩個原則，並說明這兩個原則之間的關係。 【106 年產經代】

8. 何謂複保險？複保險成立的要件為何？若為善意之複保險，通常採取哪些賠款分攤方式？請說明之。 【102 年產經代】

9. 何謂「自負額」（Deductible）？自負額之主要功能為何？再者，自負額設定之類型有哪些？目前國內汽車保險係採行何種類型之自負額？ 【98 年普考】

10. 請說明主力近因（Proximate Cause）的意義？若遇有多數原因連續發生以致造成保險標的（物）之損失時，主力近因原則如何適用？若「火災引起爆炸」將保險標的物炸毀，請問此種炸毀的損失在我國住宅火災及地震基本保險與商業火災保險兩種保險單中是否要負賠償責任？請詳述之。 【103 年產經代】

CHAPTER

07
保險組織

學習重點

INSURANCE

保險NEWS

彰化和美老人互助會宣告破產

　　2021 年 1 月彰化和美老人會宣告破產，現金只剩 420 多萬元，欠會員的償金卻高達 7 億多。彰化縣和美鎮老人會附設互助會在 1990 年成立，成立的初衷在於讓擔心身後事無人協助處理的老人，在往生時家人能拿到一筆喪葬互助金來處理後事；互助金的繳納規則是，一個月內只要有一位成員往生，其他會員就要繳交 100 元的互助金。

　　近年來互助會成員逐年遞減，會員人數從原本的 4,000 多人降至 2,000 多人，財務出現入不敷出的窘境，導致最終和美老人會宣告破產，會員無法拿回當初所繳交的會費，便紛紛提告法院調查其中是否有中飽私囊、濫發喪葬補助金的證據，法界人士指出，除非有檢查出老人會有涉及非法，不然會員想拿回全償金額實在困難。

　　除了彰化和美老人會破產外，其他縣市也有傳出因老人會的會員人數減少，財務入不敷出也宣告破產，許多會員的保障也不見蹤跡。對這些會員們來說，互助金的繳納也成了另類投資，標的之選擇與保障的方式都是慎選的項目。

資料來源：中央通訊社 2021/01/28；https://www.cna.com.tw/news/asoc/202101280282.aspx

 解讀

　　臺灣早期消費者的保險意識不強，購買保險多以短期險為主。而當消費者步入老年階段想購買保險時，因年紀和健康因素而被保險公司拒保。因此，老人互助會成為這些老人的希望。由於互助會無需核保，只需定期繳納會費，往生時家人即可獲得一筆福利金。依前述老人會破產的案例可知，老人互助會會員人數下降造成互助會資金流動性變差，繳交互助金與賠償金額出現不均衡的問題。老人會和互助會的經營模式與保險類似，消費者應充份了解保險機構的運作後，再根據自身需求和喜好，選擇適合自己的保險。

前　言

　　銀行、保險和證券是構成金融機構的主要業務範疇。在這些業務中，保險業發展最為迅速，自2006年至今近16年的時間裡，保險業占全體金融機構資產額的比例快速增長，成長率高達七成五，對提高全臺GDP作出了貢獻。為確保保險機構的經營穩定性，金管會嚴格監控各保險組織的經營型態和資金運用，以預防經濟衰退導致保險業營運困難及客戶權益受損。本章的學習重點為認識保險業各種不同類型的組織型態。

7-1　保險事業組織的型態

　　保險法第一三六之一條規定：「保險業之組織，以股份有限公司或合作社為限。但經主管機關核准者，不在此限。」臺灣的保險業主要是股份有限公司的形式。保險業可以依照經營目的和獲利原則的不同分為非營利保險公司和營利保險公司，也就是公營和民營的保險組織型態。

一、公營保險的組織型態

　　公營保險是由政府主導和管理的保險，包括由國家經營和由地方政府或自治團體經營的保險。公營保險的治理有兩種目的：一是將保險視為財政收入的獲利目的；二是用來支持某些政策的措施，屬於非營利性質。在臺灣，公營保險的組織型態主要屬於後者，說明如下。

(一) 任意性質的公營保險

　　任意性質指各經濟單位或個體單位可自由選擇，是否加入此公營保險組織，國家不會強制約束。例如：中華郵政股份有限公司及前身為中央信託局人壽保險處的臺銀人壽保險公司等機構，均屬此類性質。公營保險的競爭性質則可分為獨佔和非獨佔兩種。

1. 獨占性公營保險

　　多數國家的法定保險皆採取此獨占性的公營保險型態。其原因在於某些險種的特性對社會、經濟及生活等產生巨大的影響，需要由國家的公營保險來專營及管束，強化投保人的安全感、穩固組織管理並提高民眾對於保險的信心。

2. 非獨占性公營保險

國家或地方政府主辦某些險種的同時，允許其他民營保險公司經營，雙方保持競爭關係。非獨占性公營保險的策略在於運用國家雄厚的經濟基礎，吸引更多民眾投保，使更多的財產及生命能獲得保障，以彌補民營保險的資金分配不當或服務內容受限的缺失。

(二) 強制性質的公營保險

強制性質的保險措施是指對經濟單位或個體單位提出強制性的要求，不具備自主決定權。這種保險措施的目的是出於國家政府對某些行業的特別關注，並且從社會公益的角度來採取。例如，全民健保制度是根據《中華民國憲法增修條文》實施的，而勞工保險則是雇主必須為員工投保的義務。

二、民營保險的組織型態

在臺灣，民營保險是最普遍的保險組織型態，由私人投資和經營的保險機構。這些民營保險機構的經營狀況會受到市場上供需的影響，進而影響保險的相對價值。此外，民營保險的組織形式比較多元化，包括個人型、公司型和非公司型等三種類型，如圖 7-1 所示。

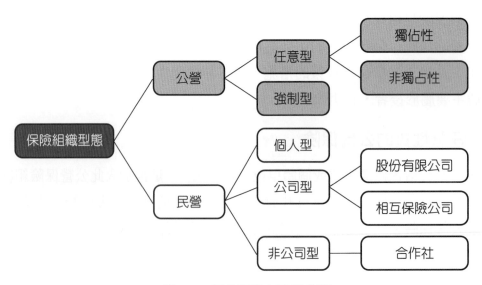

■圖7-1　保險組織之型態分類

7-2 股份有限公司

　　保險股份有限公司（Stock Company）是營利性保險機構中最主要的型態。股東選出董事會，由董事會任命公司的重要幹部負責經營。股東也投注資金，當公司盈虧時，股東有權分享盈餘及負擔虧損的責任，但以其出資額度為限，稱為有限責任。大多數股份有限公司會聘請專業經理人來管理公司。當公司累積了足夠的盈餘時，經理人會透過發放紅利來回饋給股東。臺灣自 2001 年金融控股公司法通過後，許多保險公司加入金融控股公司，與商業銀行或證券公司一同成為金控組織的一員，金控公司整合三方的資源以期產生更佳的效益。保險股份有限公司的主要說明如下。

一、股東與保單持有人分離

　　保險公司的股東與保單持有人為不同的實體，他們之間互不相干，購買保單的人並不需要成為公司股東，而公司股東也不必需買保單。

二、資金來源

　　根據保險法第一四六之二條規定：「保險業資金，包括業主權益與各種責任準備金。」業主權益是指保險公司自有的資金，而各種準備金則是外部資金。分別說明如下：

1. 自有資金

保險公司的自有資金包括股本、資本公積和保留盈餘。股本是指公司實收股本的面額總額；資本公積是指股東和公司之間股本交易產生的溢價；保留盈餘是指保險公司的經營成果結算至本期止所累計尚未分配的盈餘，包括法定盈餘公積、特別盈餘公積以及期末股利分配未經指定分配的盈餘。

2. 外來資金

保險公司從外部獲得的資金稱為外部資金，其中主要來源是保戶繳納的保險費。公司將收取的保險費存入各種準備金中，包括責任準備金、未滿期保費準備金、特別準備金和賠款準備金等。

三、保險費

　　保險股份有限公司採取定額保費制度，要求保單生效時要保人繳納雙方達成共識的費用。此制度無多收及少退的情況發生。

四、追求利益最大化

　　保險股份有限公司的宗旨是追求最大利潤，符合股東期望。

五、股份有限公司的優勢

1. 公司考量獲利層面，在業務管理方面具策略性和效率，且與同業存在良性競爭，進一步提升產品的改善，爲客戶提供更佳的服務。
2. 保險股份有限公司的保險人擁有雄厚財力，使客戶能安心投保，同時也提供更穩定的保障給被保險人。
3. 憑藉大數法則，保險股份有限公司能評估損失頻率和損失幅度，並系統性地將收取的保險費進行提存和投資，藉此實現風險的分散。

7-3 相互保險公司

　　相互保險公司（Mutual Insurance Company）是由多個被保險人組成的組織，其資產負債表中只有持有人盈餘而沒有股本，公司經營由被保險人選出的理事會來控制。若公司獲利，可將利潤以「保單紅利」的形式分配給被保險人，其餘資金則可用於加強公司財務實力；當虧損發生時，則會降低各保單持有人的紅利，由相互保險公司吸收虧損，方法包括攤繳保險費或減少持有人盈餘金額。相互保險公司的主要說明如下：

一、社員關係

　　相互保險公司的社員和要保人是同一人，他們的社員關係和保險關係是同時存在的。換言之，當一個人成爲相互保險公司的社員時，也因爲保險關係而成爲該公司的要保人。

二、保險費

相互保險公司針對保險費的計收方式，採用不確定性的賦課式保費。如果相互保險公司遭遇虧損時，則可能會臨時向會員追討保險費以彌補虧損。相較之下，對於股份有限公司的經營虧損，可以通過向股東增資來填補，並且不會要求保單持有人一同分擔或追討保費。

三、基金來源

相互保險公司只有持有人盈餘，沒有股本。因此，該公司在成立時的基金幾乎全部來自於社員或對外借貸。由於相互保險公司沒有股東，無法發行股票，因此在業務發展上會有資金不足的問題，進而影響公司的發展。

四、利益處分

相互保險公司的持有人盈餘必須先支付外借基金的利息，其餘部分再攤還給其他社員，並非歸公司所有。相較於保險股份有限公司的持有人盈餘，股東則擁有全部處分權。

五、保險契約的特性

相互保險公司的營運不屬商業行為，因此所簽訂的契約不需繳納營業稅及營利事業所得稅。

六、相互保險公司的優勢

1. 保險加入者即為組織的成員，能精確了解業務執行過程。
2. 相互保險公司的營運目標非以營利為主，因此被保險人負擔的保險費較保險股份有限公司低廉許多。
3. 相互保險公司的保單持有人皆為組織成員，較不會出現道德風險、保險詐欺等行為，並減少保險人不當經營的情況。

實務分享 · · · ·

日本相互保險公司：日本生命保險

日本生命保險相互會社（日語：日本生命保險相互会社／にほんせいめいほけんそうごがいしゃ Nihon seimei hoken Sōgo gaisha；英語譯名：Nippon Life Insurance Company），簡稱日本生命、日生（ニッセイ／Nissay），是日本第二大人身保險公司，僅次於日本郵政旗下的簡保生命保險。

總部位於大阪市的今橋。創立於 1889 年，當時名為「有限責任日本生命保險會社」，1891 年改組為株式會社，至 1947 年再改組為相互會社（相互保險公司），是現今日本僅有的 5 家相互保險公司之一。

資料來源：維基百科，自由的百科全書；https://reurl.cc/DAMK26

7-4 合作社

根據國際合作社聯盟對合作社（Co-operative）的定義為：「人們為滿足自身於經濟、社會和文化等方面的共同需求而自願組成的自治協會，並透過財產共有、民主管理的方式來達成。」合作社是非營利的法人企業，其服務內容是根據社員的需求決定的，社員彼此間互相合作、共享和承擔，每位社員都是參與者和決策者。

一、保險合作社（Cooperative Insurance Society）

相對於股份有限公司，合作社是由社員構成的社團法人，社員加入合作社時需支付固定的股金以提供營運資金。保險合作社的被保險人必須具有社員資格，但社員不必向合作社購買保險。合作社可依照經營主體分為生產型與消費型合作社，也可依照社員責任的限制分為有限責任、無限責任、保證責任三種合作社。在我國，漁船保險合作社屬於消費型之有限責任保險合作社。我國保險合作社之主要重點分別說明如下：

(一) 社員關係

保險合作社的社員關係是基於社團法成立的社團法人，社員即為其成員。社員關係與保險關係是獨立的，社員的保險契約終止不會影響其社員身份。

(二) 社員人數

保險合作社成立需要符合特定的社員人數要求，這是因為保險合作社強調人與人之間的聯繫，而不是像保險公司一樣專注於資金籌集和組織。保險法第一六二條規定：「財產保險合作社之預定社員人數不得少於三百人；人身保險合作社之預定社員人數不得少於五百人。」

(三) 資金來源

保險合作社的主要資金來源為股金和基金。股金是指社員加入保險合作社時必須繳交的一筆金額，而資金則是指保險合作社從社員或外部借貸等途徑籌集的資金，用於業務、營運和經營等方面，因此需要承擔償還的義務。

(四) 豁免稅賦

合作社的主要目的不是為了追求獲利，且依據我國憲法中增進全民福祉之目標，政府鼓勵各類合作社的成立，因此相關稅法中規定了對於合作社的稅務優惠，例如免繳納營業稅和營利事業所得稅等。

(五) 確定保費制

保險合作社採確定保費制，事後不再補繳。每一保險合作社成員應交的保險費是其同意分攤的預期損失加上經營費用的總和。

(六) 分紅保單

保險合作社所簽發的保險契約多為分紅保單。根據保險法第一四〇條規定：「保險公司得簽訂參加保單紅利之保險契約，且保險合作社簽訂之保險契約，以參加保單紅利者為限。」如果保險合作社在經營方面獲利，社員有權分享這些盈餘。

（七）保險合作社的優勢

1. 社員與保險合作社的利益一致，共同參與決策討論，能夠快速有效地達成共識。
2. 社員與保險合作社所簽訂的契約多為分紅保單，因此社會需要繳交的保險費用較低，且社員享有一同分配盈餘的權利。
3. 保險合作社是社團法人，其經營非商業性質，因此可以享有部分稅務優惠。
4. 社員與保險合作社立場一致，有助於降低道德風險事件的發生。

二、相互保險合作社（Mutual Insurance Association）

　　相互保險合作社是由面臨相同風險的群體自願集結而成，為應對自然災害或意外事故造成的經濟損失而提供保障。當成員遭受損失時，其他未遭受損失的社員會共同分擔。相互保險合作社屬於非營利性組織，最高管理機構為社員共同選出的管理委員會。社員即為保單持有人，無論其簽訂的保險契約金額大小，都擁有相等的投票權。該組織以賦課方式收取保險費，即出險後由社員共同承擔繳納。

（一）資金來源

　　相互保險合作社的經營資本來源主要是社員加入組織時所繳納的入社費，由於沒有股本，若資金不足時，則由社員共同分攤。

（二）不對外承保

　　相互保險合作社基於道德價值的結合，社員屬性大致相同，因此業務範圍和保障獲取僅限於社員，不會對外直接承保。

（三）賦課式收費

　　相互保險合作社的保險費是事後分攤制，因此事先無法確定費用金額。社員加入社後，需先暫時繳交一定金額，到年度結束時再核算實際分攤金額，進行多退少補，實際上類似於賦課式保費的精神。

（四）有地域性或行業別之差異

　　相互保險合作社的成員多屬於特定人士，原因在於地方文化及經營特色有所不同。

（五）業務規模不大

由於相互保險合作社的經營受限於地域性及行業別，因此整體業務規模較小，並不符合大數法則之需求。

（六）保險額度差距小

相互保險合作社的成員多為同質性、同行業類別的人士，所選擇的保險標的也相似，因此保險額度之間的差距較小。

三、交互保險社（Reciprocal Insurance Exchange）

交互保險社是一種特殊形式的保險組織，最早創立於 1881 年的美國紐約州。在美國的合作保險組織中，可分為法人型和非法人型兩種。法人型稱為相互保險公司，而非法人型以交互保險社為主。

（一）成立背景

在十九世紀末時，美國紐約州的一些乾貨商人對當時的火災保險公司採用的傳統費率分類方式感到極度不滿。他們認為這些保險公司將保險費均等收取，無視危險性質的不同，導致商人感到被不公平對待。因此，這些商人決定通過交換契約的方式與其他商人交換保險。例如，A 加入了交互保險社，約定保險責任限額為 20 萬。此時 A 將其個人財產的保險責任分配給社員 B、C 等人，限制在 20 萬以內。同時，A 也需要承擔其他社員財產的保險責任，總限額也是 20 萬。

（二）社員關係

交互保險社僅限社員投保，一般為公司或合夥型態，個人社員較少見。社員之間的同質性較高，交互保險社提供彼此間的保險交換平臺，但並不簽發保險單，代理人可協助經營保險事項。

（三）資金來源

交互保險社為非營利組織，無股本、保留盈餘及準備金提存。若基金不足時，社員需補足其應分攤的部分，但僅限於原先協議金額。

（四）交互性質

交互保險社的保險性質以火災保險和汽車保險為主，較少涉及人壽、海上、傷害、健康及勞工補償等保險類型。

（五）賦課式保費

保費採取賦課式，但當交互保險社的自由盈餘金超過法定盈餘金額時，可簽發定額保費之保險單。每位社員都有獨立帳戶，紀錄已付保費及孳息、應攤付的賠款及費用，退社時可領出扣除後的餘額。

保險合作社、相互保險合作社、交互合作社，各有經營的理念及優劣勢，以下表 7-1 依照經營目的、組織所有者、組織決策機構、資金來源等方面來整理這三方的比較。

❖表7-1　合作互助型之組織型式比較表

	保險合作社	相互保險合作社	交互保險社
經營目的	非營利	非營利	非營利
所有者	社員	社員	社員
決策機構	社員大會／代表大會	社員大會／代表大會	社員大會／代表大會
資金來源	成員提供股本及對外籌資	無股本社員繳納分攤金	無股本社員繳納分攤金
保費收取方式	確定保費制	賦課式保費制（事後分攤）	賦課式保費制
責任類別	有限	有限	有限
組織與成員關係	社員繳納股本後，若無存在保險契約之關係，與保險合作社的社員關係仍存在。	保險契約中止時，此與相互保險合作社的社員關係隨即解除。	同時具有相互保險合作社的性質、與英國勞依茲個人保險關係的性質。

7-5 個人獨資：勞伊茲保險人

　　勞伊茲保險人（Lloyd's Underwriter）是一種個人獨資的保險形式，其起源可以追溯到 17 世紀的英國資產階級革命。勞伊茲咖啡館鄰近與航海相關的機構，因此成為了經營航運的船東、船長、商人、經紀人和銀行高利貸者經常光顧的地點。保險商也經常在此地與投保人交流保險業務。勞伊茲合作社成立，於 1871 年通過法案，成為了合法的保險社團組織。但該合作社的成員只能經營海上保險業務。直到 1911 年，英國議會取消了此項限制，核准勞伊茲合作社可經營包含水險在內的一切保險業務。

　　倫敦的勞依茲不是保險公司，而是一個保險社團組織，不直接處理保險業務或出具保險單，而是提供交易規則和場地供保險商互相交流和進行交易。勞依茲的保險商也稱為名人、承保人或真正承保人（Actual Underwriter），所有保險業務都必須通過勞依茲的保險商進行單獨交易，並以個人名義單獨承擔保險單所需負的責任。保險商可以選擇加入不同的辛迪卡（Syndicate），通過其雇用的經理人將提供的資本分配到各個辛迪卡中，以承擔風險並賺取報酬。通常，辛迪卡下面會有核保人負責經營，並在決定承保條件後，透過辛迪卡出單，流程如圖 7-2。

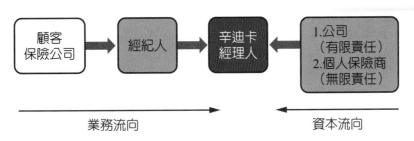

➡圖7-2　倫敦勞伊茲之運作型態

勞伊茲保險（Lloyd's）

　　勞合社，又譯為勞埃德保險社，是位於英國倫敦市的一個保險交易所，而非單一公司。其起源可追溯至 1688 年，在倫敦泰晤士河附近開設的一家咖啡館。當時商人們常在此聚集進行交易，逐漸形成海上保險和航運業務的交易中心。由於該

咖啡館的創辦人名為愛德華‧勞埃德，因此得名勞合社。後來於 1769 年，托馬斯‧菲爾丁另開設了一家咖啡館，以勞埃德的名字命名，進一步擴展為國際性保險市場。

　　1871 年，勞合社登記為勞埃德公司，取得法人資格，但實際上它只是一個管理機構，並不直接承擔保險業務。保險業務由參與該社並獲得會員資格的保險人承保。勞合社通常作為金融機構、個人會員或企業間進行風險分散交易的平臺。與其他再保險組織不同，勞合社僅是根據《勞合社法案 1871》成立的法人組織。

　　目前，勞合社提供直接保險和再保險服務，其保險範圍涵蓋多個不同領域的風險，甚至包括綁架贖金等特殊保險。勞合社為其經濟支持者提供了一個共同分擔風險並進行聯合經營的市場。其成員可以是個人或組織。勞合社的保險業務主要涉及一般保險和再保險，偶爾也會擴展至人壽保險等其他領域。該市場最初專注於海上保險，由愛德華‧勞埃德於 17 世紀在他位於倫敦的咖啡店中建立。現今，勞合社位於倫敦市勞埃德大廈。

資料來源：維基百科：勞合社；https://zh.wikipedia.org/zh-tw/%E5%8A%B3%E5%90%88%E7%A4%BE

7-6 專屬保險公司

　　專屬保險公司（Captive Insurance Company）是由一些投保人自行創立的保險機構，早期因為傳統的保險種類和保單費率無法滿足他們的保險需求及保障而被成立。自從 1950 年開始，專屬保險公司逐漸成為規模較大的多國籍企業或某些性質相近的企業集團，承保並管理自家企業經營風險的一種策略。截至 2005 年底的統計數據顯示，全球有高達 5,000 家專屬保險公司，總保費收入接近 260 億美元，總投資金額已超過 1,400 億美元。目前在全球財富前 500 強企業中，超過 70% 的企業都擁有專屬保險公司，這說明專屬保險公司在企業的財務與風險管理中扮演著極其重要的角色。

一、專屬保險公司的定義

專屬保險公司是由母公司擁有，專為母公司提供保險服務的組織機構。母公司的經營和管理會影響專屬保險公司的運營，包括承保、理賠處理及投資策略等，兩者之間存在一定的相關性。大型企業可以建立自己的保險公司，以承保其企業所需的各種保險。在法律上，企業本身及其所成立的專屬保險公司均屬獨立之法人，企業繳納的保險費和專屬保險公司給付的理賠金額與一般保險相比並無差異，唯一不同的是，母公司繳納的保險費和專屬保險公司的理賠金皆屬於企業內部流通，並無將風險移轉給他人，因此屬於風險管理中的自留策略。如果該專屬保險公司另有承保其所屬企業之保險業務，擴大經營範圍和基礎，安排相當程度的再保險，便可脫離風險自留的範疇。

企業支付專屬保險公司的保險費，除了當作費用支出之外，也能提存更多的滿期準備金和為巨災風險做準備，還能減少稅負和延緩稅收，因此近年來越來越多的企業成立自己的專屬保險公司，特別是多國籍企業。

二、專屬保險公司的優點

(一) 滿足企業保險需求

傳統保險公司難以滿足企業所有保險需求，尤其對於某些特殊風險，市場上可能沒有適當的保險產品，或是企業無法負擔高昂的保費。因此，成立專屬保險公司可以根據企業的需求、屬性和負擔能力，提供定制化的保障方案，實現風險控制和財務平衡。

(二) 協助企業在國際市場轉移資金

專屬保險公司可協助企業將資金轉移至國外，特別是對於哪些受到國內外匯管制限制的企業，透過在海外的專屬保險公司，以購買專屬保險的方式轉移資金到海外市場。

(三)改善現金流量

成立專屬保險公司時,企業可以將一部分保費用於投資獲得投資收益,進而提升現金流量。

(四)降低保險成本

專屬保險公司可以降低保費和保險成本,包括自保損失、行政管理費用和預防損失費用等。這樣企業就可以減少對商業保險公司的保費支出,避免商業保險公司帶來的負擔。

(五)打造新的利潤中心

許多專屬保險公司已發展成為保險公司和再保險公司,並向其他企業提供保險服務和保障,成為企業的新的利潤增長點。然而,專屬保險公司如果經營不善、超負荷經營,也可能面臨破產的風險。

三、專屬保險公司的缺點

(一)業務量受限

專屬保險公司的業務大部分來自母公司,外來業務較少,因此風險單位有限,難以利用大數法則。

(二)較差的財務基礎

相比保險公司,專屬保險公司的規模較小且組織架構較簡單,專業人才配置不均衡,因此提高經營水平較具挑戰性。

(三)資本薄弱

專屬保險公司的資本額有限,財務基礎較薄弱,準備金累積有限,因此業務發展會受到限制。

(四)較差的風險品質

專屬保險公司通常承保財產風險和難以在市面上獲得保障的責任風險,因此面對高損失率和幅度大的風險品質,需要花費更長時間籌備賠償金額。

7-7 其他保險組織

除了前述的消費者型態合作組織外，保險業還有幾種生產者型態合作組織。例如，美國的藍十字（Blue Cross）和藍盾（Blue Shield）等非營利性健保組織。

一、藍十字組織（Blue Cross）

藍十字組織成立於 1930 年代初期，當時正值美國經濟大蕭條，許多病患因為經濟能力不足而無法支付醫療費用，這也間接導致醫療院所的財務陷入困境。為了因應這種情況，相關業者推出了一個計畫，對參加者每月收取固定費用，並提供基本的醫療保障，包括食宿和相關醫療設備使用費用等。只要參加者在計畫範圍內的醫療機構住院，相關費用就由計畫支付。即使是計畫範圍外的醫療機構，也會提供部分費用補助。這個計畫最終非常成功，參加者得到了相當程度的醫療保障，醫院也得到了穩定的財政收入。藍十字計畫並不是指某種特定健保的名稱。只要符合以下幾種原則成立，並提供健保服務，就可以被稱為藍十字：

1. 非營利性。
2. 直接按照醫院所申報的帳單支付費用。
3. 社區內的被保險人支付相同的保費。

二、藍盾組織（Blue Shield）

藍盾計畫在 1930 年代末期成立，目的是為醫師、醫藥和手術相關費用提供健保。該計畫有幾種不同的給付型態。一種是藍盾計畫提供設定的金額給予醫師，參加者支付醫師開立帳單與設定費用不足之差額；另一種是參加者在計畫合作內的醫師院所接受醫療，費用由藍盾計畫支付，非計畫合作內的醫師院所則同樣支付藍盾計畫補助後的差額。

藍十字與藍盾組織於 1982 年合併成立了藍十字藍盾協會（Blue Cross and Blue Shield Association）。現在，該協會與全美約 170 萬名醫師和醫院合作，提供全美 50 個州和特區超過 1 億會員的醫療保險，包括特別為聯邦雇員設立的計劃，其成員占美國聯邦雇員的一半以上，總共覆蓋了約 560 萬人，成為全球最大的單一健保計劃集團之一。

本章習題

一、名詞解釋

1. 保險股份有限公司

2. 保險合作社

3. 相互保險公司

4. 生產者合作組織

5. 藍十字組織

6. 藍盾組織

7. 勞伊茲保險交易中心

二、選擇題

( )1. 下列何者為我國保險輔助人之組織？ ①相互保險公司 ②保險公
證人 ③保險合作社 ④保險經紀人 ⑤保險代理人 (A) ①②④⑤
(B) ②③④⑤ (C) ③④⑤ (D) ②④⑤。 【101 年初等考試】

( )2. 我國保險法規定，保險合作社成立之預定社員應為多少人？ (A) 財產保
險為 500 人、人身保險為 500 人 (B) 財產保險為 500 人、人身保險為
300 人 (C) 財產保險為 300 人、人身保險為 500 人 (D) 財產保險為 300
人、人身保險為 300 人。 【101 年初等考試】

( )3. 下列何者屬於保險有限責任合作社之自有資金？ (A) 資本、基金、公益
金 (B) 資本、股金、公積金 (C) 股金、資本、公益金 (D) 基金、股
金、公積金。 【101 年初等考試】

( )4. 下列何者非保險合作社的自有資金？ (A) 基金 (B) 公積金 (C) 股金
(D) 資本公積。 【102 年初等考試】

( )5. 依照保險法之規定，我國保險事業之組織以何者為限？ (A) 股份有限公司或合夥 (B) 股份有限公司或合作社 (C) 相互保險公司或獨資 (D) 相互保險公司或合作社。 【102 年初等考試】

( )6. 目前我國保險業的主管機關為何？ (A) 財政部 (B) 金融監督管理委員會 (C) 公平交易委員會 (D) 中央銀行。 【104 年初等考試】

( )7. 下列何者是我國保險業之組織型態？ ①股份有限公司法人 ②合作社之社團法人 ③政府出資之財團法人 ④特定自然人 (A) ①② (B) ①②③ (C) ①③ (D) ①②④。 【107 年初等考試】

( )8. 保險股份公司與保險相互公司的差異，下列何者錯誤？ (A) 保險股份公司由股東組織，而保險相互公司由社員構成 (B) 保險股份公司之保險費採賦課式保險費，而保險相互公司採定額保險費 (C) 保險股份公司之資金來源為股本，而保險相互公司則為基金 (D) 保險股份公司之保險關係乃基於保險契約而取得，而保險相互公司之保險關係與社員關係乃基於保險契約而同時取得。 【108 年初等考試】

( )9. 下列有關保險業組織型態之敘述，何者錯誤？ (A) 保險公司之股票，不得為無記名式 (B) 保險業之組織，以股份有限公司或合作社為限 (C) 人身保險合作社之預定社員人數不得少於三百人 (D) 相互保險公司的社員亦為保單持有人。 【109 年初等考試】

( )10. 下列有關相互保險公司的敘述何者正確？ (A) 相互保險公司是由保單持有人所擁有 (B) 相互保險公司必須定期召開股東大會 (C) 相互保險公司以發行股票籌措資金 (D) 目前各國相互保險公司的保費採賦課制。

【110 年初等考試】

三、問答題

1. 我國目前保險業組織僅有「股份有限公司」與「合作社」兩種型態，請比較此兩種組織型態之差異？在面對保險國際化潮流下，未來我國保險業組織應否再增加其他組織型態？請敘明其理由。 【99 年高考】

2. 保險股份公司與保險相互公司之主要差異為何？試分述之。 【106 年普考】

3. 我國依保險法規定,保險業之組織限於「股份有限公司」與「合作社」兩種型態。國內保險業之組織多屬股份有限公司,此種組織型態之優點為何?又保險股份有限公司相較於保險合作社在組織性質與利益處分兩方面有何差異?試分別說明之。 【108 年普考】

4. 保險股份有限公司其經營之特色有哪些?

5. 保險合作社其經營之特色有哪些?

6. 我國「漁船保險合作社」的特性有哪些? 【105 產經代】

7. 保險業組織型態哪些是我國保險法允許的組織型態? 【109 產經代】

8. 我國保險法規定,保險合作社成立之預定社員應為多少人? 【101 初等考試】

9. 哪些屬營利保險組織型態? 【107 產經代】

10. 我國保險業的組織型態為何?

08

保險行銷

學習重點

1. 瞭解保險行銷的涵義與特性
2. 認識保險行銷制度
3. 熟悉各種行銷通路的特點
4. 學習保險行銷管理的程序

INSURANCE

保險 NEWS

金管會提醒民眾無須出門，即可利用遠距投保購買保險

　　因應金融科技及新冠肺炎疫情發展，金融監督管理委員會（以下稱金管會）已於2021年同意保險業辦理遠距投保業務，民眾若有投保需求，無須出門即可以利用遠距投保購買保險，減少人員面對面接觸及舟車勞頓。金管會並提醒民眾在進行遠距投保前，應瞭解遠距投保流程與需要事先準備好之個人證件，以利遠距投保作業之順利進行；另外進行遠距投保時，也要注意以下事項：

1. 消費者於進入視訊前及視訊過程中，因保險業需對客戶（包括要保人、被保險人及未成年人之法定代理人）分別進行身分認證，故客戶於進行遠距投保前，請先備妥國民身分證或居留證等證件；無國民身分證之未成年人，亦請先準備好附有照片之健保卡或護照，以便相關流程進行。

2. 因保險業會依據視訊會議前與客戶的溝通說明內容，事先繕打要保書等相關保險契約電子文件，提醒消費者在視訊會議中，對於要保人、被保險人應親自簽署表示同意之處，都需要親自確認並簽署，尤其是要保書的「告知事項」欄，務必親自於投保流程中逐一檢視確認後簽署，以避免日後產生相關爭議。

　　遠距投保提供消費者多一種便利快速之投保方式選擇，金管會提醒消費者於進行遠距投保時，仍請多留意保險商品內容是否符合本身之需求，以維護自身權益及減少日後糾紛。

資料來源：金融監督管理委員會保險局新聞稿；2023/01/24

 解讀

　　傳統的保險行銷過程，業務員必須親自面見客戶並取得要保人與被保險人本人簽名（即所謂「親晤親簽」原則）。在新冠疫情期間，此親晤親簽的規定造成保險業務推展上的困難。金管會因而開放所謂的遠距投保，即保險業者可透過視訊會議的事前及事中兩道身分確認機制來確認客戶身分，並由客戶於視訊會議中進行電子要保文件內容之確認及簽署聲明同意投保，以取代傳統由業務員面對面拜訪客戶之親晤親簽投保模式，截至2022年底已有11家保險業者開辦此一業務。

前　言

　　現代管理學大師彼得‧杜拉克（Peter Ferdinand Drucker）認為企業經營的基本目的在於「創造客戶」，因此，企業必須滿足消費者的需求且建立長久關係，並由行銷部門負責規劃行銷計畫以達到留住客戶與業務發展的目標。保險行銷為保險公司將保險商品的行銷至消費者的過程，並使其確實符合消費者的需求，內容包括保險概念的推行、保險商品的組合設計、保險費率釐訂與售後服務的提供，目的在滿足潛在保險消費者的需求，並達成保險行銷人員與保險業者的經營目標。

8-1 保險行銷的涵義與特性

一、行銷的理論概念與發展

(一) 行銷的定義

　　現代行銷學之父，菲利普‧科特勒（Philip Kotler）將行銷定義為是一種社會性和管理性的過程。個人及團體在行銷的過程中，創造及交換產品與價值，以滿足彼此的需要及慾望。

(二) 行銷觀念的發展

　　現代行銷的觀念已從過去以生產、產品或銷售為主的觀念轉變為以消費者及社會為主。以生產、產品或銷售為導向的觀念，是指廠商以出售現有產品、追求企業利潤為其最直接的經營目標，強調產品的成本、銷售與推廣過程。以消費者、社會導向為主的行銷觀念，則考量消費者的需要與利益，著重在行銷策略與商品組合以滿足客戶需求，進而達成企業利潤目標。

1. 生產觀念（Production Concept）

　　自工業革命末期至第十九世紀初期，絕大多數的產業都採用以生產觀念為主的銷售模式，主要原因在於當時產品種類少而且相關資源較為缺乏。生產觀念的基本假設，是消費者不會特地區分單一行業內不同廠商所提供的產品，因

此，只對價格最低的產品感興趣。企業採用以生產觀念為主的銷售模式，多強調效率經營，著重於增加產量和降低成本，即透過大量生產和壓縮成本以形成規模經濟。

2. 產品觀念（Product Concept）

企業採用產品觀念為主的銷售模式，以將產品達到最高品質與服務水準為其銷售策略。採用產品觀念的企業認為消費者會尋求市場上品質最高的產品，並願意為該產品支付更多費用。保險業提供客制化保單設計或提供最先進的損失控制服務可視為採用以產品觀念為主的銷售模式。

3. 銷售觀念（Sales Concept）

銷售觀念的基本假設為產品是被銷售而不是被購買。廠商若不對消費者採取促銷活動，則消費者不會主動購買其產品。因此，廠商必須採取積極的銷售與促銷策略。

4. 行銷觀念（Marketing Concept）

60 年代後，隨著全球經濟的成長，產品銷售量快速增加，行銷人員的重要性因而提高，消費者對商品的反應也因此受到重視。所謂行銷觀念，是指企業以消費者需求為目標，發展並生產滿足這些需求的產品。企業管理者的任務是研究和選擇目標市場，並製訂有效的報價和行銷計劃以吸引和留住消費者。行銷觀念涵蓋四大要項，即目標市場、顧客需要、整合性行銷及獲利能力。圖 8-1 為銷售觀念與行銷觀念兩者的對照。

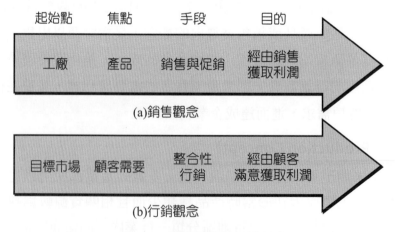

➡圖8-1 銷售觀念與行銷觀念

5. 社會行銷觀念（Social Marketing Concept）

1990 年後，企業主滿足消費者需求外也必須兼顧其社會責任。社會行銷的重點在於企業重視社會責任，追求獲利時須為顧客和社會的長期利益著想。因此，企業於追求永續經營與善盡社會責任的同時，與消費者產生共鳴及認同感，進而使消費者接受其企業形象及產品。

二、保險行銷

(一) 保險行銷的意義

保險行銷是以保險為商品的行銷過程，包括保險觀念的推廣、保險商品的銷售、保險費率的釐訂與售後服務的提供。保險行銷的目的在滿足潛在保險消費者的需求，並達成行銷者及保險公司的利潤目標。

保險行銷是透過行銷策略組合來完成滿足要保人投保需求的目的。行銷策略組合即產品、定價、銷售促進及配銷通路。其中，保險單是產品；保險費率是商品定價；保險業運用媒體廣告或業務員推銷為銷售促進；透過業務員、保險經紀人或保險代理人及銀行等管道銷售保單即是所謂的配銷通路。保險行銷在提供保障並滿足要保人需求的過程中，也同時兼顧社會大眾的利益，因此，保險業非常注重其公益的形象。

保險業務的發展需透過適當的行銷規劃與執行。保險行銷人員的主要工作是提供潛在的消費者或保戶充分的商品資訊，包括承保內容、費率、損失控制、理賠及其他保戶相關服務等。

(二) 保險商品的特性

在保險行銷的過程中，所運用的行銷原則與一般有形產品的行銷無異。所有產品都同時具備有形與無形元素。以保險商品而言，其有形元素包含以書面內容所呈現的契約，即保險單，當中包含其商品名稱、附約及其外觀；保險商品的無形元素，則是指保險人未來承擔損害賠償責任的承諾與服務。

然而，保險商品具下列特性，故保險行銷與一般商品的行銷過程相比較之下更為困難。

1. **產品具無形性**

   保險商品主要為未來無形的承諾，本身不具實體商品的特性，且被保險人若非遭受損害事故，通常無法立即享有其服務。

2. **大眾缺乏保險購買慾**

   多數人無保險觀念，或因對風險的認識不清，或錯估風險而認為無保險的必要。

3. **保險成本屬事前成本**

   保險費率的估算屬於成本發生前，保險人利用過去的損失經驗估計其未來的理賠成本。對被保險人個人而言，所支付的保險費與未來可領取的保險金則無絕對關係。

4. **保險所保障的事項多屬不幸事件**

   保險商品所提供的保障內容，大多針對被保險人可能發生的不幸事件，較易造成大眾排斥的心理。

5. **保單條款過於複雜難懂**

   對一般大眾而言，保單條款的內容過於複雜、不易瞭解，理賠爭議往往因此產生，加深了對保險人的不信任。

6. **不適任的行銷人員導致不良印象**

   保險公司未落實對業務員的遴選、訓練與管理等過程，將無法使其為保戶提供專業而有效的服務，反而引發保戶的不滿與抱怨，損害公司形象。

三、保險行銷的功能

保險的需求，來自於客戶的財產可能遭受毀損滅失以及因財產損害，而衍生的費用支出或是商業經營過程中所產生的賠償責任。保險業透過行銷的過程，滿足客戶資產保障的需求，並達到獲利與業務成長的目標。

1. **就保險消費者而言**

   保險行銷的功能，在於透過保險行銷人員在行銷過程中，協助消費者對於風險的認識，並提供保險保障的規劃，以達到其風險管理的目標。

2. 就保險公司而言

保險行銷的功能，是藉由增進對目標市場需求與偏好的瞭解，讓保險業於行銷過程運用其資源與能力來影響足夠數量的客戶，建立其長期而穩定的客源，擴大承保業務、增加風險單位數，使大數法則得以有效發揮，損失率預測趨於準確，穩定保險經營。

8-2 保險行銷制度

行銷通路是指介於生產者與消費者間的仲介單位，如代理商、批發商、零售商等，所構成的行銷體系。傳統製造商的行銷通路，包括代理商、批發商或零售商等，如圖 8-2 所示。

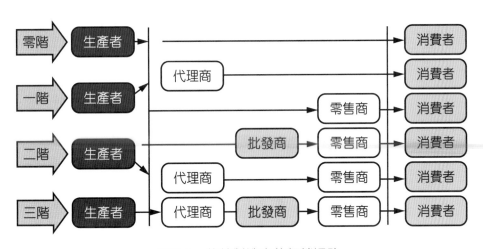

▶圖8-2 傳統製造商的行銷通路

保險行銷通路主要分為直接行銷通路與間接行銷通路兩大類。如圖 8-3。

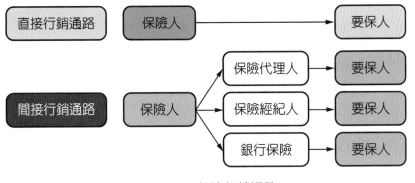

▶圖8-3 保險行銷通路

一、直接行銷通路

直接行銷通路亦稱直接行銷體系,可進一步分為直接承保制度與直接回應制度。

(一) 直接承保制度

亦稱為直接銷售或人員銷售,是指由保險公司僱用專職的銷售人員,即業務員,專門負責保險業務招攬的工作,並以佣金與獎勵津貼做為其主要報酬。保險公司於各地設立分支機構,包含分公司與通訊處,一方面負責業務員的聘任、教育訓練與管理工作;一方面提供便捷的保戶服務,其組織架構如圖 8-4 所示。

採用直接承保制度的保險公司,強調業務員的教育訓練並設有考核制度,較能確保業務來源與品質的穩定性。然而,此種業務制度會產生高額的固定成本,如辦公場所租金、通訊處人員薪資與行政費用等,若組織發展不足或欠缺大量的業務來源,將因費用率過高而難以經營。

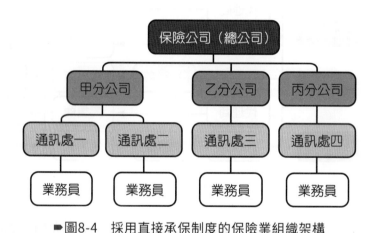

➡圖8-4　採用直接承保制度的保險業組織架構

 知識小站

保險業務員

保險行銷人員就是經由考試合格的保險業務員、保險經紀人與保險代理人。其中保險業務員,依保險法第八之一條規定:「是指為保險業、保險經紀人公司、保險代理人公司或兼營保險代理人或保險經紀人業務之銀行,從事保險招攬之人。」

不論保險業務員、保險經紀人或保險代理人，均應經考試合格。保險業務員資格考試是由產險公會及壽險公會舉辦。如果壽險業務員需招攬傳統壽險與投資型壽險或外幣型保單，則需通過不同的資格考試方可從事不同保險業務的招攬。若只通過一種考試就只能從事一種保險業務的招攬。產險業務員則無此區分。

(二) 直接回應制度

保險公司利用業務員以外的管道與潛在保戶直接接觸，並進一步取得業務的方式，稱為直接回應制度或直效行銷。直接回應制度包含下列管道：

1. 直接郵購

保險公司以郵遞信函或電子郵件直接傳達保險商品相關訊息，激發消費者的潛在購買慾，達到保險銷售的目的。採直接郵購方式，保險公司所需的費用不多且具有廣告效果。

2. 電話行銷

電話行銷可分為撥入與撥出兩種服務方式。採撥入方式者，係結合直接郵購、電視行銷或廣告等方式傳遞保險相關資訊，吸引潛在保戶主動透過免付費電話洽購保險商品。採撥出方式者，則由所屬電話行銷人員主動撥出行銷電話，利用簡短的通話時間介紹保險商品，進而達到銷售目的。

3. 櫃臺銷售

保險公司在人潮進出頻繁場所設置保險櫃臺，接受消費者主動前往購買保險，並由專職櫃臺人員提供服務。例如在機場航廈出境大廳設置保險櫃臺，供國人出國前洽購旅行平安保險。

4. 店頭行銷

店頭行銷方式常見於財產保險，是由保險公司配合汽車、房屋銷售等產品說明會，以臨時租借場地的方式，於現場舉辦相關的保險產品說明會，行銷保險商品。

5. 職團行銷

所謂職團行銷，是指保險公司經由企業主的同意、背書或引薦，由所屬行銷人員於職場中進行保險商品的說明與行銷，其銷售對象除了企業員工外，亦

可包括員工家屬。企業主將保險商品規劃為員工福利之一部分時，保險公司亦可採用此種方式，讓員工對其他保險商品有進一步瞭解並激發潛在需求。

6. 網路行銷

網路已成為生活中之必要條件，人們可透過網路完成各種商業交易。網路行銷即保險公司透過網際網路傳遞保險商品資訊，同時做為消費者購買保險商品的另一管道。

二、間接行銷通路

間接行銷通路，也稱為間接行銷體系，主要包括保險經紀人、保險代理人與銀行保險通路，分述如下：

(一) 保險經紀人

依保險法第九條規定：「保險經紀人，係指基於被保險人之利益，洽訂保險契約或提供相關服務，而收取佣金或報酬之人。」保險經紀人主要的服務範圍包括風險規劃、保險安排與保險理賠申請服務等，規模較大的企業或跨國集團大多委託保險經紀人協助其保險安排與內部風險管理作業。國際保險市場中亦常見保險經紀人協助保險公司的再保安排。

(二) 保險代理人

依保險法第八條規定：「保險代理人，係指根據代理契約或授權書，向保險公司收取費用，並代理經營業務之人。」由此可知，保險代理人與保險公司簽訂代理合約後，於合約授權範圍內，代理其保險業務並向保險公司收取費用或佣酬。保險代理人依其與授權保險公司之間的關係，可分為獨立代理人與專屬代理人：

1. 獨立代理人

獨立代理人可同時代理多家保險公司，在授權範圍內銷售保險商品，並向保險公司收取佣金或代理費作為其報酬。獨立代理人的授權範圍，可包括招攬業務、簽發保單及收取保費等。由於獨立代理人同時代理多家保險公司的商品，且擁有客戶名單的所有權，可在客戶續約時將其轉向其他保險公司投保，議價能力相對較高。

2. 專屬代理人

專屬代理人只能代理一家保險公司，並在該保險公司授權範圍內銷售其商品。專屬代理人對其所招攬的業務並無所有權，由保險公司保留保單相關紀錄。

(三) 銀行保險 (Bancassurance)

銀行保險一詞的採用始於法國。1990 年以後，隨著銀行產業監理管制的鬆綁、金融集團的整併與金融商品多元化行銷，銀行保險從歐洲開始發展。狹義的銀行保險是指保險公司透過銀行的既有通路銷售保險商品，以達到降低行銷成本、拓展行銷通路與擴大保險市場規模的目的。廣義的銀行保險，意指保險公司與銀行以控股公司或策略聯盟的型態進入金融服務市場的一種整合行銷策略。

近年來，銀行保險已成為保險業務發展的重要行銷通路，由於銀行一直以來都扮演著替消費者提供長期金融服務的角色，可輕易取得大眾的信任，提高接受銀行保險，並且洽談財務規劃的意願。

與其他傳統通路相較，銀行保險具有下列優勢：

1. 龐大的客戶資料庫

銀行業因其存放款等業務而擁有龐大的客戶資料庫，其資料系統的建置與資料內容收集較保險業更為完備。例如銀行可從客戶的信用卡資料分析消費習性與消費能力。若應用資料探勘技術加以整合與區隔，針對客戶的特性與需求規劃出行銷策略商品，可創造出更有效率的行銷活動進而提高銷售保險的成功率。

2. 良好的企業形象與顧客關係

相較於對保險業者的評價，消費者對於銀行的信任度普遍較高。且銀行廣設分支機構，可提供不同階層消費者便利服務，從與顧客頻繁的接觸過程中建立客戶關係。因此，社會大眾對於銀行業的服務品質、可信度及印象等項目的評價均比一般保險業為高，無形中成為銀行保險的助力。

3. 營業據點眾多

銀行普設分行於商業鬧區，以便客戶可隨時找到分行，且讓許多客戶都有固定到銀行的習慣，加上各分行能互相支援，特別有利於保險業務的銷售。

4. 金融商品多樣化

銀行能提供客戶全方位的理財諮詢服務,並針對個人提供完整的金融規劃,給客戶所需要的購買資訊或交易方式,來滿足客戶一次購足金融商品服務的消費模式,創造出便利及優質的附加價值服務來爭取客戶。

5. 負擔的固定成本低

銀行透過現有的分行來進行保險商品的銷售,無需額外固定成本支出。

隨著金融控股公司的成立與發展,金控旗下之銀行、證券與保險產業,可藉由交叉行銷的模式,降低行銷成本、擴大業務規模,進而提昇客戶價值與金控整體之獲利。

實務分享 · · ·

銀行設立保經／保代部門

過去銀行銷售保單,都是以轉投資的方式成立保經代子公司,再以保經代名義在銀行通路賣保單,銀行賺取手續費收入,卻不用直接負銷售疏失的責任。為了讓權責相符,增加金管會的監理強度,金管會於 2015 年修訂保險法,開放銀行得經主管機關許可兼營保險代理人或保險經紀人業務,並修訂業務員管理規則,增訂保險業務員得登錄於銀行的規定。近年來已有多家公、民營銀行陸續設立保險部門,提供客戶多元服務。銀行設立保險部的優點,在於個資使用程序比較單純,銷售更具效率。一旦招攬或銷售不當,或者沒有落實認識客戶(KYC),引發銷售爭議或造成客戶損失,監理機關可直接究責於銀行。

8-3 保險行銷管理

一、行銷部門的功能

行銷部門的功能，在於配合公司政策，達成既定的行銷目標，其職能包括：

1. 透過市場調查了解潛在客戶的需求。
2. 利用廣告或宣傳工具傳播商品資訊。
3. 為員工與行銷人員規劃教育訓練課程。
4. 設定行銷目標與策略。
5. 為各行銷通路提供有效率的激勵與管理。

行銷部門的目標須切合公司的經營方針。過於強調行銷目標的達成或要求保費收入成長，可能迫使公司調降其核保標準。若因此造成利潤減少，則非成功的行銷策略。

二、行銷策略管理

保險公司的行銷管理程序包括分析市場機會、選擇目標市場、擬訂行銷組合、執行與控制等，分述如下：

(一) 分析市場機會

訂定行銷策略前必須分析市場機會，考量總體環境與個體因素，進行 SWOT 分析，確認公司內部條件的優勢與劣勢，是否有利於與其他業者的競爭；並針對整體經濟與產業環境，分析未來可能面對的機會與威脅。

 知識小站

SWOT分析

SWOT 分析屬於企業管理理論中的策略性規劃，內容包含了優勢、劣勢、機會與威脅。優勢與劣勢分析其目的主要在考量企業內部條件的優勢和劣勢，是否有利於產業內的競爭。機會和威脅則是針對企業外部環境進行探索，探討產業未來趨勢的演變。

而保險公司可以開發的市場機會，可分為以下四個方向：

1. 市場滲透策略

即保險公司在現有市場強化顧客關係，尋求尚未被滿足的需求以增加現有保險商品的銷售。

2. 商品發展策略

是指保險公司透過新保險商品的研發以增加現有市場的銷售。

3. 市場發展策略

是指保險公司以現有的保險商品開發新的市場。

4. 多樣化策略

是指保險公司研發新的保險商品同時開發新的市場。

(二) 選擇目標市場

　　保險公司，在目標市場的選擇上，可採取的策略可分為無差異市場策略與差異化市場策略兩大方向，分述如下：

1. 無差異市場策略

係指保險公司只運用一套行銷組合來滿足所有目標顧客的需求。

2. 差異化市場策略

即保險公司將市場上的消費者，依其需求、購買習慣、人口統計上的差異或其他因素等區分為不同的市場區隔。

(1) 保險公司在分隔市場時主要考量的因素包括：

① 地理變數：包括區域、城市、人口密度、自然環境等因素。

② 人口統計變數：包括消費者年齡、性別、家庭人口數、職業、財務狀況、教育程度等。

③ 心理變數：依潛在消費者的社會階級、生活型態、合群性及人格特質等作為區隔指標。

④ 行為變數：包括對特定保險的接受度、購買保險的時機、態度與反應等。

(2) 完成市場區隔後，針對行銷組合策略的擬定，分述如下：

① 多區隔市場策略：同時進入兩個以上的市場，並為每個市場分別發展不同的行銷組合。

② 市場集中策略：針對某一市場的需求發展特定行銷組合。

③ 單一顧客市場策略：採個人化行銷方式，為每位客戶提供專屬行銷組合。

（三）擬訂行銷組合

行銷組合包括四類變數，即所謂的 4P：產品（Product）、價格（Price）、通路（Place）與促銷（Promotion）。

1. 產品

由於保險商品屬無形的金融服務，保險商品策略除了著重在保障內容的多樣化與完整性外，企業形象、售後服務與其他附加價值的提供皆屬於產品的一部分。

產品生命週期是將整個產品在其銷售歷史過程中的銷售與利益狀況加以描述的一種觀念，也就是產品生命週期是追溯產品從發展期進入市場到衰退期，及退出市場的過程

(1) 產品發展期：從商品內容創意發想、設計與定價的期間，此時保險人需投入成本，且銷售額為零。

(2) 導入期：保險人將商品導入市場，透過不同的行銷策略提高消費者對商品的認識銷售額緩慢成長，但產品上市需支付大筆開銷，利潤幾乎不存在。

(3) 成長期：產品快速為市場所接受，競爭者開始加入，利潤逐漸增加。

(4) 成熟期：銷售成長率逐漸趨緩，此時競爭者最多，利潤因行銷成本的增加而減少。

(5) 衰退期：銷售量滑落，競爭者開始大量退出，此時利潤開始下滑，甚至開始造成公司虧損，產品因而退出市場。

2. 價格

價格是消費者與廠商進行交易時用來交換產品的代價，在保險產業中即指要保人所支付的保險費。保險公司的費率釐訂過程與一般的實體產品訂價過程不同，需考量預期損失率、附加費用率與利潤率。因此，以價格競爭作為行銷策略者較為少見。

3. 通路

保險公司的行銷通路包括直接行銷通路與間接行銷通路。不同的保險商品屬性適用不同的通路，保險公司在擬訂商品策略時亦會將通路的選擇列入考量，透過差異化行銷擴大市場規模，亦可避免造成通路在行銷上的衝突。

4. 促銷

促銷的目的在激發潛在顧客的購買慾望，進一步完成交易。促銷的工具包括：

(1) 廣告：以付費方式，利用媒體傳播有關產品或公司之相關訊息。

(2) 銷售促進：利用產品以外的額外誘因，如贈品、抽獎等刺激銷售。

(3) 公共關係：建立與其他關係人之良好關係，如員工、媒體、政府等。

(4) 贊助：強調社會責任，提昇企業形象。

(5) 口碑行銷：透過網路或公共意見傳達，達到促銷成效。

(四) 執行與控制

將各項策略計畫落實於行動之中，並針對執行結果予以衡量、分析、修正，以達到行銷目標。

本章習題

一、名詞解釋

1. 保險行銷

2. 直接承保制度

3. 直接回應制度

4. 職團行銷

5. 電話行銷

6. 保險經紀人

7. 保險代理人

8. 銀行保險

9. 獨立代理人

10. 專屬代理人

二、選擇題

( ) 1. 保險業之銷售制度分為直接招攬與間接招攬兩種，以下何者不是直接招攬之銷售制度？ (A) 銀行保險 (B) 網路行銷 (C) 資料庫行銷 (D) 電話行銷。 【104 年產經代】

( ) 2. 下列何種行銷方式已成為保險行銷的一種新趨勢，在我國人身保險之業績比重已躍居首位？ (A) 保險經紀人保險／代理人通路 (B) 傳統業務員行銷通路 (C) 職團行銷通路 (D) 銀行保險通路。 【102 年初等考試】

( ) 3. 我國保險業者目前正積極開發便於金融消費者於網際網路上投保保險的商業模式,此種行銷方式屬於何種行銷制度? (A) 直接承保制度(Direct Writer System) (B) 直接回應制度(Direct Response System) (C) 代理人制度(Agency System) (D) 經紀人制度(Brokerage System)。

【106 年初等考試】

( ) 4. 下列哪些屬於直接行銷通路? ①電話行銷 ②網路行銷 ③銀行保險 ④保險經紀人 ⑤保險代理人 (A) ①② (B) ④⑤ (C) ①②③ (D) ③④⑤。 【109 年初等考試】

( ) 5. 有關專屬保險代理人制度,下列敘述何者正確? (A) 專屬保險代理人可為一個以上保險人代理保險業務 (B) 在我國並無專屬保險代理人之組織 (C) 專屬保險代理人係基於被保險人之利益,洽訂保險契約或提供相關服務之人 (D) 通常人壽保險實務上較常採用專屬保險代理人。

【102 年初等考試】

( ) 6. 下列何者非保險公司透過銀行保險通路的優勢? (A) 降低投資危險 (B) 龐大的客戶資料庫 (C) 良好的企業形象與顧客關係 (D) 負擔的固定成本較低。 【106 年產經代】

( ) 7. 一般剛起步或小規模之保險公司常使用哪一種行銷? (A) 無差異行銷 (B) 差異化行銷 (C) 集中行銷 (D) 大量行銷。 【106 年產經代】

( ) 8. 保險公司中行銷部門的功能,不包括下列哪項? (A) 廣告保險人的產品 (B) 發展新產品 (C) 認明產品目標 (D) 制訂最後核保決定。

【101 年產經代】

( ) 9. 保險公司當局對內外勤員工教育,使其了解管理當局之行銷目標是為? (A) 互動行銷 (B) 外部行銷 (C) 內部行銷 (D) 目標行銷。

【106 年人經代】

( ) 10. 保險公司為擴展業務,均須有效地處理其行銷活動,而保險公司的行銷管理程序第一步驟應為: (A) 擬訂行銷組合 (B) 分析市場機會 (C) 執行與控制 (D) 選擇目標市場。 【102 年人經代】

( ) 11. 可在網際網路上販售之保險險種特性，下列敘述何者正確？ (A) 價格敏感度低 (B) 產品複雜度高 (C) 核保要求度高 (D) 多以汽、機車強制險為主。 【104 年產經代】

( ) 12. 與數個保險人分別簽訂保險代理合約，並代理保險業務之保險代理人，稱為： (A) 集合保險代理人 (B) 總保險代理人 (C) 獨立保險代理人 (D) 專屬代理人。 【91 年初等考試、100 經代人】

( ) 13. 保險業務員所屬公司，不包括下列何者？ (A) 保險公證人公司 (B) 保險業 (C) 保險經紀人公司 (D) 保險代理人公司。 【101 年產經代】

( ) 14. 有關保險經紀人，下列敘述何者錯誤？ (A) 保險經紀人指根據經紀契約或授權書，向保險人收取費用，並替其經營業務之人 (B) 經紀人非依保險經紀人管理規則之規定取得執業證書，不得執行業務 (C) 經紀人分財產保險經紀人及人身保險經紀人 (D) 外國保險經紀人經核准，仍得於我國經營與其本國業務種類相同之經紀業務。 【101 年產經代】

( ) 15. 基於被保險人之利益，洽訂保險契約或提供相關服務，而收取佣金或報酬之人為： (A) 保險業務員 (B) 保險經紀人 (C) 保險代理人 (D) 保險公證人。 【103 年產經代】

三、問答題

1. 行銷組合包括四類變數，即所謂的 4P，試說明之。

2. 保險公司在保險市場區隔中主要依據的變數有哪些？

3. 請說明獨立代理人與專屬代理人的差別。

4. 請說明銀行保險通路與傳統保險通路的差別。

5. 相較於傳統保險通路而言，銀行保險具有哪些優勢？試說明之。

6. 保險行銷通路中，直接承保制度具有哪些優點與缺點？

7. 請說明保險代理人與保險經紀人的差別。

8. 保險行銷管理的程序為何？

9. 「行銷保險」與「銷售保險」的範圍主要差異何在？從「財產保險經紀人（公司）」與「產物保險公司」經營架構而言，兩者在行銷組合（Marketing Mix）具有何種差異化經營，請分項說明。　　　　　　　　　　【108 年產經代】

10. 產險行銷目標為何？在產險行銷策略中，有關競爭策略包括哪幾項？請分別定義並舉例說明。　　　　　　　　　　　　　　　　　　　【105 年產經代】

CHAPTER **09**

保險定價

學習重點

1. 認識保險費基本結構
2. 瞭解保險費率釐訂原則
3. 學習壽險生命表與人壽保險費率
4. 瞭解財產保險費率的釐訂方式
5. 認識短期費率表

INSURANCE

保險NEWS

財產保險掀漲價潮

　　立法委員關注火災保險、汽車第三人責任保險及寵物保險等均呈現漲價，金管會保險局表示，商業火險、汽車第三人責任險、寵物險等都因損失率偏高所致，至於汽車竊盜險因損失率不錯，市場危險費率有調降。

　　近日產險業如火災保險、汽車第三人責任保險及寵物保險等均漲價。金管會保險局在例行記者會說明，保險商品費率回歸市場機制，各家保險業者費率和各家公司政策有關；但依「保險商品銷售前程序作業準則」規定，產險業處理商品費率時必須檢視合理性及適足性，按損失經驗進行調整。汽車第三人責任險近年損失率真的持續偏高，為反映實際損失率，整體市場危險費率確實有調升，但汽車竊盜險因近年損失率不錯、出險率比較低，市場危險費率就有調降。

　　火災保險方面，商業火災保險保費上漲，主因 2022 年國內陸續發生幾起重大理賠事故，實際損失經驗牽動保險費率評估，不過住宅火災保險保費相對較為持平。

　　至於近日外界關切寵物保險的保險費飆漲 25%，保險局表示，寵物保險近 2 年損失率非常高，因此產險公司會依實際損失經驗評估調整保費。

資料來源：聯合新聞網 2023/03/09；https://udn.com/news/story/7239/7020978

 解讀

　　保險商品與其他財貨同受市場需求法則影響，然而，保險定價的重要特性，在於價格估算於成本發生之前。保險費率的估算是利用過去經驗資料預測未來的損失成本，訂價過程中考量未來影響損失發展的相關變數，同時須依循政府法令規範與保險經營相關原則。保險業於保險價格釐訂之後，應秉持穩定性原則不任意變動保險費率，但危險因素或社會情況有重大改變，影響保險業經營時，仍應依據彈性原則，考量長期趨勢，調整保險費率。

前　言

　　保險費為要保人所支付每一保險單的總成本，主要分成兩個部分，純保費與附加費用。純保費為保險保障的成本，亦即支付保險賠款與理賠費用；附加費用則用來支應保險人營運所需，包括佣金、營業費用、特別準備金及預期利潤等。由於保險費率的估算是利用過去經驗資料預測未來的損失成本，訂價過程中考量未來影響損失發展的相關變數，同時須依循政府法令規範與保險經營相關原則，以符合監理要求，並達成經營目標。

9-1 保險費基本結構

一、保險費率與保險費

(一) 保險費率（Insurance Rate）

　　是指每一保險單位（Exposure Unit）的保險價格，亦即要保人購買保險時，所應支付的單位價格。保險單位，亦可稱為單位保額，為保險人簽訂保險契約時，對於所承保的危險，其約定保險金額的最小單位。保險單位依保險商品的種類而異，例如火災保險以每千元保額為一個保險單位；傳統人壽保險與傷害保險則以每十萬元保額為一個保險單位。當事人簽訂保險契約時，所約定的保險金額為保險單位的整數倍數。

知識小站

健康保險的保險單位

　　實務上，健康保險大多提供兩種以上的保險金給付，如住院醫療保險金、出院療養保險金或加護病房保險金等。當事人簽訂保險契約時，以百元日額為其保險單位，而保險人所提供的各項保障，除了住院醫療保險金依其所約定的保險單位數給付外，其他保險金則依其保險契約中約定日額的特定倍數提供相關保障。

(二) 保險費 (Premium)

簡稱保費，為要保人所支付每一保險單的總成本。保險金額愈高，則保險單位愈多，保險費亦愈高。保險費與保險費率的關係為：

> 保險費＝保險費率 × 保險金額＝每一保險單位的保險費 × 保險單位數

例題 1 人身傷害保險職業類別第一級之保險費率為 105 元 / 每 10 萬元；若要保人投保 100 萬元保額，則其保險費為：

$$保險費＝\frac{105\ 元}{每\ 10\ 萬元}×100\ 萬＝105\ 元\ ×10\ 保險單位＝1{,}050\ 元$$

例題 2 火災保險的費率為千分之 1.02（即每千元保額之保險費為 1.02 元）；若房屋的保險金額為 3,000,000 元，則其保險費為：

$$保險費＝\frac{1.02}{1{,}000}×3{,}000{,}000＝1.02×3{,}000\ 保險單位＝3{,}060\ 元$$

二、保險費的結構

保險費在費率釐訂過程中稱為總保險費或總保費（Gross Premium），主要分成兩個部分，純保險費（Pure Premium，亦純保費）與附加費用（Loading）。純保險費為保險保障的成本，由保險人用以支付保險賠款與理賠費用；附加費用則用來支應保險人營運所需，包括佣金、業管費用、特別準備金及預期利潤等。保險費的結構如圖 9-1 所示。

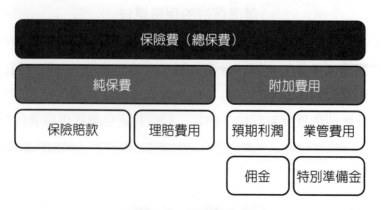

➡圖9-1　保險費結構

(一) 純保險費

純保險費可簡稱為純保費，為保險人承擔風險的代價。保險人收取純保費用以支應保險賠款與理賠費用，其釐訂方式是依據過去損失經驗估算而得。純保險費率即每一保險單位的純保費。

(二) 附加費用

保險人經營所需的相關費用即透過附加費用的收取來支應。保險人依據其費用經驗決定附加費用；營利保險人可另外考量其預期利潤。

1. 佣金

為保險業務招攬者的報酬，通常按保險費之特定百分比計算。

2. 業管費用

包含管理費用與業務費用，即保險經營過程所發生之一切費用，如人事成本、辦公場所租金、教育訓練費用與稅捐等。

3. 特別準備金

特別準備金屬於安全準備金的一種，用以支應風險發生率的大幅波動或巨災可能造成的額外損失，通常按保險費之特定百分比提存。

4. 預期利潤

以營利為目的之保險人在費率結構中訂有合理的預期利潤，用以支付股東報酬、維持穩健經營及成長。

附加費用占保險費的比率即為附加費用率。總保費、純保費、附加費用與附加費用率的關係如下：

$$總保費＝純保費＋附加費用$$

$$總保費＝\frac{純保費}{1-附加費用率}$$

三、保險費的種類

(一) 依繳費期數

1. 分期繳付保險費

要保人於保險期間內,採分期方式繳付保險費,主要適用於長年期的人壽保險。依照繳付的頻率與期間區隔,可分成年繳、半年繳、季繳與月繳。

2. 一次繳付保險費

要保人於簽訂保險契約時一次繳付全部保險費,主要適用於財產保險與短期人身保險。長期人壽保險契約簽訂時,要保人一次繳付全部保險費,亦稱為蠆繳保險費。

(二) 依保險費是否事先確定

1. 定額保險費

保險費於訂定保險契約時即確定,亦稱確定保險費。

2. 賦課式保險費

要保人於訂定保險契約時,先預繳一約定金額的保險費,迨保險期間終了時結算,再予以多退少補。

(三) 依危險分類方式

1. 分類保險費

保險費率依不同危險分類分開計算,以反映危險成本的差異,以符合保險給付與保險費對價間之精算公平,為一般商業保險所採用。

2. 均等保險費

保險費率的計算未考慮不同危險分類其危險成本的差異,全部採用均等的費率,亦稱單一費率,通常為社會保險所採用。

9-2 保險費率釐訂原則

保險費率釐訂為保險商品訂價的過程。保險商品的訂價與一般實體商品訂價過程的基本差異，在於保險實際成本於保險契約簽訂時為未知，必須至未來保險期間屆滿後才能確定；且保險費率的釐訂大多受到政府的監管。因此，保險費率的估算是利用過去經驗資料預測未來的損失成本，訂價過程中須依循相關原則，建立合理的價格制度，以符合市場預期與監理要求，並達成利潤目標。由於保險經營與政府監理的立場不同，保險人與政府對於保險費率釐訂應考量的原則亦有差異。

一、保險經營考量之原則

(一) 穩定性原則 (Stability)

保險費率必須具有穩定性，即費率釐訂後，保險人在短時間內不會任意調整。保險費率如果變動頻繁，則要保人與被保險人將無所適從，可能引發不滿，質疑保險經營的專業，甚至要求政府監理機關的介入與控制費率。

(二) 彈性原則 (Flexibility)

保險費率須能因應經濟狀況的變化與風險的異動。當風險因素或法令有重大改變時，費率應適時反應損失成本變動的情形。舉例而言，隨著物價的上漲，汽車維修費用或產品責任的損害賠償金額會跟著提高，保險人應重新調整費率以因應現況。費率彈性原則與費率穩定性原則看似矛盾，然兩者之期間基礎不同；費率穩定性原則強調短期內之穩定不變；費率彈性原則強調以長期為基礎之趨勢調整。

(三) 損失預防之誘導性 (Encouragement of Loss Control)

保險費率的釐訂與制度的設計應具有損失預防的誘導功能，鼓勵被保險人投保後仍積極採取損失預防與控制的相關措施，降低損失頻率與損失幅度，進而減低損失成本，維持保險商品的可負擔性 (Affordability)。常見的作法是在費率釐訂時，列入損失預防減費的規定，提供費率折扣以鼓勵被保險人妥善做好損失控制相關措施，減輕損失成本，穩定保險經營利潤，並有效減少社會實質損失。

（四）簡易性原則（Simplicity）

　　保險費率的釐訂結果與相關資料的呈現應該避免過於複雜，宜以簡單易行為原則，一方面保險招攬人易於解說、使用；另一方面要保人及被保險人容易瞭解與接受。個人保險業務因保險費金額較低，應避免在保險費報價過程中花費過多時間與成本。透過保險費用率釐訂過程的理解，亦有助於商業保險的客戶未來採取積極措施降低其保險成本。

（五）一致性原則（Consistency）

　　保險費率的釐訂過程中，其資料統計與計算基礎應為一致，並透過長期發展趨勢的觀察，使費率釐訂結果趨於準確。

（六）競爭性原則（Competition）

　　保險費率的釐訂過程中，對於所定價的商品，應考量與其他類似金融商品、其他保險人及現有保險商品之競爭能力，使保險費率更具競爭性，達成保險銷售目的。

二、政府監理考量之原則

（一）適足性原則（Adequacy）

　　保險費率的釐訂必須充分或適足，是指保險人所收取保險費必須足以支應所發生的保險賠款及各項費用，以維持其穩健經營。若因惡性競爭而造成費率不足，不僅影響保險服務品質，亦可能導致保險人喪失清償能力甚至倒閉，損及被保險人的權益。

（二）合理性原則或不偏高原則（Non Excessiveness）

　　保險費率過高不符合公眾利益。在保險費率釐訂過程中，保險人應就其保險成本與費用支出合理考量各項必要因素，不得超收保險費，造成要保人與被保險人額外的負擔。

(三) 公平性原則（Not Unfairly Discriminatory）

　　保險費率的釐訂不得具有不公平的歧視。在保險費率釐訂過程中，保險人可依據個別風險的實際差別，將相關因素公平地反應於風險成本中，此為精算上的公平（Actuarial Equity）。舉例而言，意外傷害發生率會因被保險人的職業類別不同而異。商業保險若無法達到精算公平，容易發生逆選擇的現象，對保險人的經營造成負面影響。然而，若無實際經驗資料證明某特定變數會造成風險單位在損失上的差異，則保險人在費率釐訂過程中，不得將其列為訂定差別費率的依據。

9-3　人壽保險費率的釐定

一、人壽保險費率精算假設與基本原則

(一) 人壽保險費率精算假設

　　人壽保險以被保險人的生存和身故為保險事故，且多為長年期契約，因此，保險人費率釐訂時，基本假設包括預定死亡率、預定利率與預定附加費用率：

1. 預定死亡率

人壽保險以被保險人生存和身故為保險事故，其費率釐訂時所依據的損失機率或損失頻率即為死亡率。壽險公司於釐訂人壽保險費率時所預定的死亡率假設，則是依據其所編製的經驗生命表。

生命表又稱為死亡表，是運用大數法則的原理，觀察人們在各年齡生存、死亡的人數，所編製而成的表格。生命表的內容包括男女性別各年齡的死亡率、生存率與平均餘命。生命表的製作依據統計母數的來源可分為兩大類，其一是由政府機關以一般國民死亡統計製作而成的「國民生命表」；另一種則是壽險公司依所承保的人壽保險被保險人死亡率統計編製而成的「經驗生命表」。

壽險業經驗生命表為壽險公司釐訂保險費率、計算壽險責任準備金和評價業務營運績效的基準。自 1974 年編製第一回至今，其發展歷程如下表：

臺灣壽險業第一回經驗生命表	簡稱 1974TSO	首次編製
臺灣壽險業第二回經驗生命表	簡稱 1984TSO	
臺灣壽險業第三回經驗生命表	簡稱 1989TSO	首次男女性分別編表
臺灣壽險業第四回經驗生命表	簡稱 2002TSO	
臺灣壽險業第五回經驗生命表	簡稱 2011TSO	
臺灣壽險業第六回經驗生命表	簡稱 2021TSO	

為推動保險費率自由化，人身保險業自 2003 年 1 月 1 日起新銷售的人壽保險單，得自行決定用以計算保險費率生命表。計提責任準備金所採用的生命表自 2021 年 7 月 1 日起以「臺灣壽險業第六回經驗生命表」（2021TSO）為基礎。

實務分享

臺灣壽險業第六回經驗生命表

附表為臺灣壽險業第六回經驗生命表（男性）部分內容，相關符號說明如下：

▶ x：年齡。

▶ 生存數 l_x：自出至到年滿 x 歲時尚存活的人數。

▶ 死亡數 d_x：x 歲的生存人數中，在未來一年內死亡的人數。

▶ 死亡率 q_x：x 歲的人，在未來一年內死亡的機率。

▶ 生存率 p_x：x 歲的人，在一年後仍生存的機率。

▶ 平均餘命 e_x：x 歲的人未來可生存的平均年數。

x	l_x	d_x	q_x	p_x	e_x
0	10,000,000	3,200	0.000320	0.999680	81.11
1	9,996,800	1,889	0.000189	0.999811	80.13
2	9,994,911	1,629	0.000163	0.999837	79.15
…	…	…	…	…	…
30	9,909,555	6,511	0.000657	0.999343	51.67
31	9,903,044	6,912	0.000698	0.999302	50.71
…	…	…	…	…	…
60	9,127,264	68,099	0.007461	0.992539	24.36
61	9,059,165	72,519	0.008005	0.991995	23.54
…	…	…	…	…	…
108	14,690	7,529	0.512549	0.487451	1.20
109	7,161	4,000	0.558588	0.441412	0.94
110	3,161	3,161	1.000000	0.000000	0.50

2. 預定利率

人壽保險多為長年期保單，壽險公司對於保險費從收取到作為保險金給付的期間可加以投資運用，預定利率即其資金運用的預期收益率，反映在保險費率的計算中。

3. 預定附加費用率

人壽保險費率釐訂過程中，附加費用的部分為其佔總保險費之特定百分率假設計算，該百分率即附加費用率。

（二）人壽保險費率釐訂基本原則

人壽保險費率釐訂基本原則，為收支相等原則，是在考量預定死亡率與預定利率的情況下：

純保費收入精算現值總和＝保險金支出精算現值總和

例題 3　30 歲男性投保一年期定期壽險，保險金額 100 萬元，預定死亡率假設採用第六回經驗生命表（$l_{30} = 9,909,555$，$d_{30} = 6,511$），預定利率（i）為 2%，預定附加費用率（l）為 20%。假設保險金於保單年度末給付，其純保費（P）與總保費（G）=> 之計算如下：

$$l_{30} \times P = 1,000,000 \times d_{30} \times \frac{1}{(1+i)}$$

$$P = 1,000,000 \times \frac{d_{30}}{l_{30}} \times \frac{1}{(1+i)} = 1,000,000 \times \frac{6,511}{9,909,555} \times \frac{1}{1.02} = 644.12$$

$$G = \frac{P}{1-l} = \frac{644.12}{1-0.2} = 805.15$$

例題 4　30 歲男性投保三年期定期壽險，保險金額 100 萬元，預定死亡率假設採用第六回經驗生命表（l_{30}=9,909,555，d_{30}=6,511，d_{31}=6,912，d_{32}=7,412），預定利率（i）為 2%，預定附加費用率（l）為 20%。假設保險金於保單年度末給付，其躉繳純保費（P）與躉繳總保費（G）之計算如下：

$$l_{30} \times P = 1,000,000 \times \left[d_{30} \times \frac{1}{(1+i)} + d_{31} \times \frac{1}{(1+i)^2} + d_{32} \times \frac{1}{(1+i)^3} \right]$$

$$P=1,000,000\times\frac{1}{l_{30}}\left[d_{30}\times\frac{1}{(1+i)}+d_{31}\times\frac{1}{(1+i)^2}+d_{32}\times\frac{1}{(1+i)^3}\right]$$

$$P=1,000,000\times\frac{1}{9,909,555}\left[6,511\times\frac{1}{1.02}+6,912\times\frac{1}{1.02^2}+7,412\times\frac{1}{1.02^3}\right]=2,019.41$$

$$G=\frac{P}{1-l}=\frac{2,019.41}{1-0.2}=2,524.26$$

二、人壽保險費率的種類

（一）依保險給付性質

人壽保險純保費依其保險給付的性質可分為身故純保費與生存純保費：

1. 身故純保費

純保費中用以支付身故保險金或全部失能保險金者。

2. 生存純保費

純保費中用以支付生存保險金或滿期保險金者。

（二）依是否按當年度危險發生率收費

人壽保險純保費依是否按當年度風險發生率收費，分為自然保險費與平準保險費：

1. 自然保險費

是指人壽保險費每年依被保險人當年度的預定死亡率計算。因死亡率隨著年齡增長而遞增，採自然保險費方式者，其費率亦隨著被保險人的年齡而逐年提高。投資型保險即採用自然保險費方式收取各年度的保險費用。

2. 平準保險費

人壽保險採自然保險費方式者，其保險費每年增加，不僅收取保費的過程相對繁雜，後期也會造成高齡者負擔。因此，壽險業者將保險期間內所有保險給付成本總額於繳費期間內平準化，每年收取相同金額，前期超額收取的部分即用來彌補後期之不足，即為平準保險費。傳統人壽保險的保險費計算基礎多採用平準保險費。平準保險費與自然保險費的比較如圖 9-2 所示。

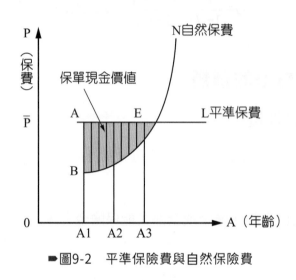

➡圖9-2　平準保險費與自然保險費

(三) 依是否用以支付當年度保險理賠

人壽保險純保費依是否用以支付當年度保險理賠，分為危險保費與儲蓄純保費：

1. 危險保費

純保費中用以支付當年度保險理賠之部分，即自然保險費，亦稱為保障純保費。

2. 儲蓄純保費

壽險業者依平準保險費所超額收取的部分，需提存為保單現金價值（Cash Value，亦稱保單價值準備金），於要保人解約時，做為解約金計算的依據。因此，該部分的純保險費具儲蓄性質，稱為儲蓄純保費。

9-4 財產保險費率的釐訂

一、判斷費率法（Judgement Rating）

又稱觀察法或個別法，為費率釐訂最早且最簡單方式。判斷費率法是針對個別承保單位單獨評估其風險，保險費率的決定主要依據核保人員的主觀經驗判斷而得，無須以統計資料做基礎。因此，判斷費率法適用於業務量少、缺乏可靠統計資料且大數法則無法應用的承保標的。

以海上保險和內河運輸保險為例，由於遠洋船舶、目的地港口、貨物種類及危險水域等差異甚大，相關保險費率的釐訂主要依據經驗判斷，自過去以來在釐訂保險費率的過程中即廣泛運用判斷費率法。

二、分類費率法（Class Rating）

是將群體依據其危險性質予以分類後，就每一類別計算平均費率，作為該類別的保險費率。分類費率法的特性，在於每一風險等級內，僅有平均費率，無個別費率。因此，具有同質性的個別風險單位，被歸類在同一等級時，保險人皆按相同的費率收取保險費。

分類費率法為大數法則的典型運用，也是最常見的費率釐訂方式。例如個人傷害保險費率即按被保險人的職業等級分為六類，下表為職業類別及其相對應的費率比。

❖表9-1　個人傷害保險職業類別與費率比

職業類別	一	二	三	四	五	六
費率比	1	1.25	1.5	2.25	3.5	4.5

分類費率法的優點在於使用簡易，方便採用，保險人可事先將費率表印製成冊，因此也稱為規章費率法（Manual Rating）。

常用的分類費率法包括純保費法、損失率法與賠款率法，分述如下：

(一) 純保費法 (Pure Premium Method)

純保費即損失成本。因此，純保費法是以損失頻率與損失幅度相乘計算純保費，再加入附加費用，即可求得總保險費。其計算公式如下：

$$純保費 = 損失頻率 \times 損失幅度$$

例題 5 已知損失頻率與損失幅度分別為千分之 1.2 與 100 萬元，若附加費用率為 25%，則保險費應為：

$$純保費 = 0.0012 \times 1,000,000 = 1,200 元$$

$$保險費 = \frac{純保費}{(1 - 附加費用率)} = \frac{1,200}{(1-0.25)} 元 = 1,600 元$$

(二) 損失率法

所謂損失率法，是透過實際損失率與預期損失率兩者的比較，將偏離的保險費率調整至合理水準。其中，純保費與保險費的比率稱預期損失率；已發生保險賠款及理賠費用之和與總保險費的比率稱為實際損失率。採用損失率法時，須先計算費率調整幅度。

$$費率調整幅度（Adjust）= \left(\frac{A}{E} - 1 \right) \times 100\%$$

其中，A 為實際損失率；E 為預期損失率。

調整後的保險費為：

$$調整後的保險費 = 原保險費 \times (1 + Adjust) = 原保險費 \times \frac{A}{E}$$

例題 6 已知現行保險費為 950 元，預期損失率為 75%。若實際損失率為 87%，則：

$$費率調整幅度為 Adjust = \left(\frac{0.87}{0.75} - 1\right) \times 100\% = 16\%$$

調整後的保險費＝原保險費 × （1 + Adjust）＝ 950×1.16 = 1,102 元

由以上例題可知，損失率法是將已發生的實際損失率和計算保險費的預期損失率相比較後，藉以調整原保險費的偏離程度，適用於已在市場銷售的保險商品，無法應用於創新險種商品的費率釐訂上。

實務分享

實際損失率的計算

常用的的實際損失率計算方式，依保險單經過期間保費收入與賠款衡量基礎的不同，可分為簽單保費基礎、保單年度基礎與曆年度基礎：

1. 簽單保費基礎

   採現金收付基礎，依據經過期間實際收取的保費收入與支出的保險賠款計算損失率。計算方式簡單但業務量不穩定時容易產生誤差，在業務快速成長時將低估損失率；業務衰退高估損失率。其計算方式如下：

   $$實際損失率 = \frac{當年度已付賠款}{當年度簽單保費}$$

2. 保單年度基礎

   以保險期間為基礎，欲衡量特定年度之損失率，須該年度所有簽發之保險單保險期間屆滿後始可取得正確的保險賠款資料，計算損失率。其計算方式如下：

$$實際損失率 = \frac{已滿期保險單之已付賠款與未決賠款}{已滿期保險單之簽單保費}$$

3. 曆年度基礎

以會計年度（一般為每年一月一日至十二月三十一日）為衡量期間，其計算方式如下：

$$實際損失率 = \frac{當年度已付賠款 - 期初未決賠款 + 期末未決賠款}{當年度簽單保費 + 期初未滿期保費 - 期末未滿期保費}$$

（三）賠償率法

是以保險賠款與保險金額之比率直接計算保險費率。與前述損失率法的不同處，在於損失率法以保險費為計算基礎，賠償率法則是以保險金額為基礎。

三、增減費率法（Merit Rating）

理論上，增減費率法是融合判斷費率法與分類費率法而成的保險費率釐訂方法。增減費率法假設在分類費率法之下，特定被保險人的損失經驗與其他同一風險等級的其他被保險人不同。因此，保險人以分類費率為基礎，考量個別被保險人過去、當期或未來的損失經驗，據此增減調整其保險費率。增減費率法可再細分為表定費率法、經驗費率法與追溯費率三種：

（一）表定費率法（Schedule Rating）

是以分類費率法為基礎，依其分類性質作為客觀標準，並按該標準釐訂保險費率後予以表列化。該表列化的保險費率稱為表定費率。個別保險單應繳的保險費是由核保人員依照被保險人，或保險標的物的風險程度與表定標準加以比較後，增減調整而得。

（二）經驗費率法

經驗費率法以過去承保的實際損失經驗為基礎，增減調整下一年度的應繳保險費，也稱為預期經驗法。保險人採用經驗費率法時，通常以被保險人過去三年

的損失經驗為衡量基準，損失經驗較表定平均為佳者，調降下年度的保險費率；反之，則調升。費率調整係數的計算公式如下：

$$費率調整係數＝\frac{A－E}{E}×C$$

其中，A 為實際損失率；E 為預期損失率；C 為可信度因子

例題 7 某零售商過去投保意外險的實際損失率為 60%。若下年度其表定保險費為 30,000 元，預期損失率為 75%，可信度因子為 80%，依照經驗費率法，其費率調整係數與應繳交的保險費應為：

$$費率調整係數＝\frac{0.6－0.75}{0.75}×0.8＝－0.16$$

保險費＝ 30,000×（1 － 0.16）＝ 25,200 元

(三) 追溯費率法

是在保險契約生效時，保險人由預收基本保險費，並於保險期間結束後，依照被保險人在保險期間內的實際損失經驗核定當年的實際保險費。

9-5 短期費率表

一、短期費率的意義

所謂短期費率，是指保險期間少於一年的保險契約所適用的保險費率，常見於財產保險或人身保險中的傷害保險或健康保險。

短期費率適用的時機如下：

1. 要保人僅願意投保少於一年期的期間。
2. 保險期間未達原定一年期的期間，要保人中途退保。
3. 保險期間屆滿，要保人申請延長一段不完整的期間。
4. 長期人身保險，要保人中途加保一年期附約。

知識小站

保險契約提前終止時保險人如何退還保險費？

保險契約提前終止時，保險人退還未到期保費的方式有兩種：

1. 按日數比例退還：若保險契約終止的原因可歸責於保險人者，保險人以承保天數對一年的比例計算滿期保費，並按比例退還未到期保費。

2. 按短期費率退還：若保險契約終止的原因可歸責於要保人或被保險人者，則保險人按短期費率表的比例計算滿期保費，原保險費扣減滿期保費後差額作為未到期保費退還要保人。

二、短期費率的計算

短期費率的計算方式，是以一年期的保險費率為基礎，乘以該保險期間所適用的百分比，如表 9-2 所示。

❖表9-2　傷害保險短期費率表

保險期間	對全年保險費率百分比
1 日	5%
1 日以上至 1 個月者	15%
1 個月以上至 2 個月者	25%
2 個月以上至 3 個月者	35%
3 個月以上至 4 個月者	45%
4 個月以上至 5 個月者	55%
5 個月以上至 6 個月者	65%
6 個月以上至 7 個月者	75%
7 個月以上至 8 個月者	80%

保險期間	對全年保險費率百分比
8 個月以上至 9 個月者	85%
9 個月以上至 10 個月者	90%
10 個月以上至 11 個月者	95%
11 個月以上	100%

短期費率表中百分比的訂定，並非依照日數比例計算，主要原因有二。

1. 分攤期初成本

保險人簽發保險單時所支付的簽單費用、展業費用與佣金等，在保險期間縮短時無法因應刪減，屬於保險費率結構中的固定成本。

2. 避免逆選擇

考量有些風險的發生期間並非均勻分布於整年度，保險人爲避免要保人或被保險人僅針對特定風險較易發生的期間投保，以較高的短期費率收取保險費，避免逆選擇發生對保險經營所造成的負面影響。

本章習題

一、名詞解釋

1. 保險費率

2. 保險費

3. 純保險費

4. 附加費用

5. 分類保險費

6. 損失預防之誘導性

7. 保險費率適足性原則

8. 自然保險費

9. 平準保險費

10. 預定利率

二、選擇題

(　　) 1. 附加保費的功能為何？　(A) 累積責任準備金　(B) 保險公司營運之用　(C) 附加保險金的給付　(D) 死亡保險金的給付。　　　【100 年初等考試】

(　　) 2. 我國全民健康保險所採取之計算保費方式為：　(A) 固定比率費率制　(B) 等級比率費率制　(C) 累進費率制　(D) 均等保險費率制。

(　　) 3. 下列何種費率釐訂方法，屬於增減費率法？　(A) 損失率法　(B) 純保費法　(C) 表定費率法　(D) 賠償率法。　　　【101 年初等考試】

(　　) 4. 要保人在保險契約開始時先預繳部分保險費，迨保險期間終止時再進行結算，並予以多退少補者，係為下列何種保險費？　(A) 平準保險費　(B) 賦課保險費　(C) 分類保險費　(D) 自然保險費。　　　【101 年初等考試】

( ) 5. 觀察費率法為費率釐訂最早且最簡單之一種方法，此法在釐訂費率時無須以統計為基礎，而是根據下列何者之主觀經驗判斷而來？ (A) 精算人員 (B) 核保人員 (C) 行銷人員 (D) 理賠人員。 【101 年初等考試】

( ) 6. 人壽保險的定價因素包含死亡率、利率、費用率，假設其他條款不變，只將利率調低（例如由 6% 降為 4%），則新的費率： (A) 比較低 (B) 比較高 (C) 不影響 (D) 不一定比舊費率高。 【103 年初等考試】

( ) 7. 保險費的訂價採何種基礎為原則？ (A) 應計 (B) 實際 (C) 追溯 (D) 預計。 【93 年初等考試】

( ) 8. 保險費的釐訂應遵守下列哪些原則？ (1) 充分性原則 (2) 合理性原則 (3) 保證性原則 (4) 公平性原則 (A)(1)(2)(3) (B)(2)(3)(4) (C)(1)(3)(4) (D)(1)(2)(4)。 【109 年人經代】

( ) 9. 保險費釐訂原則中，下列何者係基於保險監理立場考量？ (1) 充分性 (2) 穩定性 (3) 公平性 (4) 競爭性 (A)(1)(2) (B)(1)(3) (C)(2)(3) (D)(3)(4)。 【109 年人經代】

( ) 10. 保險加入者 × 純保費＝領取保險金的人數 × 保險金額，此種相等關係稱為：(A) 收支相等原則 (B) 實損填補原則 (C) 比例分擔原則 (D) 危險分散原則。 【95 年初等考試】

( ) 11. 保險人運用大數法則，對於不同危險收取不同之保費，以求保險費達到：(A) 公平性 (B) 通融性 (C) 穩定性 (D) 彈性。 【99 年初等考試】

( ) 12. 工廠因裝設自動灑水設備而可減費，是屬於保險費率釐訂中哪一項原則？(A) 損害預防誘導 (B) 穩定性 (C) 可行性 (D) 融定性。 【106 年產經代】

( ) 13. 已知損失頻率為 0.002，損失幅度為 600,000 元，預期損失率為 60%，附加費用率為 40%，依純保費法計算合理保險費應為多少？ (A) 1,000 元 (B) 1,500 元 (C) 2,000 元 (D) 2,500 元。 【105 年人經代】

( ) 14. 已知現行保險費率 2%，預期損失率為 60%，附加費用率為 40%，可信度為 80%，實際賠款率為 90%，依損失率法計算調整後合理保險費率應為多少？ (A) 3% (B) 2.8% (C) 2.6% (D) 2.4%。 【105 年人經代】

( ) 15. 假設某一險種的預期損失率是 60%，而實際損失率為 48%，則保險費率應如何調整？　(A) 減少 80%　(B) 增加 80%　(C) 減少 20%　(D) 增加 20%。　　　　　　　　　　　　　　　　　　　　　　【95 年初等】

三、問答題

1. 請說明保險費的結構及其內容。

2. 政府基於保險監理的立場，對於保險費率釐訂考量的原則為何？試說明之。

3. 保險業基於保險經營的立場，對於保險費率釐訂考量的原則為何？試說明之。

4. 保險人採行短期費率的時機與理由為何？試說明之。

5. 何謂平準保險費？試說明之。

6. 何謂增減費率法？在保險費率釐訂時，對於增減費率法加強運用之主要理由為何？試申論之。　　　　　　　　　　　　　　　　　　　　【106 年高考】

7. 請論述人壽保險費率釐訂之主要三要素，並說明計算人壽保險費率之原則。

【105 年高考】

8. (1) 何謂保險費率？其與保險費有何不同？並請財產保險例子說明之。

　 (2) 何謂短期費率？短期費率與一般保險費率有何不同？保險人採用短期費率的理由為何？　　　　　　　　　　　　　　　　　　　　　　【101 年產經代】

9. 假設有一群年齡為 30 歲之被保險人，共計 28 人，每個被保險人均投保 5 年定期人壽保險，保險金額均為新臺幣 30,000 元。假設該觀察群組每年均死亡 2 人，不考慮利率及附加費用率等因素，依保費收支相等原則，請問保險公司銷售該 5 年定期人壽保險之平準純保費應為多少？　　　　　【106 年人經代】

10. 某家產險公司依照過去經驗，有 100,000 輛汽車投保竊盜險，如果損失車輛數目為 400 輛，總損失金額為 120,000,000 元，預期損失率為 75%，根據上述資訊，請問損失頻率、損失幅度與合理的總保險費應為多少？　【107 年產經代】

CHAPTER

10

核保、理賠原理與實務

學習重點

INSURANCE

14 家產險強制險理賠 跨入 2.0 版

為提升強制險便民服務,並落實強制險設立的初衷,自 2021 年初,經營強制險的 14 家產險公司聯合申請業務試辦,攜手進駐於金融科技創新園區(FinTechSpace)的臺灣 AI 保險科技新創公司洽吧智能與財團法人保險事業發展中心,以基於機器／深度學習之電腦視覺／光學字元識別與自然語言處理技術為核心,並輔以聯邦學習異構式數據無塵室框架,最後成功實現全球第一個服務全行業共通性需求的金融人工智慧基礎建設。

產險公會說,「強制險 2.0」歷經半年業務試辦後,自 2021 年 7 月 1 日起擴大適用至全臺所有強制險理賠案件。各保險業者可透過拍照或掃瞄,將民眾申請強制險理賠的醫療診斷書與明細收據等必要文件,上傳到人工智慧核心。系統將自動抓取文字內容與欄位進行解析,經理賠人員覆證無誤後,再交由自動理算核心運算醫療給付金額,並產製相關報表文件,理賠人員再次確認後,就能通知受害人理賠結果。流程自動化後,除藉由節省登打作業的人力與時間,與透過自動給付運算車資、病房、膳食、醫材、自費優免等理賠規則,得以加速整體理賠流程處理速度,同時有效防止誤判。

資料來源:工商時報 2021/10/21;https://ctee.com.tw/news/insurance/535203.html

 解讀

隨著金融科技(Financial Technology, FinTech)的發展,創新的理賠服務將使理賠流程更簡化、迅速、節省成本,更能提高客戶滿意度。

過去的汽機車強制險,由各公司理賠人員依強制汽車責任保險法規定之給付標準計算理賠金額,不僅耗費人力,各公司賠償之金額亦可能產生差異。但在強制險 2.0 開辦後,藉由科技理賠平臺,各產險公司都可運用人工智慧輔助醫療保險金給付之理賠核算,不僅可優化受害人給付時效,同時加速理賠速度並減少賠付錯誤的發生,也讓各產險公司理賠規則判斷趨於一致性。可以預見的是,未來在汽機車強制險理賠將更精準且理賠速度會更快。

前 言

　　核保和理賠是保險公司經營過程中不可或缺的一環，對公司風險管理、收入穩定、客戶滿意和法令遵循都具有重要性。運用有效的核保和理賠管控，保險公司才能夠穩定經營，並建立良好的聲譽。

10-1 核保原理與實務

　　核保作業是保險公司經營中非常重要的環節，同樣的，核保人員在保險公司中亦扮演著重要且專業的角色。

一、核保之意義與功能

(一) 意義

　　核保（Underwriting）是一個接受或拒絕風險的過程，即透過風險的認識、評估可能的損失、議定保險的條件、決定費率的計算、安排風險的移轉、檢討核保的結果等一系列過程。而從事該項工作的人員，稱之為核保人員（Underwriter），他們是保險公司的守門人。核保工作品質的好壞攸關公司的經營績效，故應謹慎為之。

(二) 功能

　　核保之主要功能包括以下幾項：

1. 防止道德風險

道德風險是指個人不誠實或故意行為促使風險之發生，達到詐領保險金之目的。常見如故意縱火、自殺自殘、蓄意謀殺等，這些道德風險可能產生大量賠款，造成被保險人不公平現象，更可能影響保險公司清償能力。因此核保時應排除可能的道德風險，以維持經營安全。以人身保險為例，對於短期內密集投保高保額意外險之保戶，核保人員應審慎評估其投保動機與財力狀況，以判斷並防阻道德風險。

2. 避免逆選擇

逆選擇乃指不利於保險公司的風險選擇,即高風險群的要保人會主動積極向保險人要求投保(例如帶病投保),而核保人員則應排除這種不良的風險,或對此種不良的風險採取調高保險費、削減保險金額等方式因應,以維持費率公平性。

3. 確保清償能力

保險公司的經營若僅著眼於業務擴張獲取保費收入,而沒有良好的核保控制,除了造成市場惡性競爭,更可能產生大額賠款並失去清償能力。因此,核保工作有助於審慎評估保險標的風險性,並依風險性高低予以相對應的訂價與承保條件,確保日後保險公司的清償能力。

4. 維持核保利潤

保險承保的風險是未來不確定的、預期可能發生的風險,而核保則要盡量確保每一承保風險的未來損失情況及費用支出均能符合預期的要求,不會產生實際損失超出預期損失的狀況,以維持合理的核保利潤。

二、核保考量因素

核保工作主要是對投保之標的物或被保險人之風險程度進行評估與分類,且應整體考量眾多相關因素,以做出正確之核保決定。以下將分別列舉人身保險及財產保險常見之核保評估因素。

(一) 人身保險

人身保險之核保評估通常應同時考慮被保險人之年齡、性別、體格、健康、財務狀況、職業危險、個人嗜好、居住環境等因素。

1. 年齡

一般來說,年齡愈高,死亡率及罹病率愈高,因此核保人員通常會對高年齡之被保險人要求體格檢查,以更明確評估其風險程度。

2. 性別

依據統計經驗,女性平均餘命較男性高,即死亡率較男性低,所以保險公司向女性收取較低人壽保險保險費、較高的年金保險保險費。但就罹病率而言

剛好相反，女性的罹病通常較男性爲高，因此女性之健康險保險費將較男性爲高。

3. 體格

體格包括身高、體重、胸圍、腹圍等，依據醫學統計資料顯示，肥胖者較容易罹患高血壓、糖尿病、心血管疾病等等，一般會較正常體格者的死亡率及罹病率爲高，故可能收取較高之人壽保險與健康保險保險費。但體格過瘦亦可能有潛在疾病的可能，因此在核保上也可能給予較高的保險費率。

4. 健康

健康因素主要爲現症與既往症。現症乃被保險人投保時身體上可能的疾病，可從血色、聽力、聲音、開刀痕跡等來判斷。而既往症則是被保險人投保前曾經罹患的疾病，亦將影響核保人員對其未來健康風險的評估。人身保險之要保書上明確條列出過去兩個月、過去一年及去五年內的各種疾病名稱，被保險人應誠實填寫，核保人員再依其填寫的病史治療情形、是否有後遺症、目前體檢結果等，整體評估對死亡率與罹病率的影響，再決定適當的承保費率與承保條件。

5. 財務狀況

財務核保主要評估被保險人之投保動機、收入來源、財富規模及負債狀況等，是否符合其投保的保險險種、保險期間、保險金額及保費金額，以避免道德危險、確保續繳能力及防堵洗錢行爲。

6. 職業

傷害保險的保費釐訂因素最主要來自於職業等級，被保險人從事之工作風險性愈高，職業等級愈高，傷害保險之保費亦愈高。此外，職業性質及工作場域的危險性亦可能增加死亡率或罹病率，例如採礦業、化工業、潛水業等較容易造成特定的職業疾病，在核保評估上亦可能收取較高的人壽保險或健康保險保險費。

7. 其他

包括被保險人之嗜好與習慣，例如賭博、嗜酒、賽車等，將可能有較高之風險事故發生率。另外，被保險人居住環境、家族病史等，皆爲核保時應注意之重要因素。

(二) 財產保險

財產保險因爲保險標的之性質差異性較大，各險種之核保評估因素皆有不同，以下僅以有形保險標的之火災保險、與無形保險標的之責任保險爲例。

1. 火災保險

對於商用建築之火災保險，核保時應同時考慮其建築構造（Construction）、使用性質（Occupancy）、防護設施（Protection）及外部環境（Environment），即COPE 因素。

(1) 建築構造：應考慮建築材料（木造、磚造、鋼骨造等）、防火區劃分、建築屋齡、建築高度、建築通路等。

(2) 使用性質：應考慮建築物之易燃程度與受損程度、主要產品與生產流程、是否有易燃性液體或可燃性物質等。

(3) 防護設施：應考慮建築物之消防設施、滅火設備、偵測系統、消防水源、人員救火防災訓練等。

(4) 外部環境：應考慮建築物四周發生火災以及被火災波及的可能性，例如廠外延燒風險、廠外他人建築物距離等。

2. 責任保險

有別於大多數財產保險以有形之動產或不動產爲保險標的，責任保險之保險標的則爲無形之法律賠償責任，故核保人員應分析並充分瞭解被保險人可能負擔之法律責任，始得正確地評估風險。

以僱主意外責任保險爲例，被保險人之行業別、員工人數、員工工作性質及內容、年度薪資總額、過去損失經驗、作業流程中是否使用危險物品、儲存處所是否儲存有毒物質或儲存易燃易爆炸物質、工作處所之安全防護措施、高空作業是否使用安全索與安全帽、地下管線作業是否使用抽風設備及備用氧氣設備、石化業處所是否嚴禁員工抽煙等問題，都是核保必須考慮之重要因素。

三、核保處理程序與結果

人身保險多爲長期性保險，核保作業著重於投保當時之風險選擇；而財產保險則主要爲一年期但每年可續約之短期險種，故核保作業除了投保時是否承保之

事先選擇，亦考慮契約中途變更或退保之事中選擇，及期滿後是否續約之事後選擇。

(一) 人身保險核保流程與結果

保險公司對於新投保之人身保險契約，通常會實施三階段核保篩選流程，最後由核保人員決定承保結果。

1. 第一次風險選擇（業務員）

依我國保險業招攬及核保理賠辦法第六條規定之內容，業務員在直接面對要保人、被保險人的時候，應充分瞭解要保人及被保險人，據實而正確的向公司提出報告。據此，業務員在招攬新保單的過程中透過與要保人及被保險人面對面的接觸，直接觀察被保險人之外觀、身體狀態，並應了解其投保動機、職業、經濟能力等。同時，業務員應以誠實告知之態度協助要保人及被保險人填寫要保書的內容。特別是對於未告知既往病史且符合免體檢額度之被保險人，業務員的初步核保判斷，扮演著一個非常重要的角色。

2. 第二次風險選擇（體檢醫師）

指透過被保險人體檢結果進行核保之風險篩選。當被保險人有既往病史、投保金額符合應體檢額度、或被抽樣體檢時，業務員應協助被保險人至保險公司之特約醫院或診所進行健康檢查。體檢醫師將依據被保險人體檢後的相關數據，及當時被保險人告知之既往症或家族病史等，將其診斷結果填於體檢報告書中。

3. 第三次風險選擇（核保人員）

核保最後階段則是由核保人員依據要保書告知內容、業務員報告書、體檢結果、醫師診斷證明書等資料，綜合研判並作出核保結果。同時，核保人員認為有必要時，亦可在核保作業中派員對被保險人實施生存調查，並將調查結果一併納入核保考量中。

核保人員最終作出之核保結果，一般可分為：

(1) 標準體（Standard）：被保險人符合商品所預估的風險範圍內，直接以標準體費率，即該商品原訂之費率收費，大多數保單皆屬於此類。

(2)次標準體（Substandard）：被保險人之額外風險較高，但可採用加費的方式承保，而不需調整其保障內容。實務上，次標準體依風險高低有長期加費（整個繳費間內）及短期加費（例如只加費5年）兩種。

(3)延期承保（Postpone）：被保險人之風險在核保當時無法確定，故請被保險人等待一段期間（例如6個月）後再重新投保。

(4)批註除外（Exclusions）：被保險人有額外的風險，但可採批註的方式將此風險除外，而其他保障範圍不受影響。例如被保險人有腎結石之現症，但其他健康狀況都正常，核保結果爲將腎結石疾病的治療批註除外。

(5)更改投保險種、保額（Counter-offer）：因被保險人有額外風險，可建議其購買其他險種或將保額降低，將風險控制在一定範圍內。例如被保險人從事較高風險之工作，核保評估後建議保戶僅得投保人壽保險且額度在100萬之內，而不得附加傷害保險或健康保險。

(6)拒絕承保（Decline）：被保險人之額外風險不在保險公司的承保範圍內，或已超過保險公司承受的程度，核保人員會發送「拒絕承保通知書」給要保人。

（二）財產保險核保流程與結果

財產保險多爲一年期險種，核保作業一般可分爲事先選擇、事中選擇及事後選擇三部分。

1. 事先選擇

係指在保險契約生效前對要保業務進行之篩選，流程依序爲業務選擇、核保資訊收集及作成核保決策。

(1)業務選擇：保險公司選擇承保之業務，依風險性高低分爲極力爭取業務、一般普通業務、及不予承保業務（限制承保業務）等三種。

(2)核保資訊蒐集：公司核保人員評估被保險人（或被保險企業）之財務狀況、生活習性、過去理賠記錄、投保動機等，並輔以查勘報告、經代公司提供之資料、金融機構徵信報告、公會相關資訊等，來綜合判斷是否承保及承保條件。

(3) 作成核保決策：一般核保結果為承保、有條件承保及拒保。

2. 事中選擇

係指保險人對已承保且保險期間持續有效之業務，藉變更承保條件或中途退保等方式，達到風險選擇之目的。

(1) 處理時機：在保險有效期間內，核保人員發現風險急遽增加、新事實被發現、或核保政策改變時。

(2) 處理方式：一般作法為終止契約或變更承保條件。

3. 事後選擇

指在保險契約屆滿時，保險人決定是否予以續保所採取之核保選擇。

(1) 處理時機：保險期間屆滿時，大多為一年期保單屆滿將續保前，核保人員將依被保險人之原承保期間內風險的變化、申請理賠次數與金額、公司核保政策的改變等，重新評估是否繼續續約。

(2) 處理方式：一般核保結果為續保、拒保、變更原有承保條件等。

實務分享

自動核保

自動核保（Automatic Underwriting），是指保險公司運用電腦自動審核要保資料並作出核保結果。實務上，只要是無風險件（Clean Case），即投保時告知健康、無理賠紀錄史、有標準體承保史、未曾被延期或拒保、無須體檢或非高額件等，一般皆可透過電腦自動核保完成並製作保單。

隨著科技的快速發展，保險公司陸續推出行動保險服務，業務員使用平板電腦裝

置，以電子要保書取代紙本要保書之填寫，透過無線行動網路直接上傳要保資料、線上繳交保險費、自動核保，並發送電子保單。整個過程無需透過人工書面核保，省時省力，也大幅提高了投保效率。同時，核保作業自動化程度的提升，核保人員將有更多的時間從事附加價值更高的工作，例如高風險案件的專業審核、精進核保醫學能力、核保教育訓練等。

大數據在核保的運用

　　隨著人工智慧的興起，電腦學習人類的思考邏輯能力愈強。近幾年，保險公司應用大數據（Big Data）分析在核保領域，除了建立風險篩選模型，提升核保作業效率，更可精準預測被保險人之風險。

1. 穿戴式裝置在核保之應用

　　新科技「穿戴式裝置」可以獲得人體生理上的大量數據，過偵測裝置來監管自己的飲食、心臟和脈搏跳動情況、血糖控制情形以及跑步等活動狀況，並將資料上傳至雲端的健康資料庫。據此，結合能測量生理數據和偵測疾病的新型態保險商品發展（例如健走型外溢保單），運用電子裝置內的巨量資料來做核保，包含用藥紀錄，預期可以讓保險公司更有效率並準確的進行核保與訂價。

2. 車載診斷系統在核保之應用

　　乃指汽車配備車載診斷系統（On-Board Diagnostics,OBD），透過大數據與遠距無線通信科技，利用車載系統或 APP 紀錄駕駛人的駕駛行為、習慣、里程數據、事故紀錄等，並以這些數據來進行核保，並精確設計出差異化的個人費率。

10-2 理賠原理與實務

保險理賠提供人們在面對突發事件或損失時的經濟保障，除了帶來安心感亦促進了經濟發展。保險公司理賠人員則應依承保內容與保單條款，公平公正的審核，並迅速確實的賠償。

一、理賠之意義與功能

(一) 意義

理賠（Claim Settlement）為保險公司處理保戶賠償請求，以履行契約應盡義務的一連串過程。當被保險人在承保的風險事故發生且遭受損失後，可向保險人要求賠償。保險人對於這些賠案應依據保單條款，逐項檢視是否符合理賠條件，若須負責賠償，應理賠多少，這一連串之過程即所謂的「保險理賠」。

(二) 功能

理賠之主要功能包括以下幾項：

1. 履行保險契約之賠償義務

要保人或被保險人購買保險的目的，在於損失發生時能夠迅速確實地得到保險理賠。因此，保險公司在承保事故發生時，應依保險契約之約定履行賠償給付義務，以建立公平合理損害補償機制，並發揮保險提供安全保障之價值。

2. 提供核保規則修正之參考

保險業務的經營，核保在先理賠在後，兩者存有一定的因果關係，理賠的結果可用來核對核保人員所核定的承保範圍及費率的合理性，並可透過相關理賠資料分析，作為核保政策或核保規則修正之參考。

3. 與要保人或被保險人建立良好關係

保險事故發生後，要保人或被保險人可能面臨人身、財產或賠償責任的各種損失。此時，保險公司除了迅速確實的進行理賠作業，並應善意提供各種必要的協助，以建立與要保人或被保險人之間的良好關係。

4. 確保公司利潤目標之達成

保險公司善加利用理賠資訊，加強理賠工作查核，不僅可節省保險理賠不當支出，亦可利用理賠數據拓展損率較低之業務，確保利潤目標之達成。

二、理賠之原則

保險事故發生，保險公司進行理賠作業時，應遵循以下基本原則。

(一)公平原則

公平原則包括內部公平與外部公平兩種。前者係指保險人對被保險人而言，保險人應本乎最大誠信原則，對保險賠案予以公正客觀且合理的處理。若被保險人對條款文字有疑義時，應作有利於被保險人之解釋。而後者係指保險人面對各種賠案，應秉持公平及公正之態，不得因被保險人身分地位不同，而給予特別禮遇或歧視。

(二)迅速原則

保險人對於賠案處理不可任意拖延與遲延給付，當保險事故發生後，理賠人員必須在最短合理期間內結案，並支付保險金，使受益人能迅速獲得補償以填補損失。

(三)確實原則

保險人應確實依據保單內容及條款之規定辦理理賠，不可故意減少或提高賠償金額，造成要保人及被保險人之權益受損或不公平。

三、理賠處理程序

理賠為保險人處理賠償請求，以履行保險契約應盡義務的一連串過程。保險之理賠作業實務，按照流程進展可分為受理賠案、確定理賠責任、調查損失事實、評估與理算保險賠款、給付保險金、檢討保單效力等。

(一)受理賠案

要保人、被保險人或受益人於發生保險事故時，應於規定之期限內通知保險公司，即提出理賠之申請。保險人受理報案後，隨即展開一系列理賠程序。依保

險法第六十五條規定「由保險契約所生之權利，自得為請求之日起，經過二年不行使而消滅」，表示客戶應自得請求之日起 2 年內提出理賠申請。

同時，理賠人員會要求並協助保戶提供相關文件，包括理賠申請書、保險單或其謄本、身份證明文件、理賠事故證明文件（例如診斷證明書、死亡證明書等）、損失清單等必要文件。

(二) 確定理賠責任

保險公司受理賠案後，理賠人員應即檢視被保險人所提供之理賠申請文件是否齊全，並調閱保險單相關資料以確認公司的理賠責任，包括保險單是否在有效期間內、損失是否屬於承保範圍、受損標的是否為承保標的、保險利益是否存在等，以決定該賠案是否有繼續處理之必要。

(三) 調查損失事實

經由相關文件檢視，初步確認有理賠責任後，即可指派理賠人員赴損失現場實地查勘損失之原因、事實、經過、結果等，以了解損失之程度，確認保險人之賠償義務，以及是否存在代位求償權。此外，對於可能涉及道德風險之理賠申請案件，更應多方查證，以免被詐領保險金。

就一般人身保險之理賠，主要透過申請文件及保單內容檢視，確認有損失事實即可計算理賠金並賠付，較少需要進行現場查勘；相對的，財產保險事故的損失，則較多需要配合現場查勘結果來確認損失事實並計算損失金額。

(四) 評估與理算保險賠款

理賠人員在完成理賠申請文件、保單內容檢視與現場調查後，確認理賠及損失範圍，並評估及理算保險理賠金額及相關理賠費用。而在財產保險之理賠，通常會將損失發生時產生的施救費用、損害防阻費用等，一併納入賠款計算。

(五) 給付保險金

理賠人員完成損失金額估算後，依保險投保內容與保單條款規定，在保險責任範圍內給付保險金額，並可分為一次給付或分次給付。一般來說，財產保險在給付保險金時，常常需要考慮自負額、比例分擔條款、共保條款與代位求償等。

(六) 檢討保單效力

保險標的遭受全部損失時，保險人於給付保險金後，雙方權利與義務即時消失，保險人應將保險單回收註銷；若保險標的發生部分損失，保險人於給付保險金額後，應注意保單效力是否應予終止或維持部分有效。

四、保險賠款分類

關於保險賠款之分類，可依賠案處理與賠案爭議兩種不同基礎區分之。

(一) 依賠案處理分類

1. **已決賠款**：指保險理賠案件已處理完畢，且保險賠款金額已確定者。
2. **已報未決賠款**：指保險人已接獲出險申請，但保險理賠正在處理中尚未結案，基於會計決算需要而先預估之賠款金額。
3. **未報未決賠款**：指保險事故已經發生，但保險人尚未接獲出險通知，基於會計決算需要而先行預估之保險賠款金額。

(二) 依賠案爭議分類

1. **正常賠款**：指理賠申請符合承保範圍及條款，保險理賠處理完成，保險人賠付保險金額並經被保險人確認無誤者屬之。大多數保險理賠都屬於這一種。
2. **協議賠款**：指保險理賠處理完畢，但保險賠款金額是經由保險人與被保險人共同協商確定者。通常是在雙方有理賠爭議時，各退一步而以互相都能接受的金額協議和解，以消弭理賠紛爭。
3. **優惠賠款**：或稱為融通賠款。指保險賠案原屬不能理賠，但保險人基於特殊因素考量，特別予以融通理賠之方式。例如疫情期間染疫民眾，因醫院醫療能量不足，轉而入住檢疫所或加強型防疫旅館，保險公司對此融通比照一般住院理賠。融通理賠除少數因為環境變遷，各保險業一致調整理賠的標準外，並不是一個常態性的情況。

五、被保險人請求理賠之義務

保險事故發生後，被保險人有請求賠償之權利，但為便利保險人對理賠處理之進行，被保險人亦須履行若干義務。

（一）損失施救之義務

保險事故發生時，要保人或被保險人仍應採取必要合理之措施，以避免或減輕保險標的物之損失。而此種施救行為產生之必要費用，要保人或被保險人亦可請求保險人在合理範圍內理賠。

（二）損失通知之義務

當保險事故發生遭受損失時，要保人或被保險人必須儘快通知保險公司，以便啟動理賠程序。保險契約通常規定了損失通知的時間限制和通知的內容要求。如果未能在指定時間內通知，使保險人受到損失，要保人或被保險人將對保險人負一定的賠償責任。

（三）保留現場之義務

當發生保險事故，在未經保險人估定以前，要保人或被保險人有義務保留現場，不得擅自清理、移動或改變現場的情況，確保現場的證據、資料或其他重要信息得以保存，以便保險人後續調查。但若為社會公共安全考量，或為防止損失繼續擴大者，雖未經保險人同意，亦得變更之。

（四）確保對第三人索賠之義務

財產保險標的物因第三人之行為而遭受損失，而該第三人依法應負賠償責任時，被保險人有義務保留向該第三人索賠之權利，並在取得保險理賠金後，將該項權利完整移轉給保險人。要保人或被保險人違反此項義務時，對其於保險事故發生後所支出之任何費用及因而擴大之損失，保險人將不負賠償責任。

（五）損失舉證之義務

要保人或被保險人於危險事故發生通知保險人後，並負有損失舉證之責任。故應於契約約定期間內提供各項有關損失之文件，以證明其損失符合保險契約的理賠範圍和理賠條件，以便於保險理賠工作之進行。

實務分享····

保險區塊鏈應用，保戶、醫院和保險公司三方共贏

壽險公會在 2019 年 4 月開始推動「保險區塊鏈聯盟科技運用共享平臺」，包括了區塊鏈底層技術，逐步發展各項金融科技服務。到了 2020 年 6 月，壽險公會先完成了一套電子保單認證與存證平臺的系統建置工作，當時先跟國泰人壽、新光人壽、台灣人壽、南山人壽、中國人壽、富邦人壽、三商美邦人壽、元大人壽等共 8 家壽險公司串通，成了打通壽險公司的重要第一個里程碑。

2020 年，保險科技運用共享平臺正式開辦「保全、理賠聯盟鏈」，更推出一站式服務，保戶只需於一家保險公司提出申請，透過系統通報其他同業，達到多家同步申請的效果，不用像過去得一家一家各自申請。不過，保戶仍須到保險公司繳交紙本醫療資料，以及理賠資料轉送同意書。當年 12 月也推動電子保單認證與存證服務，可以記錄投保與異動的歷程，也可以在日後對保單內容發生爭議時，成為公正的第三方佐證。2021 年 5 月結合北市醫療院所推動「保險理賠醫起通（E-Claim）」服務，整合了 20 家醫院，保險公司可以直接向醫院索取電子醫療資料，保戶也不用繳交紙本醫療資料，這就大大減少了保戶在保險公司和醫院之間兩頭跑的次數，減少到只需要去一次簽署紙本同意書。

到了 2022 年 5 月，「保險理賠醫起通」進入 1.5 版，保戶終於只需要到保險公司一趟，就可以一次提供兩種同意書，不用再到醫院。另一方面，2022 年中也推出「保險存摺」服務，民眾可以直接在線上看到自己的所有保單資料，更方便管理自己的保險情況。

2022 年底進一步啟用了保險業身分驗證中心功能，也就進入了「理賠聯盟鏈 2.0」時期，可透過 FACE ID 或指紋快速登入，介接到線上申請保險理賠、查詢「保險理賠聯盟鏈」，或是「保險理賠醫起通」案件的申請轉送進度。保戶不再需要向保險公司繳交紙本理賠資料轉送同意書，對於保戶來說，這就做到了理賠全程數位化。

不只如此,「保險理賠醫起通」預計最快 2023 年底可以導入醫院,最大變化是,民眾不只不需要再繳交任何紙本同意書,可以用「保險存摺」作為所有保險公司的身分認證,醫院上傳給保險公司的醫療資料,也不再是需要人工補登錄的 PDF 檔格式,而是結構化資料,可以直接整合到保險公司的系統,完全免人工,更能嘗試更多不一樣的應用。

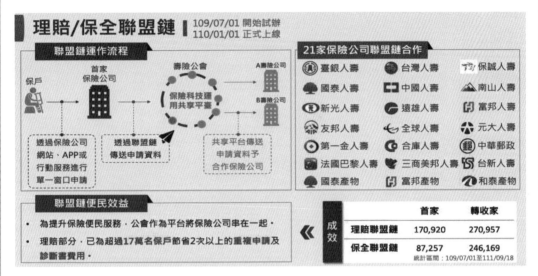

資料來源:iTHome 2023/01/20;https://www.ithome.com.tw/news/155211

 本章習題

一、名詞解釋

1. 核保

2. 道德風險

3. 逆選擇

4. 次標準體

5. 自動核保

6. 理賠

7. 已報未決賠款

8. 協議賠款

9. 優惠或融通賠款

二、選擇題

( ) 1. 人身保險業務經營必須依據核保準則選擇良質業務，下列何者可視為第一次危險選擇之核保執行者？　(A) 體檢醫師　(B) 保險業務員　(C) 核保人員　(D) 生存調查員。　　　　　　　　　　　　　　【101 年初等考試】

( ) 2. 下列何者為傷害保險核保的最主要因素？　(A) 年齡　(B) 職業　(C) 健康　(D) 性別。　　　　　　　　　　　　　　　　　　　　　　　　　　【102 年初等考試】

( ) 3. 下列何者非屬於「核保」之基本功能？　(A) 危險之選擇　(B) 保費的決定　(C) 損失金額的鑑定　(D) 自留額的釐訂。　　　　　　　　　　　　　【104 年初等考試】

( ) 4. 下列何者為壽險核保人員於核保過程所採用之資料來源？　甲、要保書的告知內容　乙、保險招攬人的意見報告書　丙、被保險人體檢報告丁、金融機構或公會之資料　(A) 甲乙　(B) 甲丙　(C) 甲乙丙　(D) 甲乙丙丁。　　　　　　　　　　　　　　　　　　　　　　　　　　　　【109 年初等考試】

( ) 5. 下列何者為監理機關要求保險業者落實財務核保機制的目的？ (A) 提高清償能力 (B) 維持穩定報酬 (C) 防範道德危險 (D) 減緩市場競爭。

【109 年初等考試】

( ) 6. 保險人在核保時會對於可能發生逆選擇風險之個體採取因應措施，假設核保人員面對危險較高的被保險人，下列哪項因應措施較為不合理？ (A) 調高保費 (B) 調高保額 (C) 設定自負額 (D) 設置除外不保事項。

【110 年初等考試】

( ) 7. 保險事故發生後，為便利保險人對理賠處理之進行，被保險人必須履行若干義務，下列何者不正確？ (A) 損失通知義務 (B) 損失施救義務 (C) 損失調查義務 (D) 損失舉證義務。 【101 年初等考試】

( ) 8. 保險賠案原屬不能理賠，但保險人基於特殊因素考量，特別予以融通理賠之保險賠款，屬於下列何種賠款？ (A) 協議賠款 (B) 優惠賠款 (C) 調解賠款 (D) 爭議賠款。 【101 年初等考試】

( ) 9. 保險人決定財產保險賠款額度之因素有哪些？ (A) 保險事故、損失種類、保單型式 (B) 保險事故、損失種類、保險金額 (C) 保險事故、保單型式、保險金額 (D) 損失種類、保單型式、保險金額。 【101 年初等考試】

( ) 10. 已發生賠款就是： (A) 未決賠款 (B) 已付賠款 (C) 未報未決賠款 (D) 已付賠款與未決賠款的總和。 【103 年初等考試】

三、問答題

1. 試說明核保之意義與功能？

2. 試舉例人身保險與財產保險之核保考量因素？

3. 試說明人身保險之核保篩選程序與核保結果有哪些？

4. 試說明理賠之意義、功能與原則？

5. 試說明理賠之處理程序？

6. 請依賠案處理與賠案爭議兩種不同基礎，說明保險賠款之種類與內容？

7. 試問保險事故發生後，為便利保險人對理賠處理之進行，被保險人亦須履行哪些義務？

NOTE

CHAPTER 11

保險財務經營

學習重點

1. 保險公司財務經營的特點
2. 保險公司的資產與負債
3. 保險業資金來源與運用限制
4. 保險業利源分析
5. 保險公司的槓桿
6. 保險業的評等

INSURANCE

防疫保單之亂

2020 年臺灣爆發新冠肺炎初期，臺灣產物保險公司推出「500 元，隔離、確診 10 萬」的神單，採取定額給付的淺顯易懂策略。2021 年初，北部地區發生院內感染，讓這張保單瞬間爆紅。2021 年 1 月 25 日臺產緊急宣布停賣此份保單，原因在於承保的業務量快超過原先設定好的 8 萬張風險胃納量，民眾得知停賣訊息，紛紛蜂擁至臺北館前路的總部排隊搶買保單，臺產也在短短的幾天內暴增了 403 萬張保單。臺產推出的五百元神單真的做對了嗎？事實是，幾個月後，臺灣疫情的傳染速度加快，迎來理賠風潮，最終倒虧近 1 億元，加計佣金及行政費用等，赤字高達 8 億。

根據 2022 年 9 月 26 日《遠見》雜誌的報導，防疫保險的理賠件數已經達到 274.39 萬件，理賠金額高達 1,070.41 億元，而保費收入僅為 19.33 億元。其中，富邦產險在八月份之前已經賠付了 249.5 億元，至 9 月 19 日仍有 169 萬份有效保單。如果政府不調整防疫措施政策，預計理賠金額將會飆升至 1,500 億元以上。

資料來源：經濟日報 2022/10/14；https://money.udn.com/money/story/122377/6687627

 解讀

保險商品管理涉及到核保、精算、理賠和再保險等主要工作，其中理賠是保戶最關心的環節，因為它決定了未來發生事故時能否獲得保險理賠金。上述案例顯示，保險公司的內部財務經營也是導致事件發生的主要因素之一。保費與保額之間存在較大的差距，且保險公司和民眾都存在僥倖心態，未考慮實際的財務資金流動，最終造成了如此重大損失的局面。

前　言

　　一般企業的財務目標通常是為了追求經營績效和股東權益最大化，但保險業的財務經營主要目的是確保未來有能力償還保險責任。保險公司的主要財務來源是保費收入，當收到保費後，保險公司就要承擔對被保險人的保險責任。因此，保險公司必須確保未來有足夠的資金來支付未來的賠償，實現對被保險人的承諾。保險公司會將累積的資金投資到金融市場，這些投資往往涉及廣泛的投資領域，並可能影響國家整體的財務面。因此，保險業的財務經營應受到適度的監管和管理。這樣做不僅是為了讓被保險人能夠信任和得到保障，同時也是確保保險公司的經營及投資效益。

11-1 保險公司財務經營的特點

　　保險公司是以營利為目的的機構，除了收取保險費用外，還必須確保自身有足夠的能力，為保戶提供應有的保障。因此，保險公司的財務管理扮演著極其重要的角色。本節將介紹保險公司財務經營的特點，以及相關的經營規範，使讀者能了解保險公司在財務層面上的經營策略。

一、確保保險人未來之償還能力

　　保險公司的財務經營目標是取得合適的保費收入，並進行合理的投資，以確保未來有足夠的資金來償還保單責任。這種償還能力可以分為廣義的「保險業清償能力」和狹義的「保險業邊際清償能力」。前者指保險公司有足夠的資產來償還債務，並能夠返還準備金。後者是指主管機關重視保險公司目前和未來是否有足夠的能力來支付理賠金，並根據保險公司目前的情況和未來可能面臨的風險進行評估，以確定其未來的償還能力。保險公司的償還能力對保戶的經濟維持、生活穩定和投保權益有重大影響。人壽保險業的業務大多是長期契約，因此更加重視財務經營，以實現未來預期的利潤目標。主管機關也規定保險公司應增加揭示財務報表中與保險契約有關的信息，以使財務報表更加透明。

二、遵守穩健原則

穩健原則，又稱保守主義，是指在資產評價上採取更嚴謹、更保守的價值認列方式，以確保不高估資產或低估負債。在實務上，也會針對流動性及安全性較低或價值不確定及難以衡量的資產進行修正，不予以認列為資產，並將其從資產總額中扣除，以展現穩健保守的財務結構。

三、會計制度具行業特性

保險業在其資產、負債、淨值及損益等各會計項目中皆有獨特之處，因此保險業有其獨立於一般工商企業的會計制度。為增加及穩固財報的可比性與透明度，美國會計準則理事會（International Accounting Standard Board, IASB）於2017年5月發佈國際財務報導準則第十七號「保險合約」（IFSR 17），旨在取代現行的會計公報。新準則於2022年1月1日正式適用，將定期衡量與檢視未來現金流量、貨幣時間價值及風險調整等保險合約組合。除了能有效查看財務報表之項目外，新準則也可望提供保險公司更精準的財務狀況及營運等相關資訊。

四、法令限制與監督

保險業是一個特許行業，受到金管會嚴格監管，其設立要求最低資本額高達新臺幣二十億元。保險公司的保費收入和投資金額都非常巨大，負債也與一般工商企業不同，主要以準備金為主。產險業的準備金占負債的七至八成，而壽險業的準備金占負債的八至九成。準備金屬於或有負債，當保險公司的資產無法抵償負債時，主管機關會督促保險公司積極增資以強化清償能力。根據保險法第一四九之一條規定：「保險業違反法令、章程或有礙健全經營之疑慮時，主管機關除了得以糾正或命令其限期改善外，並得視情況為下列處分：（一）限制其營業或資金運用範圍、（二）令其停售保險商品或限制其保險商品之開辦、（三）令其增資、（四）令其解除經理人或職員之職務、（五）撤銷法定會議之決議、（六）解除董（理）事、監察人（監事）職務或停止其於一定期間內執行職務、（七）其他必要之處置。」保險業的經營對整體社會的金融市場具有極大的影響力，因此各國政府均有法定的規範與限制來監督保險業的經營，以保障消費者的權益。

11-2 保險公司的資產與負債

一、保險公司的資產

保險公司的資產可定義為：公司所擁有或掌控、預期能產生經濟利益的資源。就其財務報表而言，保險公司的資產類型與其他金融機構相似，主要由金融資產組成，例如投資股票、債券及不動產等。以下是保險公司資產的五大類別。

(一)流動性資產

指保險公司的現金存款及隨時可供支付的存款，具有較高的流動性及較穩定的價值，且易於轉換為現金。由於產險業的損失可能因災害等因素而有所變動，因此必須持有高穩定度及高流動性的資產以支付理賠；壽險業的契約多為長期契約，且其損失賠償較穩定，因此可持有較低流動性的資產。

(二)權益類資產

權益類資產包括普通股、優先股、房地產信託憑證、美國存託憑證及全球存託憑證等，分為上市和未上市兩類，茲說明如下：

1. 上市權益類資產

係指在證券交易所或符合國家法律法規的金融資產交易所上公開交易的資產，其代表企業股權或其他剩餘收益權的權屬證明。

2. 未上市權益類資產

係指僅經依法設立和註冊登記，且未在交易所公開上市的企業股權或其他剩餘收益權的權屬證明。

(三)固定收益類資產

係指具有明確存續到期時間、按預先設定的利率支付本息的資產。

(四)不動產類資產

不動產類資產指投資或購買的土地、建築物或其他附著於土地上的物品，投資內容包括直接不動產、全球不動產、上市不動產投資信託和其他不動產證券投

資。由於住宅、商業或工業不動產可能在中長期內大幅增值,因此其報酬可能高於現金或固定利息,因此不動產投資被歸類為成長型資產。

(五) 其他金融資產

其他金融資產的特點是其風險收益和資金流動性特徵等方面與上述四種資產類型存在明顯差異,因此屬於其他可投資資產,並不屬於上述四種資產種類之一。

二、保險公司的投資業務

保險公司無論是壽險業或產險業,均十分重視其投資業務的內容。這些投資項目涉及到公司主要的營收來源,因此在收取保費時,保險公司必須有效地應用這些保費收入,期望所賺取的利潤高於當初保費計算時隱含的投資收益,進而實現公司股東利益最大化的目標。

(一) 保險投資的資金來源

1. 資本

保險公司在我國設立時,必須擁有並繳納註冊資本,其最低限額為新臺幣二十億的實繳貨幣資本。法律規定保險公司必須繳納一定比例的資本金作為公司的保證金,其餘則可用於投資以取得更高的收益率。

2. 各種責任準備金

為保障被保險人的權益,保險公司會將保費收入的一部分提留為責任準備金。責任準備金一般被視為保險公司的負債,其目的是為未來的責任做好準備,包括保險金給付、費用支出和其他現金流出。

3. 其他投資資金

在保險經營的過程中,還有其他的投資資金來源,例如結算中形成的短期負債、未分配盈餘、應付稅款、公益金及企業債券等。這些資金的項目可以根據不同的期限執行相應的投資策略。

(二) 保險投資的形式

1. 有價證券

保險公司的有價證券投資主要分為風險較小的債券和風險較大的股票。債券

方面，包括政府公債、公司債券和金融債券等，其中對公司債券的投資要特別謹慎評估其財務穩定性和可靠性。股票方面，投資風險較大，承擔的風險也較高。因此，保險公司對股票投資應該更謹慎。

2. 壽險保單借款

當消費者需要資金時，除了可以向銀行或民間借貸，還可以向保險公司借錢，也就是使用自己的保險單向保險公司借款。不過，並非所有保單都提供這項服務，只有具有保單價值準備金的保單才能夠借款。保單價值準備金是指保戶繳交的保費中，扣除保險公司的營運成本後，在保險公司中所剩餘的資金。保單價值準備金通常存在於終身壽險、年金險、儲蓄險及還本型的醫療險等有累積性質的壽險契約中，因此，保單價值準備金適用於緊急狀況，不太適合長期借貸。不同於市面上的信用貸款或房屋貸款，保戶在借款時無需提供財力證明、擔保品或保證人等，但保戶必須支付利息給保險公司。

3. 不動產投資

保險公司會利用保險資金購買土地或房屋等不動產，然而這項投資的變現能力相對較差，因此投資的金額通常會有一定限制。

4. 抵押貸款

抵押貸款屬於期限較長且較穩定的業務，非常適合壽險業長期運用資金。抵押貸款的多數是分期償還，風險較低。

5. 企業投資

保險公司會投資與保險相關的企業，以促進保險事業的發展。例如，保險公司會投資提供汽車修理服務的汽車修理廠、協助事故賠償的公證行或查勘公司等相關企業。

三、保險公司的資產分佈

產險公司和壽險公司在從事投資業務時，所受到的監管規範幾乎相同。然而，由於經營模式的不同，兩者的投資策略在選擇投資工具的比重和投資標的的流動性方面存在明顯差異。產險公司承保的業務大多是短期契約，因此需要在短時間內履行理賠責任，對資金流動性的要求較高，投資面向較注重流動性，且通常較不願意承擔風險。因此，產險公司偏好投資股票及債券等有價證券。相較之

下，壽險公司的資金來自長期契約，保險費通常足以支付當年所需的保險理賠金，因此壽險公司的資金可以累積較長時間。壽險公司通常會將大部分資金投資在流動性較低的投資工具上，例如不動產、長期放款和國外投資。以下圖 11-1、圖 11-2 分別呈現 2022 年我國產險公司與壽險公司的資產分佈。

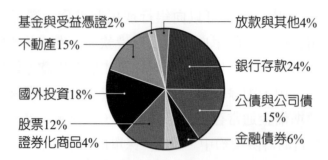

▶圖11-1　我國產險公司在2022年底之投資資產分佈

(資料來源：財團法人保險事業發展中心)

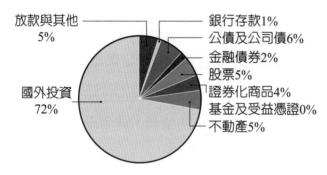

▶圖11-2　我國壽險公司在2022年底之投資資產分佈

(資料來源：財團法人保險事業發展中心)

四、保險公司的負債

　　當保險公司向要保人收取保險費後，便要在事故發生時賠償被保險人之損失。因為保險費事先收取，但賠償金只有在風險標的發生時才會支付，因此保險公司在收取保險費的同時，也承擔著未來可能發生的理賠責任。為確保未來償付能力，保險公司必須提存多種準備金，包括責任準備金、未滿期保費準備金、賠款準備金、特別準備金及其他經主管機關規定之準備金。這些準備金是保險公司的負債項目，其中責任準備金、未滿期保費準備金和賠款準備金是主要負債。

五、準備金之意義

　　保險公司在業務方面必須注重風險標的的選擇和風險分散策略。同時，財務面的健全運作也是避免損失發生時保險公司無力應付的關鍵。因此，提存各種準備金成為保險業務的必要執行手法。保險公司提列準備金的目的在於正確顯示公司經營的財務狀況，確保公司未來的清償能力，並事先準備保戶解約時需要的金額。根據保險法第十一條規定：「本法所定各種準備金，包括責任準備金、未滿期保費準備金、特別準備金、賠款準備金及其他經主管機關規定之準備金。其他經主管機關規定之準備金，如保費不足準備金。」分別說明如下。

(一) 責任準備金（Liability Reserve）

1. 意義

責任準備金是指保險公司對保單持有人所應負擔責任所提存的準備金，從會計上來看，這是保險公司對保單持有人的一種負債。對於長期壽險保單，保險公司通常會在契約初期收取較高的保險費，這超過了實際應收的自然保費，因此保險公司需要將這些初期溢收的保險費列提準備，以備日後所需。此外，保險公司每年會在會計決算時依照法規或業務需要提存各項責任準備金，以確保保險公司的永續經營。責任準備金通常適用於保險期間大於一年的長期契約，且保險費具有儲值性質的契約。有些國外產險公司也會提供儲蓄型的長期產險業務，以確保保險公司在未來具有足夠的償還能力。

2. 估算方法

壽險公司通常遵循保險業中重要的精算原則－收支相等原則，以確定保戶在各階段實際所承擔的責任。在責任準備金的提存方法上，也必須遵守這一原則。人壽保險具有長期性與儲蓄性雙重特性，因此收支相等原則的恆等式為：

$$保費收入＝保險金支出$$

在保險期間的第 N 年度，保費收入和保險金支出可細分為：

$$保費收入＝過去保費收入終值＋未來保費收入現值$$

$$保險金支出＝過去保險金支出終值＋未來保險金支出現值$$

因此，保費收入等於保險金支出的恆等式可以改寫爲：

> 過去保費收入終值＋未來保費收入現值
> ＝過去保險金支出終值＋未來保險金支出現值

因此，第 N 年度責任準備金的計算爲：

> 過去保費收入終值－過去保險金支出終值
> ＝未來保險金支出現值－未來保費收入現值

(二) 未滿期保費準備金（Unearned Premium Reserve）

1. 意義

未滿期保費準備金是指在一個營業年度結束時，所有有效契約的未到期保費收入總額，爲保險公司在會計年度結算時所提存的一種準備金制度，並採取一次性計算及提取方式。

2. 估算方法

(1) 固定比例法

固定比例法是指保險業須依據保險監理單位所核定之比例數值，才得以提存未滿期保費準備金。例如，我國強制汽車責任險的一年期汽機車保險提存率爲 50％，而兩年期汽機車保險的提存率在第一年爲 75％，第二年爲 25％。

(2) 最低比例法

最低比例法是指產險公司根據不同險種的性質，設定最低提存比例作爲提存下限。我國於 2003 年以前曾使用此方法，詳細說明如下表 11-1：

❖表11-1　我國最低比例法之產險應用

險種	保險法施行細則 （2003年以前）	最低提存比例
火災保險	第 4 條	40％
貨物運送保險（含海上、陸空）	第 5 條	20％
船體險（含漁船保險）	第 6 條	60％
汽車損失險、責任保險、 保證保險、其他財產保險	第 7 條	50％

(3) 按日比例法

按日比例法是一種準確度最高、成本也最高的未滿期保費準備金計算方法，它將每一份有效契約的保費金額，依照未經過的日數與一次繳費之保障期間的比值，乘上該期保費後的值，作爲未滿期保費準備金。但由於換算成本高，實務上較少使用。

(4) 期間比例法－四分法

又稱爲半年提存法，即在年底決算時將全年度的保險費分爲兩部分，爲 1～6 月份的上半年及 7～12 月份的下半年，當年度未滿期保費準備金估算提存金額公式爲：

$$上半年保險費 \times 1/4 + 下半年保險費 \times 3/4$$

(5) 期間比例法－八分法

又稱爲按季提存法，假設所有保險契約均在每季的中間點簽發，第一季的保費提存爲 1/8，在年底保費結算時會有 1/8 未滿期，7/8 已滿期的狀況。第二季的保費提存爲 3/8，第三季的保費提存爲 5/8，第四季的保費提存爲 7/8。

(6) 期間比例法－二十四分法

又稱爲按月提存法，是現今最常用的提存方法。假設所有保險契約均在每月的 15 日簽發，意即爲未滿期保費之提存逐月計算，所有簽發保險契約的保費至年底應提存的未滿期保費準備金之公式爲：

$$\frac{2N-1}{24} 年繳保費，N = 1,2,3,\cdots 12.$$

(三) 賠款準備金（Loss Reserve）

1. 意義

賠款準備金，又稱爲給付準備金，是指保險公司根據其對賠償責任和理賠費用的估計，在每個會計年度末提存的金額。這些金額被視爲估計負債項，用於賠款已決定且保險受益人隨時可以領取的賠款，以及尚未決定的賠款。未決定的賠款可分爲已報未決賠款和未報未決賠款。已報未決賠款指保險公司已收到保險事故發生的通知，但是否給付或給付金額尚未決定。未報未決賠款則是指保險事故已發生，但保險公司尚未收到出險通知。

針對此種提存方式，我國法令也有特別規範，依照我國保險業各種準備金提存辦法第十一條規定：「財產保險業應按險別依其過去理賠經驗及費用，以符合精算原理原則方法計算賠款準備金，並就已報未付及未報保險賠款提存，其中已報未付保險賠款，應逐案依實際相關資料估算，按險別提存。」在壽險業中，應依同法第二十三條規定：「辦理提存賠款準備金，其提存方式由簽證精算人員評估決定，並報經主管機關核准。變更時，亦同。」賠款準備金之提存方式，如圖 11-3。

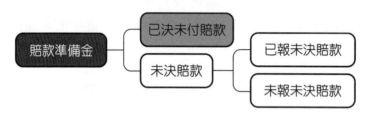

➡圖11-3　賠款準備金之提存方式

2. 估算方法

損失發展三角形法（Loss Development Triangle Method），又稱為階梯法（Chain Ladder Method）。是目前提存賠款準備金最常用的方法之一。此方法透過一系列賠款金額的增加與累積，來推算未來可能需要的賠款準備金。

(四) 特別準備金（Contingency Reserve）

1. 意義

特別準備金是保險公司因應風險不規則變動而提存的，是保險公司為防範風險發生率超過預期值而必須提存的準備金。相較於壽險業，產險業面對的風險事故發生較不規則，且缺乏穩定性，因此特別準備金的提存顯得更為重要。儘管保費是根據過去經驗和大數法則來收取，但仍存在預期風險情形與實際風險發生率不同之情況。若差距過大，將影響保險公司的財務狀況，並可能損害保戶的權益。因此，法令要求保險公司在經驗良好的年份中提存特別準備金，以便應對未來的巨災風險。

2. 估算方式

特別準備金在我國有兩種類型：重大事故特別準備金及風險特別準備金。茲分別說明如下：

(1) 重大事故特別準備金

此準備金是為應對未來可能發生的重大事故所需支付高額賠款而提存的。當實際自留賠款金額超過新臺幣三千萬元時，超過部分會由重大事故特別準備金來支付。若有使用重大事故特別準備金的情況，支付的金額需向主管機關報告以供查核。若此特別準備金之提存超過十五年，得依照主管機關指定之方式收回。表 11-2 為各險別依主管機關所訂定之重大事故特別準備金。

❖表11-2　重大事故特別準備金提存率

提存率	險別
1%	1. 一年期、長期住宅火災保險。 2. 一般自用、商業汽車財產損失保險。 3. 一般自用、商業汽車責任保險。 4. 一般、專業責任保險。 5. 傷害保險。 6. 個人綜合保險。
3%	1. 內陸運輸保險。 2. 保證保險、信用保險。 3. 商業綜合保險。 4. 其他財產保險。
5%	1. 一年期、長期商業火災保險。 2. 貨物運輸保險。 3. 船體保險、漁船保險。 4. 工程保險。
7%	1. 航空保險。 2. 商業地震保險。 3. 颱風洪水保險。

(2) 風險變動特別準備金

風險變動特別準備金是透過差額提存法來估算的。當實際賠款扣減重大事故特別準備金之餘額低於預期賠款時，財產保險業應就其差額部分的百分之十五提存風險變動特別準備金。若該險風險變動特別準備金不足沖減時，可由其他險種已提存之風險變動特別準備金來沖減之，其所沖減之險種及金額也需向主管機關報告。

（五）其他經主管機關規定之準備金

除了上述兩種特別準備金外，還有其他經主管機關規定的準備金。保險業者如有經營需求，可再另外提列其他準備金，例如保費不足準備金、再審賠款準備金等。

11-3 保險業資金來源與運用限制

當保險公司在保單上簽訂的風險事故發生時，必須依據其保單條款和相關法令履行賠償責任，支付保險金。保險公司的資金主要來自保戶支付的保險費，因此必須格外重視資金的管理和監督，以保護被保險人和要保人的權益。保險業對整體經濟有著重要的影響，因此主管機關對保險業在金融市場的發展格外關注，相關法令也因此而制定。

一、保險業資金之來源

保險業的資金來源可分為兩種，一是保險公司成立時依照主管機關訂定而須籌資的自有資金，二是依照會計年度決算時所提存的各項責任準備金。接下來我們分別來說明自有資金與外來資金的來源。

（一）自有資金

1. 資本

在臺灣，保險業的最低限額為新臺幣二十億的資本額。保險法第一三九條規定：「各種保險資本或基金之最低金額，由主管機關審酌各地經濟實際狀況，及各種保險業務之需要分別呈行政院核定之。」根據法律規範，保險公

司須繳納部分比例的資本作爲公司的保證金，其餘的資本則可用於投資，以獲取較高的收益率。

2. 資本公積

資本公積又稱額外實收資本，是指法定資本外，非營業所得增加的股東權益，也就是投資人支付高於股票面額的資金。資本公積的主要來源包括股本溢價、處分固定資產收益、受領捐贈所得、資產重估增值、公司合併利益、以及該公司股東給付金額後之餘額。

3. 法定盈餘公積

保險法第一四五之一條規定：「保險業於完納一切稅捐後，分派盈餘時，應先提出百分之二十爲法定盈餘公積。但法定盈餘公積，已達資本總額或基金總額時，不在此限。」法定盈餘公積的計算基礎是當期稅後淨利加上當期稅後淨利以外的項目，以計算當年度未分配盈餘的金額。法定盈餘公積的主要目的在於彌補保險公司的虧損。

4. 特別盈餘公積

特別盈餘公積又稱任意公積，是指公司在法定公積之外，依據章程規定或股東會決議而提列的盈餘公積。特別盈餘公積的提列目的有多種，例如彌補虧損、擴充及改良設備、償還公司債、平衡盈餘分配或特別股等，也可以當作未指定用途的盈餘公積提列。

5. 未分配盈餘

未分配盈餘是指在會計年度結束後，保險公司累積的純利益未以現金或其他資產分配方式給予股東的餘額，仍持續保留在業主權益的帳上。

(二) 外來資金

保險業成立後，爲因應業務而提存各項法定及其他準備金，包括責任準備金、未滿期準備金、特別準備金、賠款準備金及其他準備金（如：存入再保險準備金、保單紅利準備金及員工退休準備金）等。這些準備金的提存期間取決於保險種類、繳費方式以及契約期間的長短。透過平準保險費的收取方式，可減少保費收取時與保險金給付時的時間差距。保險人根據保險契約的條款，提供賠償給付的責任。除上述的各項準備金外，尚包含其他應付未付負債。圖 11-4 呈現我國保險業之可運用的資金來源：

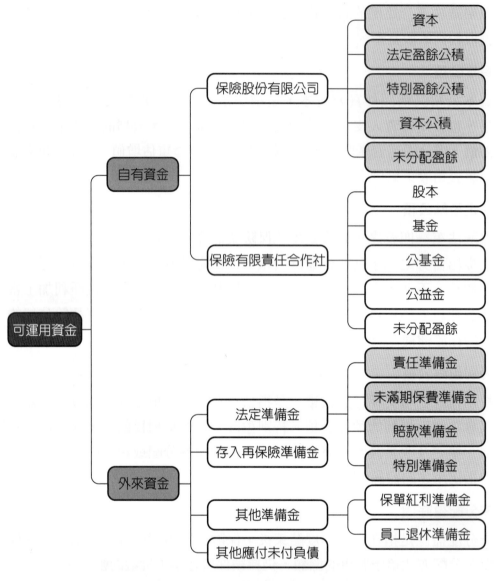

▶圖11-4　我國保險業可運用之資金

二、保險業資金運用範圍

(一) 運用範圍

根據保險法第一四六條第一項規定：「保險業資金之運用，除存款外，以下列各項為限：

1. 有價證券。

2. 不動產。

3. 放款。

4. 辦理經主管機關核准之專案運用、公共及社會福利事業投資。

5. 國外投資。

6. 投資保險相關事業。

7. 從事衍生性商品交易。

8. 其他經主管機關核准之資金運用。」

(二) 運用限制

保險業的投資範圍廣泛，但爲了有效地運用資金並降低投資風險，仍有以下三點限制，分別爲：

1. 投資標的之限制

由於保險業的資金大多來自外部，必須考慮投資的安全性，因此對保險業的投資標的有限制。例如，保險公司的放款業務只限於擔保放款及銀行保證之放款，投資保險相關事業也僅限於八種特定行業等。

2. 資金運用之限制

各國政府爲保障保戶的權益，避免保險業的資金運用過於集中而帶來風險。另外，政府也希望保險業能配合社會政策發展，因此制定法令來限制保險業資金運用的範圍，以促進保險公司財務健全，促進國民經濟發展等目的。

3. 投資額度之限制

(1) 單一公司投資額度限制

爲了降低風險，保險業針對單一公司的投資額度設有限制，以達到風險分散的目的。例如：保險公司對於有擔保公司的投資額度不得超過其資金的 5%，對於單一公司股票總額的投資亦不得超過其資金的 5%。

(2) 投資對方股權之限制

爲避免保險公司取得經營權後無法專注於保險業務而影響其經營績效，保險業限制投資單一公司股權的投資額度。例如：保險公司購買經主管機關核准公開發行的公司股票時，其購買金額不得超過該發行股票公司實收資本額的 10%。

(3) 總投資額度限制

　　針對不同的投資標的，保險業依其性質來設定投資額度的最高限制，以降低風險。例如：非自用不動產投資不得超過保險業資金的 30%，對於銀行保證擔保放款和有價證券質押放款的總額不得超過其資金的 35%。

11-4 保險業利源分析

　　保險業的營收主要來自核保收益和投資收益。核保收益的費率計算有標準公式，投資收益則需根據實際損失率來調整。近年來，國內外保險業在核保收益方面幾乎沒有獲利，同業競爭激烈，甚至出現損失。因此，投資收益對保險公司的重要性日益提高。

　　利源分析是保險業常見的盈利分析方式。本小節主要探討產險業和壽險業的利源分析，以了解產壽險的收益來源。

(一) 產險業利源分析

1. 風險差益

　　在產險業中，風險差益指的是當實際賠款率小於預期損失率時所產生的差額。由於預期風險發生率的不規則性、承保數量無法滿足大數法則的要求以及人為因素所引起的道德風險和逆選擇等問題，因此在產險業中要形成風險差益比較困難，通常是產生風險差損的情況。

2. 費差益

　　產險業中的費差益是指保險公司在實際經營過程中，實際支付的費用率小於預定費用率，進而形成費用盈餘。然而，在激烈的保險市場競爭中，由於業務佣金支付通常偏高，因此費差益較難產生。為了產生費差益，保險公司必須有合理的佣金支付方式，並且加強控制各項管理費用和銷售費用。

3. 利差益

　　在保險公司實際經營過程中，產險業的利差益是指其資金實際運用收益超過預定利率所帶來的差異。由於產險公司通常採用一年期的投資，主要投資短期產品，因此相較於壽險公司長期投資所帶來的收益，產險公司的收益會稍微低一些。

4. 解約收益

產險業中的解約收益是指當保險契約簽訂且生效後，要保人在中途發生保險契約中止的狀況，而保險費已經預先繳交全年的情況下，保險公司應於接獲通知時，計算尚未到期的保險費並退還給要保人。通常，由於保險公司考量到固定成本，退費金額會按照短期費率表來核算，而不是按照比例天數來計算，這導致保險公司的退費金額比實際應該退還的金額要少，因此產生解約收益。其計算方式為比例天數計算退費減去短期費率計算退費＞0時，產生解約收益。

5. 其他收益

產險業中的其他收益是指除了前述四項收益之外，其他雜項收入大於雜項支出時所產生的其他收益。在實務操作中，產險業容易發生各種雜項收益，包括匯兌差益、出售資產設備、變賣殘餘物等。當雜項收益減去雜項支出＞0，就會產生其他收益。

（二）壽險業利源分析

1. 死差益

壽險業的死差益是指當保險公司實際死亡率小於預期死亡率所產生的利益。壽險公司通常使用生命表作為樣本來預測死亡率，但大多數樣本資料來自多年前的被保險人資訊，現實情況可能存在誤差。此外，隨著醫療科技的進步，人類的死亡率不斷降低，因此壽險業更容易產生死差益。

2. 費差益

壽險業的費差益是指當保險公司實際費用率小於預定費用率所產生的利益。由於壽險新契約在契約初期的費用較高，因此壽險公司容易出現費差損的情況。可透過改善現有的佣金支付制度來加強管理費用和銷售費用的管理，以產生費差益。

3. 利差益

壽險業的利差收益是指在實際經營過程中，保險公司實際運用的資金收益率高於預定利率所形成的差異。由於壽險業務通常屬於長期契約，保險公司在收取保險費後，需按照預定利率加計利息，以計算更為合理的保險費用。因此，壽險業的投資環境較為有利且投資期間較長，可獲得較好的投資收益，也更容易形成利差收益。

4. 解約收益

壽險業的解約收益是指保險契約簽訂且生效後，要保人已預繳全年保險費卻在中途發生保險契約中止的狀況，保險公司應於接獲通知時，計算尚未到期的保險費來歸還要保人。壽險公司主要有兩方面的解約收益，其一為要保人繳納的保費未滿一年而退保，保險人依法概不退費；其二為要保人繳納的保費滿一年以上卻退保，保險人僅償付保單價值準備金之四分之三，並非全額退還要保人過去已繳付的保險費。實務上在壽險業中較常發生解約收益，若已收取保險費－償付解約金＞0時，會產生解約收益。

5. 其他收益

壽險公司的其他收益是指除了前述四項之外，公司營運過程中產生的雜項收入超過雜項支出所帶來的收益。壽險業在銷售外幣保險單及安排國外再保等業務時，可能會產生匯兌差益。此外，出售資產設備等也可能會帶來其他收益。

以下表 11-3 比較產險業與壽險業的利源分析：

✤表11-3　我國產險業與壽險業之利源分析比較

比較項目	產險業	壽險業
風險差益	實際賠款率＜預期損失率 →風險差益較不容易發生	實際死亡率＜預期死亡率 →死差益較容易發生
費差益	實際費用率＜預定費用率 →費差益較容易發生	實際費用率＜預定費用率 →費差益較不容易發生
利差益	實際收益率＞預定利率 →利差益較容易發生	實際收益率＞預定利率 →利差益較容易發生
解約收益	比例日數退費＞短期費率退費 →解約收益較容易發生	已收取保險費＞償付解約金 →解約收益較容易發生
其他收益	雜項收益＞雜項支出 →其他收益較容易發生	雜項收益＞雜項支出 →其他收益較容易發生

知識小站

1. 風險差異 vs 風險差益 vs 風險差損

   風險差異包含風險差益與風險差損。在產險中風險差益指的是實際賠款率＜預期損失率；而風險差損指的是實際賠款率＞預期損失率之意。而在壽險中死差益指的是實際死亡率＜預期死亡率；而死差損指的是實際死亡率＞預期死亡率之意。

2. 費差異 vs 費差益 vs 費差損

   費差異包含費差益與費差損。費差益指的是實際費用率＜預期費用率；而費差損指的是實際費用率＞預期費用率之意。

3. 利差異 vs 利差益 vs 利差損

   利差異包含利差益與利差損。利差益指的是實際收益率＞預定利率；而利差損指的是實際收益率率＜預期定率之意。

11-5 保險公司的槓桿

　　保險公司作為金融中介機構，其特性在於通過收取大量保費，提存準備金的同時也會產生大量負債，其資金來源主要來自這些負債和保險公司股東的投入。由於保險業普遍存在高度槓桿現象，因此準備金可能會有誤差，或者投資失敗會對公司造成明顯的影響，進而影響保險公司未來的清償能力。尤其是在壽險業中，這種特性更加顯著。根據 2018 年《自由財經》報導，三商美邦、全球人壽兩家保險公司因槓桿比過高而被金管會列為需要密切觀察的公司。三商美邦人壽和全球人壽的財務槓桿比率（債務總額 / 資本）分別為 30.48 倍和 26.78 倍，遠高於臺灣壽險業市場的平均槓桿比例，因此可能對這些公司的風險承擔能力產生負面影響，相關監管機構必須視情況加以監管。

實務分享 · · · ·

保險局限期宏泰、三商壽提改善計劃

宏泰人壽、三商美邦人壽已連續兩個半年、淨值比低於金管會警示門檻的 3%，保險局限期兩家提出財業務改善計劃。保險局指出，三商壽及宏泰人壽已分別進入「資本不足」及「資本顯著不足」等級，依保險法規定，近期將要求兩家壽險公司提出財業務改善計劃，要確保 2023 年底前可以合規。

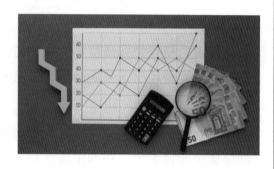

就最新財報來看，三商壽已連續兩期低於值資產比警示門檻淨 3% 紅線，宏泰人壽去年上半年淨值比 1.64%、下半年淨值比僅 1.13%，更是連兩期低於 2%，投資人擔憂是否瀕臨被接管的局面。

金管會將保險業資本適足率、淨值比劃分為 4 個等級，RBC 達 200% 以上或淨值比 3% 以上為「資本適足」、RBC 在 150 至 200% 或淨值比連續兩期未達 3% 為「資本不足」，RBC 在 50 至 150% 或淨值比連續兩期未達 2% 為「資本顯著不足」，RBC 低於 50% 或淨值比低於 0 為「資本嚴重不足」。

保險局指出，要到「資本嚴重不足」才會瀕臨接管，目前宏泰人壽、三商壽是在「資本顯著不足」及「資本不足」，還未到被接管等級，會給時間自救，必要時會限制業務、投資等，以減緩財務惡化。

據最新財報來看，三商壽上半年淨值比 2%、資本適足率 190.07%，下半年淨值比略升至 2.19%；宏泰人壽上半年淨值比 1.64%，資本適足率 227.82%；下半年淨值比 1.13%，但兩家的淨值都還是正值、RBC 也沒有低於 50%，因此保險局依法要求「限期提出增資、其他財務或業務改善計畫」。

保險局指出，目前這兩家所提的改善計劃目標是要將 RBC 拉高至 200%、淨值比拉高至 3%，可透過財業務的改善，像是調整資產配置，或是股東增資的方式來做。至於提出改善計劃的期限，保險局指出，會視兩家給的改善計劃書給予一段合理的期間，該計劃必須確保今年底前可以達標。

資料來源：工商時報 2023/03/18；https://ctee.com.tw/news/insurance/827523.html

11-6 保險業的評等

　　保險公司的財務評等是用來評估保險公司能否及時履行對保單持有人的責任，並以簡單的符號表示整體財務能力的等級。主管機關要求公司揭露財務資訊，以及民營財務評等公司對保險公司進行的財務評等，是保險公司財務資訊的主要來源。保險公司可以向財務評等公司申請評等，並根據現況的財務狀況和業務表現進行分析，包括經營策略、市場優勢和財務比率等方面的綜合評估。評估結果會以綜合指標的形式呈現，通常以英文字母表示。目前保險業的評等機構有 A.M.Best 公司、標準普爾（Standard & Poor's）、穆迪（Moody's）及中華信用評等公司。表 11-4 介紹此財務評等指標的符號與意義，是保險從業人員和消費者了解保險公司財務狀況的重要參考依據。透過保險公司的評等，可以了解其往來公司的財務狀況，進一步決策是否與其往來或要求適當的風險貼水。

❖表11-4　各評等公司所使用的符號及意義

主要評等公司的評等符號及意義							
A.M. Best		Standard & Poor's（標準普爾）		Moody's（穆迪）		中華信用評等公司	
Superior	A ＋＋ A ＋	Extremely Strong	AAA	Exceptional	Aaa	極強	twAAA
Excellent	A A －	Very Strong	AA	Excellent	Aa	相當強	twAA
Good	B ＋＋ B ＋	Strong	A	Good	A	強	twA
Fair	B B －	Good	BBB	Adequate	Baa	適當	twBBB
Marginal	C ＋＋ C ＋	Marginal	BB	Questionable	Ba	脆弱	twBB
Weak	C C －	Weak	B	Poor	B	薄弱	twB
Poor	D	Very Weak	CCC	Very Poor	Caa	非常脆弱	twCCC
Under Regulatory Supervision	E	Extremely Weak	CC	Extremely Poor	Ca、C	極度脆弱	twCC
In Liquidation	F	Under Regulatory Supervision	R			主管機關監控中	R
Suspended	S						

本章習題

一、名詞解釋

1. 壽險保單借款

2. 責任準備金

3. 未滿期準備金

4. 賠款準備金

5. 存入再保險準備金

6. 保單紅利準備金

7. 利差益

8. 死差益

9. 費差益

10. 風險差益

11. 損失發展三角形法

二、選擇題

(　　)1.　保險業資金運用良窳相當重要，根據我國保險法，在此所稱「資金」包括：　(A) 有價證券、不動產、放款、國外投資　(B) 辦理經主管機關核准之專案運用、公共及社會福利事業投資　(C) 業主權益及各種準備金　(D) 保險業資產與法定負債。　　　　　　　　　　【101 年初等考試】

(　　)2.　採二十四分法提存未滿期保費準備金時，第 8 個月份未滿期提存係數為何？　(A) 1/2　(B) 3/4　(C) 5/8　(D) 11/24。　　　　　　　【101 年初等考試】

( ) 3. 下列何種準備金在人壽保險公司之負債項目中所占比率最大？ (A) 未滿期保費準備金 (B) 賠款準備金 (C) 特別準備金 (D) 保單責任準備金。

【102 年初等考試】

( ) 4. 保險費結構中之附加保費（Loading Premium），其組成內容之安全費係指下列何種準備金？ (A) 賠款準備金 (B) 特別準備金 (C) 責任準備金 (D) 未滿期保費準備金。 【102 年初等考試】

( ) 5. 某保險公司對於未滿期保費準備金採「二十四分法」計算，倘該公司三月份之簽單保險費為 2,400 萬元，則該月「未滿期保費準備金」為何？ (A) 500 萬元 (B) 700 萬元 (C) 900 萬元 (D) 1,100 萬元。

【102 年初等考試】

( ) 6. 我國保險法所定之各種準備金，不包括下列何項？ (A) 責任準備金 (B) 未滿期保費準備金 (C) 特別準備金 (D) 費差損準備金。

【104 年初等考試】

( ) 7. 產險公司提存賠款準備金（Loss Reserve）時，應包括下列哪些項目？ ①已決未付賠款 ②已報未決賠款 ③未報未決賠款 (A) ①②③ (B) 僅①③ (C) 僅②③ (D) 僅③。

( ) 8. 有關賠款準備金（Loss Reserve）的敘述，下列何者錯誤？ (A) 賠款準備金的估計會影響保險公司當期收入與稅賦支出 (B) 損失已經發生，但保險公司尚未接獲損失通報，稱之為未報未付賠款 (C) 保險公司已經接獲損失通知，但是理賠金額尚未決定，稱之為已報未決未付賠款 (D) 通常長尾險種（Long-Tail Lines）估計賠款準備金會比短尾險種（Short-Tail Lines）更精確簡便。 【106 年初等考試】

( ) 9. 壽險公司對於長期壽險保單在契約的早期所收保費較實際應收自然保費為高，保險公司須對此「多收」的保費提何種準備金？ (A) 給付準備金 (B) 責任準備金 (C) 特別準備金 (D) 保費不足準備金。

【107 年初等考試】

( ) 10. 依我國保險法的規定，下列何者不是保險業的法定準備金？ (A) 賠款準備金 (B) 特別準備金 (C) 保單紅利準備金 (D) 未滿期保費準備金。

【108 年初等考試】

( ) 11. 依據保險法第 146 條之 3 的規定，保險業辦理放款，其放款總額，不得超過該保險業資金： (A) 20% (B) 30% (C) 35% (D) 40%。

【109 年初等考試】

( ) 12. 產險業對保險期間尚未屆滿之有效契約或尚未終止之承保風險，評估未來可能發生之賠款與費用，如評估金額逾提存之未滿期保費準備金及未來預期之保費收入，就其差額提存之準備金稱為： (A) 未滿期保費準備金 (B) 保費不足準備金 (C) 賠款準備金 (D) 危險變動特別準備金。

【109 年初等考試】

( ) 13. 假設保險公司在 2020 年 7 月 1 日承保 1 千件 1 年期之汽車保險，共收取保費 2 萬元，到年底結算時，請問需提存多少未滿期保費準備金？ (A) 5 千元 (B) 1 萬元 (C) 1 萬 5 千元 (D) 2 萬元。 【110 年初等考試】

( ) 14. 下列何種準備金是保險業為因應各險種損失率或賠款異常變動而提存？ (A) 未滿期保費準備金 (B) 危險變動特別準備金 (C) 重大事故特別準備金 (D) 賠款準備金。 【110 年初等考試】

三、問答題

1. 保險公司經營財務的特點哪何？請說明之。

2. 保險公司的負債包含哪些？請說明之。

3. 保險公司的各種準備金包含哪些？請說明之。

4. 保險資金之來源有哪些？請說明之。

5. 保險業資金運用範圍有哪些限制？請說明之。

6. 保險業的評等機構有哪些？請說明之。

CHAPTER

12

再保險

學習重點

INSURANCE

2022 年再保險業的損失

　　根據瑞士再保險公司（Swiss Re）公佈的數據，截至 2022 年迄今，全球天災人禍所造成的經濟損失已高達 2,680 億美元，其中 1,220 億美元由保險公司承保，成為保險業有史以來支付保險金額最高的時期。在這些災難事件中，9 月份襲擊佛羅里達州的伊恩颶風造成了最大的損失，估計保險損失為 500 億到 650 億美元，僅次於 2005 年的卡催娜颶風；而在澳大利亞，2、3 月份的暴雨造成大範圍的洪災，損失估計有 40 億美元，成為該國有史以來付出最大代價的自然災難事件；法國也遭受到有史以來最嚴重的一系列雹暴襲擊，估計有 52 億美元的保險損失。除了上述受天災波及的國家，全球仍有許多地區正在承受天災所帶來的經濟損失。

資料來源：大紀元時報 2022/12/02；https://reurl.cc/GAYjgd

 解讀

　　近年來，全球暖化的嚴重加劇，氣候變遷頻繁，以及異常的極端氣候等因素都使得天然災害對於自然景觀的破壞更加猛烈，對人民、公司和國家的經濟損失都是一大挑戰。再保險公司主要是承保產險，因此對於天災導致建築及房屋等財產之損失也是特別關注。

前　言

　　再保險的緣起主要是因為保險公司為了分散風險，限制公司本身的責任而起。保險公司對於風險性高且保險金額大的保險契約，如果沒有透過再保險來分散風險，公司所承擔之風險責任會很高，可能會影響到公司的經營。因此，保險公司此時若能將其承保風險性高且保險金額大的保險契約之全部或一部分，以再保險契約移轉或分散給其他（再）保險人，則可降低因重大意外事故而造成失去清償能力的情況。

12-1 再保險的意義與功能

　　根據保險法第三十九條規定：「再保險，謂保險人以其所承保之危險，轉向他保險人為保險契約行為。」簡單來說，再保險就是保險的保險。在保險市場中，眾多民眾向承攬業務的保險公司投保。然而，由於保險公司本身的資本額和經營規模等因素的限制，各家保險公司所承擔的風險是有限的。為了保持公司經營的穩定性，提高競爭力和經濟效益，保險公司必須對其承擔的風險進行進一步的妥善安排。因此，再保險已成為保險市場中至關重要的一環，與原保險公司之間相輔相成的關係更是不可或缺。

一、再保險的意義

　　再保險（Reinsurance）是指保險公司承擔保戶的風險後，基於風險分散原則、自身承保能力和未來清償能力的考量，有時無法承擔全部風險，因此將部分或全部風險和保險費轉移給其他保險公司，並透過契約形式進行移轉。參與再保險交易的公司中，將風險轉移出去的保險公司稱為原保險人（Original Insurer）或分保公司（Ceding Company），而接受再保險業務的保險公司則稱為再保險人（Reinsurer）。如圖 12-1 為原保險契約與再保險契約之關係圖。

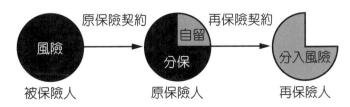

➡圖12-1　原保險契約與再保險契約之關係圖

二、再保險的功能

保險公司的主要目的是承擔保戶可能遭受的損失風險以及以承保來獲得利潤，同時也為了風險分散，將部分風險移轉給再保險公司來承擔。因此，再保險公司與原保險公司的利益性質相似，都是透過承擔風險來獲取利潤。但原保險公司為何要放棄自身獲取利潤的機會，而將部分業務及獲利權利轉移給再保險公司呢？其原因在於再保險公司對原保險公司而言扮演著互利共生的角色，不僅賺取原保險公司轉移業務的利潤，還能帶來穩定經營的益處。以下分別詳細說明再保險對於原保險人及被保險人的功能。

(一) 再保險對原保險人的功能

1. 擴大承保能量

保險公司對於承擔的風險會有一定的限制，原因在於要避免過於集中或承擔過大的風險。再保險可使原保險公司擴大承保能力，接受更多和更大的業務。這對於規模較小的保險公司來說幫助很大，因為它們可以承擔大型企業的業務，並與大型保險公司相互競爭。

2. 危險分散效果

若沒有再保險，原保險公司必須承擔所有業務和風險，這可能會導致財務風險和不合理的風險負擔能力。再保險提供原保險公司很好的風險管理工具，讓原保險公司能夠將風險移轉出去、適度調整承保能力、並控制承保風險在保險公司能夠承擔的範圍內，從而降低公司對資本額的依賴和維持固定的破產機率。

3. 業務質量一致

為了確保業務的穩健經營，保險公司會透過風險選擇來區分品質相似的業務，同時透過再保險來轉移超額的承保責任，使得保險公司不會受到業務品質和量的限制，以實現業務同質化的目標。

4. 有利穩定經營

再保險公司對原保險公司具有互利共生的作用。再保險公司可以獲得承保業務的利潤，而分保公司則可以從再保佣金和盈餘佣金中獲得收入。此外，再保險還有助於消除分保公司在特定地區業務中面臨的風險過度集中的風險，以確保公司的穩定經營。

5. 降低資本流失所產生的成本

保險業的財務狀況常常受到利害關係人、監管機構和政府的關注，尤其資本額的多寡更是關注的重點。保險業的財務監管通常使用資本或業主權益來衡量保險公司的財務狀況。此外，保戶也可能擔心在未來保險公司是否有償還能力，進而要求降低保費或不與保險公司來往等，這將增加保險公司的破產成本。為維持適當的資本或淨簽單保費對業主權益比率，除了增資之外，再保險也可以減輕資本流失的嚴重性。

6. 促進保險知識交流

對於新興的保險業務，原保險公司可能缺乏承保經驗，無法依據損失經驗來制定經營策略。此時，可以委託再保險人進行危險評估和核定費率，待承保後再將全部移轉給再保險人。這樣做不僅可以讓原保險人累積損失經驗，還可以吸取核保經驗，一舉兩得。再保險公司的業務分佈於全球，接觸到多家保險公司和不同種類的業務性質，因此累積了豐富的經驗，例如費率計算、承保標準、理賠處理和教育訓練。對於規模較小、取得這些經營技術成本較高、或是承保新種業務的保險公司來說，委託再保險人能夠提供寶貴的幫助和知識交流。

7. 節稅功能

通過再保險的安排，可以減少原保險公司的自有資本需求，也可以減少賠款準備金的提存。支出再保險費用可以降低自留淨保險費用，進而減少營業稅的支出。由於再保險費的稅率較低，而自留保費的稅率較高，因此保險公司可以透過彼此之間的業務交換，實現避稅的效果。在逐漸增加的稅賦壓力下，分保公司可以利用再保險來降低收益波動，減輕稅賦負擔。

(二) 再保險對被保險人的功能

1. 簡化投保手續

對於高額保險業務，要保人只需向一家保險公司投保，即可獲得全額保障，不必分別向多家保險公司投保，使投保程序更加簡便。

2. 增強風險安全保障

再保險處理可為被保險人提供更可靠的風險保障，因為它分散了原始保險公司所承擔的風險。此外，再保險也可以減輕原始保險公司失去賠償能力而無法承擔賠償責任的風險。對於大型企業而言，他們可能會要求在保險契約中

加入逤行賠付款，讓保單持有人可以直接向再保險公司索取賠償。雖然直接保險和再保險是獨立的契約，但逤行賠付款可以保護被保險人的權益，當原保險人喪失支付能力時，被保險人有權直接向再保險公司索取賠償。但值得注意的是，再保險公司無法要求被保險人支付保險費，也無法直接承擔賠償責任。

3. 提高企業信用

當被保險人進行巨額交易時，再保險的使用可讓保單快速的獲得保障，進而獲得銀行的審批和融資，使企業的經營更有效率。再保險的支持可提高企業的信用度，因為在向銀行申請貸款時，保險可以作為風險擔保的抵押品。

12-2 再保險的契約類型

再保險是一種雙務契約的關係，透過再保險，原保險公司可以有效地轉嫁風險。再保險有多種契約型態，且不同的契約型態在分散危險和發揮功能上有所不同。如圖 12-2 為再保險契約類型的架構圖。

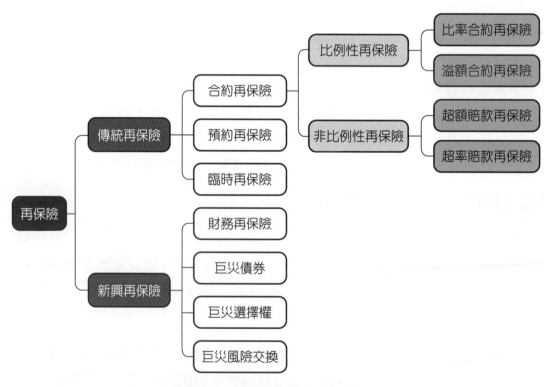

➡圖12-2　再保險契約類型之架構圖

一、傳統再保險

　　傳統的再保險可按照以下標準進行區分：原保險人是否有分保的義務，及再保險人是否有接受分保的義務，區分為合約再保險、臨時再保險和預約再保險。此外，也可以根據原保險公司與再保險公司責任分擔型式的保險金，或損失金額之差別進行區分，包括比例再保險、非比例再保險和超額損失再保險，分別說明如下：

(一) 合約再保險（Treaty Reinsurance）

　　在合約再保險中，原保險人和再保險人先簽訂再保險契約，約定各項再保險事項，只要是在合約範圍內的業務，原保險公司有再保險的需求，再保險公司就必須接受。此契約具有自動性、連續性和義務性。對原保險公司來說，合約再保險的成本較低、能夠自動保障、再保險功能更多元化等優點，但缺點是無法獲得更特殊的再保需求。合約再保險可以進一步細分為比例再保險和非比例再保險，具體情況如下：

1. 比例再保險（Proportional Reinsurance）

　　係指原保險公司和再保險公司根據約定比例共同分擔保險金額、保費和損失。為了補償原保險公司取得業務所產生的營業費用，再保險公司會支付保險費中一定百分比的再保佣金。由於原保險公司和再保險公司的理賠責任會依照比例分配，原保險公司提存的準備金也會按照比例下降。因此，比例再保險可以緩解保險公司資本不足的問題。比例再保險可以根據保險公司自留額的訂定方式分為比率再保險和溢額再保險。

(1) 比率合約再保險（Quota Share Reinsurance）

　　指原保險人面對每一風險，並無提列一定的自留額，而是根據事先約定好的百分比來自留和分配給再保險人。隨著保險金額的變化，原保險公司和再保險公司對每個保單的自留額也會受到影響。因此，再保險人通常會設定每個風險的最高再保險限額，以避免過度集中風險。以下表 12-1 說明之。A 公司的自留保額比率為 30%，故保費及損失部分皆按 30% 的比率來做分擔。

❖表12-1　比率合約再保險分擔方式範例

		A原保險公司（自留30%）	B再保險公司（接受70%）
保額	600萬	180 萬	420 萬
保費	6萬	1.8 萬	4.2 萬
損失	400萬	120 萬	280 萬

(2) 溢額合約再保險（Surplus Share Reinsurance）

指原保險人面對每一風險事故會先訂定自留額，超過自留額的部分會以預先約定的倍數分給再保人。由於實際自留額會隨風險大小而不同，因此受到最高額度的限制。原保險人以金額來決定每一風險的自留額，稱為線（Line），而再保險人在原保險人的自留金額外，決定一個通常以線為倍數的再保險限額。如果保額少於原保險公司設定的自留額，則由原保險公司全部自行承擔。如果保額超過原保險人的自留額，則超過部分會分配給再保險公司。保費與損失的計算根據原保險人的自留額和再保險保額的比例來計算。以表 12-2 說明。A 公司的自留保額為 200 萬，占保額的 20%，故保費及損失部分皆按 20% 的比率來做分擔，但如果 A 公司損失負擔的總額超過 200 萬時，則最高負擔 200 萬的賠償金額，其餘的損失皆由再保人負擔，且再保人的最高賠償金額為 2,000 萬。溢額合約再保險避免了將小額業務交給再保險公司，相對於比率合約再保險，更符合再保險公司風險分散的功能和意義。相反，由於溢額合約再保險沒有將每筆業務分離開來，所以在減少資本流失方面效果較差。

❖表12-2　溢額合約再保險分擔方式範例

		A原保險公司（自留額200萬）	B再保險公司（再保限額2,000萬）
保額	1,000萬	200 萬	800 萬
保費	6萬	1.2 萬	4.8 萬
損失	300萬	60 萬	240 萬

2. 非比例再保險（Non-Proportional Reinsurance）

非比例再保險，也被稱為超額損失再保險，是以損失作為責任分擔的基礎，確定原保險人和再保險人的責任。非比例再保險有以下特點：

(1) 以賠款爲基礎，根據損失額來確定自留額和分保責任。

(2) 再保險費用的計算是採取單獨的費率制度，以當年簽訂契約的淨保費收入爲基礎，與原保險費用無比例關係。

(3) 在費用支出方面，不需支付再保險費用佣金。非比例再保險可區分爲下列兩種：

① 超額賠款再保險（Excess of Loss Reinsurance）

再保險人不承擔任何比例責任，只有在某一種險的每一筆賠款超過分保公司的自留額時，再保險人才需要進行賠償。換言之，理賠金額是作爲自留額和分保之間的界線，以此作爲一種分保方式。

② 超率賠款再保險（Excess of Loss Ratio or Stop Loss Insurance）

再保險人會與原保險人事先約定分擔比率，若在一定期間內，原保險人的賠款率超過了預先約定的比例，再保險人就會負責超過部分的賠款，但負責的賠款額度受限於一定的最高限制。超率賠款再保險中的賠款率有兩種，分別爲簽單保費損失率（Written Premium）與滿期保費損失率（Earned Premium）。

$$簽單保費損失率 = \frac{當期已付的損失額}{簽單保費}$$

$$滿期保費損失率 = \frac{當期發生的損失額}{滿期保費}$$

當期發生的損失額＝當期已付賠款額＋期末賠款準備金－期初賠款準備金

滿期保費＝簽保費＋期初未滿期保費準備金－期末未滿期保費準備金

（二）預約再保險（Facultative Obligatory Reinsurance）

預約再保險也被稱爲半任意再保險，其性質介於合約再保險和臨時再保險之間。在原保險人經由合約所規範的業務情況下，有權決定是否將特定業務分出給再保人，如果分出後再保人必須接受，這就稱爲預約再保。預約再保險使用的情

況相對較少，通常作爲合約再保險的輔助機制使用且多用於火災險和水險，其主要目的是爲了防止風險事件發生的不規則性，或因某些原因而需要與其他業務分開。對於分保公司而言，它可以自行決定是否要分出業務，具有臨時分保的功能。預約再保險和合約再保險仍然有多個差異，以表 12-3 來說明比較。

❖表12-3　合約再保險與預約再保險之比較

合約再保險	預約再保險
佣金較高	佣金較低
有盈餘佣金	無
再保險契約無定期，取消合約須於期滿前若干月通知對方。	期限較短，普通皆為一年。
範圍較廣	範圍較小
支付再保險費時，可扣除保險費準備金。	無扣除規定。

(三) 臨時再保險（Facultative Reinsurance）

　　臨時再保險也被稱爲任意分保或臨時分保。在這種再保險形式下，任何一方對業務的處理都有絕對的自由選擇權利。換句話說，當分保公司將業務分出並提供給其選擇的再保公司時，再保公司也可以自由選擇是否接受分入的業務。因此，每個臨時再保險交易都是獨立的再保險契約。由於在事前不存在合約，各種再保險條件可以配合臨時情況來洽談決定，對於原保險公司來說是一大優點。然而，臨時再保險也存在缺點，如：辦理手續的過程相當繁瑣，且處理的業務性質多爲高風險業務，這導致分保公司的營業成本高及獲利微薄。

　　比例再保險與非比例再保險的不同之處，如下表說明。

	比例再保險	非比例再保險
責任基礎	保險金額	賠款金額
權利基礎	有比例關係	無比例關係

	比例再保險	非比例再保險
再保險費率	同原保險費率	按實際賠款計算
再保險費	按照再保險人承擔,保險金額責任的比例分攤。	原保險人淨保費收入的總和乘上再保險費率。
再保險賠款	按照再保險人承擔,保險金額責任的比例分攤。	超出賠款率時,再保險人會對超額部分,負擔一定程度的賠款。

二、新興再保險

近年來,新興再保險已成為熱門話題,與傳統再保險不同,新興再保險的運作方式可以幫助保險公司穩定營運虧損,並加強經營控管。新興再保險類型眾多,以下列舉較常見的做法並進行說明。

(一) 財務再保險

財務再保險為源自美國產險業市場的一種理財工具,旨在當自然災害發生、賠償過多導致公司財務虧損時,提供再保險公司的財務援助。近年來,壽險公司也開始運用財務再保險調節公司的財務狀況,並轉移投資風險等,有利於平衡改善公司的財務報表。財務再保險契約指原保險人支付再保險費給再保險人,以負擔對原保險人承擔顯著風險所致之損失,提供財務融通及賠償責任的保障。

(二) 巨災債券

近年來,巨災債券已成為一個熱門議題。巨災債券是指一種債券,其未來本金和利息的償還取決於巨災損失的發生情況。通過資本市場中的交易,買方支付債券本金來購買債券,賣方按約定的時間定期支付買方債券利息,並根據未來巨災損失的發生情況來決定是否支付債息以及期末償還。與傳統的再保險不同,巨災債券是通過資本市場發行並分散風險,從而提高風險轉移者的承保能力。

(三) 巨災選擇權

巨災選擇權是一種以巨災損失指數為基礎的選擇權,買方在支付權利金後可在契約期間以約定履約價格買進或賣出特定數量的標的物,賣方則必須履行買入

或賣出之義務。保險公司可在選擇權市場購買未來一段時間內的選擇權，或按照約定的執行價格進行交易。當巨災損失發生且損失指數達到觸發條件時，買方可決定是否行使選擇權以獲得收益或彌補損失。

(四) 巨災風險交換

巨災交換契約是交易雙方基於特定的巨災觸發條件，交換彼此的巨災風險責任。當巨災發生，觸發機制條件滿足時，交易對方可向另一方支付現金賠償。由於巨災風險類型受到不同地域影響，巨災發生的時間點與損失程度會有所不同。因此，保險公司可以根據巨災風險對等原則簽訂巨災交換契約，以實現承保的巨災風險多樣化和分散化的效果。

12-3 再保險契約的特性

一般情況下，原保險契約與再保險契約之間是不存在直接關係。原保險契約的被保險人並無法向再保險人提出賠償請求，再保險人也無法要求原保險契約人支付保險費。同樣地，原保險人也不能因為再保險人未能履行再保險金額的給付義務而拒絕向被保險人支付賠償責任。然而，有些再保險契約中會訂定直接給付條款（Cut-Through Clause），當原保險契約的保險人無法履行保險契約責任，例如破產或清算不足等情況，被保險人可基於該條款向再保險契約的再保險人直接提出賠償請求。這樣的條款有助於財務狀況較差的保險公司取得大規模的業務。原保險契約與再保險契約之間的關係可分為兩個方面來說明。

一、個別獨立－法律面

在法律上，原保險契約和再保險契約是兩個獨立的契約，其效果具有以下兩個特點：

(一) 原保險契約之被保險人對再保險人無賠償請求權

再保險契約的雙方當事人僅限於原保險人和再保險人，因此，原保險契約的被保險人無法直接向再保險人請求賠償，兩者之間並不存在直接關係。

(二) 再保險人不得向原保險契約之被保險人請求支付保險費

再保險人和原保險人作爲獨立個體，兩者之間不能因分保公司不支付再保險費而向原保險契約的要保人直接請求交付保險費。同樣地，原保險人也不能以要保人未繳納保險費爲由，拒絕履行對再保險人的再保險費支付義務。此外，原保險人不得因再保險人未履行賠償義務，而延遲或拒絕原被保險人的賠償責任。

二、相互依存－業務面

儘管在法律層面上，原保險契約與再保險契約是個別獨立的契約，但在業務端，兩者相互依存、互利共生。再保險契約無法單獨存在，需依附於原保險契約之上，而沒有再保險契約的簽訂，原保險契約無法有效地將風險分散。再保險契約所承保的責任屬於原保險契約之部分或全部責任，因此其在法律上的效力也一致。若原保險人與被保險人解除契約，原保險契約與再保險契約也會隨之解除；若原保險契約終止，再保險契約亦會終止。

12-4 再保險自留

自留是指原保險人對其所承保的各類保險業務中，根據其業務質量的品質、危險程度及能夠承擔責任的能力，預先確定本身能夠將危險自留承擔的責任限額，此責任限額通常在溢額再保險契約中以固定金額表示。自留額可以透過金額或百分比等來表示公司願意自行承擔的損失金額或保險金額，會依據簽訂再保險契約的初衷及目的來計算最合適的自留額。舉例來說，若保險公司爲了要減緩資本減少的壓力而選定比例再保險，則公司的資本水準及再保佣金的比率都將會影響公司自留額的決定；若保險公司選擇使用再保險的原因是要穩定損失經驗，對於公司承保業務的損失分配及對經營風險的容忍度等都會影響保險公司自留額的決定，因此承受較高巨災風險、承受損失波動較大之商業性險種及專門經營某些特定險種的保險公司，對再保險的需求均較高。除此之外，承保業務的預期獲利水準同樣也會影響保險公司對於自留額之決策，當預期獲利愈高，公司的自留額可能也會愈高。

自留額的決定對原保險公司的經營有極大的影響，自留額過高時，保險人可以保留較多的保費收入，但也因為背負較大的責任，而可能對公司本身的財務有安全上的疑慮；自留額過小時保險人所承擔的責任相對較小，但大部分的保費收入必須轉給再保險人，因而喪失可能的獲利。以下探討幾項影響自留額的因素。

一、公司的財務狀況

保險公司財務狀況的強弱決定了自留額度。保險公司依公司的資本、公積金和準備金規模等，來決定適當的自留金額。如果保險公司的資本和準備金儲備量較大，說明其財務實力越強，能力越大，因此可以增加自留金額，減少分保的額度，從而減少保費的支出。

二、核保經驗

保險公司核保人員具備豐富的經驗，可透過提高自留額來增加保費收入。然而，若某項業務過去有不良紀錄或缺乏承保經驗，則應降低自留額以維持財務經營的穩健。簽訂再保險契約時，當事人應秉持最大誠信原則，並站在互利互惠的角度，向分保公司誠實告知承保標的情況及決定的自留額等資訊，以確保再保險公司承擔的業務品質。

三、業務性質

原保險公司將風險交由再保險公司承擔的原因是將不良風險的業務量分散給多家公司承擔，使每家再保險公司只需承擔一小部分的再保險責任。這並不是原保險公司僅承保良好的風險，而將不良風險全部交給再保險公司來承擔。再保險公司不需要直接從事保險業務的招攬、核保和理賠等活動，因此再保險公司接受業務內容的能力有限。再保險公司預期的損失參考過去的損失經驗，也會注意原保險公司決定的自留額水準。因為再保險公司知道原保險公司傾向於自留預期利潤較高的業務，如果原保險公司的自留額意願較低，代表此業務的獲利性較差且逆選擇及道德風險的問題可能會較高。

四、經營方針

保險公司若專注於某項特定保險業務，如工程保證保險，則保險公司宜提高自留額，用以建立其經營特色及獲取較高的利潤。

12-5 再保險與共同保險

在保險業經營風險管理的策略中，共同保險與再保險都有分散風險的功能，但在法律上有不同的解釋。共同保險是指多數保險人對於同一保險利益及同一保險事故，在同一保險期間內，與同一要保人共同簽訂的某一保險契約，屬於橫向的風險分散；再保險是指原保險人將其所承擔的風險轉移給其他保險人，其與原保險之間為完全獨立之保險契約，屬於縱向的風險分散。

一、共同保險之意義

共同保險是多數保險人對於某特定險種，共同分配保險費及共同承擔損害補償責任之契約行為。其構成要件必須同時具備以下六項：(1) 必須為多數保險人、(2) 必須為同一保險利益、(3) 必須為同一保險事故、(4) 必須為同一保險期間、(5) 必須為同一要保人及 (6) 必須為同一保險契約。如圖 12-3 為共同保險之示意圖。

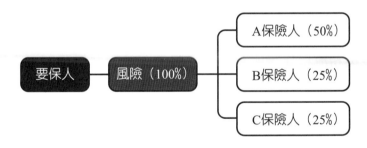

➥圖12-3　共同保險之示意圖

二、共同保險之功能

共同保險最初是用於海上保險，現在也廣泛應用於以火災保險為代表的財產保險。對於保險公司來說，它是一種有效的風險分散策略，以下是共同保險的優點。

(一) 分散風險

由於共同保險結合了多個保險人的力量，根據事先約定好的比例來分配損失的分擔比重，並共同承擔，因此可以有效地分散風險，減輕單一保險公司的風險負擔。

(二) 有效發揮大數法則之功能

保險業非常重視大數法則，共同保險的業務能夠確保業務的平均水準，風險單位數量會隨著共保數量而增多，從而發揮大數法則的功能。

(三) 擴大承保能量

基於資本額及保險經營等方面的考量，保險公司對於可承保的業務量有一定的限制。若單獨承擔巨額業務，可能會影響到公司的經營穩定。因此，透過共同保險的運作，保險公司可以降低原有保險業務的承保比重，從而擴大承保能力，承保更多的業務並選擇品質更好的業務。

(四) 降低保險經營成本

共同保險模式免除個別保險公司過多的行政業務、減少不必要的人力、資源及時間成本等負擔，從而降低保險公司的經營成本。這可以讓保險公司隨時處於最優質的狀態，高效地執行各項業務。

(五) 危險平均化

共同保險業務流程要求所有參與者將業務納入共保體制，透過這種處理方式，危險得以融合達成危險平均化的目的。

(六) 累積經驗與技術交流

因為共同參與了保險業務，各大保險公司的成員可以相互學習及切磋對方獨到的保險專業技術，並分享自身處理類似業務的經驗。這種相互交流有助於提升保險公司之間的專業技術與能力。

(七) 緩和市場競爭

共同保險需要保險公司事先討論共保的條件和內容，達成共識並嚴格遵守相關要求。這種策略可以讓各大保險公司都有一定的業務基礎，避免不合理的競爭，緩和保險市場競爭壓力，帶動保險業的良性循環。

(八) 加強對外競爭力

保險業在開發中國家的經營規模大多屬於中小型企業，無論是實力或財務皆無法與歐美先進國家的大型保險公司相比。若保險公司採用共同保險的運作模式，能夠加強對外的競爭力，也是一種自保的方式。

三、共保再保化與再保共保化

依照共同保險與再保險兩者之間的互動關係，可以分為共同保險之再保險化、再保險之共同保險化、共同保險與再保險之相互依存這三種方面，分別說明如下：

(一) 共同保險之再保險化

實務上，共同保險的運作仍有多處缺陷需要改善，所以保險人運用再保險的優點來納入共同保險的實際運作，此種型式是以共同保險為主體，且以再保險為輔助的做法。常見的具體作法有以下四種方式：(1) 設置首席共同保險人制度、(2) 沿用再保險契約之徵收手續費、(3) 簡化保險業務與理賠處理、(4) 統一再保險帳單的製作等。

(二) 再保險之共同保險化

再保險之共同保險化是以再保險為主體，再加上共同保險的具體作法，其特點如下：

1. 保險人將保險標的切割後，交由再保險人共同承擔危險責任，實際上成效與共同保險無太大差異。

2. 透過共保化，再保險人可獲得第一手業務資訊，藉此與保險人同時同步分散風險。

3. 再保險人會確保自身應獲得的利益，並爭取對自身較有利的優良業務，明訂再保險業務中再保險人有直接參與保險業務之權利，可說是再保險之共同保險化的最佳例證。

4. 在倫敦保險市場中，為了鞏固保險人與再保險人休戚與共的關係，再保險契約會明訂保險人與再保險人皆為共同保險人。

(三) 共同保險與再保險之相互依存

　　共同保險的業務受到地域性和承保能力的限制，且當保險金額巨大或具有高風險時，共同保險人所面臨的風險和責任也會相應增加，這可能會對保險公司的經營穩健性造成直接影響。但是，如果僅依賴再保險來分散風險，將會造成大量佣金流失，對再保險人造成不利的影響。此外，如果再保險當事人之間缺乏充分的溝通和了解，可能會導致再保險糾紛或衝突等問題，嚴重時可能導致再保險人的清償能力出現問題。因此，在實際運作中，若能同時採用共同保險的經營模式，可以充分發揮共同保險和再保險的互補作用，達到最優的風險分散效果。

12-6 財務再保險

　　財務再保險是新興再保險的一種形式，其目的與傳統再保險相同，即為原保險公司提供風險轉移工具。不同之處在於，傳統再保險主要是以分擔承保風險（Underwriting Risk）為主，而財務再保險則主要著重於分擔財務風險（Financial Risk），包括信用風險、資產風險、利率風險和時間風險等。財務再保險無法移轉承保風險，僅能視為平衡資產負債表的一種手段。

一、財務再保險的特性

(一) 風險移轉的必要性

　　保險監理官及稅務機構判定再保險是否有效的關鍵在於原保險公司是否實際轉移風險。若未能轉移風險，再保險將不被視為有效的風險管理工具，同時也避免了原保險人透過再保險避稅的問題。

(二) 再保險人與原保險人的利潤分享

　　再保險期間所獲得的收益，原則上應根據再保險人的再保績效返還。換言之，原保險人的實際賠款率和再保險成本都可以透明化，雙方都能夠正確掌握相關數值。因此，原保險人將風險轉移給再保險人，可以得到合理且公正的報酬。

（三）可以訂立多年再保險期間

再保險契約通常為一年期，原保險人無法保證是否能夠獲得再保險人的續約。但財務再保險契約可以訂為 3 至 5 年等多年期，對於原保險人來說，這表示他們可以由信譽良好的再保險人繼續提供服務，不必擔心每年再保險契約的續約問題。同時，再保險人也可以獲得穩定的再保險收入。

（四）強調時間價值的財務效益

再保險賠款的延遲支付可能會產生資金運用的利益。例如，責任再保險的賠款可能因為訴訟的延宕而推遲支付。若能考慮這些預期的投資收益，可將其納入再保險費的計算中。這樣做不僅考慮到時間價值的因素，還能提高財務效益。

二、財務再保險的功能

（一）改善財務報表之結構

財務再保險可改善分保公司的財務狀況，例如淨保費或賠款準備與股東權益的比率等，透過財務再保險的安排，可控制這些比率。此外，保險公司也利用財務再保險改善盈餘及提高損失的預測性，並讓暫時緊縮的盈餘公積得到舒緩。

（二）提高再保自留額

再保險市場價格波動劇烈且承保能量較不穩定，再保險公司對於風險承擔的限制也較嚴格。因此，原保險公司必須提高其自留額，且需選擇以更經濟的風險分擔方式來保障自留的風險，以滿足原保險公司的風險分散需求。

（三）提高承保能量

財務再保險的另一項功能是提高原保險公司的承保能力，增加保險業務的收入。

（四）有利於保險公司的合併或重組

保險公司的長期潛在賠款對公司未來的財務狀況有很大的影響。財務再保險契約可讓保險公司將部分風險移轉給再保險人承擔，有助於原保險公司與其他保險公司的合併或重組。

（五）減緩再保險市場循環趨勢的波動

財務再保險是多年契約，因此可利用長期契約的特性，降低原保險公司損失經驗的波動，並滿足原保險公司對於穩定的再保險承保能量與價格的需求。

三、財務再保險優點與缺點

（一）原保險人之觀點

1. 優點

財務再保險對原保險人來說，可以提高獲利能力、美化經營績效及增加承保能力，並使年報酬率穩定成長。此外，財務再保險的安排能夠有效地處理再保險費用的資金運用和賠款準備，並使現金流量的管理更有策略性，同時減輕原保險公司的稅務負擔。

2. 缺點

原保險公司通常僅與一家再保險人簽訂財務再保險契約，因此需要承擔再保險人的信用風險，再保險人的清償能力尤為關鍵。此外，相較於其他再保險契約，財務再保險契約更加複雜，且需要量身訂製，所以個別差異性大。因此，保險賠款可能最終仍需由原保險人自行承擔，無法轉移給再保險人分擔。

（二）再保險人之觀點

1. 優點

對再保險人而言，財務再保險契約的風險因子和風險程度更加清晰，且可以更精確地估算現金流量，同時也有助於再保險人和原保險人建立長期的合作關係。

2. 缺點

再保險人需要具備一定規模的承保能力才能接受財務再保險契約，而且在業務管理上也面臨著更大的困難，因為財務再保險契約更加複雜且個別差異性大，所以財務再保險能夠創造的利潤也受到限制。此外，在財務再保險的監理、會計制度和稅法方面的規範也不夠明確，對財務再保險的組織運作造成了不必要的困難。

四、傳統再保險與財務再保險之相比較

近年來，風險融資對策逐漸受到重視，因此國際市場對財務再保險的需求逐漸增加。美國是主要財務再保險運用較廣泛的國家之一。在臺灣，國內企業對財務再保險有相對的認識，政府保險監理單位也公布並修訂了相關的處理要點以因應這個新的再保險制度。傳統再保險和新興的財務再保險在運作上和特質上仍然存在差異，表 12-4 比較這兩項再保險的差異。

◆表12-4　傳統再保險與財務再保險之比較表

種類	傳統再保險	財務再保險
合約期間	一年	一年或多年
風險類別	承保風險	財務風險及投資風險
時間暴露	僅承受未來責任	承受過去或未來責任
合約內容	標準化條款	量身訂製
合約性質	傳統再保險合約	傳統再保險與自己保險的混和運用
訂約目的	移轉風險	移轉風險、減緩核保循環、改善財務結構等
再保險人	多個再保險人參與同一合約	僅一再保險人負擔全部責任
再保險費計算	依承保風險的內容而定	包含投資收益風險的考量

實務分享·····

英國再保公司估「長賜輪」索賠金額逾 20 億美元，國內保險業認為未必

國際媒體飛濺通訊（Splash）報導指出，法國再保險公司 SCOR 估計，2021年「長賜輪」在蘇伊士運河擱淺有關的索賠可能超過 20 億美元。對此信德仕船舶保險經紀人公司執行長吳約男、大英互保協會臺灣運保服務公司總經理楊瑞如認為，索賠金額或許很高，但實際賠償金額應該不會這麼高，有些索賠項目不見得會被接受。

　　2021 年 3 月運河被堵 6 天是航運本世紀最引人注目的事故。這艘船在埃及水域停留了 3 個月，蘇伊士運河管理局和船東日本正榮汽船（Shoei Kisen Kaisha）就該事件的賠償問題陷入了爭論，船隻直到 2022 年 7 月才獲釋。

　　SCOR 高階分析，沙塵暴、能見度低、強烈的南風和船隻在運河狹窄的航道中加速所造成的事故，「最大的教訓是，一些風沙可能會導致全球範圍內的悲劇。這表明了我們經濟和社會模式的脆弱性」。

　　名列全球最大再保險公司之一的 SCOR 指出「作為再保險公司，我們需要衡量我們的潛在風險敞口。」該公司估計擱淺的索賠包括對「長賜輪」的物理損壞、蘇伊士運河管理局的收入損失、打撈作業的成本以及受阻船舶的船東和承租人的業務中斷、易腐爛貨物的損失和貨物延誤，以及對運河本身的破壞。SCOR 表示，要解決索賠還需要很多年。「再保險公司將不得不承擔大部分索賠，金額可能超過 20 億美元。」

資料來源：ETtoday 新聞雲 2022/06/16；https://finance.ettoday.net/news/2274561

本章習題

一、名詞解釋

1. 臨時再保險

2. 預約再保險

3. 合約再保險

4. 溢額再保險

5. 超額損失再保險

6. 超率賠款再保險

7. 共同保險

8. 巨災債券

9. 巨災選擇權

10. 巨災風險交換

11. 財務再保險

二、選擇題

(　　) 1. 保險人以其所承保之危險，轉向他保險人為保險之契約行為，稱之為：
(A) 再保險　(B) 共同保險　(C) 複保險　(D) 保險競合。【100 年初等考試】

(　　) 2. 原保險人對業務分出有自由選擇權，而再保險人僅能接受不得拒絕之再
保險型態，稱為：　(A) 臨時再保險　(B) 合約再保險　(C) 預約再保險
(D) 溢額再保險。　　　　　　　　　　　　　　　　　　【101 年初等考試】

(　　) 3. 保險人交付再保險費於再保險人，再保險人提供財務融通，並對於保險人
所承擔「顯著危險」所致之損失，負擔賠償責任之契約稱為：　(A) 轉分
再保險　(B) 預約再保險　(C) 財務再保險　(D) 溢額合約再保險。

【102 年初等考試】

( )4. 下列有關再保險之敘述，何者錯誤？ (A) 原保險契約之被保險人，對於再保險人無賠償請求權 (B) 再保險人得向原保險契約之要保人請求交付保險費 (C) 再保險以原保險契約之存在為前提 (D) 原保險人不得以再保險人不履行再保險金額給付為理由，拒絕履行其對於被保險人之義務。

【103 年初等考試】

( )5. 下列有關再保險的敘述，何者錯誤？ (A) 轉分再保險係指：再保險公司將所承保的再保險業務，向其他保險公司或再保險公司再保 (B) 保險人向再保險人再保，再保險人提供保險人財務融通，並對於保險人所承擔顯著危險所致之損失，負擔賠償責任，稱為危險再保險（Risk Reinsurance） (C) 預約再保險之性質，介於臨時再保險與合約再保險之間 (D) 保險公司購買再保險的原因此一，可能是為了增加其承保能量（Underwriting Capacity）。

( )6. 下列對於「比例再保險」與「非比例再保險」之敘述，何者錯誤？ (A) 前者之分攤基礎為保險金額；後者則是賠款金額 (B) 前者是危險之分擔；後者是損失的分擔 (C) 前者只適用於火災保險再保險；後者僅適用於人身保險再保險 (D) 前者賠款分擔是按承擔保險金額之比例；後者則在自負賠款額以上由再保險人負擔。 【104 年初等考試】

( )7. 下列對於「臨時再保險」之敘述，何者錯誤？ (A) 可配合個別情況，臨時洽商再保險條件 (B) 常用在合約再保險限額已滿時，移轉超額部分之責任 (C) 臨時再保的手續頻繁，因此對分保公司而言，成本較高 (D) 對於分保公司分出業務，再保公司有接受義務。 【104 年初等考試】

( )8. 有關再保險對原保險人之功能，何者錯誤？ (A) 分散承保危險責任 (B) 擴大承保能量 (C) 確保有利經營 (D) 降低原保險之費率。

【104 年初等考試】

( )9. 下列對於臨時再保險的敘述何者錯誤？ (A) 指原保險人有權臨時將業務分給再保險人，而再保險人必須接受 (B) 臨時再保險的業務處理相對較為繁瑣 (C) 臨時再保險的費率通常與原保險人收取的費率沒有必然的關係 (D) 對再保險人而言，臨時再保險有比較高的逆選擇問題。

【105 年初等考試】

( ) 10. 下列有關合約再保險（Treaty Reinsurance）的敘述，何者錯誤？ (A) 原保險與再保險人之間要先訂定再保險合約 (B) 在合約範圍內之業務，再保險人必須接受 (C) 其性質介於臨時再保險與預約再保險之間 (D) 合約再保險的再保成本通常較低。 【106 年初等考試】

( ) 11. 對非比例再保險之敘述，下列何者錯誤？ (A) 以保險金額為分保基礎 (B) 按承受的再保險危險洽定再保險費 (C) 再保險人僅對超過約定的賠款金額或賠款率以上部分負擔分攤賠償責任 (D) 再保險人與原保險人間具有較弱的同一命運關係。 【108 年初等考試】

( ) 12. 對於再保險中，原保險契約之被保險人之敘述，下列何者正確？ (A) 對於再保險人無賠償請求權 (B) 對於再保險人有直接賠償請求權 (C) 對於再保險人無賠償請求權，但原保險人破產時不在此限 (D) 可透過再保險經紀人行使賠償請求權。 【108 年初等考試】

( ) 13. 下列有關再保險的敘述何者錯誤？ (A) 保險公司將承受風險的一部分分出給其他保險公司，稱之再保險 (B) 再保險為原保險契約的延伸 (C) 再保險人為進行風險分散，將部分再保險業務轉予其他保險公司，稱為轉再保 (D) 透過再保險，可以提供原保險公司擴大承保能量。 【110 年初等考試】

三、問答題

1. 何謂再保險？再保險之功能為何？並請分別說明原保險人、原被保險人與再保險人之關係。 【100 年普考】

2. 再保險契約與原保險契約間之關係為何？並說明再保險契約與原保險契約之雙方當事人為何？ 【106 年普考】

3. 保險業之經營，通常安排再保險以分散風險，擴大承保能量。請依再保險契約之性質，論述再保險契約之種類。 【105 年普考】

4. 再保險對產險業的經營很重要。何謂臨時再保險（Facultative Reinsurance）？何謂合約再保險（Treaty Reinsurance）？請詳述之。 【108 年產經代】

5. 再保險的功能有哪些？

6. 何謂共同保險？

NOTE

CHAPTER

13

財產保險(一)

學習重點

INSURANCE

保險NEWS

瑪娃強降雨！愛車不慎泡水「颱風洪水險」不一定賠？

　　「瑪娃」颱風在 2023 年 6 月 1 日清晨減弱為「輕度颱風」，但受颱風外圍環流影響，氣象局對 7 縣市發布大雨特報，包含基隆市、臺北市、新北市、桃園市、新竹縣、臺中市、宜蘭縣，低窪地區也陸續傳出強降雨和淹水災情。許多車主會將愛車停在社區大樓的地下停車場，如果有投保「颱風洪水險」，愛車泡水是不是就有保險理賠？

　　產險業者表示，國內社區大樓管委會投保颱風洪水險的狀況並不普遍，就算有，也是針對公設的部分投保，例如電機設備、牆面等建築物，而「車輛」等屬於除外不保。因此，地下室淹水導致住戶愛車泡水，並不在理賠範圍。

資料來源：現代保險 2023/06/01；https://www.rmim.com.tw/news-detail-39342

解讀

　　颱風洪水險通常採附約方式承保，住戶可自行投保「住宅火險附加颱風洪水險」或「汽車車體損失險附加颱風洪水險」。但住宅火險附加颱風洪水險，只保障「被保險人房屋淹水的損失」，不保障「被保險人車輛淹損」的部分。因此，車主（住戶）必須在投保汽車車體損失險時，另外附加颱風洪水險，泡水車的損失才能獲得理賠。

前 言

　　根據我國保險法第十三條第一項規定：「將保險分為財產保險及人身保險。」同條第二項規定：「財產保險，包括火災保險、海上保險、陸空保險、責任保險、保證保險及經主管機關核准之其他保險。」其中所稱陸空保險，在實務上相對應險種主要為汽車保險、航空保險、內陸運輸保險等。而其他財產保險則不屬於上述保險之範圍，除了一年期傷害保險及健康保險之外，還包括以有形財物或無形利益為保險標的之各種保險，市面上常見之險種如寵物保險、手機保險…等。本章將先探討目前市占率較高之火災及地震保險、與汽車及強制責任保險，再於下章介紹海上保險、責任保險、及其他財產保險與新種保險。

13-1 火災及地震保險

一、火災保險概述

（一）意義

　　火災保險（Fire Insurance），是以動產或不動產為保險標的，因火災、閃電雷擊或其他附加危險事故所致之損失，由保險人負損害補償責任之一種保險。依保險法第七十條第一項規定：「火災保險人，對於由火災所致保險標的物之毀損或滅失，除契約另有訂定外，負賠償之責」。同條第二項規定「因救護保險標的物，致保險標的物發生損失者，視同所保危險所生之損失」。由此，火災保險主要組成因素如下。

1. 風險事故

(1) 基本險事故：火災、閃電雷擊、少數特定場合之爆炸。

(2) 特殊風險事故：大致可分為天然災害性質（颱風洪水、地震等）、社會群眾性質（罷工、暴動、民眾騷擾、惡意行為等）、物理化學性質（爆炸、煙燻）、其他（例如恐怖主義）。

2. 標的：有形（動產、不動產）、無形（從屬利益）。

3. 損失：直接損失、間接損失（包括使用損失、收益損失、費用增加等等）。

4. **種類**

    (1) 依承保標的區分：可分為住宅火災保險、商業火災保險。

    (2) 依承保事故區分：可分為普通火災保險、火災保險附加險、從屬損失保險等。

(二) 特性

1. 火災保險多為不定值保險契約，而以定值保險契約為例外

各國之火災保險契約原則上為不定值保險契約，而以定值保險契約為例外。我國商業火災保險以風險事故發生時之實際現金價值為基礎賠付，乃不定值保險契約；而住宅火災及地震保險則以重置成本約定保險金額，故為定值保險契約。

2. 火災保險為對人契約

對人契約即保險人在承保時，以被保險人之人品為重要考慮因素，而非以人為承保標的。火災保險道德風險之發生，被保險人扮演關鍵角色，故為對人契約。

3. 火災保險重視主力近因原則

主力近因意指當損失發生時，保險人是否應負賠償責任，須視所承保之風險事故是否為最主要且最有效之原因。如某商業火災保險之承保事故為火災，不承保爆炸，則保險人對火災所致損失負賠償責任，但如果為爆炸引起火災所致之損失，保險人即不負賠償責任。

4. 火災保險承保地區具有地域性

火災保險之承保標的為不動產或置存於建築物內之動產（機器設備、貨物等），其座落地點之安全性，例如消防系統、建築法規、道路設施等，為決定保險費率之重要考量因素。

二、住宅火災保險

住宅火災及地震基本保險係指住宅火災保險單自動涵蓋地震基本保險，本保險自民國 91 年 4 月 1 日起實施，適用對象為依火險基本費率使用性質代號為 A 大類之住宅，承保期間以一年為限，並自該年起不得再簽發長期住宅火災保險。

(一) 保險標的

1. 建築物

指定著於土地作爲住宅使用之獨棟式建築物或整棟建築物中之一層或一間，含裝置或固定於建築物內之冷暖氣、電梯、電扶梯、水電衛生設備及建築物之裝潢，並包括其停車間、儲藏室、家務受僱人房、游泳池、圍牆、走廊、門庭、公共設施之持分。

2. 建築物內之動產

指被保險人及其配偶、家屬或同居人所有、租用、或借用之家具、衣物及其他置存於建築物內供生活起居所需之動產。

住宅火災保險單通常會條列出一些除外不保之動產，但如果經特別約定載明承保者，保險公司亦負賠償責任。例如：製造完成之成品或供製造或裝配之原料及半製品、各種動物或植物、承租或訪客之動產，以及皮革衣飾、金銀條塊及其製品、珠寶玉石、首飾、古玩、藝術品、文稿、圖樣、圖畫、圖案、模型、貨幣、股票、債券、郵票、票據及其他有價證券等等。

(二) 承保範圍

1. 承保之風險事故

一般住宅火災保險承保之風險事故包括火災、閃電雷擊、爆炸、航空器及其零配件之墜落、機動車輛碰撞、意外事故所致煙燻等。而我國之住宅火災及地震基本險，則加入了罷工、暴動、民眾騷擾、惡意破壞行爲及竊盜等所致之損失。

因前項各款風險事故發生，爲救護保險標的物，致保險標的物發生損失者，視同承保風險事故發生所致之損失。

2. 額外費用之補償

保險公司除承保風險事故所致保險標的物之損失外，亦補償風險事故導致之清除費用及臨時住宿費用。

(1) 清除費用：需受不足額比例分攤之限制，其與賠償金額合計超過保險金額者，仍以保險金額爲限。

(2) 臨時住宿費用：每日最高新臺幣 5 千元，但賠償總額以新臺幣 20 萬元爲限，不受不足額比例分攤之限制。

此外，我國 109 年之住宅火災及地震基本險保單，除清除及臨費用外，在額外費用補償中增列下列損失補償費用：

(1) 金融、信用卡及證件重製費用：實際支出給付保險金，但保險期間內給付總額以新臺幣 5 千元爲限。

(2) 租屋仲介費用：建築物毀損滅失不適居住者，依實際支出金額給付保險金，但保險期間內給付總額以新臺幣 5 千元爲限。

(3) 搬遷費用：建築物毀損滅失不適居住者，依被保險人實際支出金額給付保險金，但保險期間內給付總額以新臺幣 10 萬元爲限。

(4) 生活不便補助金：建築物毀損滅失不適居住者，每日定額給付新臺幣 3 千元，每一事故最高給付以 30 日爲限。

(三) 保險金額與理賠事項

1. 保險金額

(1) 建築物

住宅火災保險承保建築物之保險金額，係以「重置成本」爲基礎。通常依其投保時中華民國產物保險商業同業公會「臺灣地區住宅類建築造價參考表」之金額爲重置成本，並依該重置成本約定保險金額。

(2) 建築物內之動產

住宅火災保險承保建築物內動產之保險金額，則以「實際價值」爲基礎。其保險金額爲建築物保險金額之 30%，最高以新臺幣 80 萬元爲限。

2. 理賠事項

(1) 建築物

建築物投保之保險金額，低於承保危險事故發生時的重置成本之 60% 時，承保公司僅按保險金額與該重置成本 60% 之比例負賠償責任，此 60% 即所謂的共保比例。其賠償金額計算方式如下：

$$\text{按重置成本爲基礎計算之損失金額} \times \frac{\text{建築物之保險金額}}{\text{建築物於承保風險事故發生時之重置成本} \times 60\%}$$

例題 1　張先生有住宅一棟，發生火災時的保險價值（重置成本）為 400 萬，他之前有購買住宅火災保險保險金額 200 萬，該保單中有 60% 共保條款之規定。假設發生火災之損失金額為 120 萬，保險公司需賠付張先生多少元？

計算式：

$$120 \text{ 萬} \times \frac{200 \text{ 萬}}{200 \text{ 萬} \times 60\%} = 100 \text{ 萬}$$

(2) 建築物內之動產

以實際價值爲基礎賠付，其賠償金額計算方式如下：

按實際現金價值爲基礎計算之損失金額 $\times \dfrac{\text{建築物內動產之保險金額}}{\text{建築物於承保風險事故發生時之實際價值}} = $ 賠償金額

三、住宅地震基本保險

臺灣因爲地理環境的影響，面臨地震天然災害的威脅，可能造成多數家庭蒙受重大財產損失。因此，政府結合國內所有產物保險公司，成立財團法人住宅地震保險基金，並共同推動辦理住宅火災及地震基本保險中之地震基本保險，使被保險人迅速獲得基本保障並減輕地震災情造成之財物損失，得能儘速重建家園。

(一) 保險標的

住宅建築物本體，不包括動產及裝潢。

每一住宅建築物以投保一張保單爲限，每一門牌號碼推定爲一住宅建築物。兩個門牌號碼之住宅建築物打通作共同使用者，保險公司應簽發兩張保單；三個門牌號碼以上者，依此類推比照辦理。

(二) 承保範圍

保險公司承保住宅火災保險，應使用主管機關核准之住宅火災及地震基本保險保單，自動涵蓋地震基本保險。其中，地震基本保險之承保事故如下：

1. **承保之風險事故**

   (1) 地震震動。

   (2) 地震引起之火災、爆炸。

   (3) 地震引起之山崩、地層下陷、滑動、開裂、決口。

   (4) 地震引起之海嘯、海潮高漲、洪水。

2. **額外費用之補償**

   臨時住宿費用新臺幣 20 萬元。

(三) 保險金額與理賠事項

1. **保險金額與保險費**

   地震基本保險之保險金額以被保險建築物之重置成本為基礎。重置成本係按投保時中華民國產物保險商業同業公會「臺灣地區住宅類建築造價參考表」之建築物本體造價總額 (不包括動產及裝潢) 計算，並依該重置成本為保險金額，但最高不得超過新臺幣 150 萬元。

   為簡化核保手續，並減輕高風險、高保費地區保戶之保費負擔，住宅地震基本保險費採全國單一費率，每戶按保險金額新臺幣 150 萬元計算，每年保險費新臺幣 1,350 元；倘保險金額低於新臺幣 150 萬元者，其保險費則按比例計算。

   例題 2　某甲的房屋座落於臺北市，為七層樓之鋼筋混凝土大廈，計有 40 坪，按「臺灣地區住宅類建築造價參考表」計算，該住宅建築物之重置成本為 3,492,000 元 (即 87,300 元 ×40 坪)。

   　　　　由於住宅地震基本保險之保險金額最高不得超過 150 萬元，故某甲投保住宅地震基本保險之保險金額為 150 萬元；保險費則為 1,350 元

   　　　　　　　　　　　　　　　　　　　　　　　　　　　　資料來源：金管會保險局

2. **理賠事項**

   (1) 出險通知

   　　依住宅地震保險承保理賠作業處理要點規定，保險事故發生時，被保險人得以電話通知或親洽簽單公司、地震保險基金或災區聯合理賠服務中心申

請理賠。

(2) 住宅建築物全損之定義

係指本保險承保之住宅建築物受損情形達「不堪居住必須拆除重建」或「非經修復不適居住且修復費用為風險發生時之重置成本 50% 以上」者。

四、商業火災保險

現行商業火災保險單第二十五條規定：「保險標的物因承保危險事故發生所致之損失，本公司以該保險標的物承保危險事故發生時之實際價值為基礎賠付之」，若保險金額低於保險標的物之實際現金價值時，須按不足額比例分攤，此顯示出商業火災保險屬於不定值保險契約之特性。

(一) 保險標的

1. 承保之不動產

(1) 被保險人所有座落於保險契約所載地點之不動產，包括建築物及營業裝修，但不包括土地。

(2) 被保險人對於承保不動產僅有部分所有權或使用權者，得經保險人書面同意為全體所有權人投保。

2. 承保之動產

被保險人放置於承保之建築物內或置存於契約所載地點之動產，包括營業生財、機器設備、貨物。

(二) 承保範圍

1. 承保之風險事故

因火災、爆炸引起之火災、閃電雷擊等風險事故所致保險標的物之損失，及為救護保險標的物致保險標的物發生損失者，保險公司負賠償責任。

2. 須經特別約定承保之風險事故

須經特別約定載明承保外，保險公司不負賠償責任，包括：爆炸（包括火災引起之爆炸）、保險標的物自身之發酵、竊盜、第三人之惡意破壞行為等。

（三）保險金額與賠款理算

保險標的之損失金額，以該保險標的物承保風險事故發生時之實際現金價值為基礎賠付之，承保公司僅於保險契約所載之保險金額範圍內負賠償責任。但保險金額低於實際價值或重置成本時，保險人僅按保險金額與該實際價值或重置本之比例負賠償之責。賠償金額計算公式如下：

$$損失金額 \times \frac{保險標的的保險金額}{保險標的的實際價值} = 賠償金額$$

五、火災保險附加險

（一）住宅火災及地震基本保險中的附加險

自民國 109 年起，我國之住宅火災及地震基本保險承保範圍已涵蓋住宅火災保險、住宅地震基本保險、住宅第三人責任基本保險、住宅玻璃保險及住宅颱風、洪水災害補償保險等。其中住宅火災保險及住宅地震基本保險已於前面論述，以下將接著介紹住宅第三人責任基本保險、住宅玻璃保險及住宅颱風、洪水災害補償保險之基本內容。

1. 住宅第三人責任基本保險

保險標的物因火災、閃電雷擊、爆炸或意外事故所致之煙燻，致第三人遭受體傷、死亡或財物損害，被保險人依法應負賠償責任而受賠償請求時，依本保險契約之約定負賠償責任。

2. 住宅玻璃保險

承保之住宅建築物因突發意外事故，導致固定裝置於四周外牆之玻璃窗戶、玻璃帷幕或部分對外出入之玻璃門破裂之損失，依本保險契約之約定負賠償責任。

3. 住宅颱風及洪水災害補償保險

當保險標的物直接因颱風或洪水事故發生損失時，依保險契約之約定負賠償責任。目前之保險金額以投保住宅地址所對應「住宅颱風及洪水災害補償保險限額表」之地區賠償限額為限（如表 13-1）。

❖表13-1　住宅颱風及洪水災害補償保險限額表（單位：新臺幣元）

		賠償限額
第一區	新竹縣（市）、臺中市、嘉義縣（市）、苗栗縣、南投縣、彰化縣、雲林縣	9,000
第二區	臺北市、新北市、臺南市、高雄市、桃園市、澎湖縣、金門馬祖地區	8,000
第三區	基隆市、宜蘭縣、花蓮縣、臺東縣、屏東縣	7,000

(二) 其他附加險

除了住宅火災及地震基本保險之附加險外，亦將常見之火災保險附加險種列舉如下：

1. **恐怖主義保險**：承保保險標的物直接因恐怖主義分子為其組織或團體，運用爆炸或其他任何破壞行動所致之損失。

2. **自動消防裝置滲漏保險**：承保保險標的物直接因自動消防裝置意外滲漏、噴射水或其他物質，或因其水源倒塌、崩潰所致失。

3. **竊盜保險**：承保保險標的物直接因他人不法侵入存放保險標的物之處所，從事竊盜所致保險標的物之毀損或滅失。

4. **租金損失保險**：承保被保險人因風險事故致保險標的遭受毀損或滅失，因而租金損失、及為減輕租金損失所產生之費用，負賠償之責。

5. **營業中斷保險**：承保被保險人因發生保險事故致保險標的物毀損或滅失，而直接導致營業中斷之實際損失、及恢復營業所生之費用，負賠償責任。

13-2 汽車及強制責任保險

在許多國家裡汽車保險幾乎都是產險公司的經營主力，我國也不例外，根據財團法人保險事業發展中心統計資料顯示，多年來汽車保險（含汽機車責任險）之保費收入占產險市場比率均在 50% 以上，居所有各險之冠，足見汽車保險在產險公司之重要性。

一、汽車保險概述

(一) 意義

依我國現行保險法第十三條分類，汽車險屬於陸空保險之一種；又再依同法第八十五條規定：「陸上、內河及航空保險人，對於保險標的物，除契約另有訂定外，因陸上、內河及航空一切事變及災害所致之毀損、滅失及費用，負賠償之責」。因此，汽車保險可定義為以汽車為保險標的，因陸上一切事變及災害所生之毀損、滅失及費用，由保險人負損害補償責任之一種保險。

(二) 特性

1. 汽車保險屬於損失頻率高損失幅度低之險種

根據過去承保經驗顯示，汽車保險之損失頻率較其他險種為高，但損失幅度則相對地偏低。

2. 汽車保險之損失原因具屬人性質

汽車意外事故之發生，雖有少部分是從車因素所發生，但大部分與駕駛人用車習性息息相關，亦可歸咎於從人因素所造成，此顯示汽車保險具濃厚屬人性質。

3. 汽車保險契約屬於綜合保險

汽車意外事故發生，除了可能造成人員死亡、體傷及殘廢外，尚包括財物毀損等。因此各國在研發汽車保險內容，大多採綜合保險方式設計，涵蓋汽車車體損失險、竊盜損失險及第三人責任險等。

4. 汽車保險之經營成敗影響產險公司損益至巨

汽車保險之保費收入佔每一家產險公司之保費收入比例多在 50% 以上，因此車險損失率控制良好與否，關係著產險公司之核保利潤至巨，因此有句話說：「產險公司經營好壞，成也車險，敗也車險」。

(三) 種類

所謂汽車，係指公路法第二條第十項所規定在公路及市區道路上，非依軌道或電力架設，而以原動機行駛之車輛。根據汽車保險費率規章，又將汽車分為「自用汽車」及「營業用汽車」兩大類。目前一般通用之汽車保險單大致可分為以下

幾類，並將市場上常見之自用汽車保險單分類整理於圖 13-1。

1. **自用汽車保險單**：汽車車體損失險（甲式、乙式、丙式）、汽車竊盜損失險、汽車責任險。

2. **營業用汽車保險單**：汽車車體損失險、汽車竊盜損失險、汽車責任險。

3. **附加險**：常見的汽車保險附加險舉例如下。

    (1) 汽車車體損失保險附加險：颱風、地震、海嘯、冰雹、洪水或因雨積水附加險、罷工、暴動、民眾騷擾附加險。

    (2) 汽車竊盜損失保險附加險：零件、配件被竊損失附加險、汽車運送損失險。

    (3) 汽車責任保險附加險：駕駛人受酒類影響附加險、超額責任附加險、附加駕駛人傷害保險、附加駕駛人傷害醫療給付險、乘客體傷責任附加險、旅客責任保險、汽車貨物運送人責任保險。

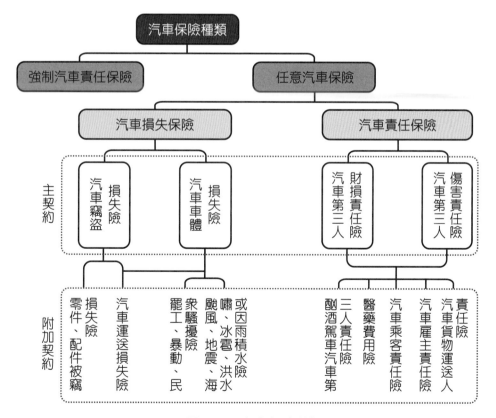

➡圖13-1　汽車保險種類

二、汽車車體損失保險

汽車車體損失保險，簡稱汽車損失險或車損險，係承保被保險汽車因發生意外事故所致之毀損滅失，由保險人予以賠償之保險。

(一) 承保對象

汽車車體損失保險（甲、乙、丙式）承保之「被保險人」，包括列名被保險人及附加被保險人。

1. 列名被保險人，指本保險契約所載明之被保險人，包括個人或團體。
2. 附加被保險人，則指下列之人而言：

　　(1) 列名被保險人之配偶、家屬、四親等內血親及三親等內姻親。

　　(2) 列名被保險人所僱用之駕駛人或所屬之業務使用人。

　　(3) 經保險公司同意之列名使用人。

　　　列名被保險人於未經保險公司同意下，許可第三人使用或管理被保險汽車而發生保險事故時，保險公司於給付後，得於賠償金額範圍內向該使用人或管理人追償。

(二) 承保範圍

汽車保險依其承保範圍之大小，可分甲式、乙式、丙式三種，並將三種險種之承保範圍整理如表 13-2。

❖表13-2　汽車車體損失險承保內容之比較表

承保危險事故	甲式	乙式	丙式
車對車碰撞、擦撞	✓	✓	✓
碰撞、傾覆	✓	✓	
火災、閃電、雷擊、爆炸、拋擲物或墜落物	✓	✓	
第三者之非善意行為、不明原因	✓		

(三) 不保事項

將甲、乙、丙式汽車保險之不保事項整理如表 13-3。

❖表13-3　汽車車體損失險不保事項之比較表

不保事項	甲式	乙式	丙式
1. 被保險人因被保險汽車之毀損滅失所致之附帶損失，包括貶值及不能使用之損失。	✓	✓	✓
2. 被保險汽車因窳舊、腐蝕、銹垢或自然耗損之毀損。	✓	✓	✓
3. 非因外來意外事故直接所致機件損壞或電器及機械之故障，或因底盤碰撞致漏油、漏水所衍生之毀損滅失。	✓	✓	✓
4. 置存於被保險汽車內之衣物、用品、工具、未固定裝置於車上之零件或配件之毀損滅失。	✓	✓	✓
5. 輪胎、備胎（包括內胎、外胎、鋼圈及輪帽）單獨毀損或受第三人之惡意破壞所致之毀損滅失。	✓	✓	✓
6. 被保險汽車因遭受竊盜、搶奪、強盜所致之毀損滅失。	✓	✓	✓
7. 被保險汽車於發生肇事後逃逸，其肇事所致之毀損滅失。	✓	✓	✓
8. 被保險汽車因第三者之非善意行為所致之毀損滅失。		✓	✓
9. 被保險汽車停放中遭不明車輛或物體碰撞、刮損或其他不明原因所致之毀損滅失。		✓	✓
10. 被保險汽車非直接與對造車輛碰撞、擦撞所致之毀損滅失。			✓
11. 肇事逃逸之對造車輛無法確認者。但經憲警或本公司查屬實者，不在此限。			✓

(四) 保險費計算

我國汽車損失保險費率之釐訂，兼採從車因素與從人因素。從車因素考慮廠牌車型、製造年份等，從人因素則主要採計年齡、性別、賠款記錄等。例如自用小客車、自用小貨車之車損險保險費公式：

> 保險費＝基本保費 × 被保險汽車製造年度及費率代號係數 × 從人因數係數

其中，從人因素係數＝被保險人年齡、性別係數＋賠款紀錄係數

（五）自負額

為減少小額理賠費用及提醒被保險人注意安全，汽車車體損失保險設有自負額之規定，被保險汽車發生承保範圍內之損失，第一次被保險人應負擔自負額新臺幣 3,000 元，第二次為新臺幣 5,000 元，第三次以後為新臺幣 7,000 元。

三、汽車竊盜損失保險

（一）承保對象

汽車竊盜損失保險所稱「被保險汽車」，係指保險契約所載明之汽車，包括原汽車製造廠商固定裝置於車上且包括在售價中之零件及配件。

（二）承保範圍

汽車竊盜損失保險之承保範圍，為被保險汽車因竊盜、搶奪、強盜所致之毀損滅失，由保險人對被保險人負賠償之責。

（三）不保事項

主要包括：置存於被保險汽車內之衣物、用品、工具、未固定裝置於車上之零件或配件之毀損滅失；輪胎、備胎（包括內胎、外胎、鋼圈及輪帽）單獨毀損或受第三人之惡意破壞所致之毀損滅失；因被保險人之同居家屬、受雇人或其所許可使用汽車之人或管理之人等竊盜、侵占行為所致之毀損滅失等。

（四）保險費計算

汽車竊盜損失保險各車型適用之代號與車損險相似，其適用於製造年份及費率係數代號之車種與車體損失險相同。

（五）自負額

被保險人於保險契約有效期間內，發生本保險承保範圍內之損失時，對於每一次損失，應負擔基本自負額 10%。如被保險人選擇較高之自負額時，從其約定。

四、任意汽車責任保險

（一）承保對象

汽車責任保險所稱之「被保險人」，包括列名被保險人及附加被保險人。

1. **列名被保險人**：係指本保險契約所載明之被保險人，包括個人或團體。
2. **附加被保險人**：列名被保險人之配偶或其家屬；列名被保險人所僱用之駕駛人或所屬之業務使用人；經列名被保險人許可使用或管理被保險汽車之人。

（二）承保範圍

任意汽車責任保險分為傷害責任險及財損責任險，其承保範圍如下：

1. 傷害責任險

被保險人因所有、使用或管理被保險汽車發生意外事故致第三人死亡或受有體傷，依法應負賠償責任而受賠償請求時，保險公司於超過強制汽車責任保險金額以上部分對被保險人負賠償之責。

2. 財損責任

被保險人因所有、使用或管理被保險汽車發生意外事故，致第三人財物受有損害，依法應負賠償責任而受賠償請求時，保險公司對被保險人負賠償之責。

（三）不保事項

主要包括：乘坐或上下被保險汽車之人死亡或受有體傷或其財物受有損失所致之賠償責任；受僱人死亡或受有體傷所致之賠償責任；被保險汽車因其本身及其裝載之重量或震動，以致橋樑、道路或計量臺受有損害所致之賠償責任等。

（四）保險費計算

汽車責任保險之保費，自用小客車及自用小貨車並不考慮賠款紀錄，但其他車輛及凡屬法人（非屬個人）所有之自用小客車、自用小貨車，則加入賠款紀錄。

五、強制汽車責任保險

我國強制汽車責任保險法於民國87年1月1日開始實施，使得歷經十餘年，尋求立法保障車禍受害者之柯媽媽的心願終於達成。強制汽車責任保險法所稱汽車交通事故，係指因使用或管理汽車致乘客或車外第三人傷害或死亡之事故。且不論車禍過失責任是在哪一方，受害人或其遺屬都可向保險公司申請保險給付或向特別補償基金申請補償金。

(一) 投保對象

依強制汽車責任保險法之規定，汽車所有人應依本法規定訂立本契約。汽車所有人未訂立本保險契約者，推定公路監理機關登記之所有人為投保義務人。強制汽車責任保險法對於投保對象之相關規定如下：

1. **要保人**：指依本法第六條規定向保險人申請訂立本保險契約，並負有交付保險費義務之人。

2. **被保險人**：指經保險人承保之要保人及經該要保人同意使用或管理被保險汽車之人。

3. **保險標的**：依本法規定包括汽車、機車及微型電動二輪車。

實務分享

微型電動二輪車應投保強制險

道路交通管理處罰條例及強制汽車責任保險法修正條文將微型電動二輪車納管及納保。自民國 111 年 11 月 30 日起，微電車應投保強制汽車責任保險並登記、領用、懸掛牌照，之前已購買者須在 2 年內補完成。未領牌照行駛將處 1,200～3,600 元以下罰鍰，並禁止行駛。微電車強制險投保規定：

1. 微電車新車一次投保 3 年。

2. 舊車依已使用年期未達 1 年者，保險期間至少為 2 年；已使用年期 1 年以上者，保險期間至少為 1 年。

3. 1 年期至 3 年期保險費分別為 563 元、971 元及 1,358 元。

(二) 承保範圍

被保險人因使用或管理被保險汽車發生汽車交通事故，致乘客或車外第三人傷害或死亡者，不論被保險人有無過失，保險人應依約定，對請求權人給付保險金。

強制汽車責任保險採限額無過失責任主義

依保險法第九十條規定：「責任保險人於被保險人對於第三人，依法應負賠償責任，而受賠償請求時，負賠償之責」，可看出一般的責任保險，包括任意汽車責任保險，皆採過失責任主義，即被保險人依法有過失時始負賠償之責。

惟車禍發生時受害人要證明被保險人依法有責任，有時曠日費時，致受害人無法立即獲得補償。因此，強制汽車責任保險法第七條規定：「因汽車交通事故致受害人傷害或死亡者，不論加害人有無過失，請求權人得依本法規定向保險人請求保險給付或向財團法人汽車交通事故特別補償基金請求補償」。易言之，強制汽車責任保險採限額無過失責任主義。

(三) 不保事項

受害人或其他請求權人故意或從事犯罪行為，致被保險汽車發生汽車交通事故者，保險人對其不負保險給付責任。

(四) 給付內容

強制汽車責任保險法規定的給付項目有傷害醫療費用給付、失能給付及死亡給付三種，並依強制汽車責任保險給付標準將各項給付整理於表 13-4。

1. 傷害醫療費用給付（每人）最高20萬元。
2. 失能給付（每人）最高200萬元。
3. 死亡定額給付（每人）200萬元。

❖表13-4　強制汽車責任保險給付內容

項目		內容	每人最高額度	
死亡給付		每人 200 萬	200 萬	220 萬
失能給付		每人依 15 級理賠最高 200 萬	200 萬	
傷害醫療給付	急救費用	救助搜索費、救護車、隨車醫護人員費用	20 萬	
	健保部分負擔	全民健康保險法規定應自行負擔費用		
	病房費差額	每日 1,500 元為限		
	膳食費	每日 180 元為限		
	義肢裝設	每一肢 5 萬元為限		
	義齒裝設	每一齒 1 萬元為限，最高合計 5 萬元		
	健保不給付之醫療材料	眼鏡、助聽器、輪椅、拐杖及其他非具積極治療性之裝具，最高 2 萬為限		
	接送費用	往返醫院之合理交通費，最高 2 萬元為限		
	看護費用	因病情嚴重所需看護，每日 1,200 元為限，最高 30 日		

資料來源：臺灣產業保險，強制汽車責任保險給付標準

(五) 保險費計算

　　強制汽車保險費率之訂定，兼採從人因素及從車因素考量。從人因素考慮年齡、性別及違規肇事記錄等；從車因素則分不同車種，如自用小客車及小貨車、自用大客車、營業大客車與小客車、大貨車、大型特種車、小型特種車、曳引車、軍車及動力機械車、機車、微型電動二輪車等等。

本章習題

一、名詞解釋

1. 住宅地震基本保險

2. 汽車車體損失保險

3. 汽車竊盜損失保險

4. 任意汽車責任保險

5. 強制汽車責任保險

6. 限額無過失責任主義

二、選擇題

( ) 1. 廠房設備發生火災導致營業中斷利潤受損，是屬於財產危險中的： (A) 直接損失 (B) 間接損失 (C) 自然損失 (D) 市場損失。【102 年初等考試】

( ) 2. 強制汽車責任保險中，受害人係指因汽車交通事故而遭致傷害或死亡之人，但不包括下列何者？ (A) 車外之第三人 (B) 對方車輛之駕駛人及乘客 (C) 本車之乘客 (D) 僅涉及一輛汽車之交通事故時的本車之駕駛人。

【105 年初等考試】

( ) 3. 下列哪項財產保險的賠償責任基礎是採取限額無過失責任？ (A) 強制汽車責任保險 (B) 任意汽車第三人責任險 (C) 產品責任保險 (D) 公共意外責任保險。 【106 年初等考試】

( ) 4. 下列有關強制汽車責任保險制度之敘述何者正確？ (A) 保障汽車交通事故對第三人所造成的體傷、死亡及財物損失 (B) 有關醫療費用的部分，全民健康保險之保險人得向汽車交通事故特別補償基金代位請求 (C) 在死亡給付的部分，對「每一受害人」之給付訂有上限 (D) 在死亡給付的部分，對「每一意外事故」之給付訂有上限。 【107 年初等考試】

( ) 5. 下列何者不屬於我國強制汽車責任保險費率計算之從人因素？ (A) 年齡 (B) 性別 (C) 婚姻 (D) 肇事紀錄。 【108 年初等考試】

(　　)6. 汽車車體損失保險丙式對下列何種損失不負賠償責任？　①因與車輛發生碰撞、擦撞所致之毀損或滅失　②因遭受竊盜、搶奪、強盜所致之毀損或滅失　③因火災、爆炸所致之毀損或滅失　④因閃電、雷擊所致之毀損或滅失　(A) 僅①②　(B) 僅②④　(C) 僅①③④　(D) 僅②③④。

【108 年初等考試】

(　　)7. 商業火災保險若附加 80% 共保條款，係指下列何種意義？　(A) 若保險金額達到保險標的物價值的 80% 時，即視為足額保險，損失在保險金額範圍內皆可獲得十足賠償　(B) 遇有損失發生時，保險人賠償損失的 80%，被保險人須自行負擔損失的 20%　(C) 要保人只能投保保險標的物價值的 80%，要保人須自行負擔 20% 的保險金額　(D) 保險人的賠償責任以保險金額的 80% 為限，在保險金額 80% 範圍內皆可獲得充分賠償。

【108 年初等考試】

(　　)8. 強制汽車責任保險對下列哪些項目負保險給付之責？　①急救費用　②診療費用　③接送費用　④看護費用　(A) ①②　(B) ①②③　(C) ①②④　(D) ①②③④。　【109 年初等考試】

(　　)9. 根據我國保險法的規定，要保人或被保險人為避免或減輕損害之必要行為所生之損害防阻費用，由誰負責償還？　(A) 要保人　(B) 被保險人　(C) 貨主　(D) 保險人。　【110 年初等考試】

(　　)10. 乙為某棟建築物投保商業火險，保險金額為 360 萬並約定 80% 共保條款，若發生火災損失金額為 300 萬，當時建築物實際價值為 600 萬，試問乙可獲得理賠金額為何？　(A)180 萬　(B)225 萬　(C)300 萬　(D)360 萬。

【110 年初等考試】

三、問答題

1. 試說明火災保險之特性。

2. 試說明住宅火災及地震基本保險之承保範圍及附加險內容？

3. 試說明汽車車體損失保險甲、乙、丙式之承保範圍之差異？

4. 何謂無過失責任？強制汽車責任保險為何不採過失責任主義？

5. 試說明強制汽車責任保險之承保範圍、不保事項及給付內容。

CHAPTER

14
財產保險(二)

學習重點

1. 海上保險之種類與損失
2. 責任保險之種類與賠償基礎
3. 保證保險之種類與內容
4. 航空保險之種類與內容
5. 工程保險之種類與內容
6. 犯罪保險之種類與內容
7. 寵物保險之主要內容
8. 天氣保險之主要內容

INSURANCE

中捷意外釀 1 死 10 傷保險怎麼賠？受害人向誰求償？

臺中捷運在運行期間，因鄰近的興富發建設臺中「文心愛悅」工地吊臂掉落，砸中刺穿正在行駛中的捷運列車車廂，造成 1 死 10 傷的重大公安事件。臺中捷運公司表示，此事件讓中捷公司損失初步估計 2 億元，將向業者求償。

根據《大眾捷運法》的規定，捷運公司必須投保「旅客運送責任險」。乘客在搭乘期間發生可歸責於捷運公司的意外事故導致傷亡，就可以獲得理賠；然而，事發原因、追究責任歸屬，都尚待進一步釐清，那受害者的權益如何獲得保障？

本次發生事故的臺中捷運公司所投保的旅客運送責任險主要由新光產險承保，占 22%，另外還有其他 13 家產險公司共同保險（分別各占 6%），身故旅客的家屬可獲得最高 500 萬元保險金，受傷乘客最高理賠 50 萬元，但受傷乘客必須提供實際醫療費用單據，才能進行理賠申請。

資料來源：現代保險 2023/05/11；https://www.rmim.com.tw/news-detail-39243

 解讀

實務上，《大眾捷運法》是採「無過失責任」，也就是不論事故的責任歸屬確定與否，受傷旅客都可以優先透過捷運公司，向其所投保的保險公司提出理賠申請；若事後發現此事故並非捷運公司的責任，保險公司會在賠付後，另行向造成意外事故主要責任者追償（即所稱代位求償），因此乘客的保險理賠權益不會受到影響。也就是說，受害人或家屬可先行透過臺中捷運公司提出理賠申請。

此外，除了中捷的旅客運送責任險，受害旅客及家屬也能向主要負有肇事責任的興富發提出求償。因為大部分建設公司都會投保營造工程綜合保險，萬一因施工造成第三人的死亡、體傷或財損的情況而受到賠償請求時，可由營造工程綜合險中的第三人責任險來啟動賠償。

$$前 \quad 言$$

　　財產保險，包括火災保險、海上保險、陸空保險、責任保險、保證保險及經主管機關核准之其他保險。在前一章節中，我們先討論了火災及地震保險以及汽車和強制責任保險。進入本章，則將陸續介紹海上保險、責任保險及其他財產保險與新種保險。

14-1 海上保險

　　海上保險是全球最早之險種，係為因應貿易之需要而衍生。

一、意義與特性

(一) 意義

　　海上保險（Marine Insurance）之定義，依我國保險法第八十三條規定：「海上保險對於保險標的物，除契約另有規定外，因海上一切事變及災害所生之毀損、滅失及費用，負賠償之責」。現今，海上保險之承保範圍已不單獨承保海上的危險，而是包括陸上、航空，實質上已然等同於「運輸保險」（Transportation Insurance）。

(二) 特性

1. 海上保險契約具國際性

　　海上保險與國際貿易有密切關係，其當事人與利害關係人，往往涉及數個國家之人及法律規定。例如船舶險中因保險標的在全世界各地航行，不論在航行安全規定、港口國管制等，都必須符合相關的國際公約。

2. 海上保險單得為定值保險或不定值保險

　　海上保險在實務上，船舶保險與貨物保險均採定值保險方式承保，而運費及預期利潤保險則以不定值保險方式承保。

3. **貨物海上保險單為航程保險單**

一般保險單都以時間來規範保險人之承保責任起訖點，稱為時間保險單；貨物海上保險單則為航程保險單，保險人之承保責任始於某一港口或倉庫，於貨物安然抵達目的地時或其他約定條件成就時終止。

4. **海上保險之損失理賠具複雜性**

海上保險依其損害程度可分為全損及分損兩大類，全損又可分為實際全損和推定全損，而分損則可以為共同海損與單獨海損。另外，費用損失依其性質又可分為損害防止費用、施救費用、單獨費用、額外費用、共同海損分擔等。再加上損害理賠金額之標準會受國際差異之影響，皆使得海上保險理賠深具複雜性。

二、種類與承保範圍

（一）船體保險（Marine Hull Insurance）

係以承保船舶等運送工具及其設備為保險標的之海上保險。常見的船體保險包括漁船保險、船舶建造險與貨櫃保險等。

（二）貨物保險（Marine Cargo Insurance）

係以承保運送中之貨物為保險標的之海上保險。為配合進出口商之需要，保險人亦已於貨物海上保險單上加貼內陸運輸或航空貨物保險。

目前國內及國際保險市場之貨物保險，主要採用協會貨物運輸條款（Institute Cargo Clause），簡稱 I.C.C. 條款，可分為 A、B、C 三種如圖 14-1。其中 C 條款保障範圍最基本，又稱平安險（F.P.A）；B 條款比 C 條款增加如地震、火山爆發等事故，又稱水漬險（W.A.）；而 A 條款保障範圍最廣，又稱全險（All Risks）。

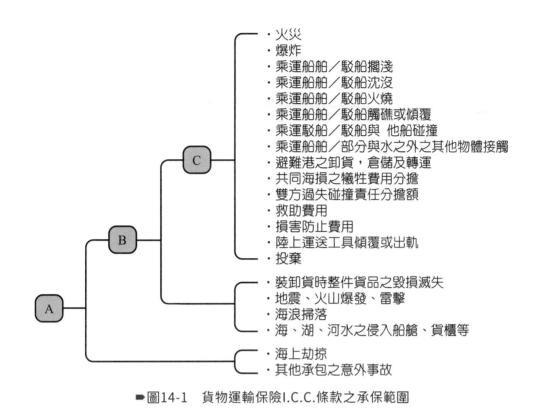

火災
爆炸
乘運船舶／駁船擱淺
乘運船舶／駁船沈沒
乘運船舶／駁船火燒
乘運船舶／駁船觸礁或傾覆
乘運駁船／駁船與 他船碰撞
乘運船舶／部分與水之外之其他物體接觸
避難港之卸貨，倉儲及轉運
共同海損之犧牲費用分擔
雙方過失碰撞責任分擔額
救助費用
損害防止費用
陸上運送工具傾覆或出軌
投棄

裝卸貨時整件貨品之毀損滅失
地震、火山爆發、雷擊
海浪掃落
海、湖、河水之侵入船艙、貨櫃等

海上劫掠
其他承包之意外事故

▶圖14-1　貨物運輸保險I.C.C.條款之承保範圍

（三）運費保險（Freight Insurance）

即以運費為保險標的之海上保險。在國際貿易實務上，運費之支付方式有運費已付及運費到付兩種，前者貨物裝船時即預先支付運費予船東，後者於貨物運抵目的地貨主辦理提貨時才支付。若在運送途中遭逢海難，船東除船體損失外，將因無法收到運費而受有經濟損失，此時即可透過運費保險獲得損失補償。

（四）船東責任保險（P&I Club）

船舶在運送貨物過程中，往往因不可預料或控制之事故，如碰撞事件，導致人員傷亡、本船貨物受損，或造成污染等，船東依法應負賠償責任時，可由船東責任保險來賠償。係將船東之營運責任由船東共同組成協會，採用相互保險方式，對船東因船舶營運所引致各種依法或契約應負之賠償責任給予補償。

三、損失與費用

(一) 全損（Total Loss）

保險標的完全毀損或滅失，或毀損達到不能修復或其修復費用超過保險標的之實際價值者。

1. 實際全損

因意外事故生所致某一特定財產之完全滅失，或非完全滅失，但已失去原有屬性，或雖保有屬性，但已無法復歸被保險人。

2. 推定全損

保險標的物遭受承保事故所致之損失，程度上雖未達到實際全損，但實際全損已無可避免，或其修復、整理等費用將超過其保全後的價值者。當被保險人欲以推定全損索賠時，必須經過委付程序，即被保險人得將保險標的物之一切權利移轉於保險人，而向保險公司請求全部的保險金額。

(二) 部分損失（Partial Loss）

保險標的物受損程度尚未達到全部損失或完全喪失價值的狀況。

1. 單獨海損

保險標的物因承保的風險事故發生，非屬共同海損的部分損失。

2. 共同海損

指船舶在海上航行發生緊急難，船長為維護船舶及貨物之共同安全所作之故意且合理之緊急處分因而發生之犧牲及費用。此犧牲與費用基於共同利益而發生，故應由全體利害關係人按其所受之利害關係之價值比例分攤。

(三) 典型費用與碰撞責任

1. 典型費用

包括損害防止費用、純施救費用、契約救助、額外費用等。

2. 碰撞責任

指兩船之碰撞，可能雙方均無過失、可能是一方之過失，亦可能是雙方均有過失。實務上海上保險之各險種有適用之協會條款，如船體保險即適用四分之三碰撞責任條款。

14-2 責任保險

一、意義與特性

（一）意義

責任保險（Liability Insurance），或稱第三人責任保險，依我國保險法第九十條規定：「責任保險於被保險人對於第三人，依法應負賠償責任，而受賠償請求時，負賠償之責」。換言之，責任保險即被保險人依法應對第三人負損害賠償責任時，由保險人依其責任限額負補償之責的保險。

1. 「第三人」

係指保險契約兩造當事人以外之人。換言之，要保人為第一人，保險人為第二人，而要保險與保險人以外之人皆為第三人。

2. 「依法」

係指依法律規定而言。我國法律對損害賠償責任之規範，以過失責任主義為原則，而以無過失責任主義為例外。再者，除法律責任外，責任保險亦可包括「契約責任」。

（二）特性

1. 受害人為第三人而非被保險人

責任保險承保被保險人對於受損害之第三人，依法應負賠償責任而受賠償請求時，負賠償責任。因此責任保險之受害人應為第三人，而非為被保險人。

2. 保險標的為無形之法律責任

法律責任，乃違反法律義務所生之負擔，可分為刑事責任與民事責任，民事責任又可分侵權行為責任與契約行為責任兩種。茲將法律責任整理如圖 14-2。

責任保險係以被保險人對於第三人依法應負之損害賠償責任為保險標的，此種標的為無形責任，包括民事侵權行為責任與民事契約行為責任，而對於刑事責任及道德責任則排除不保。

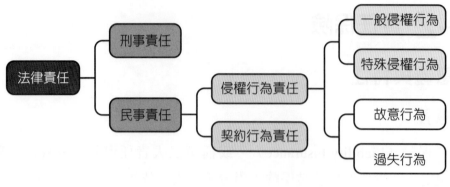

➥圖14-2　法律責任之分類

3. 責任保險無保險價額

責任保險標的為無形責任，此項賠償責任是否發生並無法在事先確定，故責任保險無法確定保險價額。據此，責任保險多以「責任限額」代替保險金額，即負責賠償之最高限額，也因此無超額保險或不足額保險。

二、種類與承保範圍

(一) 商業責任保險

主要承保法人機構因業務行為或處所設施之意外，致第三人體傷死亡或財損，依法應負損害賠償責任之保險。包括：公共意外責任保險、產品責任保險、董監事責任保險、僱主意外責任保險、旅客運送責任保險、旅行社契約責任保險等等。茲將責任保險市場占有率較高之商業責任保險內容，分別說明如下：

1. 公共意外責任保險

承保因企業、組織或主辦活動單位員工的行為或設備問題，而造成顧客、來賓或其他人體傷、死亡或財損，依法應負賠償責任而受賠償請求時，由保險人負賠償之責的保險。

2. 產品責任保險

承保被保險人在保險期間內因產品之缺陷所致意外事故發生，使第三人受有體傷或財損，依法應負賠償責任而受賠償之請求時，由保險人負賠償之責的保險。

3. 僱主意外責任保險

承保當受僱員工執行職務發生意外事故，導致體傷、失能或死亡，企業對員工依法應負賠償責任時，由保險人負賠償之責的保險。

4. 旅客運送責任保險

承保旅客搭乘大眾運輸系統，因發生行車事故或其他意外事故，造成第三人（保險人、被保險人及其員工以外之人，多指乘客）體傷死亡或財損時，由保險人負賠償之責的保險。

（二）專業責任保險

專業責任保險又稱為業務過失保險，主要承保專門職業人員因業務過失（疏忽、錯誤或遺漏），導致他人權益受有損害，而負害賠償責任之保險。通常專業責任保險多採索賠基礎，以避免承擔長尾責任。

常見之專業責任保險包括醫師業務責任保險、醫院綜合責任保險、藥師與藥劑生業務責任保險、會計師責任保險、律師責任保險、建築師工程專業責任保險、保險代理人經紀人專業責任保險、保險公證人專業責任保險、董監事及重要職員責任保險等。

我國規定新上市櫃公司都必須強制投保「董監事責任險」，因此董監事及重要職員責任保險之投保率愈來愈高。其主要在承保企業的董監事及重要職員的個人法律責任，於執行職務發生過失、疏忽等行為所引發的法律訴訟，受到第三人提出索賠請求時，由保險人賠償法律訴訟及抗辯費用。

（三）個人責任保險

主要承保被保險人之個人行為，導致第三人體傷死亡或財損，依法應負賠償責任之保險。常見之個人責任保險包括高爾夫球員意外責任保險、綜合個人責任保險、個人投保之汽車責任保險等等。

三、保險金額及賠償基礎

(一) 保險金額與額外費用補償

一般財產保險多有實體保險標的，故以實際現金價值估算可保價值來賠償。而責任保險並無實體標的，故通常依責任限額賠償，其約定方式有以下兩種：

1. 分項保險金額

依每一個人身體傷亡、每一意外事故身體傷亡、每一意外事故財損、保險期間內最高賠償金額等，分別訂定限額。

知識小站

目前我國公共意外責任保險採分項保險金額，其基本保額如下：

1. 每一個人身體傷亡：新臺幣 100 萬元。

2. 每一意外事故傷亡：新臺幣 400 萬元。

3. 每一意外事故財損：新臺幣 100 萬元。

4. 保險期間內最高賠償金額：新臺幣 1,000 萬元。

2. 合併單一責任限額

係指僅約定一個限額，若因一次意外事故造成一人或多人傷亡、或財物損失之賠償責任，均可在單一責任限額內獲得充分保障，而不受每一人傷亡或每一意外事故傷亡或每一意外事故財損之額度限制。

此外，依我國保險法第九十一條規定：「被保險人因受第三人之請求而為抗辯，所支出之訴訟上或訴訟外之必要費用，除契約另有訂定外，由保險人負擔之」。因此，保險人應負擔抗辯、和解、訴訟等保險金額以外之費用。

(二) 責任保險的賠償基礎

1. 事故發生基礎（Occurrence Basis）

係指保險事故須發生在保險期間內，且被保險人在規定時效內請求賠償，保險人皆應負賠償責任。若在保險單生效日前或保險期間屆滿後發生之事故，保險

人皆不付賠償責任。其優點為責任歸屬明確，但缺點長尾責任（Long-Tail），因保險人可能在保險期間屆滿過後很久仍有責任，故難以估計其損失率。

因此，凡保險事故之發生其損害結果可立即知悉或發現者，宜採用事故發生基礎，我國責任險多採此基礎。例如公共意外責任保險、雇主意外責任保險、電梯意外責任保險、營繕承包人責任保險、意外污染責任保險等等。

2. 索賠基礎（Claims-Made Basis）

係指被保險人在保險期間內受到第三人請求賠償，保險人即須負賠償之責，而不問事故發生於何時。此種方式保險人對於保險期間屆滿後之索賠案件不負賠償責任，可免除長期未了之長尾責任。因此適用具長尾責任之險種，例如產品責任保險、董監事責任保險及各種專門職業責任保險。

索賠基礎通常訂有追溯日及延長報案期間，前者對該日以後發生之事故才負賠償責任，後者則是在保險期間到期後的一段期間內之索賠，保險人亦須賠償。

14-3 其他財產保險與新種保險

我國保險法第十三條定義財產保險，包括火災保險、海上保險、陸空保險、責任保險、保證保險及經主管機關核准之其他保險。前一章及本章前面已探討了國內最主要的火災、汽車、海上及責任四大險種，此處則分別介紹常見之其他財產保險和新興保險。

一、保證保險

（一）意義

依保險法第九十五之一條規定：「保證保險人於被保險人因其受僱人之不誠實行為或其債務人之不履行債務所致損失，負賠償之責」，據此可知，保證保險同時涵蓋誠實保證保險與確實保證保險兩種。其中，誠實保證保險，係以僱主與受僱人間之僱傭關係為基礎；而確實保證保險，則以債權人與債務人間之借貸關係為基礎。

（二）員工誠實保證保險（Fidelity Bonds）

本保險以保險人爲保險保證人，僱主爲要保人及被保險人，受僱員工爲被保證人，保險人承保受僱員工因不誠實行爲造成僱主財產之損失，負賠償責任。

1. 承保對象

以金融機構、政府機關、公私企業及人民團體爲對象，暫不接受個別員工投保。被保證員工應以接受聘僱，受人事管理約束並領受薪資者爲限。

2. 承保範圍

被保險人於約定之「追溯日」後至保險期間內，因被保證員工單獨或共謀之不誠實行爲，導致約定損失發生時，經被保險人於保險期間內發現並向保險人提出賠償請求，保險人就超過自負額部分之損失，於約定之保險金額限額內，對被保險人負賠償之責。

3. 保險金額

包括「每一被保證員工之保險金額」、「每一次事故之保險金額」及「保險期間累計最高保險金額」。

（三）確實保證保險（Surety Bonds）

本保險承保因被保證人（債務人）不履行契約所規定之義務，而使權利人（債權人）遭受損失之保險。確實保證保險種類繁多，使用於各行各業，以下介紹市場上較常見之保證保險。

1. 工程履約保證保險

保險人保證被保證之承包商依工程合約規定，按期完成其所承包工程之保險，爲營造契約保證保險之一種。

2. 保留款保證保險

指保險人保證被保證之承包商，於領取保留款後將依約完成其所承包之工程保險。工程定作人在各期工程之估驗款中，通常暫扣部分保留款，待完工之後再支付此項保留款，承包商於提供此項保證保險後即可免除保留款。

3. 旅行業履約保證保險

要保人（旅行社）向被保險人（旅客）收取團費後，因財務問題而無法履行

原訂旅遊契約，使所安排或組團之旅遊無法啟程或完成全部行程，致全部或部分團費遭受損失，保險人依保險契約之約定對被保險人負賠償之責。

4. 海外遊學業履約保證保險

要保人（遊學業者）向被保險人（遊學學員）收取海外旅遊學習費用後，因財務問題而無法履行原訂遊學契約致被保險人全部或部分遊學費用遭受損失，保險人在約定之金額內對被保險人負賠償之責。

二、航空保險

（一）意義

依保險法第八十五條規定：「陸上、內河及航空保險人，對於保險標的物，除契約另有訂定外，因陸上、內河及航空一切事變及災害所致之毀損、滅失及費用，負賠償之責。」。由此條文來看，航空保險應可定義為航空保險人，對於保險標的物，因航空一切事變及災害所生之毀損、滅失及費用，負賠償之責。

（二）種類與承保範圍

航空保險之保險範疇包括航空器及與有關責任，其承保對象則為航空器所有人及進出口貿易商。航空保險主要保單種類如下。

1. 飛機機體保險

承保飛機機體，包括航空器之外部結構以及內部設備，因保險事故所致之毀損滅失之保險。

2. 飛機責任保險

承保被保險人因所有使用或維護航空器，致使乘客及機組人員以外之第三人遭受身體傷害或財務損失，依法應負賠償責任之保險。

3. 飛機場責任保險

承保被保險人因其所有或營運之飛機場發生意外事故，致第三人之體傷、死亡或財物損失，依法應負賠償責任之保險。

4. 乘客責任保險

承保被保險人（航空運送人），因其乘客乘坐或上下航空器時或於飛行時，因意外事故生致乘客體傷或死亡或受有財務損失，依法應負賠償責任之保險。

5. 航空貨物保險

採概括式承保方式，除保險單之除外不保項目外，保險人承擔一切保險標的所發生損毀滅失之賠償責任。通常包括託運人航空貨物保險與運送人航空貨物保險兩種，前者承保託運人所有交運貨物的損失，後者則承保運送人對受託運送貨物損失的賠償責任。

三、工程保險

(一) 意義

工程保險（Engineering Insurance）泛指與工程有關之保險，但工程並非僅指建設工程而言，可涵蓋任何具有專業技術性之工作及相關設備。

(二) 種類與承保範圍

國內開辦的工程保險常見的有營造綜合保險、安裝工程綜合保險、營建機具綜合保險、鍋爐保險、機械保險、電子設備保險等。

1. 營造綜合保險

承保營造工程或施工機具設備等保險標的，在施工處所，因意外事故所致之毀損或滅失，或發生意外事故致第三人死傷或財損之賠償責任。通常也涵蓋訴訟費用及必要開支。

2. 安裝工程綜合保險

承保安裝工程或施工機具設備等保險標的，在施工處所，因意外事故所致之毀損或滅失，或發生意外事故致第三人死傷或財損之賠償責任。通常也涵蓋訴訟費用及必要開支。

3. 營建機具綜合保險

承保營建機具，在保險單所載處所，因意外事故所致之毀損或滅失，或發生意外事故致第三人死傷或財損之賠償責任。

4. 鍋爐保險

承保鍋爐或壓力容器等保險標的，於正常操作中發生爆炸或壓潰所致之毀損或滅失，或發生意外事故致第三人死傷或財損之賠償責任。

5. 機械保險

承保原動機械設備、生產製造設備、大樓機械設備、工作母機、施工機具等保險標的，在保險單所載處所，因意外事故所致之毀損或滅失，或發生意外事故致第三人死傷或財損之賠償責任。

6. 電子設備保險

承保電子設備（如電腦及週邊設備、電腦輔助設計或製造設備、監視控制設備、通訊設備等），在保險單所載處所，因意外事故所致之毀損或滅失，由保險人負賠償責任。

四、犯罪保險

所謂犯罪保險（Crime Insurance），係指保險人承保竊盜、搶奪、強盜、侵占等犯罪行為所致損失，依保險契約負賠償之責。常見者有竊盜保險、現金保險、員工誠實保證保險（已在前面論述）等。

(一) 竊盜保險

竊盜保險（Burglary, Robbery and Theft Insurance），即承保各種動產因夜盜、強盜或偷竊而毀損或污損等損失之保險。目前我國竊盜保險可分為竊盜損失險及住宅竊盜保險兩種，前者主要承保對象如政府機關、學校、辦公處所、店舖行號及工廠內的財物，後者則包括家庭內人員、永久附住（同居）及僱用人員的財物。

不論是竊盜損失保險或住宅竊盜保險，皆將車輛、勳章、古董、雕刻品、手稿、珍本、圖案、商品、樣品、模型、字畫、契據、股票、有價證券、硬幣、鈔票、印花、郵票、帳簿、權利證書、牲畜、家禽及食用品等之竊盜損失，列為除外不保項目。

(二) 現金保險

現金保險之承保對象包括政府機關、金融事業、學校、團體及公私企業等。主要在承保現金於運送途中、存放金庫內、置存櫃檯時，遭受竊盜、搶奪、強盜、火災、爆炸等意外事故所致之損失。

實務上可分為現金運送保險、庫存現金保險及櫃檯現金保險三種，被保險人可依實際需要，選擇其中一種、兩種或三種合併投保。此外，三種現金保險皆將因點鈔員之疏忽或錯誤所致之損失，或於點查時發現之現金短少，及因現金發生損失後所引起之附帶損失，列為除外不保項目。

五、新種保險

（一）寵物保險

寵物保險，係指被保險寵物於保險期間內，因其自身之疾病、遭受意外事故或侵害他人所生之費用，保險人依保險契約規定負賠償之責。目前市場上之寵物保險，承保之寵物為已植入晶片或提供身份檢驗證明之狗及貓，保障內容則涵蓋以下幾項給付（以國內某產物保險公司之寵物綜合保險單條款為例）。

1. 寵物醫療費用保險

被保險寵物自保險單起保日第 30 日起，因其自身之疾病或遭受意外傷害事故，經登記合格獸醫院治療者，保險人就被保險人實際支付被保險寵物之醫療費用，給付寵物醫療保險金。

2. 寵物寄宿日額費用保險

被保險人因疾病或遭受意外傷害事故，必須住院三日以上，於住院期間無法照顧需寄託被保險寵物於登記合格獸醫或合法設立之寵物業者，保險人自第 3 日起就被保險人額外實際支出寵物寄宿費用，依契約所約定保險金額給付。通常有最高給付日數的限制，例如 10 日。

3. 寵物侵權責任保險

被保險人於保險期間內，因被保險寵物加損害於第三人，致第三人體傷、死亡或財物損害，依法應由被保險人負賠償責任並受賠償請求時，保險人對被保險人負賠償之。

4. 寵物協尋廣告費用保險

被保險人因被保險寵物於保險期間內遺失，自遺失之日起 30 日內，保險人就被保險人實際所支出協尋廣告之廣告費用給付。通常會設定每一次事故最高賠償限額及次數，例如每次賠償限額 1,000 元，最多賠付 2 次。

5. 寵物喪葬費用保險

被保險人因被保險寵物於保險期間，因其自身之疾病或遭受意外傷害事故致死，保險人就被保險人實際支出喪葬費用給付保險金。

(二) 參數型天氣保險

基於氣候因素無法有效預測，可能對經濟活動產生巨大影響，爲有效降低受氣候所造成之經濟損失，穩定經營利潤，故舉辦參數型天氣保險。我國金融監督管理委員會於民國 111 年訂定「財產保險業辦理參數型天氣保險業務自律規範」，作爲保險業辦理天氣保險業務之指引規範，以保障消費者權益。

1. 意義

財產保險業爲易受異常天氣條件影響之產業提供於發生保險契約約定之天氣條件時，依契約約定保險金額賠償被保險人，以因應特定風險保障之保險商品。

2. 承保對象

係指易受異常天氣條件影響之產業，即配合政策投保之農林漁牧業，以及易受異常天氣條件影響且具一定規模之服務業、食品、家電製造業及離岸風力發電產業。

3. 承保範圍

承保易受異常天氣條件影響之產業，因異常天氣條件影響所致之損害，由保險人對被保險人負賠償之責。所謂損害，主要指財務損害，包括成本或固定費用之損失、利潤損失及避免或減輕損失所支出必要且合理之費用。

此外，天氣保險所承保之「異常天氣條件」，通常包括溫度異常變化、降雨量異常變化、及風速異常變化，被保險人得依其需求擇一投保。茲將天氣保險單之重要名詞說明於下：

(1) 天氣異常變化：係指溫度、降雨量或風速異於保險契約所約定之「每日約定溫度」、「每日約定降雨量」或「每日約定風速」，並以行政院交通部中央氣象局之資料爲依據。

(2) 「每一溫差數之單位保險金額」：係指被保險人與保險人於本保險契中約定，保險人就「每一溫差數」之賠償額度。

(3)「每一降雨量異常日之單位保險金額」：係指被保險人與保險人於本保險契約中約定，保險人對「每一降雨量異常日」之賠償額度。

(4)「每一風速異常日之單位保險金額」：指被保險人與保險人於本保險契約中約定，保險人對「每一風速異常日」之賠償額度。

實務分享

綠色金融正夯！這些公司都在綠色保險

　　「綠色金融」又稱為綠色投資、永續或氣候金融。其中，綠色保險也成為保險業的新戰場！根據產險公會定義，「綠色保險」是指「因應綠能需求而生之新增財產、新興或變更風險，或有利發展所規劃的保險商品」。近年隨著全球暖化、氣候變遷威脅變大，綠色保險的範圍也隨之擴大，從一開始的環境汙染責任險，進展到現在如外溢保單、綠能保險，也都算是廣義的綠色保險。因此，綠色保險大致上可分為 4 大類別：

　　第 1 類為「因氣候或環境變遷，而有擴大損失趨勢」的保險商品，如農業保險、氣候保險。例如國泰產險於 2016 年推出的首張芒果農作物保險、2019 年開辦的芭樂保險，或明台產險推出的 D&O 氣候變遷訴訟險。

　　第 2 類為「因氣候或環境變化，或為減緩氣候或環境變遷新增的技術、設備或經營風險」的保險商品，如風電保險、太陽能保險。例如明台產險推出太陽能業者電子設備保險與離岸風電業者工程保險。

第 3 類為「有利減緩氣候或環境變遷威脅」的保險商品。例如南山產險於 2020 年底推出 UBI 車險、新光產險於 2022 年推出的充電樁綜合保險。

第 4 類為「使用、管理或建造綠能財產的消費者或企業主，提供保費折減優惠」的保險商品，例如壽險公司推出的外溢保單，已成為近年最熱門的綠色保險商品。

為了朝向「2050 淨零排放」目標，保險業更是卯足全力開發綠色保險商品，未來還將出現哪些創意綠色保單？值得期待。

資料來源：現代保險 2023/05/26；https://www.rmim.com.tw/news-detail-39323

一、名詞解釋

1. 共同海損

2. 第三人

3. 索賠基礎

4. 損失發生基礎

5. 員工誠實保證保險

6. 參數型天氣保險

二、選擇題

(　　) 1. 於橋樑興建工程之場合，定作人（地方政府）擔心承攬之營繕承包商無法履行契約而產生損失，可採用下列何者作為保障？　(A) 營造工程綜合保險　(B) 安裝工程綜合保險　(C) 建築師專業責任保險　(D) 工程履約保證保險。　　　　　　　　　　　　　　　　　　　　　　　　　　　【100 年初等考試】

(　　) 2. 下列何者並非責任保險之特性？　(A) 涉及第三人之損害　(B) 無保險價額之觀念　(C) 保險標的為無形標的　(D) 理賠作業耗時較長。

【100 年初等考試】

(　　) 3. 下列何者性質上並非屬於專業責任保險之範疇？　(A) 董監事責任保險　(B) 醫師業務責任保險　(C) 旅行業責任保險　(D) 會計師責任保險。

【100 年初等考試】

(　　) 4. 下列何者非現金保險的保障範圍？　(A) 現金運送　(B) 庫存現金　(C) 櫃臺現金　(D) 點鈔短少。　　　　　　　　　　　　　　　【100 年初等考試】

（　）5. 下列哪一項不是產品責任保險的承保對象？　(A) 生產者　(B) 批發商　(C) 消費者　(D) 零售商。　　　　　　　　　【100 年初等考試】

（　）6. 臺北市政府舉辦戶外活動，主辦單位擔心天氣不好，使設備受損，請您建議可以購買何種保險？　(A) 平安保險　(B) 颱風保險　(C) 氣候保險　(D) 信用保險。　　　　　　　　　【100 年初等考試】

（　）7. 下列何種保險較常採「賠償責任限額」（Limits of Liability）方式承保？　(A) 海上貨物運輸保險　(B) 汽車車體損失保險　(C) 自用住宅火災保險　(D) 醫師責任保險。　　　　　　　　　【104 年初等考試】

（　）8. 下列何者不是短尾險種（Short-Tail Line）？　(A) 住宅火災保險　(B) 汽車竊盜保險　(C) 汽車車體損失保險　(D) 公共意外責任保險。

　　　　　　　　　【105 年初等考試】

（　）9. 下列何者不是保險法上對財產保險的分類？　(A) 意外保險　(B) 火災保險　(C) 保證保險　(D) 責任保險。　　　　　　　　　【108 年初等考試】

（　）10. 在船舶航程期間，為求共同危險中全體財產之安全所為故意及合理處分，而直接造成之犧牲及發生的費用，稱為：　(A) 單獨海損　(B) 共同海損　(C) 協議全損　(D) 損害防止費用。　　　　　　　　　【108 年初等考試】

三、問答題

1. 試說明海上保險的特性與種類？

2. 試說明海上保險之損害包括哪些？

3. 試說明責任保險人賠償責任產生的基礎有哪兩個？其內容及適用險種？

4. 責任保險之保險金額通常分成哪幾項？

5. 目前國內已開辦的工程保險種類有哪些？

6. 犯罪保險有哪些？其內容為何？

7. 試說明參數型天氣保險是意義與承保內容？

NOTE

CHAPTER

15

人身保險(一)

學習重點

1. 人壽保險的意義、特質與種類

2. 定期壽險、終身壽險、生死合險之
   內容

3. 簡易壽險及團體壽險之內容

4. 萬能保險、利率變動型保險、外幣
   保險、優體保險、微型保險、小額
   終老保險之內容

5. 人壽保險之重要條款分析

6. 年金保險的意義、特質與種類

7. 年金保險之重要條款分析

INSURANCE

藝人夫妻買保險被詐－儲蓄險划算嗎？

　　某知名藝人夫妻以現金繳保費購買儲蓄險，被不良業務員詐騙 3,400 多元，除了提醒大家保費繳交要小心外，也引發大眾討論買儲蓄險划算嗎？

　　該藝人在 2018 年購入的儲蓄險保單，6 年總繳保費超過 4,000 萬元，當初購買是希望 6 年期滿後能有一筆滿額金、或是每年能領回豐厚的配息。但理財規劃顧問（CFP）表示，以當時市場利率推估，臺幣保單利率約在 2% 左右，推估 6 年期滿後保價金約是 4,000 萬加上 6% 利息，大約是 4,240 萬元。如果是還本型能每年領回，推估能領回 75 萬元左右，但實際能領多少，必須回歸保單設計。

　　6 年的投報率不過 6%，平均一年投報率僅有 1%，投報率幾乎等同於銀行定存利率，在央行升息 2 次後，臺灣銀行 1 年期定儲機動利率有 1.215%，已經超過儲蓄險的投報率。且儲蓄險若在繳費期間內解約，會有大筆損失，站在投資理財的角度，這筆投資確實很不划算。所以要享受到資金增長的效果，一定要放長、放遠，以 6 年期繳費為例，保價金要累積超過 10 年，才有打敗銀行定存利率。

資料來源：鏡週刊網路新聞 2022/08/05；https://reurl.cc/b90XDr

　　儲蓄險屬於人壽保險契約中之生死合險，被保險人在保險期間內死亡，或期間屆滿時仍生存，保險公司皆須給付約定保險金，故實務上又稱養老壽險或儲蓄壽險。此種保險兼具保障與儲蓄兩種特性，因此保費較高，無法滿足低保費高保障的需求，只能算是強迫儲蓄的理財商品，且至少要放超過 10 年以上，才有機會累積更多保單價值準備金。因此，在購買人壽保險之前，應優先考量自身保障需求，可先規劃低保費高保障的定期壽險或終身壽險，待保障完整後，再考量理財目的之儲蓄險。

前 言

漫長的一生中，每個人都會面對生、老、病、死、傷、殘等不可預知的風險，為了彌補上述風險所導致的經濟上不安定，可透過人身保險中的「人壽保險」、「年金保險」、「健康保險」、「傷害保險」及結合保險與投資功能的「投資型保險」來提供不同需要的保障。本章將先介紹「人壽保險」與「年金保險」，再於下一章介紹「健康保險」、「傷害保險」及「投資型保險」。

15-1 人壽保險

依保險事業發展中心統計，至 2021 年國內人壽及年金保險投保率（即壽險契約件數比上人口數）已達 264%，等於臺灣人每人平均有 2.6 張保單，可見國人對人壽保險的認知及接受度已相當普遍。

一、人壽保險的意義與特質

依保險法第一○一條規定：「人壽保險人於被保險人在契約規定年限內死亡，或屆契約規定年限而仍生存時，依照契約負給付保險金額之責。」因此，人壽保險（Life Insurance）可定義為以人的身體或生命為保險標的，而以人之生存或死亡為保險事故，於保險事故發生時，由保險人依約定給付一定金額的保險契約。由於人壽保險與以財物為標的之財產保險有很大的差異，故將人壽保險主要特質說明如下。

（一）為他人利益的保險

財產保險主要在彌補自身財產的損失，而人壽保險往往是投保者在生前繳費，身故後才由遺屬受領保險給付，以保障其家人的經濟生活，因此是一種為他人利益且動機高尚的保險。

（二）主要為長期性契約

財產保險因個別標的性質及損失差異較大，多以短期（通常為一年期）方式承保。但人壽保險因保險標的量大且同質性高，損失機率亦可透過經驗生命表預估，因此通常為數年或數十年以上之長期保險。

（三）多具儲蓄性質

財產保險主要為彌補財物的損失。而人壽保險除補償損失外，因採平準方式繳納保費，前幾年因多繳保費會逐年累積現金價值，故兼具儲蓄性質。

（四）為定額保險契約

財產保險以財物為保險標的，保險利益主要以投保當時之市場價值來衡量。而人壽保險則以人為保險標的，由於人身無價，很難評估其保險利益，因此須在訂約時事先約定保險金額，事故發生時則以約定的金額給付。

二、人壽保險的種類

保險市場競爭日益劇烈，各家公司無不卯足全力推出各種滿足消費大眾需求的壽險商品，壽險契約的種類也日益複雜。

（一）普通人壽保險

普通壽險保單的商品種類繁多，但基本上可歸納為定期壽險、終身壽險及生死合險三大類。

1. 定期壽險（Term Life Insurance）

定期壽險指提供特定期間死亡保障的人壽保險，當被保險人在特定期間內發生死亡或全殘之保險事故，保險公司給付約定的保險金；若特定期間屆滿，被保險人仍生存時，保險契約效力終止，保險公司不負保險責任。因為是一種純粹保障性質的保險，相較於其他種類的壽險，保險費也最低廉，適合剛踏入社會，準備建立小家庭的年輕人，亦可作為長期性保險的替代品。

實務分享‧‧‧‧

房貸壽險

　　房貸壽險其實就是與房貸做連結的壽險，實務上分成「平準型」與「遞減型」兩類。當貸款人買房並投保房貸壽險時，保險公司會先借出一筆錢讓貸款人清償房貸加保費，萬一貸款人不幸去世或發生重大事故而失能，會先有保險給付將房貸繳清，不至於讓房子被銀行拍賣，有多餘的理賠金（平準型）才會給身故者的家庭。

1. 平準型房貸壽險：為普通定期壽險型態，無論貸款金額高低，保險期間內壽險保額固定，保費較高。

2. 遞減型房貸壽險：為遞減型定期壽險型態，壽險保額隨貸款金額逐年遞減，保費相對較便宜。

資料來源：經濟日報 2021/11/08 記者葉憶如

2. 終身壽險（Whole Life Insurance）

指提供終身保障的人壽保險，即被保險人繳保費後，無論何時身故，保險公司皆須給付約定保險金額的保險。由於保險期間為終身，保費較定期壽險為高，但因無生存給付，所以保費也比生死合險低廉。此險種最適合純保障需求者的長期保險規劃，除了對於每個人最後一筆費用可得到適當安排（例如喪葬費用、身故前醫療費用及遺產稅等），也不需擔心年老體衰後保費提高或重新核保的問題。

3. 生死合險（Endowment Insurance）

係指被保險人在保險期間內死亡，或期間屆滿時仍生存，保險公司皆須給付約定保險金的人壽保險，又稱養老壽險或儲蓄壽險。此種保險兼具保障與儲蓄兩種特性，死亡保險金可以提供被保險人身故時家庭的經濟保障，生存保

險金則可提供被保險人晚年養老之用，其保險費相對也較高，因此適合中年家庭的保險規劃，或做為特殊目的之基金的籌措（例如子女教育基金及老年退休基金）。

（二）簡易人壽保險（Industrial Life Insurance）

是以較簡易的方法（低保額、免體檢）所經營的小額人壽保險。我國於民國24年公佈簡易人壽保險法，規定僅能由郵政儲金匯業局經營。之後於民國92成立中華郵政股份有限公司，民國96年更名為臺灣郵政股份有限公司，繼續經營簡易壽險業務。此外，民國80年開放其他壽險公司亦得經營簡易壽險業務，並由金管會主管。簡易壽險之主要特徵如下：

1. 被保險人限中華民國國民。

2. 一律免體檢。

3. 險種包括死亡保險及生死合險，並得以附約方式經營健康保險及傷害保險。

4. 目前保險金額最低為新臺幣1萬，最高為600萬元。

（三）團體人壽保險（Group Life Insurance）

指以一張總保單提供團體中合格被保險人的保險保障，當加入團體保險的被保險人遭遇死亡或全殘時，由保險人依約給付一定金額的人壽保險。其中，團體人壽保單（總保單）由要保團體所持有，各個被保險人僅發給保險證以為承保之證明。投保此險種的目的在提供企業中員工之壽險保障並降低經營風險，成為企業員工福利中重要的一環。茲將團體壽險之主要特性說明之。

1. **保費採經驗費率**：團體壽險的保費會依投保團體前一年的實際損失經驗來調整下年度的保險費。

2. **免體檢方式核保**：核保重點為團體的特性及職業危險性，除非員工年齡或投保金額過高，否則並不對個別被保險人體檢。

3. **最低被保險人數限制**：為避免逆選擇及減低成本，規定至少須有某一比例（通常為75%）的員工須參加。

4. **依保險金額給付表提供保障**：團體壽險之保險金額給付表，乃依成員的薪資、職位及服務年資而設計，非由個別員工自行決定。

5. **成本低，保障高**：由於投保人數較多，降低平均風險和集體作業成本，因此團體壽險可以較低的成本獲得與個人壽險相同的保障金額。

（四）特種人壽保險

因應保險金融商品的多樣化與社會大眾需求的改變，近來壽險業陸續推出有別於普通人壽保險的新型態保險，主要有萬能保險、利率變動型保險、外幣保險、優體保險、微型保險及小額終老保險等，以下將重點說明各險種的內容及特色。

1. 萬能保險（Universal Life Insurance）

由一個定期壽險（死亡保額）及一個單獨運作的現金價值帳戶而組成，保戶繳納的保費在扣除死亡保費後，便進入此帳戶，並透過市場利率或基金工具來累積現金價值。主要特性為要保人可自由決定保費繳納之時間及金額，亦可隨時調整保險金額，其保單現金價值隨市場利率變動而增減，要保人在保險期間內可隨時領回現金因應需要。

2. 利率變動型保險（Floating Interest Rate Insurance）

為降低壽險業經營的利率風險，金融監督管理委員會於民國 95 年通過利率變動型人壽保險單示範條款。利率變動型壽險與傳統壽險最大的不同在於採用隨市場利率機動調整的宣告利率（常見為四大行庫的平均兩年定存利率加減碼），同時也提供最低保證利率，因此保戶的保單價值將可隨著市場利率上漲而增值。

3. 外幣保險

當新臺幣利率走低時，國內傳統型壽險費率將相對偏高。因此，民國 96 年開放保險業可銷售以外幣繳納保險費及給付保險金，並可享有匯差收益的外幣型壽險。各家保險公司也隨之推出外幣型年金保險或投資型保險，目前市場上常見者為以美元、人民幣、澳幣及紐幣等外幣計價之外幣保單。

4. 優體保險

金融監督管理委員會於民國 96 年頒佈「人身保險業辦理優體壽險業務應注意事項」，規定保險業得推出依被保險人吸煙經驗、健康狀況、生活方式、家族病史等因素，對死亡率風險作更精確評估之人壽保險。被保險人在投保優體壽險時，保險公司將透過核保及體檢程序，體檢內容包括尼古丁、血液、血糖、血壓、愛滋等測試，並依結果反應其死亡率風險，若風險低則減收保費；反之，體況不佳而死亡率風險較高者，將會繳交較高之保險費。

5. **微型保險（Micorinsurance）**

為使弱勢民眾得以低保費獲得基本保險保障，避免因被保險人發生保險事故使家中經濟陷入困境，並鼓勵保險業者善盡社會責任，金融監督管理委員會於民國 98 年發布「保險業辦理微型保險業務應注意事項」，期建構更為健全之社會安全網。微型保險即指保險業為經濟弱勢者或特定族群提供基本保障的保險商品，主要包括原住民、中低收入戶家庭及漁民、身心障礙者等社會弱勢族群，避免其遭受突發事故對家庭經濟造成嚴重衝擊。此保險最大特色是保費低廉、保障內容為一年期的定期壽險或傷害保險、目前保額上限為 50 萬元、可附加實支實付型傷害醫療保險但最高不得超過 3 萬元。其投保方式主要透過非傳統行銷通路（包括政府或公營機構、非政府組織、社會公益團體等管道），並以集體保險方式承作。

6. **小額終老保險**

因應我國高齡化社會，金管會於民國 105 年訂定「小額終老保險商品相關規範」，以滿足高齡者基本保險保障需求。小額終老保險之類型為終身壽險，主要特色為投保年齡較高，一般可達 80 歲以上；保費較一般終身壽險為低，且免體檢；其保險給付規定前 3 個保單年度死亡或完全失能，給付 1.025 倍所繳保費，第 4 個保單年度起則依保險金額進行給付；目前最高投保金額 70 萬元，並得附加傷害保險保額 10 萬元，主管機關可依生活水準修訂並公佈之。

三、人壽保險條款分析

人壽保險契約為約定契約當事人之間權利與義務的文件，契約條款主要依主管機關頒佈的「人壽保險單示範條款」來訂定，茲將較重要條款內容說明之。

（一）審閱期間

消費者若有意投保壽險保單，保險公司必須提供完整的保單條款給客戶，客戶有 3 天的審閱期限，之後再決定是否要簽保單。據此，人壽保險條款增列前言：「本契約於訂立契約前已提供要保人不低於 3 日之審閱期間」。

（二）契約生效條款

就人壽保險契約而言，保險公司應負的保險責任，即自保險公司同意承保並收取第一期保險費後開始，並應發給保險單作為承保的憑證。若要保人於保險公

司同意承保前，預先交付相當於第一期保險費；但在保險公司同意承保之意思表示前，發生應予給付之保險事故時，保險公司仍負保險責任。

即要保人如果已填妥要保文件，業務員也已收取第一期保險費，若在保險公司尚未完成核保手續並同意承保之前發生保險事故，只要是保險公司依正常的核保程序應該給予承保的契約，保險公司仍會給付保險金。

例題 1　志華（要保人）在 111 年 1 月 1 日以自己為被保險人，填寫要保書向安安壽險公司申請投保 20 年繳費之終身壽險，保險金額為 100 萬元，同時交付第一期保險費 1 萬元。安安公司在同年 1 月 5 日完成核保並同意承保，則此保險契約之效力自保險公司同意開始，追溯至 111 年 1 月 1 日始生效。若志華不幸在 111 年 1 月 4 日因車禍身故，安安保險公司應賠償保險金 100 萬元給志華之身故受益人。

（三）契約撤銷條款

人壽保險之要保人在收到保險單翌日起算 10 日內，可不論撤銷原因並以書面或其他約定方式向保險公司撤銷契約。撤銷的效力應自要保人「書面或其他約定方式之意思表示到達」翌日零時起生效，保險契約自始無效，保險公司應無息退還所繳保險費。契約撤銷生效後所發生的保險事故，保險公司不負保險責任。

例題 2　若志華車禍後並未死亡，安安公司在同意承保後，於 111 年 1 月 10 日將製作完成之保單掛號寄達志華之住處，則志華可在收到保單翌日起 10 日內，即 111 年 1 月 20 日前以書面申請撤銷本契約，安安公司必須接受並退還所繳保費 1 萬元給志華。

（四）寬限期條款（Grace Period Clause）

要保人應依照約定的繳費方法及日期，繳納第二期以後的保險費。但為避免要保人因疏忽或過失未交付續期保費而使保單失效，本條款規定自保單所載應繳日（月繳、季繳）或催告到達翌日（半年繳、年繳或金融機構轉帳）起 30 天，在此寬限期間內保單仍有效。若在寬限期間內發生保險事故，保險公司仍應負賠償責任，但會從給付的保險金額中扣除欠繳的保險費。若要保人於寬限期間內仍未交付續期保險費，保險契約自寬限期間終了的翌日起「停止效力」，保險公司不再負保險責任。

例題 3　若志華未撤銷本契約，且每年繼續繳納保費，但至第 5 年時因經濟困難無法在 115 年 1 月 1 日完成繳費，因本契約繳費方式為年繳，故安安公司寄出催告通知繳費，志華在 115 年 1 月 10 日收到繳費通知單，依本條款規定，志華可在收到催告通知翌日起 30 日（即 115 年 2 月 9 日前）內完成繳費，以維持契約效力；若志華在 115 年 2 月 9 日前發生保險事故，則安安保險公司仍須理賠。

（五）自動墊繳保費條款

要保人於寬限期間過後仍未繳保費，若保單累積有保單價值準備金，除非要保人有反對之書面聲明，保險人應以當時的保單價值準備金（如有保單借款者，以扣除其借款本息後的餘額），墊繳其應繳的保險費及其利息，使保險契約繼續有效。若被保險人於保險費墊繳期間內發生保險事故，保險公司仍負保險責任，但須自所給付的保險金中，扣除已墊繳的續期保險費本息。

例題 4　若志華在 115 年 2 月 9 日前仍因經濟困難而無法繳費，但因投保當時曾聲明同意自動墊繳保費，因此安安公司將自動以志華過去四年所繳保費累積之保單價值準備金墊繳保費，直至同年 2 月 28 日墊繳完畢，則本契約自 115 年 3 月 1 日起停效；若志華在墊繳期間發生保險事故，安安公司仍須理賠。

（六）復效條款（Reinstatement Clause）

要保人於寬限期間內仍未交付續期保險費者，保險契約自寬限期間終了的翌日起「停止效力」。保險契約停效後，要保人得在停效日起一定期間內（通常為 2 年，稱停效期間）申請恢復契約效力，稱為復效，即恢復舊契約的效力。若不辦理復效，於停效期間屆滿，保險契約的效力即行終止。

要保人欲在停效期間內申請復效，若在停止效力之日起 6 個月內清償保險費、保險契約約定之利息及其他費用後，翌日上午零時起，開始恢復效力。但若停效超過 6 個月，保險人得於要保人申請恢復效力之日起 5 日內要求提供被保險人之可保性證明，除被保險人之風險程度有重大變更已達拒絕承保外，保險人不得拒絕其恢復效力。

例題 5　因契約在 115 年 3 月 1 日停效，依條款規定，志華必須在 2 年內（即 117 年 2 月 28 日前）向安安保險公司申請復效，並清償欠繳的保費後，契約效 力恢復；但若志華並未辦理復效且在 2 年的停效期間內發生保險事故，則 安安保險公司無需理賠。

知識小站

可保性證明（Evidence of Insurability）

即證明投保者具有可保性，可通過保險公司核保標準的一切文件或資料，例如 健康聲明書或體檢報告書。

(七) 不可抗辯條款（Incontestable Clause）

依據保險法六十四條及壽險條款規定「要保人對於保險人之書面詢問，應據 實說明。要保人有為隱匿或遺漏不為說明，或為不實之說明，足以變更或減少保 險人對於危險之估計者，保險人得解除契約，其危險發生後亦同。」，即要保人、被 保險人須基於最大誠信原則訂立契約，對於保險公司書面詢問事項應據實說明。

但為避免過度保護保險公司，及不讓受益人的保障永遠處於不確定狀態，亦 規定保險公司在契約訂立經過一段時間（通常為 2 年）後，不能對被保險人之不 實告知事項或隱瞞之事實有任何之抗辯，而主張解除契約以避免給付保險金。

例題 6　若志華在 117 年 1 月 1 日完成復效，半年後，即 117 年 6 月 1 日因肝硬化 而死亡，安安保險公司經調查發現志華在原投保前（110 年 6 月 1 日）曾 因肝炎就診，但 111 年 1 月 1 日投保時並未告知，然因本契約訂立已滿 2 年以上，故安安公司不得再主張志華違反告知義務而拒絕理賠，故仍須賠 償死亡保險金 100 萬元給其身故受益人。

(八) 除外責任條款

為維護社會善良風俗、避免道德危險及防止保險成為犯罪工具，各壽險保險 單都設有除外不保的條款，依壽險保單條款規定之除外責任事項為：

1. 要保人故意致被保險人於死。

2. 被保險人在契約訂立或復效之日起2年內，故意自殺或自成殘廢。

3. 被保險人因犯罪處死或拒捕或越獄致死或殘廢。

但因上述各款情形而免給付保險金者，本契約累積達有保單價值準備金時，仍須依照約定給付保單價值準備金予應得之人。

(九) 保單借款條款（Policy Loan Clause）

保險單借款是指人壽保險契約於交付保險費（通常 1 年以上）累積有保單價值準備金時，要保人得在當時保單價值準備金的範圍內向保險公司申請借款，稱為保險單借款或保險單質押貸款。要保人可以利用保險單借款，以因應個人或家庭理財一時急需，但亦應定期清償保險單借款利息，若保險單借款的本息超過保單價值準備金時，保險契約即行停效。

(十) 不喪失價值條款

壽險示範條款第九條規定：「要保人得隨時終止本契約」，而契約之終止自保險公司收到要保人書面通知時開始生效。但要保人之「保險費已付足達 1 年以上或繳費累積達有保單價值準備金」而終止契約時，保險公司應於接到通知後 1 個月內，將此累積的現金價值歸還要保人，並提供下列三種方式：

1. 領取解約金

若要保險人在保險期間累積有現金價值時終止契約，可向保險人領取一筆解約金後保單效力即行終止，此解約金額不得低於保單價值準備金之四分之三。

2. 變更為展期定期保險（Extended Term Insurance）

要保人亦得選擇以當時累積的保單價值準備金扣除營業費用後的數額，當作一次繳清的躉繳純保費，向保險人申請變更為保額相同但期間縮短的定期保險。

3. 變更為減額繳清保險（Reduced Paid-up Insurance）

要保人也可選擇以當時累積的保單價值準備金扣除營業費用後的數額，當作一次繳清的躉繳純保費，向保險人申請變更為同類保險且期間相同的減額繳清保險，使保障繼續有效。

15-2 年金保險

依內政部 2021 年公布「2020 年簡易生命表」，國人的平均壽命為 81.3 歲，其中男性 78.1 歲、女性 84.7 歲，皆創歷年新高。處於如此高齡化趨勢的社會中，提供老年收入保障的年金保險就愈來愈被重視。年金保險一般可分為社會年金保險及商業年金保險，前者將於本書第 18 章介紹，本節則僅針對商業性年金保險部分予以闡述。

一、年金保險的意義與特質

年金是指定期給付特定契約金額的一種付款方式，而年金保險（Annuity Insurance）則是「以年金式給付的生存保險」，係指保險人承諾在被保險人生存期間或契約約定期間內，定期性（按月、年或一定期間）給付特定金額的一種保險契約。茲將年金保險的主要特質說明如下：

(一) 保險給付具彈性

年金保險之給付並非僅以「年」為單位，而是依個人需求於契約中約定給付方式，例如每月、每季、每年或某一特定期間給付等。

(二) 較無道德危險

年金保險是以被保險人生存為給付前提，相對於人壽保險較無道德危險，對被保險人之健康情形或職業等風險選擇上，並不須要嚴格限制。

(三) 以年金生命表計算保費

人壽保險承保事故是死亡，採用壽險業「經驗生命表」中的死亡率做為費率計算的基礎。而年金保險承保事故是生存，須考慮因醫療科技、環境等變遷所致平均餘命之延長，而需另行編製「年金生命表」，並以年金生命表中的生存率做為費率計算之基礎。

(四) 重視基金投資收益

由於年金保險為長期生存給付之商品設計，在匯集資金方面遠勝於一般壽險。其保險基金須累積足夠以支應長期給付之用，因此對資金運用的收益性及安全性上更為重視，若投資不當恐將造成保險公司財務危機。

二、年金保險的種類

年金保險之商品種類，可依繳費方法、被保險人之人數、保險金給付方式、給付開始時間及給付額是否變動等加以分類，茲將其主要型態分述如下，並將各類年金契約整理如圖 15-1。

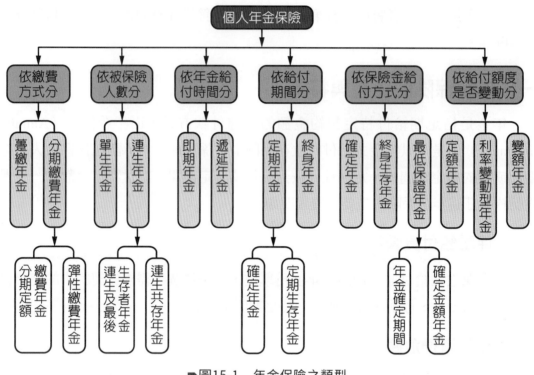

➡圖15-1　年金保險之類型

(一) 依繳費方法

1. 躉繳年金保險

將應繳之保險費一次全部繳付給保險人。

2. 分期繳費年金保險

即以分期繳付定額保險費所購買之年金保險。

(二) 依被保險人人數

1. 單生年金（Single Life Annuity）

以一個人為被保險人，所簽訂之年金保險契約。

2. 連生年金（Joint Life Annuity）

係指被保險人有兩人以上之年金契約，一般是夫妻共同購買，又可分為連生共存年金、與連生及最後生存者年金。前者指年金給付至第一位被保險人死亡時即停止給付，後者則為年金之給付持續至最後生存之被保險人死亡為止。

（三）依給付開始的時間

1. 即期年金保險（Immediate Annuity）

此種年金保險係以躉繳方式購入，並於購買之當年度期末開始給付年金，稱為期末即期年金保險。亦可約定於期初給付年金，稱為期初即期年金保險。即期年金適合手邊有一大筆退休準備金者，以躉繳方式購買即期年金，分期領回年金金額，以保障退休所得。

2. 遞延年金保險（Deferred Annuity）

此種年金保險成立後，約定一定期間或被保險人達某一特定年齡後，才開始給付年金。遞延年金適合較年輕開始規劃退休金者，以分期方式購買遞延年金，一般遞延期間為 10 年、20 年或到達 60 歲後，開始分期領回年金金額來保障退休所得。

（四）依保險金給付方式

1. 確定年金

即約定於特定期間內給付年金予受領人，無論被保險人是否生存或死亡，在投保時即已確定給付期間。

2. 終身生存年金

以年金受領人生存為年金給付之條件，直至年金受領人死亡為止，並無最低給付期間或金額之保障。

3. 最低保證年金

為避免因被保險人早期死亡，而有損失年金保費之心理，故有最低保證年金保險之設計，一般可分成兩種型態：

(1) 確定期間年金

指年金給付有一最低保證的確定年數，若年金受領人於該年數內死亡，年金繼續給付予指定之受益人，直至約定的確定年數為止；但若年金受領人生存超過該確定年數，則年金給付將一直持續給付至受領人死亡為止。

(2) 確定金額年金

又稱退款年金，係約定年金受領人所領取之年金給付總額最少等於所繳保險費總額。若年金受領人所領之年金給付總額少於所繳保險費總額時即死亡，則保險公司應將兩者之差額，以分期或一次給付方式給付予指定受益人。

（五）依給付額是否變動

1. 定額年金（Fixed Annuity）

係指每期年金給付額是固定的年金保險。此種年金雖無投資風險，但因採固定利率計算保單價值及年金給付額，無法因應通貨膨脹造成購買力的下降，所以較不受青睞。

2. 利率變動型年金（Floating Interest Rate Annuity）

係指每期年金金額將隨市場利率機動調整的年金保險。此種年金在繳費期會隨宣告利率累積保單價值，進入清償期後，各期年金金額則依給付當時之宣告利率與預定利率加以調整。此宣告利率將視市場利率走勢而變動，故又稱浮動利率，同時也提供最低利率保證。

3. 變額年金（Variable Annuity）

此種年金每期之年金給付額不固定，視分離帳戶中保費所購買基金或債券之投資績效而波動。它雖享有投資獲利之優點，但相對地亦須承擔投資風險。

三、年金保險條款分析

年金保險示範條款主要可分為傳統型年金保險與利率變動型年金保險兩大類，條款內容部分與人壽保險單示範條款相類似，例如保險契約的構成、契約撤銷權、年齡的計算等，將不再予贅述，僅就其他不同部分分別說明。

（一）傳統型年金保險契約條款

依主管機關訂定的傳統型、含保證給付之「個人即期年金」及「個人遞延年金」保險單示範條款之重點加以說明。

1. 重要名詞定義

(1)「保證期間」係指依契約約定，不論被保險人生存與否，保險公司保證給付年金之期間。例如 10 年、15 年、20 年等。

(2)「保證金額」係指依契約約定，不論被保險人生存與否，保險公司保證給付年金之總額。

(3)「年金金額」係指依契約約定之條件及期間，保險公司分期給付之金額。通常要保人可選擇每年、半年、季或月給付年金金額。

(4)「未支領之年金餘額」係指被保險人於契約年金保證期間（或保證金額）內尚未領取之年金金額。

(5)「生存年金金額」係指被保險人於契約約定之期間內仍生存時，保險公司分期給付之年金金額。

2. 保險公司應負的責任與保險費的交付

依示範條款規定，保險公司如於同意承保前，預收相當於全部保險費之金額時，其應負之保險責任，以同意承保時溯自預收相當於全部保險費金額時開始。而保險公司如預收相當於全部保險費之金額後 15 日內不為同意承保與否之意思表示者，將視為同意承保。

3. 契約的終止及保險單借款之限制

當年金保險契約進入年金給付期間，要保人不得終止契約或申請保單借款。但保證期間年金（或保證金額年金）部分，受益人得申請提前給付。

4. 年金給付的申領

被保險人於生存期間每年第一次支領年金給付時，應提出可資證明被保險人生存之文件。但年金具保證期限不在此限，被保險人若於「保證期間」未屆滿前身故，保險公司仍繼續將「保證期間」內之年金給付與受益人。

（二）利率變動型年金保險契約條款

依規定利率變動型年金甲型可含有保證期間或保證金額給付，而乙型則僅可含有保證期間給付。以下將就利率變動型年金險單示範條款，不同於傳統型年金保險的部分加以說明，並將傳統型年金與利率變動型年金之差異整理於圖 15-2。

1. 重要名詞定義

(1)「宣告利率」，係指保險公司於契約生效日或各保單週年日當月宣告並用以計算該年度年金保單價值準備金之利率，該利率依條款約定訂之，且不得為負數。

(2)「預定利率」，指保險公司於年金給付開始日用以計算年金金額之利率。

2. 年金金額的計算

(1) 甲型

甲型所給付之年金金額為固定年金金額。在年金給付開始日時，保險公司以當時所累積之年金保單價值準備金（如有保險單借款應扣除保險單借款及其應付利息後），依據當時預定利率及年金生命表計算可以領取之年金金額。

(2) 乙型

乙型所給付之年金金額為變動年金金額。其給付期間第 1 年度可領年金金額之計算方式與甲型相同，第 2 年度開始每年可領取之年金金額以前 1 年度可領取之年金金額乘以當年度「調整係數」而得之。保險公司於每年年金給付週年日，以約定方式通知當年度之調整係數。

$$調整係數 = \frac{(1+前一年金給付週年日當月宣告利率)}{(1+預定利率)}$$

種類	累積期間		給付期間	
傳統型年金	預定利率		預定利率	
利率變動型年金	宣告利率	甲型	預定利率	
	宣告利率	乙型	第一期：同甲型（預定利率）	
			續期：預定利率、宣告利率	

▶圖15-2　傳統型年金與利率變動型年金之比較

本章習題

一、名詞解釋

1. 微型保險

2. 審閱期間

3. 寬限期間

4. 復效條款

5. 可保性證明

6. 不可抗辯條款

二、選擇題

(   ) 1. 我國保險法及保單條款的規定，以未成年人為被保險人訂立之人壽保險契約，除喪葬費用外，其餘死亡給付之約定於被保險人滿幾歲時始生效力？ (A) 15　(B) 16　(C) 18　(D) 20。　　　　　　　　【110 年初等考試】

(   ) 2. 下列何種保險商品可提供社會上經濟弱勢或特定身分者基本人身保險之保障，並具有低保額與低保費的特色？　(A) 投資型保險　(B) 外幣保單　(C) 微型保險　(D) 變額萬能壽險。　　　　　　　　【110 年初等考試】

(   ) 3. 根據我國保險法的規定，人壽保險之保險費付足多久以上者，要保人得以保險契約為質，向保險人借款？　(A) 半年　(B) 1 年　(C) 1 年半　(D) 2 年。　　　　　　　　【110 年初等考試】

(   ) 4. 人壽保險自動墊繳期間發生保險事故時，保險公司：　(A) 不予理賠　(B) 扣除墊繳保險費本金及利息後給付保險金　(C) 扣除墊繳保險費本金後給付保險金　(D) 直接給付全部保險金。　　　　　　　　【109 年初等考試】

(   ) 5. 年金保險中，被保險人有兩人或以上，但年金的給付係以數個被保險人中第一個人死亡時即停止給付，稱為：　(A) 單生年金　(B) 連生年金　(C) 即期年金 (D) 連生及遺族年金。　　　　　　　　【109 年初等考試】

( ) 6. 人壽保險要保人無意繼續繳交保險費時,可將原保單轉換為期間較短而保額不變之定期保險,即向保險公司辦理: (A) 紅利增額繳清 (B) 換購定期保險 (C) 展期定期保險 (D) 減額繳清保險。 【109 年初等考試】

( ) 7. 若被保險人於民國 80 年 7 月 6 日出生,而在民國 108 年 1 月 5 日申請投保人壽保險,則被保險人的投保年齡為: (A)27 歲 (B)27 歲 5 個月 (C)27 歲 6 個月 (D)28 歲。 【108 年初等考試】

( ) 8. 人壽保險第二期以後的續期保險費,除契約另有規定外,保費繳交的寬限期間為幾日? (A)10 日 (B)15 日 (C)30 日 (D)60 日。

【106 年初等考試】

( ) 9. 下列何者是遞延年金(Deferred Annuity)的定義? (A) 年金受領人死亡後由受益人繼續領取年金 (B) 投保後經過一段長時間的累積期間才能領到第一筆年金給付 (C) 年金受領人死亡一段時間後,由受益人一次領取未到期年金 (D) 第一位年金受領人死亡後,領取年金的時間遞延到第二位年金受領人。 【105 年初等考試】

( ) 10. 現行人壽保險單示範條款中規定,保險公司應於訂立契約前提供要保人不得低於幾日之審閱期間? (A)3 日 (B)5 日 (C)7 日 (D)10 日。

【101 年初等考試】

三、問答題

1. 試說明人壽保險及年金保險的意義與特質?

2. 何謂外幣保險與優體保險,試說明之?

3. 何謂微型保險與小額終老保險,並說明其差異?

5. 當要保人終止契約而保單累積有價值準備金時,保險公司提供哪三種選擇方式讓保單不會喪失價值?

6. 年金保險依給付額是否變動,可分為哪三種,其內容為何?

CHAPTER

16
人身保險(二)

學習重點

INSURANCE

首推「生活習慣病保單」罹病後保障升級

根據衛生福利部公布 110 年國人十大死因，慢性疾病占 8 項，多與生活習慣不良有關，例如生活作息不正常容易引發高血壓、不忌口導致肥胖造成心血管疾病、飲酒過量造成肝臟損傷等。國家衛生研究院也提醒，慢性病將逐漸取代急性傳染病，成為國人最主要之健康威脅。日本厚生省將過去約定俗成的成人病或慢性病，正式更名為「生活習慣病」，包括心臟病、高血壓、糖尿病等慢性病，甚至癌症，成因都與生活習慣密不可分。

越早養成不良的生活習慣，疾病就越快發生。手搖飲、炸物店、甜品店滿街林立，疾病年輕化的情況已不容忽視，根據臺灣糖尿病年鑑資料指出，臺灣 40 歲以下的年輕族群罹患第二型糖尿病人數已增加 2.5 倍至 3 倍，腎病變、心血管疾病等併發症恐提早到來。高齡共病的比例也提升，臺灣超過 4 成 65 歲以上國人有 3 種以上慢性疾病，對醫療服務的需求也比一般健康人更高。

面對罹病後醫療費用攀升的問題，XX 壽險公司首推「生活習慣病保單」，聚焦於提升罹患生活習慣病後的醫療保障，推出具有特定傷病一次給付及 3 倍日額升級機制的創新醫療險商品，也做為預備高齡醫療的新選擇。

資料來源：現代保險 2023/06/02；https://www.rmim.com.tw/news-detail-39338

解讀

近年來包括心臟病、高血壓、糖尿病、腎病變等慢性病，已成為國人最主要之健康威脅。為了彌補這些疾病造成的相關損失，各保險公司皆已推出補償醫療費用損失的住院醫療保險、手術費用損失的手術費用保險、生病無法工作造成收入損失的失能保險、生病須要長期照顧的長照保險及針對特殊疾病的重大疾病保險、婦幼健康保險、外溢保單…等等健康保險商品，種類繁多。

而 XX 公司推出之「生活習慣病保單」，則聚焦於罹患生活習慣病後的醫療保障，包括 16 項因長期不良生活習慣容易導致的特定傷病給付、住院醫療日額 3 倍給付及有計步外溢機制（即每日走路 8,000 步以上可扣減續期保險費）之組合型健康保險商品，以滿足並提高民眾對不同健康保障的需求。

前　言

在人的一生中將面臨各種風險，上一章已經介紹了應對死亡風險的「人壽保險」和老年風險的「年金保險」。在本章中，我們將進一步介紹應對疾病、傷害、殘廢等風險損失的「健康保險」和「傷害保險」，以及結合保障和投資功能的「投資型保障」。

16-1 傷害保險

「明天與意外何者會先到？」這句話點出了無法預測的意外事故可能隨時發生，並提醒人們要準備應對未知的風險。意外事故可能奪走了多條人命，更為死者的家屬帶來生活上沉重的負擔。甚者，大難不死卻造成身體傷殘，其後續醫療及生活費用更是龐大。因此，支付少許保費即可獲得高額保障的「傷害保險」，在現代社會中更益形重要。

一、傷害保險的意義與特質

傷害保險（Injure Insurance），又稱意外保險，主要承保被保險人在保險期間內，因遭遇外來、突發、且非疾病引起的意外事故，導致體傷、失能或死亡時，由保險公司給付約定保險金額的保險。依保險法一三一條第一項規定：「傷害保險人於被保險人遭受意外傷害及其所致失能或死亡時，負給付保險金額之責」，茲將傷害保險之特質說明於下。

(一) 僅承保意外事故所致的損失

傷害保險承保之「意外事故」，指外來、突發、且非疾病引起的事故，並因而導致之身故或失能（殘廢），保險公司才予以理賠。

(二) 依職業等級計算保險費

傷害保險之危險發生率為意外死亡及失能發生率，保險費主要依被保險人之「職業等級」來計算，職業等級愈高表示危險發生率愈高，則保費愈高。我國保險業將職業等級依「臺灣地區傷害保險個人職業分類表」分成六等級，保險公司在傷害保險保費計算時，採用的職業等級費率比如表 16-1 所示。

❖表16-1　職業等級費率比

職業等級	一	二	三	四	五	六
費率比	1	1.25	1.5	2.25	3.5	4.5
職業舉例	內勤人員	外勤人員	交通警察	計程車司機	救生員	空姐

例題 1　計程車司機李先生欲投保傷害保險保額 100 萬，因每萬元保額之一年期傷害險費率為 14 元，依計程車司機職業等級四級之費率比 2.25 來計算，得出之總保費為：

3,150 元（100×14×2.25 = 3,150）

(三) 主要為短期保險

　　人壽保險一般為長期性保險，而傷害保險的保險期間則以一年或短於一年（例如旅行平安保險最長為 180 日）為原則，若投保期間短於一年，則適用個人傷害保險短期費率表，如表 16-2。

❖表16-2　個人傷害保險短期費率表

期間	十二個月	十一個月	十個月	九個月	八個月	七個月	六個月	五個月	四個月	三個月	二個月	一個月	一日
百分比	100	95	90	85	80	75	65	55	45	35	25	15	5

例題 2　開計程車的李先生投保一年期傷害保險，保險金額 100 萬元，年繳總保費為 3,150 元；若他選擇僅投保八個月，依短期費率表所訂為年繳保費之 80%，故保費則為：

2,520 元（3,150×80%=2,520）

(四) 失能給付項目較多

人壽保險之給付內容僅為死亡及全部失能兩大事故。而傷害保險則除了死亡事故外，尚包含 11 級共 80 項的失能給付，各等級之給付比例如表 16-3。

❖表16-3　失能程度與保險金給付比例表

等級	1	2	3	4	5	6	7	8	9	10	11
給付比例	100%	90%	80%	70%	60%	50%	40%	30%	20%	10%	5%

二、傷害保險的種類

我國傷害保險之市場形態一般可分為普通傷害保險、團體傷害保險、旅行傷害保險及職業傷害保險等四大類，分別說明如下：

(一) 普通傷害保險

也稱為「個人傷害保險」，當被保險人個人在保險期間內遭遇意外事故，以致身體遭受傷害、或因而失能或死亡時，由保險公司依約定給付保險金。目前各家壽險公司多採主約及附約兩種方式來銷售個人傷害保險單，若為主約單獨出單，保險期間為通常為一年，期滿另行續約；若為附加於其他壽險保單下而以附約方式出單者，則可隨著壽險主約之期間繼續，且每年保證續保。

(二) 團體傷害保險

其為團體保險的一種，即以一張總保單，提供團體中多數成員之傷害保險保障。由於團體傷害保險之保費較其他險種（如團體壽險及團體健康險）便宜許多，加上現代人對意外保障意識提高，因此團體傷害保險不僅成為公司員工福利中不可或缺的一環，亦成為政府或社福機構提供特定民眾（例如市民或中低收入戶）基本保障的措施之一。

(三) 旅行傷害保險

實務上通稱旅行平安保險，主要提供被保險人在國內、外從事旅遊或洽公期間，因意外事故所致體傷、失能或死亡時之保障的傷害保險。旅行平安保險是一種更短期的意外傷害保險，短則一日，最長一百八十天。因為保障內容簡明易懂，民眾可選擇投保手續簡便且時效快速的網路投保方式；若忘了投保，也可在各機場之旅行平安險櫃檯投保。

此外，旅行平安保單條款規定，當搭乘領有載客執照之交通工具因故延遲抵達，但非被保險人所能控制者，保險單自動延長有效期限至被保險人終止乘客身分時為止，延長期限不得超過 24 小時。若因遭劫持，保單責任亦自動延長至劫持事故終了為止。

(四) 職業傷害保險

指從事某種職業之人，因執行職務所致身體之傷害而暫時或永久喪失工作能力時，給付其保險金，以補償醫藥費用及薪資收入損失的保險。通常保險公司會針對特定職業或職位的被保險人，設計符合其特殊保障內容的職業傷害保險，例如演藝人員職業傷害保險、運動員職業傷害保險等，因多採團體方式投保，故保費較個人單獨投保低。

三、傷害保險條款分析

傷害保險單示範條款自 109 年 1 月 1 日起，將失能等級增加為 11 級 80 項。茲將較重要的條款說明於下：

(一) 保險範圍

傷害保險單示範條款第二條規定，被保險人於本契約有效期間內，因遭受意外傷害事故，致其身體蒙受傷害而致失能或死亡時，本公司依照本契約的約定，給付保險金。前項所稱「意外事故」，指非由疾病引起之外來突發事故。

實務分享·····

　　A 生前投保意外險，於保險有效期間，A 因機車意外傾倒致腿骨骨折而急診住院，並於 2 周後不幸身亡，其死亡證明書上顯示「多重器官衰竭之自然死亡」。後續，A 的家屬認為 A 是因為機車意外而不幸身亡，即向保險公司請求理賠。

　　而保險公司以 A 的死亡證明書是自體免疫疾病的「自然死亡」、且 A 生前就長期服用免疫相關藥物為由，否認 A 的死亡與機車意外傾倒致骨折有因果關係，並據以拒絕意外險理賠。

　　法院肯定 A 因為機車傾倒致骨折是意外事故，參考 A 的病歷資料後，發現 A 雖然患有免疫疾病並長期服用藥物，但是，A 是因為機車傾倒致骨折的「意外事故」才住院治療，進而感染肺炎與併發多重器官衰竭後死亡。若最初不是因為機車傾倒，A 就不會住院，也不會發生後續的感染與死亡結果。因此，法院最終認定機車傾倒致骨折的「意外事故」是導致 A 死亡的主力近因，判決保險公司應理賠意外險的保險金。

（案例改編自臺灣新北地方法院 106 年度保險字第 6 號民事判決。）

資料來源：法律百科 2022/08/12 王瀚誼（認證法律人）；
https://www.legis-pedia.com/article/damage-compensation/1018

(二) 保險時間的始日與終日

　　傷害保險單示範條款第三條規定，保險期間以「保險單上所載日時」為準。因此，只要雙方當事人同意並約定某一時日而載明於契約上，則保險契約即生效，不一定須保險人同意承保且交第一期保費時開始。

(三) 身故保險金給付

傷害保險單示範條款第四條規定表明，被保險人於保險期間內遭受意外事故，並自意外傷害事故發生之日起一百八十日以內死亡者，保險公司按保險金額給付身故保險金。但超過一百八十日死亡者，受益人若能證明被保險人之死亡與該意外傷害事故具有因果關係者，保險公司仍應理賠。

同時，為符合保險法第一〇七條第一項規定：「以未滿十五歲之未成年人為被保險人訂立人壽保險契約，除喪葬費用之給付外，其餘死亡給付之約定於被保險人滿十五歲時始生效力。」被保險人滿十五足歲前死亡者，其身故保險金變更為喪葬費用保險金。同條亦規定以受監護宣告尚未撤銷者為被保險人，其身故保險金變更為喪葬費用保險金。

知識小站

未滿 15 足歲之未成年人或受監護宣告尚未撤銷者為被保險人，一旦發生意外身故，保險公司給付之喪葬費用保險金不得超過遺產稅喪葬費扣除額之一半。而遺產稅喪葬費扣除額自民國 103 之後為 123 萬，故目前喪葬費用保險金計算基準為 61.5 萬元。

(四) 失能保險金給付

傷害保險之失能給付，依示範條款第五條的規定將失能程度分為 11 級 80 項。而在失能給付保險金的計算部分，本條款第二項指出被保險人因同一意外傷害事故導致兩項以上失能程度時，保險公司給付各項失能保險金之和，但最高以保險金額為限。若不同失能項目屬於同一手或同一足時，僅給付一項失能保險金；而當前項失能等級不同時，給付較嚴重項目的失能保險金。

例題 3　宋先生投保保險金額 100 萬元之傷害保險，因重大車禍導致雙腿癱瘓及一眼失明，依失能程度表所列為第二級及第七級失能項目，給付百分比分別為 90% 加上 40%，即 90 萬加上 40 萬，共 130 萬。但最高以保險金額為限，因此保險公司給付保險金額 100 萬元。

其次，本條款第三項規定，被保險人因本次意外事故所致之失能，如合併以前（本契約訂立前）的失能，可領失能程度表中較嚴重的保險金，但以前的失能，視同已給付失能保險金，應扣除之。但為了維護保戶權益，本條款第四項加入「但前項情形，若被保險人扣除以前的失能後得領取之保險金，低於單獨請領之金額者，不適用合併之約定。」

例題 4　李先生投保前曾因意外造成右手姆指缺失，現投保傷害保險保險金額 100 萬元後，又因工作意外造成右手另四指皆截斷。

　　依右手五指缺失，於失能程度表符合第七級應給付 40%，即保險金額 40 萬。但李生生原本已有右手姆指缺失（依失能程度表為第十一級應給付 5%，即保險金額 5 萬），因此保險公司原本僅應給付 35 萬元（40 萬－5 萬＝35 萬）。但扣除以前的失能後得領取之保險金低於單獨請領之金額，不適用合併之約定，故依本案例，最終李生生可領到較高之單獨請領金額 40 萬元。

另外，本條款第五項規定被保險人於本契約有效期間內因「不同意外傷害事故」申領失能保險金時，保險公司累計給付金額最高以保險金額為限。

例題 5　若李先生在同一保期間內先發生工作意外致右手四指截斷，3 個月後又發生重大車禍導雙腿癱瘓及一眼失明。

　　依前述兩個案例之計算，保險公司在賠償手指截斷的保險金 40 萬元後，對於之後車禍所致之雙腿癱瘓及一眼失明，僅得再理賠 60 萬元（即 100 萬－40 萬＝60 萬）。

（五）除外責任（原因）

　　除外責任條款之目的在排除故意行為、維護公序良俗及排除巨災危險，因此於示範條款第七條規定被保險人因下列原因致成死亡、失能或傷害時，保險公司不負給付保險金之責：

1. 要保人、被保險人的故意行為。但若為要保人之故意行為致被保險人殘廢時，本公司仍給付殘廢保險金。
2. 被保險人犯罪行為。

3. 被保險人飲酒後駕（騎）車，其吐氣或血液所含酒精成份超過道路交通法令規定標準者。

4. 戰爭（不論宣戰與否）、內亂及其他類似的武裝變亂。但契約另有約定者不在此限。

5. 因原子或核子能裝置所引起的爆炸、灼熱、輻射或污染。但契約另有約定者不在此限。

(六) 不保事項

傷害保險單亦排除從事特殊危險活動的時間，以維持費率之公平性。因此示範條款第八條規定被保險人從事下列活動期間，致成死亡、失能或傷害，保險公司不負給付保險金之責：

1. 被保險人從事角力、摔跤、柔道、空手道、跆拳道、馬術、拳擊、特技表演等的競賽或表演期間。

2. 被保險人從事汽車、機車及自由車等的競賽或表演期間。

(七) 職業或職務變更的通知義務

傷害保險單示範條款第十二條規定表明，被保險人變更其職業或職務時，要保人或被保險人應通知保險公司，保險公司應依變更後之職業等級多收或減收保費。如果被保險人的職業或職務風險性增加，未通知保險公司而發生保險事故時，保險公司將按其原收保險費與應收保險費的比率折算保險金給付。

例題 6　李先生原本是文書工作者，投保保險金額 100 萬的傷害保險，職業等級一級。他在同一保險期間中遭裁員轉換跑道開計程車，卻未通知保險公司。若陳先生在開計程車途中發生車禍導致全身癱瘓，則保險公司將理賠多少金額？

由於陳先生職業等級由一級上升為四級（計程車司機職業等級為四級），四級費率比是 2.25，是一級的 2.25 倍，因此發生事故的理賠金為 44.44 萬元（100 萬 × 1/2.25 ＝ 44.44 萬）。

16-2 健康保險

　　人的一生不可避免會生病，較嚴重的疾病可能產生高額的醫療費用或因疾病而無法工作之收入損失，因此除了全民健康保險所提供的基本醫療照護之外，亦可透過商業健康保險提供更全面的保障。

一、健康保險的意義與特質

　　保險法第一百二十五條規定：「健康保險人於被保險人疾病、分娩及其所致失能或死亡時，負給付保險金額之責。」實務上，健康保險除了承保被保險人因疾病所致之損失外，亦將保險事故擴大到傷害所致之損失。因此，健康保險（Health Insurance）乃承保被保險人於保險期間內，因疾病或傷害所致的醫療費用支出，或因疾病導致喪失工作能力所造成的收入損失。茲將健康保險的特質說明如下：

(一) 採罹病率計算保險費

　　有別於人壽保險以各年齡之死亡率計費，傷害保險以職業等級計費，健康保險則採罹病率計算保費。因此保險公司在健康保險核保，更重視被保險人之既往病史及投保當時的健康狀況，並多規定在契約生效一段時間內發生的疾病（如 30 日），保險公司將不予理賠。

(二) 主要為短期保險

　　由於醫療統計資料繁雜不易取得，加上醫療科技進步造成醫療成本上漲，健康保險之費率較不穩定，因此多為一年期附約型保險。但因應國人壽命提高與老年醫療照顧的需求，保險公司也陸續推出以主約出單之終身帳戶型（或定額型）的健康保險商品。

(三) 保險給付多樣化

　　健康保險之給付形態較多樣化，大致可歸類為以下三種方式。

1. **定額給付（Valued Basis）**

   按約定日額或項目給付。即不論實際發生的醫療或手術費用為多少，保險人按照疾病的項目或是住院的日數，給付固定保險金的健康保險。

2. **實支實付（Reimbursement Basis）**

   按實際發生醫療費用給付。即保險人在一定的限額內，按被保險人實際發生的醫療費用給付保險金的健康保險。

3. **預付服務給付（Prepaid Service Basis）**

   被保險人透過加入健康保險組織，於傷病時先至指定或特約醫院診療，再由保險組織直接支付醫療費用給醫療院所的健康保險。例如我國的全民健康保險制度、美國藍盾藍十字組織。

二、健康保險的種類

　　健康保險依損失形態主要可分為：醫療費用保險及失能保險兩大類，但隨著社會大眾對各種疾病醫療需求增加，各家保險公司陸續開發多樣化的健康保險商品，本文將其歸類為第三類之特種健康保險，分別說明如下：

(一) 醫療費用保險

　　主要補償被保險人罹患疾病，或遭受意外傷害事故，而就診之住院費用、手術費用、醫療雜費等支出。

1. 住院費用保險

主要補償被保險人住院治療期間的病房費、膳食費及醫療雜費等，一般分為日額給付型或實支實付型住院醫療費用保險，兩者皆有最高給付日額及給付期限的規定。

(1) 日額給付型：給付金額為醫療保險金日額 × 住院日數，有最高給付日數限制，主要目的為彌補收入損失。

(2) 實支實付型：依實際發生醫療費用給付，通常為社保自負型（即僅給付超出全民健康保險的部分），主要目的在於彌補醫療費用損失。

例題 7　王小明投保日額型住院費用保險金 1,000 元，最高給付至 180 日，若因慢性肝炎住院 50 日，則保險公司給付理賠金 50,000 元（即 1,000 元 ×50 日＝ 50,000 元）。

2. 手術費用保險

主要補償被保險人因傷病而施行手術的費用保險，一般依各項外科手術給付限額表給付。

例題 8　王小明投保手術費用保險金額 50,000 元，若因腎結石進行結石移除手術，經查限額表所列此項外科手術給付比例為 103%，則保險公司給付 51,500 元（即 50,000 元 ×103%=51,500 元）。

3. 終身型醫療保險

此保險提供一定限額（帳戶型）下的終身醫療保障，被保險人無最高投保年齡限制，保險人持續給付住院或手術費用至被保險人身故為止，剩餘的醫療保障將成為死亡保險金給付給受益人。

例題 9　王小明投保限額 200 萬元的終身帳戶型醫療保險，若在身故前陸續申請了醫療理賠金累計達 50 萬，則保險公司將剩餘的 150 萬做為死亡保險金給付給其身故受益人。

（二）失能保險

1. 豁免保費附約（Waiver of Premium）

當要保人或被保險人完全喪失工作能力持續超過一特定期間後，通常為三至六個月，即可免除其繳納保費的義務，而保單持續有效。

2. 失能所得保險（Disability Income Insurance）

係指被保險人喪失工作能力且持續超過一特定期間後，保險人依被保險人投保的金額按週、月、季或年提供定額給付，一般給付至被保險人 60 或 65 歲退休年齡為止。

(三) 特種健康保險

除了基本的醫療費用及失能保險外,為因應社會大眾對各種不同的健康照護需求,陸續產生許多為特殊目的而設計的健康保險。

1. 重大疾病保險 (Dread Disease Insurance)

係指被保險人在保險期間內,經醫師診斷證實罹患重大疾病時,保險公司依約定的金額給付重大疾病保險金。所謂的「重大疾病」,包括心肌梗塞、冠狀動脈繞道手術、腦中風、慢性腎衰竭、癌症、癱瘓以及重大器官移植手術等七項。目前市面上類似的商品已增加承保之疾病或擴大至重大傷害事故,常見如特定傷病保險及重大傷病保險。

2. 癌症保險 (Cancer Insurance)

即當被保險人在保單生效一段期間(通常為九十日或一百八十日的等待期)後始罹患癌症時,保險公司依約定的投保金額給付癌症保險金。癌症保險金給付內容包含初次罹患癌症、癌症住院、癌症門診、癌症手術、癌症安寧照護以及癌症死亡保險金等。

3. 特殊疾病保險 (Special Diseases Insurance)

保險公司針對保戶特定疾病的需要,設計特定疾病保障的健康保險。目前常見的有針對婦女特殊疾病所設計的婦女保險、提供未出生嬰兒先天性疾病保障的嬰幼兒健康保險或同時保障孕婦與胎兒的婦幼健康保險等。

4. 長期照顧保險 (Long Term Care Insurance)

被保險人於契約有效期間內,經專科醫師診斷後,依診斷書判定符合長期照顧狀態者,保險公司依約一次或分期給付看護金之保險。所謂「長期照顧狀態」,通常指被保險人經專科醫師判定持續幾個月以上(一般為六個月)有以下障礙之一者:

(1) 生理功能障礙:無他人協助,無法自行從事進食、移位、如廁、沐浴、平地行動、更衣等行為達三項以上者。

(2) 認知功能障礙:持續失智狀態,且失智量表(CDR)達中度(含)以上(2分以上)者。

5. 外溢保單（Spillover Effect Policies）

乃指有外溢效果的保險，為一種保戶自主健康管理與保險商品結合之新型態健康保險。此種健康保險除了提供保障外，保險公司提供抵減保費等誘因，讓保戶願意主動降低風險、或提昇自己健康狀況，進而對保戶及社會帶來正面的外溢效果。常見的有依運動習慣增減保費之健走型保單、依健檢結果增減保費的健檢型保單、非現金方式促進健康之實物給付型保單以及前述兩種以上外溢功能的複合式保單。

三、健康保險條款分析

「住院醫療費用保險單示範條款」為保險業設計健康保險商品條款的參考標準，茲就較重要的條款說明之。

（一）保險事故的定義

住院費用保險單示範條款第二條規定表明，本契約所稱的「疾病」係指被保險人於本契約生效日（或復效日）起所發生的疾病；而「傷害」則指非由疾病引起之外來突發事故。

為避免被保險人帶病投保引起之理賠糾紛，除重大疾病（含癌症）之等待期間最長至九十日外，其餘疾病等待期間最高以三十日為限。此期間為保險契約已生效但保險給付責任尚未開始的期間，也稱試保期間。例如市面上之住院醫療保單條款多規定之「本契約之疾病，係指被保險人參加本保險持續有效三十日以後所開始發生的疾病。」如果被保險人在契約生效後三十日內發生承保疾病而住院診療時，保險公司不負理賠之責。

（二）保險範圍與除外責任

一般健康險保單之保險範圍乃指被保險人於契約有效期間內，因疾病或傷害住院診療時，由保險公司給付約定的保險金額。但因下列原因所致的疾病或傷害，保險公司不負給付之責（第一部分）：

1. 被保險人之故意行為（包括自殺及自殺未遂）。
2. 被保險人之犯罪行為。
3. 被保險人非法施用防制毒品相關法令所稱之毒品。

及因下列事故而住院診療者，保險公司不負給付之責（第二部分）：

1. 美容手術、外科整型。但爲重建其基本功能所作之必要整型，不在此限。

2. 外觀可見之天生畸形。

3. 非因當次住院事故治療之目的所進行之牙科手術。

4. 裝設義齒、義肢、義眼、眼鏡、助聽器或其他附屬品。但因遭受意外傷害事故所致者，不在此限，且其裝設以一次爲限。

5. 健康檢查、療養、靜養、戒毒、戒酒、護理或養老之非以直接診治病人爲目的者。

6. 懷孕、流產或分娩及其併發症。但下列情形不在此限，包括懷孕相關疾病、因醫療行爲所必要之流產及醫療行爲必要之剖腹產等。

7. 不孕症、人工受孕或非以治療爲目的之避孕及絕育手術。

(三) 除外期間

爲控制醫療費用的支出，一般有兩種型式的除外期間。

1. 等待期間（Waiting Period）

保險契約已生效，但保險給付責任尚未開始的期間稱爲等待期間，主要目的在排除帶病投保的道德危險。目前各家保險公司對於等待期間的規定，在醫療費用保險單多爲三十日，在癌症險保險單則多爲九十日或一百八十日。

2. 免責期間（Elimination Period）

保險事故發生後，至保險給付責任開始前的期間稱爲免責期間。一般適用在失能保單或長期照顧保單中，當被保險人投保後發生喪失工作能力或須長期照顧的傷病時，保險公司須等待三至六個月後，確定失能或須長期照顧的狀態仍持續，始給付保險金。

(四) 同一疾病或傷害住院補償限額條款

健康保險條款中規定被保險人在契約有效期間內，因同一疾病或傷害，或因此引起的併發症，於出院後十四日內再次住院時，視爲同一次住院，其各種醫療費用給付應合併計算。此條款的目的亦在限制醫療給付的總額，以避免醫療資源的浪費。

16-3 投資型保險

投資型保險最早起源於二十世紀的歐洲，之後陸續推展至全球其他國家。我國則在 2001 年通過保險法修正案，正式賦予投資型保險商品的適法性，也燃起壽險業發展投資型保險業務的熱潮。

一、投資型保險的意義與特質

投資型保險（Investment-Oriented Insurance），指由保戶承擔投資風險，結合保障與投資的創新型保險商品，其在提供被保險人基本保障同時，亦透過分離帳戶提供投資服務。就法理面來看，保險法施行細則第十四條規定：「所稱投資型保險，指保險人將要保人所繳保險費，依約定方式扣除保險人各項費用，並依其同意或指定之投資分配方式，置於專設帳簿中，而由要保人承擔全部或部分投資風險之人身保險」。此種將保險與及投資合而為一的商品，基本上具有下列幾項特質。

（一）盈虧自負

投資型保險所產生的投資收益或虧損，大部分或全部由保戶自行承擔。

（二）專設帳簿

投資型保險分為一般帳戶（保障部分）和專設帳簿（投資部分）兩部分，專設帳簿內之投資資產由保險公司採個別帳戶管理，因此又稱分離帳戶。依保險法之規定，該筆資產於保險公司破產時，得不受保險公司債權人之扣押或追償。

（三）費用透明

投資型保險的相關費用必須定期揭露，讓保戶充份了解保費的結構。其相關費用包括前置費用（如保費費用）、保單相關費用（如保單管理費、保險成本）、投資相關費用（如投資標的申購手續費、贖回及轉換費用）、後置費用（如解約費用、部分提領費用）及其他費用等。

(四) 彈性繳費

投資型保險之繳費方式及繳費金額具彈性，只要不低於保險公司所訂定的最低下限，保戶都可視自己的經濟狀況繳費。

由前述的定義及特質可看出投資型保險與傳統型保險有很大的差異，整理如表 16-4 所示。

❖表16-4 傳統型壽險與投資型壽險比較表

項目	傳統型壽險	投資型壽險
資金運用方式	由保險公司決定。	要由保人決定。
投資風險	保險公司承擔。	大部分或部分保戶承擔。
保單價值	有保證，訂約時即可算出。	通常沒有保證，隨投資績效而變動。
保險金額	固定。	不固定。
保險費交付	定期、定額。	彈性繳費方式及金額。
費用透明度	較不透明。	較透明，可透過定期的財務報表得知保單變動狀況。
投資資產之管理	一般帳戶。	分離帳戶。

二、投資型保險的種類

投資型保單依性質可分為變額壽險、變額萬能壽險與變額年金等三種類型，以下除了說明三種保單的內容外，並將其異同性整理於表 16-5。

(一) 變額壽險 (Variable Life Insurance)

係採固定繳費（躉繳或分期繳）方式，將保單帳戶價值用於投資，此保單價值將隨著分離帳戶中保費所投資的績效而變動，由保戶承擔投資風險，並提供最低死亡給付保證之人壽保險。

(二) 變額萬能壽險（Variable & Universal Insurance）

係結合變額壽險的「投資選擇」與萬能壽險的「彈性繳費」、「彈性保障」等特性的壽險商品。特點為保單持有人可自行決定每期之保費金額、可任意調高或降低保險金額以及自行承擔投資風險等。

(三) 變額年金（Variable Annuity）

係指年金給付額隨著保戶所選擇投資組合的績效而變動的年金保險。變額年金在累積期之保費用來購買基金單位，到了清償期，年金受領人每期領取一固定數目的年金單位，再依給付當時年金單位價值計算每期年金給付額，因此每期之給付額將隨著單位價值而變動。

◆表16-5　三種投資型保險之比較表

種類＼項目	定義	保費繳納方式	現金價值	保險／年金金額
(一) 變額壽險	指保險金隨投資績效而變動之保險。	固定	變動	變動
(二) 變額萬能壽險	指結合萬能壽險及變額壽險特性之保險。	彈性		
(三) 變額年金	指年金額度隨投資績效而變動之保險。	彈性		

本章習題

一、名詞解釋

1. 意外事故

2. 豁免保費

3. 等待期間

4. 免責期間

5. 續保條款

6. 外溢保單

二、選擇題

(　　) 1. 於投保時，觀察被保險人之血色，聲音有無異常，聽力程度如何，這是觀察被保險人之：　(A) 環境　(B) 既往症　(C) 現症　(D) 年齡。

(　　) 2. 當其他條件相同，在何種狀況下，健康保險的保費較便宜？　(A) 免責期間長，自負額小　(B) 免責期間短，自負額小　(C) 免責期間長，自負額大　(D) 免責期間短，自負額大。　　　　　　　　　　　【100 年初等考試】

(　　) 3. 下列何種人身保險在相同投保條件下，女性比男性保險費為高？　(A) 傷害保險　(B) 定期壽險　(C) 終身壽險　(D) 年金保險。【102 年初等考試】

(　　) 4. 保險契約有分定額契約（Valued Contract）和補償契約（Contract of Indemnity），甲有壽險保單保額 100 萬元及依據實際費用給付之醫療保單，請問下列何者正確？　(A) 壽險保單是補償契約，醫療保單是定額契約　(B) 壽險保單是定額契約，醫療保單是補償契約　(C) 兩種皆為定額契約　(D) 兩種皆為補償契約。　　　　　　　　　　　【103 年初等考試】

( ) 5. 依我國保險法規定，傷害保險之受益人故意傷害被保險人未遂時，其受益權有何影響？ (A) 當然終止 (B) 受益人之保險金額請求權，因未遂而當然減半 (C) 被保險人得撤銷其受益權 (D) 受益人之保險金額請求權，因未遂不受影響。 【104 年初等考試】

( ) 6. 如果購買一個醫療保險，保險契約約定在契約生效日起 30 日後，第一次發生疾病所導致的住院或醫療才開始理賠，這個 30 日的期間稱為： (A) 等待期間 (B) 寬限期間 (C) 除斥期間 (D) 保留期間。

【104 年初等考試】

( ) 7. 如果在國內看見下列哪一個壽險保單的名稱，最有可能是投資型保單？ (A)XX 人壽吉祥如意終身壽險 (B)XX 人壽萬福金安萬能壽險 (C)XX 人壽一路發變額終身壽險 (D)XX 人壽美利還本壽險。 【104 年初等考試】

( ) 8. 張三為其子張四投保傷害保險，並指定其妻王氏為受益人，半年後張四不幸發生車禍而致雙腿截肢，則保險公司應給付殘廢保險金給何人？ (A) 張三 (B) 張四 (C) 王氏 (D) 無殘廢保險金，不須給付。

【106 年初等考試】

( ) 9. 雖然根據大法官會議解釋，人身保險契約不適用損害補償原則，但人身保險的種類當中，何者在性質上具有填補被保險人之財產上損害的特性？ (A) 健康醫療保險 (B) 年金保險 (C) 傷害保險 (D) 人壽保險。

【107 年初等考試】

三、問答題

1. 試述意外傷害保險之承保範圍及不保事項？

2. 試述傷害保險對於被保險人職業變更的規定？

3. 常見之特種健康保險有哪些？

4. 何謂長期照顧保險？其中「長期照顧狀態」之定義為何？

5. 試說明投資型保險的意義與特性？

6. 試比較傳統壽險商品與投資型壽險商品之差異？

CHAPTER

17

保險監理

學習重點

1. 保險監理的目的與方法
2. 保險監理的範圍
3. 保險監理的相關措施
4. 保險安定基金的設置、提撥與償付

INSURANCE

小額終老、微型保險 金管會朝三方向鬆綁

為強化弱勢族群及高齡者對於風險的抵抗能力，金管會力推微型保險及小額終老保險，除了持續提供監理誘因，也已三方向鬆綁，包括擴大微型保險承保對象、放寬小額終老保險投保金額及件數限制、增加網路投保平臺。

金管會表示，為鼓勵保險業積極推動微型保險及小額終老保險等商品，已提供許多監理誘因，例如核准制商品得採備查方式辦理、增加國外投資額度優惠與可提撥較低之人身保險安定基金等獎勵，並對辦理成效績優業者公開表揚。

金管會說明，近年已採取三項推動措施推動該等商品，一是檢討微型保險相關法規，擴大承保對象，2021 年間二度修正規定，放寬微型保險承保民眾範圍至「領取中低收入老人生活津貼之高齡者」，並將微型保險所定經濟弱勢者年所得上限規定修正為以不超過當年度綜合所得稅免稅額、標準扣除額及薪資所得特別扣除額的合計數，使更多弱勢族群可透過投保微型保險取得基本保險保障。

其次是提高國人投保小額終老保險之保障額度，為因應我國人口高齡化趨勢，於2023 年再次放寬小額終老保險投保金額及件數限制，傳統型終身人壽保險主契約保額上限由 70 萬元提高至 90 萬元，有效契約件數由三件放寬為四件，並自 2023 年 5 月 1日起實施。

三是增加網路投保平臺，為提供國人簡易、實惠之保險商品，滿足國人基本保險保障需求，建置「保障型保險商品平臺」上架，包括小額終老保險及微型保險等保障型保險商品，提供有投保需求的弱勢民眾或高齡者更多網路投保新管道。

資料來源：工商日報 2023/02/23；https://ctee.com.tw/news/insurance/813651.html

 解讀

保險監理的目的，不僅在監督保險業的營運發展，確保其清償能力的維持，亦可引導保險業對國家經濟發展與社會政策需要做相關配合，包括因應老年化社會，設計符合社會大眾需要的新種保險，或開發微型保險商品以符合經濟弱勢者的需要，善盡其社會責任。

前　言

　　保險監理是指政府對保險事業經營單位以法律或行政命令加以規範並由保險監理機關依法進行監督與管理，主要目的包括確保保險人之清償能力、防止營運方法不當、促進保險市場之公平競爭、確保當事人權益及發展國際保險業務等。

　　我國的保險監理採實體監督主義，對保險事業的設立、業務經營、財務經營、人事及再保險業務等各方面以及保險業經營不善的清算與退場，採用實質監督方式，並訂定相關法令加以規範。

17-1 保險監理的意義

一、何謂保險監理

　　保險監理是指政府對保險事業經營單位的監督與管理；針對保險事業的各種經營活動，由保險監理機關以法律或行政命令加以規範並依法進行監督與管理。

　　理論上，若市場能有效率的運作，達到公平交易、極大化所有參與者的福利，則不需要外力干預。但現實世界中，市場的運作受到許多因素的影響，無法達到完全競爭供需的理想狀態，因而造成市場失靈（Market Failures）。

　　造成保險市場失靈的原因主要為保險業經營的外部性（Externalities）與保險交易的資訊不對稱。外部性是指保險業務的發展對其他經濟主體產生的影響，可分為正面的外部性與負面的外部性；其中，負面的外部性可能造成風險的增加或社會資源的浪費。保險交易過程中的資訊不對稱則可能造成保險人訂價錯誤、逆選擇或道德風險的發生。因此，保險監理存在的目的，在於防止與糾正市場失靈對消費者利益的損害，維持保險市場的公平、安全與穩定。

二、保險監理的主要目的

　　保險監理的基本功能為規範保險市場行為與調控保險事業發展，其主要目的如下：

（一）確保保險人的清償能力

保險人的清償能力是指保險人於收取保險費後，能於保險事故發生時確實承擔損害賠償責任，支付保險賠款。如果保險人失去清償能力，保戶所繳交的保險費不僅付之流水，也會失去重要的保險保障。再者，保險經營具有社會性，保險人的經營目標不僅是追求自身的商業利益，同時也應達到履行社會責任、協助經濟發展與增進社會福祉等效益。若保險業經營不善，不僅保戶權益受損，社會經濟勢必受到衝擊。因此，保險監理的重要目的之一，在於有效維持保險業的清償能力，確保社會大眾的權益。

（二）防止營運方法不當

保險經營具有專門性，包括對風險的評估與管理、保險商品的設計與定價、資金的投資運用以及保險契約的承諾與履行等。因此，經理人必須具備相關的專業知識與技能。若經理人專業知識不足，作成不當決策，可能造成保險經營上的損失，進而影響多數保戶的權益。因此，政府藉由保險監理程序，建立金融檢查制度，對於保險人營運過程的不當行為或措施予以檢查糾正，以維護要保人、被保險人與社會大眾的權益。

 知識小站

金融檢查制度

金融機構應有妥適的經營風險偵測機制，並應建立完善的內部控制三道防線，包括營業單位自我控管、風險管理與法令遵循的監控以及內部稽核獨立監督。金融機構的董事會應對其經營之健全穩健負最終之責。

金融檢查是指監理機關以抽核方式實地瞭解各金融機構三道防線的運作，尤其是高風險業務的辦理情形，就金融機構整體制度面之建立及執行提出檢查意見，促請改善，以降低重大經營風險的發生。金融檢查著重整體金融市場的穩定與秩序，並非確保個別金融機構萬無一失。

資料來源：金融監督管理委員會檢查局；
https://www.feb.gov.tw/ch/home.jsp?id=18&parentpath=0,4

（三）促進保險市場的公平競爭

無管制的自由競爭，反而形成不公平的經營環境，導致規模較大的保險人因其資本雄厚，得以不當的手段競爭業務，不利於規模較小的保險人的經營與發展。

（四）確保當事人權益

保險契約的內容包含複雜的條款與保險專業，大多數要保人或被保險人未具備充分的保險知識，難以理解保險經營的相關運作，無法在不同的保險商品間明確做選擇或比較，以至於在保險交易過程中居於劣勢。政府的監督管理可彌補消費者保險知識的不足，降低當事人雙方之間的訊息不對稱，提供誘因促使保險人提昇保險品質，使雙方權益達成平衡。

（五）發展國際保險業務

隨著市場的開放與自由化，保險產業所扮演的角色日趨重要，因此，保險監理機關也需積極協助保險業者開拓國際保險市場，並協助保險業者導入國際財務會計準則。同時，在監理的層面與國際接軌，參考其他先進國家的保險相關監理與預警制度，確保監理的政策與施行能確實達到其預期功效。

三、保險業的監理方式

政府對於保險業的監理，依其寬鬆或嚴謹程度，可分為下列三種方式：

（一）公示主義

公示主義為寬鬆的監理，即政府對保險事業的實體，不採取任何直接監督手段，僅要求保險事業依照政府所規定的格式及內容，定期公告其資產負債、損益及營業狀況等相關事項。對於保險事業的業務經營是否良好，財務狀況是否健全，則由被保險人與一般大眾自行判斷。

採用公示主義的國家，其經濟已高度發展，且保險事業普遍存在，社會大眾可從中選擇經營優良者投保；再者，被保險人對於保險產業的認識達一定水準，對於保險事業具有擇優的判斷能力。

公示主義的優點，在於保險產業能在自由競爭的環境下發展；其缺點在於一般大眾對於保險事業經營的良窳，未必能從各保險業者所公告的資訊中瞭解、評估並做正確的選擇。

(二) 準則主義

準則主義為適中的監理，是由政府制訂保險事業之經營準則，並要求其遵守，也稱為規範主義或形式監督主義。保險事業的經營，於形式上必須符合所制定的準則，對於其財務報表與營業狀況，僅要求其按期提出並符合準則之規定，其餘則不予干涉。

採用準則主義的國家，對於保險事業之監理雖比公示主義嚴格，僅能在形式上加以審查，未必能確實顧及被保險人與社會大眾之權益。

(三) 實體監督主義

實體監督主義為嚴格的監理，也稱為許可主義。政府採用實體監督主義者，除制訂保險事業應遵守的準則外，保險事業的設立需經其許可；設立後的業務經營、財務經營、人事及再保險業務等各方面採用實質監督方式；保險業經營不善的清算與退場也在監督管理的範圍。現今各國如美國、日本、瑞士、比利時等與我國的保險監理制度，皆採用實體監督主義。

知識小站

保險市場發展的衡量指標

衡量一個國家或地區保險市場發展的程度，有下列指標：

一、投保率

特定國家或地區平均每一國民擁有保險契約之有效件數，用以衡量其保險市場的需求程度與潛在發展空間。主要應用於人壽保險與年金保險等長期壽險契約。其計算公式如下：

$$投保率 = \frac{保險契約有效件數}{總人口數} \times 100\%$$

二、普及率

特定國家或地區國民生產毛額或國民所得之相對保障倍數，用以衡量其保險市場的發展與保障程度。其計算公式如下：

$$普及率 = \frac{保險契約有效保額}{國民生產毛額（或國民所得）} \times 100\%$$

三、保險密度

特定國家或地區平均每一國民平均保險費支出，用以衡量其保險市場的發展程度，可進一步再區分財產保險與人身保險的平均保險費支出。

$$保險密度 = \frac{總保險費}{總人口數}$$

四、保險深度（保險滲透度）

特定國家或地區保險費占國內生產毛額之比重，用以衡量該國家或地區保險產業對整體產業之重要性。

$$保險深度 = \frac{總保險費}{國內生產毛額} \times 100\%$$

四、保險監理的組織

保險監理的組織，即監督保險業務所設置的政府機構。以美國為例，聯邦政府與州政府對特定保險業務分別具有管轄權；保險業清償監理政策由保險監理官協會（National Association of Insurance Commissioners, NAIC）制定；各州所屬的監理官也可制定該州所適用的保險相關法令與規範。歐盟和世界其他主要地區，保險監理權則大多屬於中央政府層級。

我國於 2001 年通過金融控股公司法，落實了銀行業、證券業與保險業資源共享、行銷整合的金融市場。有鑑於金融集團跨行合併或與異業結盟者日漸增多，為避免保險、證券、金融等多元監理制度所可能產生疊床架屋的管理問題，政府於

2004 年設立行政院金融監督管理委員會（簡稱金管會），將原來的多元化金融監理制度改變成垂直整合的一元化監理，以健全金融機構業務經營，維持金融穩定與促進金融市場發展。金管會主管金融市場及金融服務業的發展、監督、管理及檢查業務，其轄下另設四個次級機關，分別為銀行局、證券期貨局、保險局與檢查局。保險局負責規劃、執行保險市場與保險業的監督及管理，監理對象包括本國及外國保險業者、保險代理人、保險經紀人與保險業務員。

實務分享

金融服務業公平待客原則

　　金融消費者保護為國家金融法制進步的指標，金融監督管理委員會參照國際經濟合作組織（OECD）「G20 高層次金融消費者保護原則」第三點：「金融服務業於金融商品或服務之整體交易過程，應以公平合理之方式對待金融消費者。公平對待消費者應係金融服務業公司治理及企業文化之核心價值，尤其應特別注意財務弱化族群之需要。」，訂定「金融服務業公平待客原則」，確保金融服務業對每一客戶提供相同服務，並依客戶需求提供適當照顧，落實普惠金融，期望透過金融服務業之誠信經營形成良好公司治理文化，具體落實公平對待客戶之宗旨。公平待客原則，為金融監理機構期待金融服務業於企業營運的任何層面，得以對金融消費者達到公平與合理對待之目的，故對金融消費者與金融服務業間之權利、義務與責任關係有重要性影響。

17-2 我國保險業設立與經營方面的監理

一、保險業設立的監理

保險法第一三七條規定：「本國與外國保險業非經主管機關許可，並依法為設立登記，繳存保證金，領得營業執照後，不得開始營業。」由此可知，保險業自申請設立至正式營業，須經過下列程序。

(一) 向主管機關申請許可

無論保險業為股份有限公司或合作社型態，設立前須經由主管機關許可。依保險法第十二條規定：保險股份有限公司與保險合作社的「主管機關為行政院金融監督管理委員會。但保險合作社除其經營之業務以金融監督管理委員會為主管機關外，其社務以合作社之主管機關為主管機關。」

(二) 依法設立登記

保險業申請營業登記發給營業執照，除依照保險法與保險業設立許可及管理辦法等之規定外，也分別適用公司法及合作社法有關的規定。

知識小站

設立保險股份有限公司所需的資本額

依保險業設立許可及管理辦法第二條規定：「申請設立保險公司，其最低實收資本額為新臺幣二十億元。發起人及股東之出資以現金為限。」

外國保險機構申請在中華民國境內設立分公司經營保險業務者，依外國保險業設立許可及管理辦法第七條，「外國保險業其本公司應依其營業計畫書專撥每一分公司營業所用之資金，其金額不得低於新臺幣五千萬元，並按其營業所用之資金百分之十五，繳存保證金於國庫。」

（三）繳存保證金

為確保保險業的擔保能力及自有資金一定程度的流動性，保險法第一四一條規定：「保險業應按資本或基金實收總額百分之十五，繳存保證金於國庫。」

（四）領得營業執照

保險業於辦理營業登記，經主管機關核准後，即發給營業執照。領到營業執照後，保險業方得開始營業。

二、保險業業務方面的監理

監理機關對於保險業業務方面的監理，包括營業範圍的限制、保險商品的監理、超額承保的禁止、分紅保單契約的限制及保險業務的檢查等，其內容著重於保險交易的公平性：

（一）營業範圍的限制

依保險法第一三六條與第一三八條的規定，對於保險業營業範圍的相關限制如下：

1. 保險屬於保險業所專營的業務，其他業者不得經營。
2. 財產保險與人身保險不得兼營。
3. 保險業不得兼營保險法規定以外的業務。
4. 保險合作社所經營的業務以社員為限。

（二）保險商品的監理

保險商品的監理包括保險費率、保單條款、要保書格式與內容等相關資料。保險法第一四四條第一項規定，「保險業之各種保險單條款、保險費及其他相關資料，由主管機關視各種保險之發展狀況，分別規定銷售前應採行之程序、審核及內容有錯誤、不實或違反規定之處置等事項之準則。」因此，主管機關訂定「保險商品銷售前程序作業準則」，其中所謂保險商品銷售前應採行之程序，包括：

1. **保險商品設計程序**：指保險商品研發至保險商品送審前的程序，應包括的流程為：

(1) 商品研發。

(2) 商品正式開發，包含條款及計算說明書的研擬。

(3) 送審準備。

保險業將保險商品送主管機關審查前應由保險商品評議小組評議，其總經理或經其授權之部門主管及合格簽署人員應確實檢視其負責事項之正確性、合理性及適法性並簽署確認。

2. **保險商品審查程序**：指保險商品完成設計程序後，報請主管機關審查的程序。主管機關在審核保險商品時，得依保險商品的特性分別成立各類保險商品審查會，審查保險業送審之保險商品，必要時並得委託專業機構辦理。

3. **保險商品準備銷售程序**：指保險商品完成審查程序後，至保險商品開始銷售前的程序。

(三) 超額承保的禁止

保險法第七十二條規定：「保險金額為保險人在保險期內，所負責任之最高額度。保險人應於承保前，查明保險標的物之市價，不得超額承保。」

(四) 分紅保單契約的限制

所謂分紅保單，是指要保人或被保險人可參與保險業盈餘分配的保險契約。保險法第一四○條規定保險合作社所簽發的保險單必須為分紅保單；股份有限公司型態的保險業則可選擇簽發分紅保單或不分紅保單。

(五) 保險業務的檢查

保險法第一四八條第一項規定：「主管機關得隨時派員檢查保險業之業務及財務狀況，或令保險業於限期內報告營業狀況。」檢查項目包括：

1. 保險業每屆營業年度終了，將其營業狀況連同資金運用情形，所作成的報告書，連同資產負債表、損益表、股東權益變動表、現金流量表及盈餘分配或虧損撥補之議案及其他經主管機關指定之項目。

2. 對保險業相關業務之負責人及相關人員的詢問。

3. 對保險業資產及負債的評估。

三、保險業財務方面的監理

監理機關對於保險業財務方面的監理，包括各種準備金的提存、資金運用的限制、清償能力的衡量等，其內容著重於保險業是否具備清償能力。

(一) 各種準備金的提存

準備金為保險業對被保險人的未來義務而提存的負債或特別盈餘公積，來自於保險費的積存，屬於外來資金。保險法第十一條規定：「本法所定各種準備金，包括責任準備金、未滿期保費準備金、特別準備金、賠款準備金及其他經主管機關規定之準備金。」各種準備金的提存是否適當，影響保險業未來是否能確實盡其理賠義務。依保險法第一四五條第一項規定：「保險業於營業年度屆滿時，分別保險種類，計算其應提存的各種準備金，記載於特設之帳簿。」並由簽證精算人員負責準備金的核算簽證。

(二) 資金運用的限制

保險業資金運用是否得當，關乎要保人與被保險人的權益，亦影響社會經濟之發展。因此，資金運用的監理，著重於安全性、流動性、收益性與公益性。保險法對於保險業資金運用的項目與投資金額比例均設有規範。

(三) 清償能力的衡量

1. 保險業的清償能力

就保險監理的目的而言，保險業具清償能力是指：

(1) 保險業的保費收入足以支付預期的保險賠款與費用。

(2) 保險業具有足夠的資產以保障既有的負債與淨值。

2. 保險業失卻清償能力的原因

基於上述清償能力的定義可知，保險業失卻清償能力的原因可包括：

(1) 保費收入不足，實際損失超過預期損失。

(2) 準備金提存不足。

(3) 費用支出不當。

(4) 資產評價偏低。

(5) 投資運用不如預期。

(6) 再保安排不當。

(7) 經理人管理不當。

3. 法定清償能力的衡量

保險法第一四三之四條第一項規定：「保險業自有資本與風險資本之比率及淨值比率，不得低於一定比率。」

(1) 自有資本，是指保險業經主管機關認許的資本總額，包括經認許之業主權益及其他依主管機關規定之調整項。

(2) 風險資本（Risk-Based Capital, RBC），依保險業資本適足性管理辦法的規定，是指依照保險業實際經營所承受的風險程度，計算而得的資本，其風險項目與涵蓋的經營風險內容依人身保險與財產保險而異，如表 17-1 所示：

❖表17-1　保險業計算風險資本之風險項目

人身保險計算風險資本之風險項目	
資產風險	投資各種資產所面臨的股票、匯率或其他風險，分為關係人風險與非關係人風險。
保險風險	針對已簽單業務負債低估或新契約費率定價不足的風險。
利率風險	因利率變動造成資產與負債價值變動不一致的風險。
其他風險	營運風險或其他非上述所列之風險。
財產保險計算風險資本之風險項目	
資產風險	投資各種資產所面臨的股票、匯率或其他風險，分為關係人風險與非關係人風險。
信用風險	交易對手無法或拒絕履行義務及債務人因信用遭降級或不履行契約義務，致債權產生損失之風險。
核保風險	針對已簽單業務負債低估或新契約費率定價不足的風險，分為準備金風險、保費風險與長年期保險風險。
資產負債配置風險	因利率變動造成資產與負債價值變動不一致的風險。
其他風險	營運風險或其他非上述所列之風險。

(3) 資本適足率，即自有資本與風險資本之比率，其計算公式為：

$$資本適足率 = \frac{自有資本}{風險資本} \times 100\%$$

(4) 淨值比率，是指保險業經會計師查核簽證財務報告之業主權益除以不含投資型保險專設帳簿之資產總額：

$$淨值比率 = \frac{業主權益}{資產總額（不含投資型保險專設帳簿）} \times 100\%$$

實務分享

現行保險業法定清償能力的衡量

　　保險業每半年應向主管機關申報資本等級之相關資訊，依其資本適足率與淨值比率之高低，其資本等級劃分為資本適足、資本不足、資本顯著不足以及資本嚴重不足四個等級。各等級的條件如下：

資本等級	資本情形
資本適足	保險業資本適足率達 200%，且最近二期淨值比率至少一期達 3%。
資本不足	下列情形之一： 1. 保險業資本適足率在 150% 以上，未達 200%。 2. 保險業最近二期淨值比率均未達 3% 且其中至少一期在 2% 以上。
資本顯著不足	下列情形之一： 1. 保險業資本適足率在 50% 以上，未達 150%。 2. 保險業最近二期淨值比率均未達 2% 且在零以上。
資本嚴重不足	保險業資本適足率低於 50% 或保險業淨值低於零。

四、保險業人事方面的監理

保險主管機關對於保險業人事方面的監理可分為以下三部分：

(一) 保險業負責人資格條件之限制

由於保險經營屬專門技術，保險業之業務經營是否良好，財務經營是否穩健，決定於其高階經理人是否稱職。因此，保險法第一三七之一條第一項規定：「保險業負責人應具備之資格條件、兼職限制、利益衝突之禁止及其他應遵行事項之準則，由主管機關定之。」保險業對於高階經理人之聘任，需依照「保險業負責人應具備資格條件準則」之規定，檢具受聘者之資歷證明文件呈報主管機關核准。

(二) 保險業簽證精算人員資格條件之限制

保險業應聘用精算人員並指派其中一人為簽證精算人員，負責保險費率之釐訂、各種準備金之核算簽證及辦理其他經主管機關指定之事項。簽證精算人員需符合「保險業簽證精算人員及外部複核精算人員管理辦法」之規定，呈報主管機關備查。

(三) 保險業招攬及核保理賠人員資格條件

保險業之招攬人員、核保人員與理賠人員需其具備專門知識，保險業應分別於其內部業務招攬、核保與理賠之處理制度及程序中，明定其資格、聘任、教育訓練、職掌範圍等。

五、資訊公開

保險法第一四八之二條第一、二項規定：「保險業應依規定據實編製記載有財務及業務事項之說明文件提供公開查閱。保險業於有攸關消費大眾權益之重大訊息發生時，應於二日內以書面向主管機關報告，並主動公開說明。」

六、再保險的監理

（一）再保險計畫與風險管理

依「保險業辦理再保險分出分入及其他危險分散機制管理辦法」的規定，保險業辦理自留及再保險的分出或分入，應建立風險管理機制，考量其風險承擔能力，制訂再保險風險管理計畫，據以執行並適時檢討修正。再保險風險管理計畫的內容至少應包括下列項目：

1. **自留風險管理**：符合風險特性之每一風險單位，其最大合理損失預估、風險承擔能力、每一風險單位之最高累積限額等管理基準。

2. **再保險分出風險管理**：再保險分出方式、原保險契約生效後有安排再保險分出需要時之管理基準、再保險人、再保險經紀人之選擇及再保險分出作業流程等。

3. **再保險分入風險管理**：再保險分入之險種、地域、風險單位及累積限額等管理基準。

4. **集團內再保險風險管理**：集團內再保險分出、分入之風險管理流程及交易處理程序。

（二）再保險分出對象

再保險契約的訂定為保險業與再保險業之間的交易，當事人雙方保險專業與知識相當，資訊不對稱的現象較少。因此，主管機關對於再保險人的監理著重其清償能力與信用評等，確保保險業不會因再保險業的營運不當遭受重大損失，影響自身的經營。

（三）再保險經紀人的監理

主管機關對再保險經紀人監理的重點包括訂定保險經紀人公司經營再保險經紀業務的資格條件、明定申請辦理再保險經紀業務所需檢送文件、提示不得違反的重要事項。保險業委託保險經紀人辦理再保險分出業務時，保險經紀人為未經主管機關核准領有執業證書之國外保險經紀人者，該再保險分出業務為未適格再保險分出，但該分出業務為主管機關許可被保險人得境外投保之險種者，不在此限。

17-3 我國保險業解散清算的監理與安定基金的設置

一、保險業解散清算的監理

為維護保戶的權益，保險業因違反法令或資本不足等原因，而致停業或解散時，政府應對該保險業加以監督。對於缺乏清償能力的保險業，除非萬不得已，應盡量使其復業或重整，助其渡過難關，並能繼續營業。

(一) 保險業違反法令、章程或有礙健全經營的監理

依保險法第一四九條第一項規定：「保險業因違反法令、章程或有害健全經營之虞時，主管機關得先予糾正或命令其限期改善，並得再視情況為下列處分：

1. 限制其營業或資金運用範圍。

2. 令其停售保險商品或限制其保險商品之開辦。

3. 令其增資。

4. 令其解除經理人或職員之職務。

5. 撤銷法定會議之決議。

6. 解除董（理）事、監察人（監事）職務或停止其於一定期間內執行職務。

7. 其他必要之處置。」

(二) 保險業經營不善的監理

保險業有以下情形時，主管機關應依下列規定對保險業為監管、接管、勒令停業清理或命令解散之處分：

1. 資本等級為嚴重不足，且其或其負責人未依主管機關規定期限完成增資、財務或業務改善計畫或合併。

2. 財務或業務狀況顯著惡化，不能支付其債務，或無法履行契約責任或有損及被保險人權益之虞。主管機關應先令該保險業提出財務或業務改善計畫，並經主管機關核定。若該保險業損益、淨值呈現加速惡化或經輔導仍未改善，主管機關得依情節之輕重，予以處分。

監理寬容

監理寬容是主管機關給予保險業者彈性的處理作法，例如主管機關對未達資本適足率的保險公司暫時不採取行動。

二、保險安定基金

(一) 保險安定基金的設置

有關我國保險安定基金設置及其相關法令規範，財政部曾於 1992 年訂定相關辦法，並於 2001 年增修保險法，規定由國內產險與壽險業者分別提撥資金，分別設置保險安定基金。之後金管會再修訂保險法與財團法人保險安定基金組織及管理辦法，使保險安定基金成為一專責機構，以有效發揮保險法所賦予的積極性功能。因此，保險安定基金由「財團法人財產保險安定基金」及「財團法人人身保險安定基金」合併成立，設置財產保險安定基金專戶與人身保險安定基金專戶，分別收取及保管安定基金收入款項。

(二) 保險安定基金的提撥

保險法第一四三條之一第三項規定：「安定基金由各保險業者提撥；其提撥比率，由主管機關審酌經濟、金融發展情形及保險業承擔能力定之，並不得低於各保險業者總保險費收入之千分之一。」

考量保險市場個別經營風險，金管會於 2014 年訂定「人身保險及財產保險安定基金計提標準」，實施差別提撥率，明訂人身保險及財產保險安定基金應以總保險費收入為基礎，並按資本適足率及經營管理績效指標評等兩項風險指標核算的差別提撥率計提。

(三) 保險安定基金辦理的事項

依保險法第一四三之三條第一項規定：「安定基金辦理的事項如下：

1. 對經營困難保險業之貸款。

2. 保險業因與經營不善同業進行合併或承受其契約，致遭受損失時，安定基金得予以低利貸款或墊支，並就其墊支金額取得對經營不善保險業之求償權。

3. 保險業被接管、勒令停業清理或命令解散，或經接管人向法院聲請重整時，安定基金於必要時應代該保險業墊付要保人、被保險人及受益人依有效契約所得為之請求，並就其墊付金額取得並行使該要保人、被保險人及受益人對該保險業之請求權。

4. 保險業依本法規定進行重整時，為保障被保險人權益，協助重整程序之迅速進行，要保人、被保險人及受益人除提出書面反對意見者外，視為同意安定基金代理其出席關係人會議及行使重整相關權利。安定基金執行代理行為之程序及其他應遵行事項，由安定基金訂定，報請主管機關備查。

5. 受主管機關委託擔任監管人、接管人、清理人或清算人職務。

6. 經主管機關核可承接不具清償能力保險公司之保險契約。

7. 財產保險業及人身保險業安定基金提撥之相關事宜。

8. 受主管機關指定處理保險業依本法規定彙報之財務、業務及經營風險相關資訊。但不得逾越主管機關指定之範圍。

9. 其他為安定保險市場或保障被保險人之權益，經主管機關核定之事項。」

(四) 安定基金的墊付範圍

1. 人身保險

依「人身保險安定基金動用範圍及限額」規定，對每一保險公司單一動用事件所定墊付之範圍、單項金額及總額限制如下表 17-2：

❖表17-2　人身保險安定基金墊付範圍及限額

墊付之範圍	單項金額	總額限制
身故、失能、滿期、重大疾病保險金	得請求金額之 90%	新臺幣 300 萬元／每一被保險人、每一保險事故
年金（含壽險之生存給付部分）	得請求金額之 90%	新臺幣 20 萬元／每年
醫療給付	得請求金額之 100%	新臺幣 30 萬元／每年
長期照護給付	得請求金額之 100%	新臺幣 24 萬元／每年
解約金給付	得請求金額之 20%	新臺幣 100 萬元／每一被保險人
未滿期保險費	得請求金額之 40%	
紅利給付	得請求金額之 90%	新臺幣 10 萬元／每一被保險人

2. 財產保險

(1) 強制汽車責任保險依強制汽車責任保險給付標準墊付。

(2) 住宅地震保險賠款，依住宅地震保險風險分散機制實施辦法規定墊付。

(3) 傷害保險及健康保險有關之醫療給付，人身保險業動用範圍及限額規定辦理。

(4) 其他保險契約之墊付，為得請求金額之 90%，但最高合計以新臺幣 300 萬元為限。

本章習題

一、名詞解釋

1. 公示主義

2. 實體監督主義

3. 風險資本

4. 資本適足率

5. 淨值比率

6. 清償能力

7. 資產風險

8. 保險風險

9. 利率風險

10. 保險業資訊公開

二、選擇題

( )1. 政府制定對於保險業經營之準則，並要求其遵守，同時亦規定保險業應將其財會報表與營業狀況內容，按期呈報監理機關，審核其內容是否符合規定，此種監理方式稱為： (A) 實體監督主義 (B) 公示主義 (C) 自由主義 (D) 準則主義。 【101 年初等考試】

( )2. 下列何者為我國保險公司目前之監理主管機關？ (A) 中央銀行 (B) 金融監督管理委員會 (C) 財政部 (D) 經濟部。 【102 年初等考試】

( )3. 下列何者非屬於政府對保險業實施高度監理之主要目的？ (A) 確保業者清償能力 (B) 防止業者自由競爭 (C) 保護消費者權益 (D) 促使費率合理化。 【104 年初等考試】

( )4. 下列哪一項目不是我國保險安定基金依法可辦理的事項？ (A) 對經營困難保險業之貸款 (B) 協助問題保險業處理要保人、被保險人及受益人依有效契約所生爭議 (C) 擔任監管人、接管人、清理人或清算人職務 (D) 承接不具清償能力保險公司之保險契約。 【104 年初等考試】

( )5. 我國保險法規定，安定基金由各保險業者提撥。其提撥比率，不得低於各保險業者總保險費收入之： (A) 千分之一 (B) 千分之二 (C) 千分之三 (D) 千分之五。 【109 年初等考試】

( )6. 有關我國現行保險安定基金制度的敘述，下列何者正確？ (A) 墊付範圍不包括再保險契約 (B) 墊付範圍適用境外保單 (C) 採用單一提撥率計提 (D) 產壽險業者的提撥率核算方式相同。 【109 年初等考試】

( )7. 臺灣保險業之安定基金的財源是由誰籌措？ (A) 由各家保險業者事後分攤 (B) 由各家保險業者事前提撥 (C) 由中央存款保險股份有限公司提撥 (D) 由金融監督管理委員會提撥。 【110 年初等考試】

( )8. 保險監理的目的為何？ ①確保其清償能力 ②防止營運的不當 (A) 只有① (B) 只有② (C) 兩者皆是 (D) 兩者皆非。

【101 年保險代理人－財產保險經、代理人】

( )9. 政府對保險業的監理下列敘述何者有誤？ (A) 防止保險業經營失敗 (B) 避免保險業之聯合壟斷行為 (C) 風險基礎資本制度之目的主要在強化保險同業彼此之間的競爭能力 (D) 對業務監理主要是維護保險交易之公平性。 【102 年保險代理人－財產保險經、代理人】

( )10. 目前我國保險監理機關同意產險公司得銷售之人身保險商品包括：(A) 人壽保險與年金保險 (B) 健康保險與傷害保險 (C) 年金保險與傷害保險 (D) 健康保險與人壽保險。 【103 年保險代理人－財產保險經、代理人】

( )11. 我國將安定基金的資金提撥由單一費率改為風險基礎費率後，可能產生優缺點，以下敘述何者錯誤？ (A) 改為風險基礎費率後，可以降低逆選擇 (B) 改為風險基礎費率後，可以降低道德危險 (C) 改為風險基礎費率後，可以降低低風險之保險公司補貼高風險之保險公司的問題 (D) 改為風險基礎費率後，會增加辨識保險公司風險高低的成本。

【104 年保險代理人－人身保險經、代理人】

( ) 12. 目前我國保險監理所採取之清償能力早期預警制度為何？ (A) 保險監理資訊制度 (B) 非認許資產制度 (C) 風險基礎資本制度 (D) 國際會計準則制度。 【106 年保險代理人－財產保險經、代理人】

( ) 13. 我國保險監理法令最主要之依據為： (A) 保險法 (B) 金融控股公司法 (C) 銀行法 (D) 公司法。 【99 年初等考試】

( ) 14. 下列何者不是政府監理保險業之主要理由？ (A) 確保被保險人基本權益 (B) 維護保險業之清償能力 (C) 健全保險業之正常發展 (D) 維持保險市場獨占局面。 【107 年保險代理人－人身保險經、代理人】

( ) 15. 現今各國之監理法規大多採取何種方式？ (A) 公示方式 (B) 規範方式 (C) 實體監督方式 (D) 自由放任方式。

【106 年保險代理人－人身保險經、代理人】

三、問答題

1. 試說明政府對於保險業的監理所採行的方式有哪些？

2. 我國對保險業採實體監督方式，包括的保險業設立，請說明保險業設立需經過哪些程序？

3. 試說明政府對保險業之業務監理，包括哪些部分？

4. 何謂保險業之清償能力？造成保險業失卻清償能力的原因有哪些？

5. 政府對保險業之經營予以必要之監督管理，請問其目的為何？請闡述之。

【109 年普考】

6. 我國保險單設計之審查制度分為哪四種？請闡述之。 【109 年高考】

7. 我國保險業安定基金之提撥其特點如何？又現行人身保險業安定基金之提撥採差別費率，其主要計算指標為何？試分述之。 【106 年高考】

8. 資本適足率為自有資本與風險資本之比率，請論述我國人壽保險業自有資本與風險資本所包括之範圍。 【105 年普考】

9. 何謂風險基礎資本額（Risk-Based Capital）制度？且該項制度之實施對保險經營與保險監理之影響各為何？試分別說明之。 【101 年高考】

10. 請說明保險業清償能力之意義及主管機關規定保險業清償能力之目的：並請列舉出近年來我國保險業失卻清償能力之較重要的五個原因。 【109 年高考】 17-23

NOTE

CHAPTER

18

社會保險

學習重點

INSURANCE

保險NEWS

勞工退休生活費 七成靠勞保勞退

　　勞動部 2022 年 5 月進行調查，計回收有效樣本 4,124 分。調查結果顯示，勞工對於退休年齡尚未規劃者占 86.2%，已規劃者占 13.8%，後者規劃退休年齡平均為 61.3 歲。其中，男性勞工中已規劃退休年齡者占 14.2%，高於女性之 13.5%；男性規劃退休年齡平均為 61.7 歲，較女性之 61 歲多 0.7 歲。

　　至於勞工規劃退休後之生活費用來源，在可複選情況下，以「勞保老年給付及勞工退休金」占 66.9% 最多，其次為「儲蓄」占 66.2%，「投資所得」占 48.4% 居第三，「由子女供應」占 4.2%，另有一成二「目前無規劃」。

資料來源：經濟日報 2023/06/05；https://reurl.cc/8jg4Nj

 解讀

　　依上述勞動部之調查，發現大多數的勞工到中高齡才會有退休規劃，而退休後之生活費用來源近七成以「勞保老年給付及勞工退休金」為主。

　　首先在「勞保老年給付」部分，當勞工投保勞保達年金請領年齡（一般為 60 ～ 65 歲）時，按照保險年資計算退休後可領取之年金金額，並按月領至身故為止，為勞工提供最基本的老年生活保障。

　　而目前實施的「勞工退休金」則是採個人退休金專戶方式，雇主為勞工按月提繳不低於其每月工資 6%，而勞工亦可自願提繳不高於 6%。當勞工年滿 60 歲即得請領一次或月退休金，而領回的金額為每月提繳進退休金個人專戶中累積的本金及收益。

　　一般來說，「勞保老年給付」提供勞工第一層的退休生活保障，而「勞工退休金」則是第二層的保障。隨著人口老化及少子女化趨勢，勞工應即早進行退休規劃，亦可運用商業年金保險或其他穩健性投資工具，做為第三層的退休準備，才能讓老年後的長期經濟生活獲得完整的保障。

前　言

　　社會保險是一個現代的社會保障制度，由國家透過立法方式，對國人面臨之生、老、病、死、傷、殘、失業及職業災害等事故，提供最基本的保障，因此成為現代人身風險管理之基礎。本章將先探討社會保險的基本概念，接著再介紹我國目前實施的社會保險制度，包括不同職業別之勞工保險、軍人保險、公教人員保險、農民健康保險、國民年金保險等，以及保障全體國民健康之全民健康保險、與填補勞工失業與職災損失之就業保險及勞工職業災害保險等。

18-1 社會保險基本概念

　　社會保險為政策性保險的一種，由政府辦理，全民獲益。以下將依序論述社會保險的意義、特性、財務及與商業保險的異同。

一、社會保險的意義與特性

　　社會保險（Social Insurance）係政府為推行社會政策，應用保險技術，採用強制方式，對於全體國民或多數國民遭遇生、老、病、死、傷、殘及失業等特定危險事故時，提供保險給付，以保障其最低收入安全及基本醫療照顧為目的的一種社會福利措施。茲將社會保險主要特質說明如下：

(一) 強制性

　　只要是法律指定之保險對象都應強制投保，如怠於履行投保義務，國家得予處罰。

(二) 最低收入保障性

　　社會保險給付僅在提供國民最基本的經濟生活保障，若想擁有較高的給付，則可透過商業保險來補其不足。

（三）社會適當性

社會保險對所有被保險人，提供維持一般社會生活水準之最基本需要的給付，以促成所得再分配，而不是考慮個人公平性。

（四）給付與所得無直接關係

受社會適當性與最低收入保障性的影響，社會保險之給付與所得間通常存在著一種鬆散不成比例的正向關係。

（五）給付權利

當符合法令所規定的給付條件時，不需經過所得調查或提供任何證明，即有領受保險給付的權利。

（六）自給自足

社會保險的財源來自於雇主、受雇者及政府三方共同負擔，而非由稅收支付，用以提高行政效率並達到財源自給自足。

（七）不必完全提存基金準備

社會保險乃開放式的永久性保險制度，可透過世代移轉逐期調整費率與給付，故無須提存全部準備金來確保未來給付。

（八）給付依法律訂定

各種社會保險的給付標準、給付方式、給付條件及給付項目等均依法有明文規定，例如依勞保條例、全民健康保險法規定給付。

二、社會保險與商業保險的差異性

社會保險與商業人身保險之相同點，都是當被保險人遭遇生、老、病、死、傷、殘等事故時，提供保險給付的一種人身風險管理方式。然兩者間仍有許多不同處，茲將這些相異點整理如表 18-1 所示。

❖表18-1　社會保險與商業保險比較表

	社會保險	商業保險
1. 經營目的	非營利性	營利性
2. 市場型態	大都由政府獨占	競爭型態
3. 加入方式	強制性	任意性
4. 核保手續	不需要核保手續	需要核保手續
5. 保障水準	最低收入保障	較大給付額視個人需要及支付能力而定
6. 給付權利	法定權利	契約權利
7. 重視原則	社會適當原則	個人公平原則
8. 成本預測	考慮社會因素，較難預測	大部分可精算預測
9. 基金提存	不需完全提存基金準備	大多完全提存基金準備
10.基金運用	由政府負責投資運用	由保險公司負責投資運用

18-2 我國現行社會保險制度

　　目前我國的社會保險體系主要按職業別分立，不同職業別的社會保險制度有不同的主管機關，讓國民在面對生、老、病、死、傷、殘（失能）等事故時，可以獲得最基本的保險保障。故自民國 39 年創辦勞工保險，之後陸續開辦軍人保險、公教人員保險、農民健康保險以及國民年金保險。而爲維護全體國民之健康，亦於民國 94 年開辦全民健康保險。此外，爲保障受僱者免於因失業與職業災害事故，陷入個人及家庭的經濟危機，亦開辦就業保險及勞工職業災害保險。

一、勞工保險

　　在臺灣，勞工保險之被保險人數佔我國就業人口的85%，其重要性顯而易見。勞工保險主管機關爲勞動部，並設勞保局辦理各項勞保業務。自民國 39 年開辦以來給付項目逐漸增加，至民國 98 年 1 月 1 日起施行勞保年金制，將勞工保險制度推入新紀元。

（一）保險對象

勞工保險是在職保險，其對象為實際從事工作，獲得報酬之勞工。只要年滿15 歲以上，65 歲以下的勞工者包括在職外國籍員工，均應以其雇主或所屬團體或機構為投保單位，參加勞工保險為被保險人（勞工保險條例第六條）。

工讀生是否應納勞保？

基本上，只要五人以上公司行號之員工都要強制參加勞保，四人以下公司可以自願方式申報員工參加勞保。而且在報到第一天，公司就要幫員工向勞保局加保，即使是工讀生或計時人員，也要加入勞工保險。

（二）保險給付

現行勞工保險給付除了生育與傷病採一次給付外，老年、失能、死亡三種給付均採一次給付與年金給付雙軌併行。

1. 生育給付

按被保險人分娩或早產當月（退保後生產者為退保當月）起，前 6 個月之平均月投保薪資一次給與生育給付 60 日。雙生以上者，按比例增給。

2. 傷病給付

包括普通傷害補助費及普通疾病補助費，均按被保險人遭受傷害或罹患疾病住院診療之當月起前 6 個月平均月投保薪資之半數，自住院不能工作之第 4 日起發給，每半個月給付 1 次，以 6 個月為限。但傷病事故前參加保險之年資已滿 1 年者，增加給付 6 個月，前後合計共為 1 年。

例題 1 王先生因普通傷病住院 30 日，前 6 個月平均月投保薪資 30,300 元，則他可請領勞保傷病給付為：

$30,300 \div 30 \times 50\% \times (30 - 3)$ 日＝ 13,635 元

3. 失能給付

被保險人遭遇傷害或罹患疾病，治療後症狀固定，經全民健保特約醫院診斷為永久失能，並符合失能給付標準規定者，其給付方式可分為：

(1) 未達終身無工作能力者

按失能等級給付失能一次金，普通事故補償金最低 1 個月，最高 40 個月。

(2) 終身無工作能力者

可選擇失能一次金或失能年金。若採失能年金，年金金額為（平均月投保薪資 × 年資 ×1.55%），最低保障 4,000 元。此外，失能年金有加發眷屬補助，當被保險人扶養之配偶或子女符合條件者，每 1 人加發 25%，最多加發 50%。

例題 2　張小姐經評估為終身無工作能力，其保險年資 20 年又 6 個多月，平均月投保薪資 32,000 元，則每月可領失能年金為：

$32,000 \times (20+7/12) \times 1.55\% = 10,209$ 元。

4. 死亡給付

勞保被保險人本人死亡有給付外，眷屬死亡也有喪葬津貼。而本人死亡除一次給付外，亦可選擇遺屬年金。其中，被保險人在保險期間死亡，遺屬年金金額為（平均月投保薪資 × 年資 ×1.55%），最低保障 3,000 元；若是在請領失能年金或老年年金期間死亡，則眷屬還可繼續請領該被保險人所領年金的 50%。此外，請領遺屬年金之同一順序遺屬有 2 人以上，每多 1 人加發 25%，最多加發 50%。

5. 老年給付

符合「老年年金」或「老年一次金」者，在 98 年 1 月 1 日年金施行前有年資且符合規定者，亦得選擇「一次請領老年給付」。

(1) 一次請領老年給付

一般指年金施行前有保險年資，符合原本老年給付規定者，可以一次請領老年給付。給付金額以年資計算，年資合計每滿 1 年，給付 1 個月；超過 15 年者，每超過 1 年發給 2 個月，最高以 45 個月為限。

(2) 老年年金或老年一次金

年滿 65 歲（民國 51 年以後出生者）有保險年資者，得依下列規定請領老年給付：

① 保險年資合計滿 15 年者，請領老年年金給付。兩種方式擇優發給：

　　a.（平均月投保薪資 × 年資 ×0.775%）＋ 3,000 元

　　b. 平均月投保薪資 × 年資 ×1.55%

　　一般來說，平均月投保薪資較高或年資較長者，選擇 b 式較有利。

例題3　52 年次的陳先生 65 歲退休時，保險年資 35 年又 5 個多月，平均月投保薪資 32,000 元。則每月可領老年年金金額為：

32,000×(35 ＋ 6/12)×1.55%＝ 17,608 元

② 保險年資合計未滿 15 年者，請領老年一次金，每滿一年給付 1 個月。

③ 老年年金可展延給付，每延後 1 年增給 4%，最多增給 20%。亦可提前減額給付，每提前 1 年減給 4%，提前最多 5 年。

為便於比較瞭解，將勞保各項給付標準簡單整理於表 18-2。

❖表18-2　勞保給付項目及標準

給付項目	給付標準
生育給付	平均月投保薪資給付 2 個月。
傷病給付	50% 平均月投保薪資，從第 4 日起按日計算。
失能給付	(1) 未達終身無工作能力者：失能一次金，最高 60 個月。 (2) 終身無工作能力者：失能一次金或失能年金。
死亡給付	(1) 家屬死亡：領 1.5 至 3 個月。 (2) 本人死亡：（遺屬年金或一次給付遺屬津貼）＋喪葬津貼
老年給付	(1) 一次請領老年給付：以年資計，最高 45 個月。 (2) 老年年金或老年一次金（年資未滿 15 年）。

（三）保險費

　　勞工保險之保險費率為被保險人當月投保薪資的 7.5% 至 13% 之間。而在保險費分擔比例部分，則依被保險人之工作類別各有不同。假設張小姐為一般公司行號之員工，保費分擔比例分別為被保險人 20%、投保單位 70%、政府 10%，若她的月投保薪資為 30,300 元，而民國 112 年勞工保險保險費率為 11%，則她每月應繳之勞保保費為 667 元（30,300×11%×20% ＝ 667 元）。

二、軍人保險

　　軍人保險於民國 39 年 6 月開始實施，主管機關為國防部，其保險業務目前委託臺銀人壽保險公司負責辦理，對軍人提供各項社會保險給付。

（一）保險對象

　　本保險之軍人，係指現役軍官、士官、士兵。

（二）保險給付

　　軍人保險之保險給付分死亡、身心障礙、退伍、育嬰留職停薪及眷屬喪葬津貼等五項，並按被保險人事故發生當月之保險基數為標準計算之。

　　其中，民國 99 年增列育嬰留職停薪給付，當被保險人之保險年資滿一年，子女滿三歲前，辦理育嬰留職停薪並選擇繼續加保者，得請領育嬰留職停薪津貼。給付金額以被保險人育嬰留職停薪當月起，前 6 個月平均保險基數 60% 計算，於育嬰留職停薪期間按月發給，最長發給 6 個月。而民國 105 年則新增眷屬喪葬津貼 1 ～ 3 個基數。此外，有關死亡、身心障礙及退伍給付部分則整理於表 18-3 所示。

❖表18-3　軍人保險給付項目及標準

死亡給付	作戰死亡	給付四十八個基數。
	因公死亡	給付四十二個基數。
	因病或意外死亡	給付三十六個基數。
殘廢給付	作戰成殘	一等殘：給付四十個基數。 二等殘：給付三十個基數。 三等殘：給付二十個基數。 重機障：給付十個基數。
	因公成殘	一等殘：給付三十六個基數。 二等殘：給付二十四個基數。 三等殘：給付十六個基數。 重機障：給付八個基數。
殘廢給付	因病或意外成殘	一等殘：給付三十個基數。 二等殘：給付二十個基數。 三等殘：給付十二個基數。 重機障：給付六個基數。
退伍給付	一、保險滿五年者，給付五個基數。 二、保險超過五年者，自第六年起至第十年，每超過一年增給一個基數。 三、保險超過十年者，自第十一年起至第十五年，每超過一年，增給兩個基數。 四、保險超過十五年者，自第十六年起，每超過一年，增給三個基數。 五、保險滿二十年者，每超過一年增給一個基數，最高以四十五個數為限。	

例題 4　某軍官的保險基數（本俸）為 4.5 萬元，則

(1) 作戰死亡可領取：4.5 萬 ×48 = 216 萬元。

(2) 因公死亡可領取 4.5 萬 ×42 = 189 萬元。

(3) 一般事故死亡則可領：4.5 萬 ×36 = 162 萬元。

(三) 保險費

　　現階段軍人保險之保險費率為被保險人每月保險基數金額之 9.94%，保費分擔方式分別為志願役官或兵，國庫補助 65%，自付 35%；而義務役官或兵，國庫負擔 100%。假設某中校保險基數 40,130 元，負擔比例 35%，則軍保月繳保費為 1,396 元（40,130 ×9.94% ×35% = 1,396 元）。

三、公教人員保險

公務人員保險制度開始於民國 47 年,私立學校教職員保險則於 69 年實施,主管機關銓敘部基於精簡保險法規與整合保險制度,以追求經濟效益考量,於 88 年將兩種制度合併成為公教人員保險,主要目的在安定公教人員生活,使能安心於為民服務工作或專注教育培育人才。

(一) 保險對象

依我國公教人員保險法之規定,保險對象包括下列人員:

1. 法定機關編制內之有給專任人員。
2. 公立學校編制內之有給專任教職員。
3. 依私立學校法規定,辦妥財團法人登記,並經主管教育行政機關核准立案之私立學校編制內之有給專任教職員。

(二) 保險給付

公教人員保險之給付項目包括失能、養老、死亡、眷屬喪葬津貼、生育給付及育嬰留職停薪五項,相關給付資格及給付標準整理於表 18-4 所示。

❖表18-4　公教人員保險給付項目及標準

給付項目	給付資格	給付標準		
失能	因公或因疾病或意外致成失能。 失能標準須符合「公教人員保險失能給付標準附表」之規定。	項目	因公	非因公
		全失能	36 個月	30 個月
		半失能	18 個月	15 個月
		部分失能	8 個月	6 個月
養老	依法退休、資遣或繳付保費滿 15 年並年滿 55 歲離職退保。	一次養老給付: 每滿 1 年給付 1.2 個月,最高 36 個月。		
	私校被保險人或符合請領年金資格之公教人員: 繳費滿 30 年以上且年滿 55 歲。 繳費滿 20 年以上且年滿 60 歲。 繳費滿 15 年以上且年滿 65 歲。	養老年金給付: 保險年資每滿 1 年,在給付率 0.75% 至 1.3% 之間核給養老年金給付,最高採計 35 年。		

給付項目	給付資格	給付標準
死亡	因公或因疾病或意外死亡。	一次死亡給付： 因公死亡：36 個月。 非因公死亡：繳費未滿 20 年，30 個月。 繳費滿 20 年，36 個月。
	私校被保險人或符合請領年金之公教人員身故，給付符合資格之配偶、子女或父母。	遺屬年金給付： 保險年資滿 1 年，按 0.75% 給付率計算，最高以給付 30% 為限。
眷屬喪葬	父母、配偶及子女死亡。	父母、配偶：3 個月。 子女：未滿 12 歲，1 個月。 12-25 歲，2 個月。
生育	被保險人繳費滿 280 日後分娩或繳費滿 181 日後早產。	2 個月。 雙生以上者，按比例增給。
育嬰留職停薪	年資滿一年以上，養育三足歲以下子女。	前 6 個月平均保險俸給 60% 計算，最長發給六個月。

例題 5 方老師因雙眼白內障進行手術，左眼視力經治療後為 0.3，右眼視力為 0.2，符合部分失能程度。若方老師之保險俸薪為 32,000 元，他可申請之失能給付為：32,000×6 個月＝ 192,000 元

（三）保險費

公教人員保險之保險費率為被保險人每月保險俸（薪）給百分之 7% 至 15%，目前一般費率為 7.83%，採年金給付之費率為 10.16%。而在保險費分擔部分，公教人員由被保險人自付 35%，政府補助 65%；而私立學校教職員則由被保險人自付 35%，政府補助 32.5%，學校補助 32.5%。

四、農民健康保險

在各工作族群所參加的社會保險中，農民健康保險是較晚實施的，至民國 78 年才正式開辦。主要目的在維護農民健康，增進農民福利，促進農村安定。農民健康保險之主管機關，在中央為行政院農業委員會，其相關業務則委託勞工保險局辦理，並為保險人。

（一）保險對象

農民健康保險之對象，分為農會會員與非農會會員兩類。前者為依農會法第十二條所定之農會會員從事農業工作，未領取相關社會保險老年給付者，得以其所屬基層農會為投保單位。而非農會會員，則為年滿十五歲以上從事農業工作之農民，未領取相關社會保險老年給付者，並以其戶籍所在地之基層農會為投保單位。此外，若同時符合國民年金保險加保資格者，亦得選擇參加國民年金保險。

（二）保險給付

農民健康保險之保險給付分為生育給付、身心障礙給付及喪葬津貼三項。茲將各項給付資格與標準整理於表 18-5 所示。

❖表18-5　農民健康保險給付項目及標準

給付項目	給付資格	給付標準
生育	被保險人或其配偶分娩或早產。	3 個月。 雙生以上者，比例增給。
身心障礙	因傷害或疾病致成身體遺存障害。	農保身心障礙失能給付標準表，分 12 個身心障礙種類、15 個障礙等級。
喪葬津貼	被保險人死亡。	15 個月。

例題 6 王老先生為農保被保險人，於 80 歲時病逝，病逝當年之農保月投保薪資為 20,400 元，他的遺屬可請領王先生之農保喪葬津貼 30 萬 6 仟元（20,400 元 ×15 個月＝ 306,000 元）。

（三）保險費

農民健康保險現行之保險費率為 2.55%，由被保險人自付 30%，政府補助 70%。自民國 112 年 2 月 10 日起，農保之月投保金額調高為 20,400 元，被保險人每月應負擔保險費為 20,400×2.55%×30% ＝ 156 元（其中 78 元由中央主管機關予以補助），是目前所有社會保險制度中保險費最低的險種。

推動農民 4 大福利措施，讓農民安心從農

近年來面臨人口結構改變、國際貿易自由化，以及氣候劇烈變遷造成農業災損等內外環境挑戰，農業就業人數逐年下降，以致農業勞動力不足及高度老化日益嚴重，衝擊我國長期農業發展。

為此，政府積極推動三保一金政策，即『農民健康保險、農民職業災害保險、農業保險、農民退休儲金』等 4 大福利措施，以建構完整農民社會經濟安全網，保障農民健康，協助農民分散經營風險，並照顧農民退休安養生活，以吸引更多青年從農，為臺灣農業注入新血。

資料來源：行政院官網 2023/01/05；https://reurl.cc/nD86rl

五、國民年金保險

我國之國民年金保險整合敬老福利生活津貼及未投保公教、軍保、農保及勞保者，於民國 97 年 10 月 1 日開始實施，讓以往未能被納入社會保險的國民，特別是經濟弱勢的家庭主婦或無工作者也能享有社會保險的好處，並獲得老年經濟生活的基本保障。國民年金的主管機關，在中央是內政部，相關業務亦委託勞工保險局辦理，並為保險人。

(一) 保險對象

主要納保對象是年滿 25 歲、未滿 65 歲，在國內設有戶籍，且沒有參加勞保、農保、公教保、軍保的國民。

(二) 保險給付

國民年金保險之被保險人在保險有效期間發生保險事故時，分別給與老年年金給付、身心障礙年金給付、遺屬年金給付、喪葬給付及生育給付。茲將國民年金保險之四種給付項目及給付標準（民國 113 年起適用），簡單整理於表 18-6。

1. 老年年金

被保險人或曾參加本保險者，於年滿 65 歲時，得請領老年年金給付，並自年滿 65 歲當月起按月發給至死亡當月止。可依下列方式擇優計給：

A 式：（月投保金額 × 保險年資 ×0.65%）＋ 4,049 元

B 式：月投保金額 × 保險年資 ×1.3%

例題 7　王先生現年 65 歲，他參加國保 10 年，若國保月投保金額為 19,761 元，則老先生每月可領取之老年年金金額應選擇 A 式較有利。

A 式：(19,761 元 × 0.65% × 10) ＋ 4,049 元＝ 5,333 元

B 式：19,761 元 × 1.3% × 10 ＝ 2,569 元

2. 身心障礙年金

被保險人於國保加保期間遭受傷害或罹患疾病，領有重度以上身心障礙手冊並經身心障礙鑑定醫療機構評估為無工作能力者，如同時符合勞保之請領規定，僅得擇一請領。符合條件者，自申請當月起按月發給至死亡當月止。年滿 65 歲時得改領老年年金給付。年金給付金額計算方式為：月給付金額＝月投保金額 × 保險年資 ×1.3%，基本保障 5,437 元。

3. 遺屬年金

申請資格為被保險人在保險有效期間死亡、領取老年年金給付期間死亡或領取身心障礙年金給付期間死亡，遺有符合資格遺屬。遺屬順位依序為配偶及子女、父母、祖父母、孫子女、兄弟、姊妹，當序受領遺屬存在時，後順位之遺屬不得請領。年金給付金額計算方式為：月給付金額＝月投保金額 × 保險年資 ×1.3%

4. 喪葬給付

被保險人於保險有效期間（滿 65 歲前）死亡，按月投保金額一次發給 5 個月喪葬給付，由支出殯葬費者領取，但以 1 人為限。若以月投保金額 19,761 元為例，可領取 98,805 元（19,761 元 ×5 個月＝ 98,805 元）。

5. 生育給付

被保險人於保險有效期間分娩或早產，一次發給 2 個月生育給付。分娩或早產為雙生以上者，按比例增給。若以月投保金額 19,761 元為例，可領取 39,522 元（19,761 元 ×2 個月＝ 39,522 元）。

❖表18-6　國民年金保險給付項目及標準

給付項目	給付標準
老年年金	年滿 65 歲時可以領取，A、B 兩者擇優發給。 A：（月投保金額 × 年資 ×0.65%）＋ 4,049 元 B：月投保金額 × 年資 ×1.3%
身心障礙年金	月投保金額 × 年資 ×1.3%，最低 5,437 元。
遺屬年金	平均月投保薪資 × 年資 ×1.3%，最低 4,049 元。 有遺屬加計，多一位遺屬加 25%，最多加 50%。
喪葬給付	一次給付 5 個月。
生育	一次給付 2 個月。

(三) 保險費

民國 97 年 10 月 1 日開辦國保時的保險費率為 6.5%，每 2 年調高 0.5% 至上限 12%。而月投保金額，於施行第 1 年依勞保投保薪資分級表第 1 級（17,280 元）定之，施行第 2 年起，投保金額於主計處發布之消費者物價指數累計成長率達 5% 時，即按該成長率調整。在保險負擔比例部分，一般民眾自付 60%，政府補助 40%；若為中、低收入戶或身心障礙者則另有不同的負擔比例。假設王太太為家庭主婦，目前月投保金額 19,761 元、費率 10%、負擔比例 60%，則她每月應繳之國保保費為 1,186 元（19,761 元 × 10% × 60% ＝ 1,186 元）。

18-3 全民健康保險

全民健康保險是基於社會政策，應用保險技術與方法，對全體國民，於遭遇生育、疾病、傷害等事故時，保障其經濟生活與身心健康的一種社會保險制度。

(一) 保險對象

全民健保將保險對象區分為被保險人和其眷屬兩種。被保險人部分又依不同職務性質分為六類，分別有不同的保費分擔比例（見表 18-7）。

◆表18-7 全民健康保險對象及保費分擔比例

保險費負擔比率					
保險對象類別			負擔比例（％）		
			被保險人	投保單位	政府
第一類	公務人員、公職人員	本人及眷屬	30	70	0
	私校教職員	本人及眷屬	30	35	35
	公民營事業、機構等有一定雇主的受雇者	本人及眷屬	30	60	10
	雇主、自營業主、專門職業及技術人員自行執業者	本人及眷屬	100	0	0
第二類	職業工會會員、外雇船員	本人及眷屬	60	0	40
第三類	農民、漁民、水利會會員	本人及眷屬	30	0	70
第四類	義務役人、替代役役男、校軍費生、在卹遺眷、在矯正機關接受刑或保安處分（保護管束除外）、管訓處分之執行逾 2 個月者	本人	0	0	100
第五類	低收入戶	本人	0	0	100
第六類	榮民、榮民遺眷家戶代表	本人	0	0	100
		眷屬	30	0	70
	其他地區人口	本人及眷屬	60	0	40

資料來源：衛生福利部中央健康保險署

(二) 保險給付

全民健保在保險對象發生疾病、傷害或生育事故時，由保險醫事服務機構給予門診或住院診療服務。醫師並得交付處方箋予保險對象至藥局調劑。而完整的全民健保給付內容包括醫療服務、居家照護服務、藥事服務、預防保健服務及精神疾病社區復健等。此外，為鼓勵民眾節用醫療資源，共同控制醫療成本，全民健保實施門診及住院費用部分負擔制度。

(三) 保險費

全民健保之保險費由一般保費及補充保費兩部分組成，以第一類被保險人為例，將其保險費整理如表 18-8 所示。

1. 一般保險費

民國 100 年起，第一類至第三類被保險人及其眷屬之保險費率為 5.17%，而眷屬超過三口者，以三口計。假設有一定雇主的勞工，保費負擔比例 30%，若投保金額 30,300 元，另有眷屬兩口，則每個月應該自付的保險費是 1,410 元（30,300 元 × 5.17% × 30% × (1 + 2) = 1,410 元）。

2. 補充保險費

第一類至第四類及第六類保險對象若有股利所得、利息所得、超過投保金額 4 倍部分的獎金、執行業務收入、兼職所得、租金收入等，應收補充保險費，由扣費義務人於給付時扣取。補充保險費率在民國 110 年為 2.11%。

❖表18-8　全民健康保險保險費計算（以第一類被保險人為例）

對象	一般保險費		補充保險費	
保險對象	投保金額	×5.17%（費率）×30%（負擔比率）×（1 + 依附眷屬人數）	股利所得	×2.11%（費率）
			利息所得	
			超過投保金額 4 倍部分的獎金	
			執行業務收入	
			兼職所得	
			租金收入	
投保單位	每個受僱員工之投保金額	×5.17%（費率）× 60%（負擔比率）×[1+0.57（平均眷口數）]	投保單位支付薪資所得總額－受僱員工投保金額總額。	×2.11%（費率）

18-4 就業保險與職業災害保險

一、就業保險

就業保險，係在職勞工遭遇非自願性失業導致所得損失或收入中斷時，藉強制保險方式提供一定期間的最低所得保障之一種社會保險制度。其主要目的為提昇勞工就業技能，促進就業，保障勞工職業訓練及失業一定期間之基本生活。

(一) 保險對象

凡 15 至 65 歲之本國籍員工，公司都要強制為其加入就業保險，即使是五人以下公司未參加勞保，仍要加入就業保險。

(二) 保險給付

茲將就業保險之給付資格及標準整理於表 18-9。

❖表18-9　就業保險給付資格及標準

給付項目	給付資格	給付標準
失業給付	1. 非自願離職。 2. 退保前三年之保險年資合計滿一年以上。 3. 向公立就業服務機構辦理求職登記（14 日仍無就業或職訓）。	● 發給 60% 的平均月投保薪資，最多請領 6 個月。（若平均月投保薪資 28,800 元，則可領 28,800 × 60% × 6 ＝ 103,680 元） ● 離職當時年滿 45 歲或領有身心障礙證明者最多領 9 個月。 ● 扶養無工作配偶、未成年子女，1 位＋ 10%，最多＋ 20%。
提早就業獎助津貼	若未領滿六個月失業給付，再受僱工作並參加本保險三個月以上者。	按尚未請領失業給付金額的 50%，一次核發。
職業訓練生活津貼	經安排參加全日職訓。	發給 60% 的平均月投保薪資，最高核發 6 個月。
育嬰留職停薪津貼	被保險人辦理育嬰留職停薪。	● 前六個月平均月投保薪資 60%。 ● 政府加發 20% 育嬰留職停薪薪資補助，與育嬰留職停薪津貼合併發給。 ● 同一子女，父母各得請領最長 6 個月。父母同為被保險人，可同時請領。
健保費補助	失業之被保險人及隨同被保險人辦理加保之眷屬。	失業勞工及其眷屬的健保保險費。

(三) 保險費

本保險之保險費率,由中央主管機關按被保險人當月之月投保薪資(同勞保月投保薪資等級)的 1% 至 2% 擬訂,目前費率為 1%。而保費分擔比例亦適用勞工保險分擔比率表,最常見為雇主 70%,勞工 20%,政府 10%。假設月投保薪資 28,800 元,則每月保費為 58 元(28,800×1%×20% = 58 元)。

二、職業災害保險

「勞工職業災害保險及保護法」(以下稱職保法)自民國 111 年 5 月 1 日施行,以專法的形式,將原本勞工保險條例中的職業災害事故部分,及職業災害勞工保護法的規定予以整合。除擴大納保範圍,提升各項給付保障外,並整合職災預防與重建業務,使整體職災保障制度更完善。職保法之主管機關為勞動部,並以勞工保險局為保險人,辦理保險業務。

(一) 保險對象

職保法擴大了強制納保範圍,將年滿 15 歲以上,受僱於登記有案單位(領有執業證照、依法已辦理登記、設有稅籍)之勞工或經中央主管機關依法核發聘僱許可雇主之勞工(家事移工),不論僱用人數,均納為強制投保對象,應由其雇主為其申報加保。而無一定雇主或自營作業而參加職業工會者,亦強制納保。

另外考量就業型態改變,為保障非典型勞動者之工作生活安全,職保法增訂特別加保制度,凡受僱自然人雇主之勞工、實際從事勞動之人員及提供勞務之童工,如有短期性或臨時性工作,均可透過簡便加保管道即時申報參加勞工職業災害保險。

(二) 保險給付

職業災害保險的給付項目,除於原本勞工保險條例的職災傷病、失能、死亡、失蹤及醫療給付之基礎上提升給付水準外,並新增給付項目、擴大適用對象,應強制納保而未加保之勞工亦可請領。茲將職業災害保險之主要給付項目與標準整理於表 18-10。

　　另外，針對退保後罹患職業病之被保險人，提供醫療補助、失能及死亡津貼；未加保之職災勞工提供失能及死亡補助；針對住院需人照護，或經評估為終身無工作能力，日常生活活動需人扶助之職災勞工，提供照護補助。在職災預防方面，提供預防職業病健康檢查，及針對曾從事特別危害作業的被保險人，提供健康追蹤檢查。

❖表18-10　職業災害保險給付項目及標準

給付項目	給付標準
醫療給付	依健保支付標準給付診療費用：健保部分負擔＋ 1/2 膳雜費（30 日內） 健保給付之特殊材料「自付差額」。
傷病給付	自不能工作之第 4 日起至恢復工作之前 1 日止。 前 2 個月：平均投保薪資之 100%。 第 3 個月起：平均投保薪資之 70%，最長 2 年。
失能給付	失能年金＝平均投保薪資 × 失能程度之比率；眷屬加發 10%，最多 20%。 （完全失能 70%、嚴重失能 50%、部分失能 20%） 不符年金資格：依 1-15 級領失能一次金。
遺屬給付	遺屬年金＝平均投保薪資 ×50%；眷屬加發 10%，最多 20%。 不符年金資格：遺屬一次金 40 個月。 另有喪葬津貼 5 個月。
失蹤給付	凡於作業中遭遇意外事故致失蹤時發給＝平均投保薪資 ×70%。

(三) 保險費

　　職保法第十六條規定表明，職災保險及保護法之職災保險費率，依最近一次「職業災害保險適用行業別及費率表」辦理。一般分為行業別費率及上、下班費率。而自然人特殊型態（例如受僱自然人雇主、實際從事勞動人員）則採單一費率。假設某銀行行員之月投保薪資 30,300 元，金融業之費率 0.11%（含行業別及上、下班費率），職災保費由雇主負擔 100%，則雇主應繳納之職業災害保險保費為 33 元（30,000 元 × 0.11% × 100% ＝ 33 元）。

本章習題

一、名詞解釋

1. 勞工保險

2. 軍人保險

3. 公教人員保險

4. 農民健康保險

5. 國民年金保險

6. 全民健康保險

7. 就業保險

8. 職業災害保險

二、選擇題

( ) 1. 下列何者不是社會保險？ (A) 汽機車第三人責任保險 (B) 全民健康保險 (C) 勞工保險 (D) 農民保險。 【100 年初等考試】

( ) 2. 社會保險的給付範圍中，下列何者不是一般商業保險所能提供？ (A) 醫療保險 (B) 失能保險 (C) 失業保險 (D) 死亡保險。【100 年初等考試】

( ) 3. 老年生活三層次保障中第一層為社會年金保險，有關我國國民年金保險之敘述，列何者正確？ (A) 保險對象為年滿 20 歲～ 65 歲，未參加軍、公教及勞保且未曾領取相關社會保險老年給付者 (B) 年金給付包括老年年金、失能年金及遺屬年金三種 (C) 國民年金保險給付與勞保年金給付，不可同時請領 (D) 年金給付自得請領之日起 2 年不行使而消滅。

【105 證照特考】

( )4. 我國社會保險制度當中何者沒有老年（養老）給付？ (A) 勞工保險 (B) 公教人員保險 (C) 農民健康保險 (D) 國民年金。【107年初等考試】

( )5. 下列事故有哪些為全民健康保險的保險範圍？ ①生育 ②死亡 ③疾病 ④傷害 ⑤失能 (A) ①②④ (B) ①③④ (C) ①③④⑤ (D) ①②③④。

【證照特考】

三、問答題

1. 試說明社會保險之意義與特性？

2. 試比較商業保險與社會保險之差異性？

3. 試說明勞工保險三種年金給付項目及給付標準？

4. 試說明農民健康保險的給付項目及給付標準？

5. 試說明國民年金保險的三種年金給付項目及給付標準？

6. 試說明全民健康保險之一般保費與補充保費計算方式？

7. 試說明勞工職業災害保險之給付項目與給付標準？

NOTE

CHAPTER **19**

政策性保險

學習重點

1. 農業保險的意義與型態
2. 農業保險之種類與標的
3. 輸出保險的意義與特質
4. 輸出保險的種類與承保內容
5. 存款保險的意義與投保規定
6. 存款保險主要內容

INSURANCE

對抗氣候變遷！這2種參數型保險 農民最青睞

　　據中央氣象局表示，連續3年的「反聖嬰現象」已經正式結束，而「聖嬰現象」有逐漸發展的趨勢，這意味著全球高溫將不斷刷新紀錄，並且加劇氣候變遷，例如每年夏季颱風生成的位置，因為聖嬰現象而距離臺灣陸地較遠，代表颱風在海洋上的時間較長，導致颱風強度也將變得更強，一旦登陸臺灣，對農業造成的損害將更嚴峻。

　　對氣候變遷風險加劇，看天吃飯的農業損害首當其衝，因此有愈來愈多保險業者推出「氣象參數型」農業保險，協助農民降低經營風險，穩定收益。根據農業金融局統計資料，去（2022）年參數型保險投保件數最多的是紅豆保險，其次為柚子保險。

資料來源：現代保險 2023/05/25；https://www.rmim.com.tw/news-detail-39313

 解讀

　　受到氣候變遷的衝擊，各國保險公司紛紛推出以氣溫、降雨等氣候數值作為給付條件的「參數型保險」。所謂的氣象參數型保險，是以中央氣象局所公布的風速、降水量、氣溫等數據，作為理賠的標準，只要氣溫、風速或降雨量等氣候條件達保單約定的門檻，不須勘災，幾天內便能迅速得到理賠。

　　臺灣的農業保險有「實損實賠型」、「政府連結型」、「區域收穫型」、「收入保障型」、「氣象參數型」共5種類型，在臺灣已開辦的27種農業保單品項中，有高達17項為「氣象參數型」保單，是所有農業保險中最多的類型，像是養殖水產、紅豆、西瓜、柑橘、養蜂產業等農業保險，都是參數型保險。

前　言

　　政策性保險（Political Insurance）是指政府基於施政上需要而予以開辦之保險，目的在達成預期之施政目標。政策性保險與強制性保險（Compulsory Insurance）之差異，在於強制性保險必須先行立法，取得法律依據方能強制國民參加保險，例如強制汽車責任保險與勞工保險、全民健康保險等等社會保險。而政策性保險，則由政府單位以行政命令方式實施之保險，無法強制國民均應參加。常見者如住宅地震基本保險（已於第 13 章論述）、農業保險、輸出保險、存款保險等。

19-1 農業保險

　　農業經營為高風險產業，農民經常面臨天災與市場波動之風險。國外多數國家早已實施農業保險，但我國卻遲遲沒有開辦，反而以傳統補貼與天災救助方式彌補農民損失。但隨著氣候變遷與經貿自由化趨勢愈加明顯，政府終於在民國 104 年底開始試辦農作物保險，並在民國 105 年之後陸續擴大試辦農業保險品項與不同險種，之後在民國 109 年通過農業保險法，民國 110 年設置財團法人農業保險基金，宣告我國農業保險時代之來臨。

一、意義與型態

　　農業保險是為了實施農業政策而舉辦的保險，目的在降低農業經營風險，穩定農民收益，亦屬於財產保險的一類。

(一) 定義

　　依我國農業保險法第三條第二款規定：「農業保險，指為填補天然災害或其他事故所致保險標的之實際或推定損失，經主管機關公告之保險。」，同條第三款：「保險標的：指農、林、漁、牧業產物相關品項。」據此，農業保險（Agricultural Insurance）可定義為以農、林、漁、牧業等產物為保險標的，因天然災害或其他事故導致的損失，由保險人負擔損害補償責任之保險。相關用詞定義如下：

1. **天然災害**：指颱風、焚風、龍捲風、豪雨、霪雨、冰雹、寒流、旱災、海水倒灌、土石流或地震等天然災害。

2. **其他事故**：指天然災害以外，包括疾病、蟲害、毒害、市場、環境因素等，或其他不可抗力之事故。

3. **保險標的之實際或推定損失**：係以約定方式認定。

4. **保險人**：包括保險業及經主管機關許可之農會、漁會。

(二) 型態

依財團法人農業保險基金的統計資料，截至民國 112 年，我國農業保險已開辦 27 種品項、42 張保單，除了各產險公司所推出的商業型農業保險外，也為因應產業政策需求，政府透過農會擔任保險人推出政策型農業保險，相關政策型及商業型農業保險品項分別列舉如表 19-1 所示。

❖表19-1　政策型及商業型農業保險品項

項目	政策型保險	商業型保險
農產業	釋迦、香蕉收入、高粱收入、水稻（基本型）、水稻（加強型）。	鳳梨、芒果、蓮霧、木瓜、甜柿、番石榴、柚、棗、柑橘、梨、荔枝、水稻、香蕉植株、西瓜、紅豆。
養殖水產業	（無）	養殖水產、石斑魚、虱目魚、鱸魚及吳郭魚。
家禽家畜業	豬隻死亡、豬隻運輸死亡、乳牛死亡。	家禽禽流感。
其他	（無）	農業設施、養蜂產業。

資料來源：財團法人農業保險基金（2023）

二、保險種類與標的

依農業涵蓋農、林、漁、牧產業而言，各有不同產業特性與風險，故農業保險也應包括農作物保險、林業保險、畜牧保險以及漁業保險。農業保險早期以農作物保險為主，民國 110 年加入乳牛死亡保險、豬隻運輸死亡保險及豬隻死亡強制保險。依農業委員會農業金融局之統計資料，將各類農業保險及其保險標的歸納為以下十種類型。

（一）實損實賠型

常見如梨保險，視颱風、豪雨實際損害情形理賠；香蕉植株保險，以無人機空拍影像判定颱風造成香蕉植株折斷或倒伏面積比例，超過約定之比例時即可理賠。

（二）災助連結型

例如梨及芒果保單，因颱風、豪雨、寒害等導致保險標的受損害達獲得政府現金救助之標準，即可獲得保險理賠及現金災害救助雙重保障。

（三）收入保障型

例如釋迦保險，係因應民國 105 年臺東縣釋迦因風災受損嚴重，針對臺東縣所規劃之收入保障型保單；香蕉收入保險，係為協助蕉農因應天災或市場因素所致收入不穩定而辦理之收入保障型保單，依低於基準收入部分予以理賠。

（四）區域收穫型

例如鳳梨、水稻及芒果保險，事故涵蓋天然災害及病蟲害，以收穫量短缺計算理賠，當鄉鎮市區實際收穫量低於保證收穫量時，即可理賠，不需要對個別農民勘損。

（五）氣象參數型

依照各保單約定氣象數據（如颱風風速、降水量、溫度）達一定條件即啟動理賠，不須進行勘損。

1. **颱風風速或降水量**：蓮霧、木瓜、文旦柚、甜柿、番石榴、棗、桶柑、屏東及高雄地區養殖水產、臺南地區石斑魚、虱目魚、鱸魚、吳郭魚、養蜂產業及西瓜等。
2. **氣溫**：梨、荔枝、石斑魚、虱目魚、鱸魚、吳郭魚及養蜂產業等。

（六）撲殺補償型

主要為家禽禽流感保險，係配合政府防疫制度結合撲殺補償機制並鼓勵農民主動通報，承保事故為禽流感病毒感染所造成白肉雞、蛋雞、土雞、火雞、鴨、鵝之損失；禽隻被撲殺後，除可獲得政府 60% 撲殺補償金，農民還可依約定之投保比例（最高 25%）獲得理賠金，有效降低農民損失。

(七) 農業設施保險

　　承保標的爲結構型鋼骨溫網室，事故涵蓋颱風及洪水災害，當被保險農業設施損失時，依該被保險農業設施損毀滅失時之實際現金價值爲基礎計算賠償金額，於賠償限額範圍內賠付農民。

(八) 乳牛死亡保險

　　保險標的爲領有畜牧場登記證書之畜牧場或畜禽飼養登記證之飼養場，出生滿一年以上在養乳牛。保障內容爲保險標的於保險期間內，因疾病、難產、雷擊、溺水、火燒、摔跌、其他意外傷害致死、依保險契約約定淘汰死亡或依法撲殺之保險事故，由保險人負擔保險金給付義務。

(九) 豬隻運輸死亡保險

　　保險標的爲領有畜牧場登記證書之畜牧場或畜禽飼養登記證之飼養場運輸豬隻。保障內容爲被保險豬隻於保險期間內，於運輸期間死亡或發生緊急屠宰之保險事故，由保險人負擔保險金給付義務。

(十) 豬隻死亡強制保險

　　保險對象爲豬隻飼養戶，包括領有畜牧場登記證書之畜牧場或畜禽飼養登記證之飼養場（含政府及國營事業畜牧場或飼養場）及未（不須）申辦畜牧場登記之飼養戶。保障內容爲保險標的在保險期間內，因疾病、難產、雷擊、溺水、火燒、摔跌、其他意外傷害致死或依法撲殺之保險事故，由保險人負擔保險金給付義務。

三、保險費及補助

　　農業保險屬於政策性保險，主管機關依法對農漁民提供保險費補助，以提高農漁民投保意願，擴大農業保險覆蓋範圍。依農業保險法第十條第一項規定：「主管機關得對要保人投保農業保險之保險費予以補助。」

1. 補助比率，得依保險標的及險種不同而有差異

　　(1) 梨、芒果、蓮霧、木瓜、文旦柚、香蕉、番石榴、荔枝、棗、甜柿及其他農作物等，補助保險費二分之一；金額上限爲每公頃新臺幣三萬元。

(2) 石斑魚、鱸魚、虱目魚、吳郭魚及其他養殖種類等，補助保險費三分之一；金額上限為每公頃新臺幣九萬元、每戶上限新臺幣十三萬五千元。

2. 於本法施行後五年內，補助比率以75%為上限；施行後第六年起，補助比率以60%為上限；但屬強制投保者，不在此限。

四、危險分散及管理機制

農業保險法第十二條提到，主管機關應建立農業保險之風險分散與管理機制，並成立財團法人「農業保險基金」（以下稱農險基金），作為農業保險中樞機構。透過再保險與共保之運作，達到風險分散與風險管理之效果，健全我國農業保險制度，整體架構如圖 19-1 所示。

（一）商業型農業保險

保險業應將承保風險之 80% 向農險基金為再保險，其第一層由農險基金與共保組織共同承擔，其中農險基金占 40%，共保組織占 40%（共保組織含 14 家產險公司各 2% 及中央再保 12%）。

（二）政策型農業保險

農會、漁會擔任保險人或共保人，應將自留之風險全數向農險基金為再保險，其由農險基金自留或部份分出由再保險人承擔。

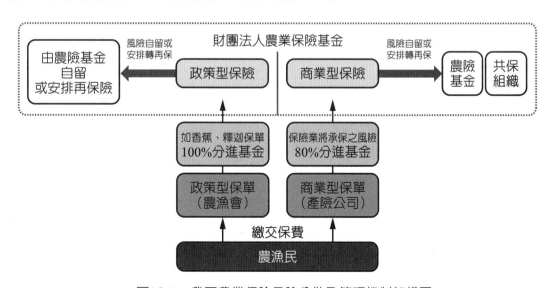

▶圖19-1　我國農業保險風險分散及管理機制架構圖

19-2 輸出保險

　　「輸出保險」為近代各國提升本國輸出競爭力的重要金融支援措施之一，各貿易先進國家均立法建立輸出保險制度，來積極拓展輸出貿易及對外投資。我國政府於民國 68 年設立輸出入銀行，成為進出口信用專業國營金融機構，幾十年來經歷金融風暴、美伊戰爭、中美貿易戰、Covid-19 危機等對出口貿易造成嚴重衝擊的事件，但輸銀皆發揮貿易政策性銀行功能，提供貿易風險保障，協助廠商進軍全球市場，拓展商機。

一、意義與特性

(一) 定義

　　輸出保險（Export Insurance）是為了實施貿易政策而舉辦的保險。主要承保輸出貨物於海上保險中所不保之危險，使得廠商或融資銀行因為輸出而遭受之各種損失，能夠得到較為完整的保障。最早開始僅承保信用風險事故，所以稱為輸出信用保險（Export Credit Insurance）；後來因為業務逐漸擴大，不僅以輸出信用為限，並包括政治風險以及企業內在風險（商業風險）等，故直接以輸出保險稱之。

(二) 特性

1. 輸出保險為國家政策性保險，是國家貿易政策中之重要措施。

2. 對輸出廠商或融資銀行因輸出而遭遇各種損失予以補償，包括信用、政治及商業風險等投機或靜態風險。

3. 各國對輸出保險都直接或間接由政府主持其事、或專設機構辦理輸出保險業務、或委託民營保險公司承保再由政府全額再保險。

4. 以徵信資料為基礎，即以進口商之信用調查或進口地區之政治經濟安定程度，作為決定保險金額之大小及計算保險費率之依據。

5. 輸出保險通常為不足額保險，亦即保險金額低於輸出貨物之價額，以促進損失預防。

二、種類與承保內容

（一）託收方式（D/P、D/A）輸出綜合保險

本保險主要承保出口廠商從事輸出貿易（D/P、D/A 方式）時，因發生進口地的政治危險或進口商的信用危險，而造成輸出貨款或應收帳款的損失，由本保險予以賠償。

 知識小站

輸出保險之保險金額決定方式：

輸出綜合保險之保險金額＝輸出金額 × 保險成數

保險成數係依中國輸出入銀行評定進口商信用等級而訂定。其標準如下表。

❖託收方式（D/P、D/A）輸出綜合保險之保險成數表

進口商信用評等	保險金額（按輸出金額乘以下列成數）	
	D/A	D/P
1	85%	90%
2	85%	90%
3	85%	90%
4	85%	90%
5	80%	85%
6	80%	85%

資料來源：中國輸出入銀行官網

（二）記帳方式（O/A）輸出綜合保險

主要承保出口廠商從事輸出貿易（O/A 方式）時，因發生進口地的政治風險或進口商的信用風險，而造成輸出貨款或應收帳款的損失，由本保險予以賠償。

(三) 信用狀貿易保險

主要承保出口廠從事輸出貿易所生之不可撤銷即期或遠期信用狀款項，尤其是長達 1 年期以上的遠期信用狀，可能因發生開狀銀行所在地的政治風險或開狀銀行的信用風險而造成損失，由本保險予以賠償。

(四) 全球通帳款保險

本保險透過簡化的投保手續及客制化承保條件，協助出口商規避輸出貿易所生應收帳款之信用風險，並促進廠商財務穩健性，有助於資金融通。

(五) 海外投資保險

承保廠商從事海外投資時，可能發生因沒收、戰爭或禁止匯款等政治風險因素導致投資之股份、持份或其股息、紅利無法收回，而造成損失，由本保險予以賠償。

(六) 中長期延付輸出保險

我國廠商輸出整廠設備、機器產品或其他資本財產或提供技術、勞務時，國外買主以一年期以上分期償付價款，雖有銀行保證（L/C 或 L/G），亦可能發生國外買主到期無法如期付款之情事，而造成損失，由本保險予以賠償。

(七) 中小企業安心出口保險

中小企業從事輸出貿易所生之應收帳款或信用狀款項，可能因發生進口地或開狀行所在地的政治風險、買主或開狀銀行的信用風險，而造成損失，由本保險予以賠償。

(八) 海外工程保險

我國廠商承包海外工程時，可能因當地國之政治風險或契約相對人破產等因素，導致價款、相關支出無法收回或設備遭受損害等，而造成損失，由本保險予以賠償。

實務分享·····

輸出入銀行攜手商銀 擴展業務共創雙贏

　　輸出入銀行為臺灣唯一輸出信用機構,為加強宣導輸出保險並提供廠商有感的貿易金融工具,輸銀持續與 30 家商業銀行合作,共同推廣輸出保險,利用商業銀行廣大分行通路據點,將輸出保險服務觸角深入全國各地。111 年度經由合作銀行推廣輸出保險總計承保金額為新臺幣 146.13 億元,較 110 年度成長 4.28%。

　　該行同時透過以商業銀行為被保險人之「全球通帳款承購保險」及「信用狀買斷保險」,擴大與商業銀行之合作關係。藉由此兩保險商品的保障,可以讓出口廠商規避應收帳款無法收回之風險,亦能強化商業銀行資產品質,商業銀行因而有能力滿足出口廠商的資金需求,對於經常面臨資金缺口而苦惱的中小企業,取得融資更容易,更能安心拓展市場,尤其面對風險較高的新興市場,輸出入銀行與商業銀行共同利用輸出保險開發新客戶,攜手創造雙贏局面。

資料來源:經濟日報 2023/03/24;https://money.udn.com/money/story/5635/7053339

19-3 存款保險

　　金融機構與一般工商企業不同,主要營運資金來自存款大眾,一旦經營發生問題甚或經營失敗,無法順利支付其存款債務時,將造成存款人損失,並危及金融安定及社會秩序。另鑑於存款大眾多為小額存款人,其存款係辛苦工作之血汗錢及養老本,政府爰成立存款保險機制,由中央存保公司對小額存款人依法提供保障,以維持金融安定與社會秩序。

一、意義與投保規定

　　中央存保公司於民國 74 年 9 月 27 日由財政部及中央銀行共同出資成立,民國 100 年財政部股權移由金融監督管理委員會管理,為我國辦理存款保險的唯一專責機構,屬國營機構。

（一）定義

　　存款保險，係由要保之金融機構向中央存款保險公司投保，並繳付保險費的一種政策性保險，存款人不需繳付任何保險費。倘要保之金融機構經主管機關勒令停業，中央存保公司將在最高保額內（目前為新臺幣 300 萬元），依法賠付存款人，以保障存款人權益並維護金融安定。

（二）投保規定

　　政府為保障存款人權益，制定存款保險條例並設立存保公司，專責辦理存款保險，其投保之方式可分為三階段。

1. 自由投保

民國 74 年創立之初採自由投保方式，以尊重金融機構投保意願為前提，並無強制金融機構加入存款保險。

2. 全面投保

因自由投保造成部分金融機構因未加入存款保險，而使其存款人無法受到存款保險之保障，故為保障全體存款人權益，於民國 88 年改採全面投保方式，所有金融機構皆強制投保。

3. 強制申請核准制

為控制存保公司之承保風險，民國 96 年又修正存款保險條例，改採強制申請核准制。凡經依法核准收受存款、郵政儲金或受託經理具保本保息之代為確定用途信託資金之金融機構，應向存保公司申請參加存款保險，經存保公司審核許可後為要保機構。

二、存款保險與一般商業保險之差異性

（一）目的及宗旨不同

　　存款保險成立目的及宗旨為保障存款人權益、維護信用秩序及促進金融業務健全發展，係屬公益保險，非以營利為目的。而一般財產保險及人壽保險係以營利為目的，屬商業保險。

（二）繳費及受益對象不同

存款保險係由要保機構向中央存保公司繳付保險費，存款人不需繳付任何保險費，由中央存保公司對要保機構存款人提供保障，若要保機構停業無法支付存款債務時，由中央存保公司依法對要保機構的存款人辦理賠付，要保人（要保機構）與受益人（保額內存款人）不同。一般財產保險及人壽保險，要保人需自行繳納保費，可指定自己或他人為受益人，並於保險事故發生後，由要保人或受益人向投保的保險公司申請理賠，要保人也可以為受益人。

（三）功能不同

一般財產及人壽保險係於保險事故發生後，由保險公司進行理賠，屬事後處理。而存款保險除於保險事故發生後對要保機構存款人進行賠付外，並於事前積極防範保險事故的發生，要保機構如經營業務有嚴重惡化時，中央存保公司即透過金融預警系統等場外監控機制，引導要保機構回歸健全經營。

（四）政策任務不同

存款保險兼負政策性任務，屬於金融監理之一環，對於已不能履行存款支付義務或已符合銀行法等應退場之要保機構，除依存保條例履行存款保險責任外，並讓問題要保機構順利退出市場，有效防範系統性危機之發生。

三、存款保險之主要內容

（一）承保對象

依存款保險條例第十條規定：「凡經依法核准收受存款、郵政儲金或受託經理具保本保息之代為確定用途信託資金之金融機構，應向存保公司申請參加存款保險，經存保公司審核許可後為要保機構。」據此，存款保險之金融機構大致可分為下列四大類（各類金融機構承保家數，計算至民國 **112 年 6 月底止**）。

1. 銀行

(1) 本國一般銀行：目前有臺灣銀行及土地銀行共 2 家國營銀行以及 35 家民營銀行參加存款保險。

(2) 中小企業銀行：國內僅臺灣中小企業銀行 1 家，亦加入存款保險。

(3) 信託投資銀行：無。

(4) 外國銀行在臺分行：外國及大陸地區銀行在臺分行共計約 30 家參加存款保險。

2. **郵政公司**：國內僅中華郵政股份有限公司1家，亦加入存款保險。

3. **信用合作社**：約有23家參加存款保險。

4. **設置信用部之農會、漁會**

(1) 農會信用部，全臺約有 283 家參加存款保險。

(2) 漁會信用部，全臺約有 28 家參加存款保險。

（二）承保範圍與不保項目

依存款保險條例第十二條第一項規定：「存款保險標的以中華民國境內存款為保障範圍。」其受保障及未受保障之存款項目，如表 19-2 所示。

❖表19-2　存款保險的保障範圍

受保障之存款	未受保障之存款
1. 支票存款。 2. 活期存款。 3. 定期存款。 4. 依法律要求存入特定金融機構之轉存款。 5. 其他經主管機關核准承保之存款。	1. 可轉讓定期存單。 2. 各級政府機關之存款。 3. 中央銀行之存款。 4. 收受存款金融機構間之同業存款。 5. 國際金融業務分行收受之存款。 6. 其他經主管機關核准不予承保之存款。

（三）保險金額

依存款保險條例第十三條第一項規定：「存保公司對要保機構每一存款人最高保額，由主管機關（金融監督管理委員會）會同財政部、中央銀行定之。」

1. **最高保額**

指每一存款人，在同一要保金融機構存款總額，受存保公司保障的最高金額。民國 100 年起，每一存款人在國內同一家要保機構之存款本金及利息，合計受到新臺幣 300 萬元之保障。

2. 設定最高保額之目的

(1) 限制中央存款保險公司的理賠責任。

(2) 保留市場對債權人的制裁力量，以避免存保公司過度承受風險。

(四) 保險費率

依據存款保險條例第十六條第三項規定：「存款保險費率，由存保公司擬訂，報請主管機關核定。」存款保險的費率採風險差別費率制度，費率風險指標依要保機構之「資本適足率」、全國金融預警系統「檢查資料評等綜合得分」等綜合評估，將要保機構分為以下三個風險組群（依民國 107「存款保險費率實施方案」第五點規定）。

1. 銀行、外國及大陸地區銀行在臺分行
2. 信用合作社
3. 農、漁會信用部

(五) 理賠給付

要保機構經主管機關或農業金融中央主管機關勒令停業時，中央存款保險公司應依下列方式履行保險責任。

1. 根據停業要保機構帳冊紀錄及存款人提出之存款餘額證明，將賠付金額以現金、匯款、轉帳或其他撥付方式支付。

2. 商洽其他要保機構，對停業要保機構之存款人，設立與賠付金額相等之存款，由其代為支付。

3. 對其他要保機構或金融控股公司提供資金、辦理貸款、存款、保證或購買其發行之次順位債券，以促成其併購或承受該停業要保機構全部或部分之營業、資產及負債。

圖片來源：中央存款保險公司官網

存保公司為加強保護存款人及維護金融秩序，對於停業要保機構如有嚴重危及信用秩序及金融安定之虞者（系統性危機），存保公司理賠時，對存款人之保障得不以最高保額為限。

本章習題

一、名詞解釋

1. 政策性保險

2. 強制性保險

3. 商業型農業保險

4. 政策型農業保險

5. 參數型農業保險

6. 輸出保險

7. 存款保險

二、選擇題

( ) 1. 「政策保險」係以實施特定之國家政策為目的之保險，下列何者非屬於政策性保險？　(A) 輸出保險　(B) 社會保險　(C) 住宅火險　(D) 強制汽車責任保險。　　　　　　　　　　　　　　　　　　　　　【104 年初等考試】

( ) 2. 有關農業保險的敘述，下列何者為非？　(A) 農業保險得採強制投保方式　(B) 屬於國家的政策性保險　(C) 區域收穫型農業保險可以免去實地勘損　(D) 災助連結型保險仍須進行災損評估。

( ) 3. 依照各保單約定數據（如颱風風速、降水量、溫度）達一定條件即啟動理賠，不須進行勘損。係指何種農業保險？　(A) 實損實賠型　(B) 災助連結型　(C) 氣象參數型　(D) 收入保障型。

( ) 4. 保險我國農業保險法條文中，所稱保險人不包含下列何者？　(A) 農會　(B) 漁會　(C) 保險業　(D) 保險合作社。

( )5. 存款保險的主要目的乃在保障下列何者的權益？ (A) 金融機構 (B) 存款人 (C) 借款人 (D) 中央存款險公司。

( )6. 每一存款人在同一家要保機構之存款本金及利息，最高保額保障金額為？ (A) 450 萬元 (B) 300 萬元 (C) 150 萬元 (D) 無限額。

三、問答題

1. 何謂「政策性保險」？何謂「強制性保險」？此兩者彼此關係為何？

2. 試述農業保險的意義與主要種類？

3. 何謂「輸出保險」？其特色為何？

4. 何謂「存款保險」？存款保險之保險人與被保險人各為何者？請分別說明之。

NOTE

CHAPTER

20

員工福利

學習重點

1. 認識員工福利及其內涵
2. 瞭解團體保險與相關實務
3. 熟悉退休金制度及其規劃
4. 認識我國勞工退休金制度

INSURANCE

退撫新制三讀，2023 年 7 月 1 日後新進公務員改確定提撥制

立法院院會三讀通過「公務人員個人專戶制退休資遣撫卹法」案，規定 2023 年 7 月 1 日後初任公務人員的退休、資遣、撫卹及退撫儲金，依新法規定辦理；公務人員退撫新制將由現行確定給付制改為確定提撥制。

條文規定，公務人員初任到職時，退撫基金管理機關應為其設立個人專戶，並於公務人員任職期間，與政府共同按月撥繳退撫儲金費用及其自願增加提繳費用，存入個人專戶累積本金及孳息，作為依法退休、資遣或撫卹時，給付其本人或遺族退撫給與之儲存準備。

公務人員在職期間按月撥繳退撫儲金費用，強制提撥費率為 15%，其中由政府提撥 65%、公務人員提繳 35%，共同撥繳至個人專戶，而公務人員也可以自願增加提繳金額至個人專戶，上限為每月本俸 5.25%。依法提繳的退撫儲金費用，不計入提繳年度薪資收入課稅。退撫基金管理機關應自行或委託金融機構或專業機構設計不同收益、風險之投資標的，提供公務人員自行選擇或按年齡配置適當的投資組合。

公務人員任職年資未滿 15 年而依法退休者，除另有規定外，應支領一次退休金；公務人員任職年資滿 15 年依法辦理退休者者，其退休金可選擇請領「一次退休金」、「月退休金」、「兼領二分之一之一次退休金與二分之一之月退休金」3 種方式擇一支領。其中，一次退休金是以個人專戶之累積總金額計給；月退休金以個人專戶之累積總金額，按攤提給付、定額給付、保險年金 3 種方式擇一支領。

資料來源：自由時報 2022/12/16；https://news.ltn.com.tw/news/politics/breakingnews/4156811

 解讀

任何一種退休制度，如欲運作良好、推行久遠，必須要有穩固之經費來源為基礎。因此，健全的退休制度，應以財務收支平衡為前提。近幾年來各國退休制度，不論是政府提供的強制退休福利或雇主提供的員工退休金，其制度設計普遍從確定給付制改為確定提撥制，且雇主退休金的財源籌措方式也大多從恩給制轉為雇主與員工自助互助、共同分擔。

前　言

　　員工福利泛指企業主所給予員工直接薪資以外，任何型態的福利措施或酬勞方式。一般而言，員工福利可包括各種津貼、補助、生活保障或遞延補償等。企業提供員工福利，一方面為符合勞工相關法令規範，另一方面可吸引優秀人才，並達到節稅與提昇經營效能等目的。其中，團體保險常見的員工福利制度之一。企業可透過各種團體保險強化員工生活保障，增進員工福利，進一步改善勞資關係，提昇員工工作效率。

20-1 員工福利概論

一、何謂員工福利

　　企業聘僱員工，除給予直接薪資以外，其他任何型態的福利措施或酬勞方式，包括各種津貼、補助、生活保障或遞延補償等，稱為員工福利（Employee Benefits）。員工福利主要分為下列五種類型：

(一) 基本的經濟安全保障

　　包含雇主依照法令規範或額外提供的經濟安全保障，以促進員工及其眷屬的健康、減輕其醫療費用負擔，或補償因員工身故、失能或重大傷病導致家庭所得的中斷或減損。

(二) 休假福利

　　提供員工未工作仍照常給薪的休假福利，例如國定假日、特休假、病假、產假或陪產假等。

(三) 提高生活品質的津貼補助

　　提供員工及其家人生活教育方面的補助與福利，包括日間托兒照顧服務、教育訓練的學費補助、健身養生課程、優惠存款與彈性上班等。

（四）股權計畫

　　提供員工股票選擇權或股利分紅等獎勵，以強化員工對企業的向心力，進而提昇生產力與企業獲利。

（五）退休計畫

　　提供員工因退休離開職場時的財務補償。

二、企業提供員工福利的理由

（一）因應政府法令規範

　　政府為保障勞工權益，透過相關法令的制定，規範企業提供特定員工福利的相關責任與義務。

（二）吸引優秀人才

　　良好的員工福利計畫，可吸引優秀人才的加入，以及提高員工的向心力與留任意願。員工流動率降低，亦有利於職場上經驗的傳承。

（三）提昇企業經營效能

　　良好的員工福利計畫，有助於減輕員工在生活上與職場上的各種壓力，專注於工作，提昇工作效率與企業經營效能。

（四）達到成本上的規模經濟

　　企業所提供的員工福利包括同質性的商品或服務，可利用企業的議價能力，透過集體採購，以較低成本取得。

（五）稅務上的優惠

　　企業願意提供員工福利的最大誘因來自於稅務上的優惠。允許企業將員工福利的相關支出列為費用而抵稅，可提高企業提供各種福利的意願。

三、員工經濟安全保障與福利

對企業而言,其員工所面臨的各種人身風險,不僅可能造成個人、家庭的經濟損失,也會影響企業的經營。企業可提供相關員工福利以保障其經濟安全,內容包括法定社會保險與企業依法或額外提供的福利與保險保障。

(一) 死亡

對於員工因疾病或意外所致的死亡,除法定社會保險身故給付外,多數企業亦設立員工撫卹制度,透過基金的提存或團體人壽保險的安排,給付一定數額的撫卹金給員工遺屬。若員工發生職業傷害或罹患職業病因而不幸身故時,應有額外的補償。

若員工的薪資收入為家庭主要收入來源,不幸身故時,可能導致家庭生活或子女教育費用來源中止,家庭經濟因而陷入困境;若另有債務需要定期償還,將使家庭經濟更加拮据。因此,企業有道義或責任照顧他的家屬。

1. 勞工保險死亡給付

勞工保險屬社會保險,員工即被保險人,強制投保,所提供死亡給付如下:

(1) 喪葬津貼:按被保險人平均月投保薪資一次發給五個月,但其遺屬不符合請領遺屬年金給付或遺屬津貼條件。無遺屬者,按其平均月投保薪資一次發給十個月。

(2) 遺屬年金:被保險人如於保險有效期間死亡,遺有配偶、子女、父母、祖父母、受其扶養之孫子女或受其扶養之兄弟、姊妹者,得請領遺屬年金給付。每一年保險年資,按平均月投保薪資之 1.55% 計算遺屬年金,最低每月 3,000 元。

(3) 遺屬津貼:被保險人於民國 97 年 7 月 17 日修正之條文施行前有保險年資者,其遺屬除得依規定請領年金給付外,亦得選擇一次請領遺屬津貼。保險年資合計未滿一年者,按平均月投保薪資發給十個月;保險年資合計已滿一年而未滿兩年者,按平均月投保薪資發給二十個月;保險年資合計已滿兩年者,按平均月投保薪資發給三十個月。

2. 勞工保險職業災害死亡補償一次金

遺屬得請領遺屬年金給付及按被保險人平均月投保薪資，一次發給十個月職業災害死亡補償一次金。被保險人之遺屬一次請領遺屬津貼者，按平均月投保薪資發給四十個月。

3. 勞動基準法職災死亡補償

勞工遭遇職業傷害或罹患職業病而死亡時，依勞動基準法第五十九條，雇主除給與五個月平均工資的喪葬費外，並應一次給與其遺屬四十個月平均工資的死亡補償。

4. 額外保障

大多數企業除了依法為員工投保勞工保險外，另設有員工撫卹制度，承諾員工不幸身故時，給付一定數額的撫卹金給員工遺族。撫卹金的財源有些自帳上給付，有些則透過團體人壽保險與團體意外傷害保險的安排提供額外保險保障。

(二) 醫療費用

隨著醫療設備與技術進步、國民所得提升，員工對自身與家人健康日益重視，對於醫療保健費用負擔也愈來愈為沉重。

企業員工或其眷屬發生疾病、傷害或生育事故時，全民健康保險（簡稱全民健保）將提供住院與門診醫療服務。然而，全民健保設有給付標準、部分負擔與不給付項目等控制醫療成本支出的規定，員工仍需自行負擔實際接受醫療情形逾越全民健保給付標準、不給付項目或部分負擔等。若企業想減輕員工的醫療費用負擔，可透過團體健康保險的安排，以補助員工負擔的自負額、全民健保不給付項目或補充不足的醫療費用給付。

(三) 長期失能

企業員工因傷病失能而喪失工作能力時，除了所得可能中斷或減少，更得面臨長期醫療復健與照護，嚴重消耗家庭經濟能力。企業可透過團體失能所得保險與團體意外傷害保險提供相關保障；團體職業災害保險則是提供雇主職災補償責任額度與勞保給付差額之保險安排。

我國勞保普通事故保險與職業災害保險分別提供 1 至 40 個月與 1.5 至 60 個月投保薪資的失能補助費。被保險人經評估為終身無工作能力者,得申領失能年金,每一年保險年資,按平均月投保薪資之 1.55% 計算,最低每月 4,000 元;職災事故則加發 20 個月職災失能一次金;另有眷屬補助,配偶或子女符合條件者,每人加發 25%,最多加發 50%。民國 98 年 1 月 1 日前已有保險年資且符合申請失能年金條件者,亦得選擇失能年金給付或一次請領失能給付。

(四) 老年退休

隨著平均壽命的提高,老年的問題更加嚴重,公司所能承擔的社會責任,就是設立退休金制度,來解決老年經濟能力不足問題。

四、職工福利委員會

(一) 設立目地

在於透過企業及其員工共同提撥職工福利金,開辦必要的福利措施,並採取多元化運用,提供員工食衣住行育樂等各方面福利,藉以提振員工工作士氣,強化勞資合作關係。

(二) 適用對象

依職工福利金條例第一條規定:「凡公營、私營之工廠、礦場或其他企業組織,均應提撥職工福利金,辦理職工福利事業。」依據行政院勞工委員會 2003 年 3 月 24 日勞福一字第 0920016167 號令,其他企業組織,為平時僱用職工在五十人以上之金融機構、公司、行號、農、漁、牧場等。

(三) 辦理方式

1. 成立職工福利委員會,其運作包括職工福利金的保管運用與職工福利金動支範圍及項目。
2. 提撥職工福利金。

(四) 職工福利金動支範圍及項目

1. **福利輔助項目**:婚、喪、喜、慶、生育、傷病、急難救助、急難貸款、災害輔助等。

2. **教育獎助項目**:勞工進修補助、子女教育獎助等。

3. **休閒育樂項目**:文康活動、社團活動、休閒旅遊、育樂設施等。

4. **其他福利事項**:年節慰問、團體保險、住宅貸款利息補助、職工儲蓄保險、職工儲蓄購屋、托兒及眷屬照顧補助、退休職工慰問、其他福利等。

(五) 相關稅捐

　　營利事業依職工福利金條例成立的職工福利委員會,應依所得稅法第七十一條規定,每年辦理結算申報。職工福利委員會以福利金存入公立銀行取得的利息免扣繳,職工福利委員會給付職工的補助費應列入其他所得(扣除全年每月員工自行繳納的福利金)。

(六) 職工福利社

　　職工福利委員會得附設職工福利社,並視需要及經費狀況,辦理餐廳、宿舍、理髮室、幼兒園、洗衣室、圖書室、康樂室、日用品供應等業務。

知識小站

員工持股信託

　　所謂員工持股信託,是指同一企業內的員工以信託方式,約定每月自員工薪資中提撥一定比率的信託基金,長期投資取得自己所服務企業的股票;企業亦可相對提撥。員工離職或退休時,即可領回持有股份或以當時的股價結算現金返還。

　　企業透過員工持股制度,可鼓勵員工共同參與公司經營,分享營運成果,進而提昇向心力,吸引優秀人才。

20-2 團體保險

一、何謂團體保險

保險人以一張保險契約承保多數人，稱為團體保險。依團體保險單示範條款，要保人即要保單位；投保團體保險的團體人數須在 5 人以上，正常狀況下所成立的團體，而非為獲得團體保險而組成的團體。符合以下條件者屬於適格團體。

1. 有一定雇主之員工團體。

2. 依法成立之合作社、協會、職業工會、聯合團體或聯盟所組成之團體。

3. 債權、債務人團體。

4. 依規定得參加公教人員保險、勞工保險、軍人保險、農民健康保險或依勞動基準法、勞工退休金條例規定參加退休金計劃之團體。

5. 中央及地方政府機關或民意代表組成之團體。

6. 凡非屬以上所列而具有法人資格之團體。

二、團體保險的特質

(一) 以團體為風險選擇對象，以團體核保取代個人核保

保險人在團體保險的核保過程中，通常以團體的整體狀況為核保基礎，而非以個別成員的可保性為考慮因素。與個人壽險比較，團體保險核保具有下列特性：

1. 以團體為核保重心。

2. 企業為要保單位，為員工投保時，被保險員工必須正常在職工作。

3. 禁止要保單位或團體成員作個別選擇。

4. 要保單位必須具有協助團體保險行政處理的能力與意願。

(二) 以一張主保單承保團體中的成員

團體保險提供保險保障給團體中合格且參與保險的員工，承保後由保險人簽發一張主保單給要保單位，並提供每位參與的員工保險證、保險手冊或電子檔等以輔助說明團體保險內容。

（三）採用平均費率方式承保，保險費率相對低廉

在集體銷售與行政處理方式下，團體保險的費用率較個人保險為低，團體保險費率因此較為低廉，其主要原因為以下兩點：

1. **參加人數多**：保險人釐訂費率時可減少風險的安全加費，行政處理費用也降低許多。
2. **展業成本低**：招攬、審核、出單、收費與保全作業較為簡化，平均佣金率較個人壽險為低。

（四）配合要保單位要求，可彈性組合相關保險給付利益

保險人可配合要保單位的員工福利計劃需求，提供彈性團體保險組合。要保單位亦可依其員工部門別或職級高低設計不同的團體保險組合。

（五）保險契約每年更新，並依據經驗釐訂保險費率

1. **每年更新**：主要採一年期可續約方式。保險期間屆滿時，契約當事人雙方均有權利決定續約與否。
2. **經驗費率**：團體保險費率採經驗費率法，即實際團體理賠與費用經驗每年會反映在未來年度的團體保險費率上，要保單位因此樂於改善工作環境與安全衛生，並有意願提供充分的行政配合，以獲得更有利的承保條件與費率折扣。

三、團體保險制度的優點與限制

（一）優點

團體保險承保手續簡便，凡是適格團體中實際參與工作的成員大多能夠承保，保險費率比個人保險相對便宜，能夠以最有效率方式滿足員工的保障需求。

（二）限制

通常為一年期保險，並不是長期性保障性質，員工個人可能因為團體契約終止或個人退休離職等因素，喪失個人與家人的保險保障。

四、團體保險稅賦上之優惠

(一) 保險費

依營利事業所得稅查核準則第八十三條第五項規定：「營利事業為員工投保之團體人壽保險、團體健康保險、團體傷害保險及團體年金保險，其由營利事業負擔之保險費，以營利事業或被保險員工及其家屬為受益人者，准予認定。每人每月保險費合計在新臺幣二千元以內部分，免視為被保險員工之薪資所得；超過部分，視為對員工之補助費，應轉列各該被保險員工之薪資所得，並應依所得稅法第八十九條規定，列單申報該管稽徵機關。」

(二) 保險給付

1. 所得稅

依所得稅法第四條第十七項規定：「因繼承、遺贈或贈與而取得之財產。但取自營利事業贈與之財產，不在此限。」此外，依所得基本稅額條例規範，所訂立受益人與要保人非屬同一人之人壽保險及年金保險，受益人受領之保險給付應與相關項目金額加計綜合所得淨額計算個人的基本所得額，但死亡給付每一申報戶全年合計數在新臺幣 3,330 萬元以下的部分，免予計入。

2. 遺產稅

人壽保險指定受益人領取的身故保險金，不計入被保險人遺產總額，不須繳納遺產稅。

五、團體保險的種類

(一) 團體人壽保險

1. 承保範圍

被保險員工於保險期間內發生完全失能或死亡時，保險公司依約定給付保險金。

2. 團體人壽保險的種類

(1) 團體一年定期壽險。　(2) 團體繳清養老壽險。

(3) 團體終身壽險。　(4) 團體信用壽險。

(二)團體傷害保險

1. 承保範圍

被保險員工於保險契約有效期間內，因遭受意外傷害事故，致其身體蒙受傷害而致失能或死亡時，依照保險契約的約定，給付保險金。

2. 團體傷害保險的種類

(1) 團體傷害保險。　　(2) 團體傷害醫療保險。　　(3) 團體旅行平安保險。

(三)團體健康保險

1. 承保範圍

配合企業員工福利與職災補償制度，通常為實支實付型團體健康保險。被保險員工因疾病或傷害住院以全民健保被保險人身分就醫治療時，由全民健保提供醫療服務，逾越全民健保給付標準、不給付項目或屬部分負擔，須由被保險員工自行負擔者，團體保險即按各項限額內提供保險保障。企業亦可選擇定額型團體健康保險。

2. 團體健康保險的種類

(1) 團體住院醫療保險。　　　　(2) 團體住院日額保險。

(3) 團體一年定期癌症保險。　　(4) 團體失能所得補償保險。

(四)團體年金保險

1. 承保範圍

由要保單位於被保險員工在職期間內繳交保險費，被保險員工因離職、退休或其他原因退保時，由保險人依照保險契約的約定，根據被保險員工當時年齡或累積服務年資，給付生存年金。

2. 團體年金保險的種類

(1) 團體年金保險（利率變動型）。

(2) 勞退企業年金保險（非投資型保險）。

六、團體保險的效益

團體保險是企業保障員工生活、增進員工福利、改善勞資關係以及促進工作效率的最適工具之一。團體保險對雇主和員工有以下的效益。

(一) 對雇主而言

1. 分散企業經營風險。
2. 吸引留住優秀員工。
3. 改善勞資雙方關係。
4. 稅賦優惠可申報營業費用。

(二) 對員工而言

1. 可以彌補勞工保險與全民健康保險的不足。
2. 獲得完善醫療照顧以及寬裕的保障福利。
3. 保費低廉，投保手續簡便。
4. 員工無後顧之憂，全心致力工作。

20-3 退休理財規劃與退休金制度

一、退休財源與風險分析

所謂退休，是指人們因年齡、健康情況或其他因素等永久結束職業勞動，離開職場。隨著醫療技術的進步與高齡死亡率的降低，壽命提高與退休期間延長已成趨勢，因此，老年退休的生活品質與健康照護，已成為各國政府必須關注的重要課題。

(一) 老年退休保障

世界銀行於 1994 年提出退休財源應涵蓋三層式保障的建構模式（Three-Pillar Model）。政府可透過三層式保障的建構模式解決老年危機，以達成退休者老年經濟保障，分別說明如下（見圖 20-1）：

1. **社會安全制度**

   老年退休第一層保障為政府提供的強制性社會安全制度，其方式包括社會保險、社會救助或社會津貼等方式辦理。第一層保障由政府透過稅收負擔或社會保險自給自足，目的在於滿足退休者基本生活需求，保障其最低生活水準。

2. **企業退休金**

   老年退休第二層保障為企業退休金制度，是指由企業提供與員工的退休保障，屬員工福利的一部分。

3. **個人退休儲蓄**

   第三層保障為個人退休安排，由個人自行負擔，包括個人長期儲蓄、年金保險、基金投資、勞工自提退休金，商業保險儲蓄等，為個人在退休前所累積的儲蓄所得。

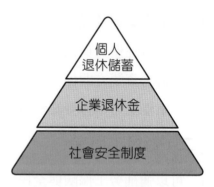

➡圖20-1　三層式老年經濟保障

(二) 退休需求分析

一個人的退休金需準備多少才足夠未來退休所需，這涉及個人的生活方式，一般而言，考量的因素包括：

1. **生活費用支出**：以退休後的生活型態、物價水準為依據，估算每月或每年的生活費用；醫療費用支出亦需列入。

2. **退休金投資報酬率**：退休當時所領取的退休金，其投資應首重安全保本。因此，其投資報酬率的設定應較退休前為保守。

3. **通貨膨脹率**：通貨膨脹可能侵蝕退休金的實質購買力，應列入評估。

4. **退休期間**：隨著生活品質提昇與醫療技術的進步，人們的平均壽命延長，退休期間也隨著增加，需準備更多的退休金。

(三) 所得替代率

對於退休金是否適足，一般以所得替代率作衡量指標。所得替代率是將退休金年金化後的金額與退休前的薪資相比，做為衡量退休後是否能過與退休前相同生活水準的指標，其計算方式如下：

$$\frac{退休後所能取得的資金（社會保險、企業退休金與個人儲蓄），予以年金化}{退休前平均薪資}$$

一般而言，所得替代率應是愈高愈好，所得替代率大於 1 表示有能力在退休後享有比退休前更好的生活水準。理想的所得替代率因人而異。

(四) 退休財源風險

退休後財源不足的風險可分為以下四項：

1. 長命風險（長壽風險）

如果個人在退休後所能得到的資金總額是固定的，那麼壽命的延長將使得退休後財源不足以支撐養老需求的機率增加。

2. 投資風險

如果個人退休準備資金投資在基金、股票或債券等投資標的，在金融市場不確定的變動下，可能因為利率變動、不當的投資決策或股票市場表現不佳等原因而面臨退休金額度不夠的風險。

3. 通貨膨脹風險（貨幣貶值風險）

如果退休後所能得的資金總額是固定的，那麼通貨膨脹率的升高將使得人們未來的購買能力下降，間接地增加了老人退休後的生活成本。貨幣貶值的風險也將增加退休財源不足的可能性。

4. 醫療費用（長期照護費用）不足風險

高齡者因慢性疾病需要長期治療或長期看護，可能造成額外的財務負擔。

實務分享 ·····

國人退休準備平臺

為持續推廣國人退休理財觀念，促進國人落實執行退休理財活動，金管會請集保公司規劃結合退休投資與促進公益之「退休準備平臺」，該平臺於基富通證券股份有限公司之網站上線，平臺內容包括：

1. 退休（保險）教育及缺口試算：教導國人認識退休（保險）風險有哪些，及提供試算退休金（保險保障）缺口之工具。

2. 嚴選基金及下單導引：由專家於遴選適合退休投資之基金，提供優惠費用（如免手續費及低經理費等）之定期定額投資，讓全體國人均能以小額資金參與投資。

3. 業者提撥經費參與社會公益：例如提供老人照護、急難求助等社會協助，促進優質友善的退休環境。

4. 設置各家保險公司專屬網域之連結（單一入口），國人點選後可連結至各家保險公司保障型保險商品之專屬網頁，提供國人基本保障之保險商品。

二、企業退休金制度

(一) 企業退休金理論

退休金為員工因年資的累積或到達一定年齡而離開職場時，雇主額外支付的單筆或定期的酬勞。企業提供退休金福利的理論基礎包括以下論述：

1. **人力折舊說**：指員工因經過長期工作、年紀增加而工作能力下降，因此，退休金如同機器使用所提列的折舊準備。

2. **人事機能說**：透過退休制度的建立，鼓勵資深員工退休，促進人員新陳代謝，維持職場的年輕與活力。

3. **遞延工資說**：此一論述主張企業對員工所支付的退休金其實只是工資遞延支付的一種形式。

4. **勞務報酬說**：退休金為雇主對員工長期任職期間的辛勞及貢獻所作的金錢補償。

5. **勞務管理說**：由於退休基金需透過雇主逐年提存累積，員工達退休條件時才發給，可藉此安定員工心理並降低流動率。

6. **社會責任說**：雇主基於企業社會責任提供退休金福利以協助處理老年經濟安全的社會問題。

(二) 退休金計畫的分類

退休金計畫可分為確定給付制（Defined Benefit,DB）與確定提撥制（Defined Contribution,DC）兩大類。

1. 確定給付制

由雇主承諾在員工退休時，依特定給付公式保證給付確定額度退休金，員工退休時所能領取的退休金金額依其退休時的實際年資與薪資水準而定。退休金的財源來自於雇主預先提存的退休基金、帳上提列的退休準備或認列當年度費用。

2. 確定提撥制

由雇主於員工在職期間定期提撥確定金額到員工帳戶作為退休基金，退休時的帳戶累積餘額即為其退休金。因此，員工退休時所能領取的退休金金額依其退休時的帳戶實際累積金額而定。

確定給付制與確定提撥制兩者的區別如表 20-1 所示：

❖表20-1　確定給付制與確定提撥制的比較

	確定給付制	確定提撥制
計算公式	退休給付有確定的公式。	退休金提撥有明確的公式。
退休基金投資	雇主決定投資標的。	員工決定投資標的。
投資風險與退休金提存不足風險	雇主負擔全部的給付風險。雇主於提存不足必須調整提撥率或額外提列退休金準備。	由員工自負退休所得與投資風險，雇主沒有給付不足問題。

實務分享‧‧‧‧

員工儲蓄信託

所謂員工儲蓄信託，是指員工每月自其薪資提撥一定金額或百分比，雇主亦可相對提撥一定比例，將該筆金額委託金融機構以信託方式投資運用，待員工退休或離職時，將累計本金及信託收益返還交付員工。

員工儲蓄信託制度中，員工為委託人兼受益人，受託機構依委託人所提撥之信託資金（包括薪資提存金及公司獎助金）之金額計算其所得享有的信託權益，並定期製作相關報告給予員工。

員工儲蓄信託的功能：

1. 補助退休金給付之不足。

2. 藉由離職金辦法增進企業生產力。

3. 減少員工短期離職率。

4. 提高資深但生產力下降的員工離職的意願。

20-4 我國勞工退休福利

一、勞工保險老年給付

(一) 勞工保險請領條件

1. 一次請領老年給付

年滿六十歲，保險年資合計未滿十五年者，可請領老年一次金給付。

所領取的金額，保險年資合計每滿一年，按其平均月投保薪資發給一個月；其保險年資合計超過十五年者，超過部分，每滿一年發給兩個月，最高以四十五個月為限。被保險人逾六十歲繼續工作者，其逾六十歲以後之保險年資，最多以五年計，合併六十歲以前之一次請領老年給付，最高以五十個月為限。

於 2009 年 1 月 1 日修正前具備勞保保險年資，符合勞工保險條例第五十八條規定者，可選擇一次請領老年給付。

2. 老年年金

年滿六十歲保險年資合計滿十五年者，請領老年年金給付。

老年年金給付，依下列方式擇優發給：

(1) 保險年資合計每滿一年，按其平均月投保薪資之 0.775% 計算，並加計新臺幣三千元。

(2) 保險年資合計每滿一年，按其平均月投保薪資之 1.55% 計算。

3. 請領勞保年金的年齡自施行第十年起提高1歲，其後每2年提高1歲至65歲：

民國	～106	107	108	109	110	111	112	113	114	115
年齡	60	61	61	62	62	63	63	64	64	65
出生年次	46	47		48		49		50		51

勞工保險減給老年年金與展延老年年金

　　勞工保險被保險人若未達老年年金請領年齡而提前請領者，可請領減給老年年金，以 5 年為限，每提前 1 年按給付金額減給 4%，最多提前 5 年減給 20%；若符合年金給付請領年齡而延後請領者，就可請領展延老年年金，每延後 1 年按給付金額增給 4%，最多增給 20%。

二、勞工退休金制度

　　近年來，隨著社會人口結構的老化，各國的員工退休制度其發展過程中，由原本的確定給付制轉變為確定提撥制並延後法定退休年齡已成為趨勢。我國勞工退休金制度過去係依照勞動基準法中的規範，屬確定給付制，一般稱勞退舊制；2003 年勞工退休金條例立法通過，成為勞工退休制度的新基準，屬確定提撥制，稱為勞退新制。

(一) 勞退舊制的相關規定

1. 退休年齡

(1) 自請退休：勞工於同一事業單位工作十五年以上，年滿五十五歲者；或工作二十五年以上者；或工作十年以上，年滿六十歲者，得自請退休。

(2) 強制退休：勞工未滿年齡六十五歲，或非身心障礙不堪勝任工作者，雇主不得強制其退休。

2. 退休給付計算

依其退休年資，每滿一年給予兩個基數，超過十五年之工作年資，每滿一年給予一個基數，最高總數以四十五個基數為限。所謂退休金基數，係指核准退休時一個月平均工資。工資係指勞工因工作而獲得之報酬，包括工資、薪金，及按計時、計日、計月、計件以現金或實物給付之獎金、津貼及其他經常性給予。

(二) 勞退新制的相關規定

1. 退休年齡

(1) 勞工年滿六十歲時，工作年資滿十五年以上者，得請領月退休金；工作年資未滿十五年者，請領一次退休金。

(2) 所謂工作年資是指實際提繳退休金的年資。

2. 退休金提繳

(1) 雇主應為勞工按月提繳退休金，儲存於勞保局設立的勞工退休金個人專戶。每月勞工退休金提繳率不得低於百分之六。

(2) 勞工亦得在其每月工資百分之六範圍內，自願提繳退休金，其自願提繳部分，得自當年度個人綜合所得總額中全數扣除。

(3) 勞工退休金運用收益，不得低於當地銀行兩年定期存款利率，如有不足由國庫補足之。

3. 退休金領取

(1) 一次給付：單筆提出退休金專戶內的本金與累積收益。

(2) 年金給付：以退休金專戶內的本金與累積收益，依據年金生命表，以平均餘命及利率等基礎計算所得的金額，定期按月發給退休金。

(三) 勞退舊制與勞退新制的比較

勞退舊制與勞退新制依其屬性、年資認列標準、退休基金歸屬、風險承擔、給付條件與優缺點等特性，兩者之比較如表 20-2 所示。

❖表20-2 勞退舊制與勞退新制

	勞退舊制	勞退新制
退休制度	確定給付制。	確定提撥制。
年資認列	受同一事業之限制。	具可攜帶性。
退休基金歸屬	由雇主成立退休基金,定期提撥。	由員工成立個人退休金帳戶。
風險承擔	雇主負擔全部的給付風險,雇主於提存不足必須調整提撥率或額外提列退休金準備。	退休金提存不足風險由員工承擔;投資風險由員工承擔,但政府提供最低保障。
自請退休條件	工作年資滿 25 年。 工作滿 10 年、達 60 歲。 工作滿 15 年、達 55 歲。	年滿 60 歲。
給付方式	一次給付。	提撥年資滿 15 年者,得領月退休金;未滿 15 年者,採一次給付。
優點	退休金金額確定。	個人退休金帳戶為可攜式。 行政成本低。
缺點	年資不可攜帶。 企業行政成本高。	員工承擔投資風險與長壽風險。

本章習題

一、名詞解釋

1. 員工福利

2. 員工持股信託

3. 團體保險

4. 退休

5. 所得替代率

6. 生命循環模型

7. 企業退休金

8. 長壽風險

9. 確定給付制

10. 確定提撥制

二、選擇題

(　)1. 關於團體保險，下列敘述何者正確？　(A) 團體保險費率較個人壽險為高　(B) 承保時是以團體中之個人為基礎　(C) 凡是團體內合格之個人皆屬承保對象，不因其員工工作地點、性質具高危險性即予以排除　(D) 保險公司有較強勢的議價能力。　　　　　　　　　　　　　　【107 年保經代】

(　)2. 團體保險在核保時，下列何者不是考量因素？　(A) 團體內個人健康情形　(B) 團體大小　(C) 團體性質　(D) 員工年齡分布。　　　【100 年初等考試】

(　)3. 團體保險內每位員工對每一單位保險金額應繳的保費，通常是？　(A) 年齡別繳費　(B) 年資別繳費　(C) 薪資別繳費　(D) 平均保費。

【93 年初等考試】

( ) 4. 團體保險第二年以即按投保團體的實際損失經驗計費。此稱之為： (A) 實際費率 (B) 分類費率 (C) 追溯費率 (D) 經驗費率。 【108 年保經代】

( ) 5. 參加團體保險之人數最低為： (A) 五人 (B) 十人 (C) 二十人 (D) 五十人。 【91 年初等考試】

( ) 6. 我國勞動基準法所提供之退休金，是屬於下列何種制度？ (A) 確定給付制 (B) 隨收隨付制 (C) 確定提撥制 (D) 賦課制。 【109 年保經代】

( ) 7. 國人平均壽命越來越長，何種退休金制度可以解決國人活太久但儲蓄不足的風險？ 甲：勞工保險條例之老年一次金給付 乙：勞工保險條例之勞保年金 丙：國民年金 丁：勞動基準法舊制退休金 (A) 甲、乙 (B) 乙、丙 (C) 甲、乙、丙 (D) 乙、丙、丁。 【107 年保經代】

( ) 8. 由雇主或政府承諾在員工退休時，支付確定金額的退休金，此金額可為固定額度或一定公式計算而得，退休金的投資風險完全由雇主或政府承擔，此種退休金制度稱為： (A) 確定給付制 (B) 確定提撥制 (C) 隨收隨付制 (D) 修正混合制。 【107 年保經代】

( ) 9. 有關退休金確定提撥制的敘述何者錯誤？ (A) 退休金給付金額確定 (B) 退休金提撥比率確定 (C) 員工有個人的退休金帳戶 (D) 退休金投資風險由員工承擔。 【106 年保經代】

( ) 10. 退休金計畫可分為確定給付制（Defined Benefit；DB）與確定提撥制（Defined Contribution；DC），依據目前法律規定，有關退休金計畫的相關敘述，下列何者正確？ (A) 公務人員退撫基金屬於確定提撥制 (B) 勞工退休金新制屬於確定給付制 (C) 勞工退休金舊制屬於確定給付制 (D) 私校退撫離職儲金新制屬於確定給付制。 【106 年初等考試】

( ) 11. 下列關於企業提供員工福利原因的敘述，何者錯誤？ (A) 企業為員工購買團體壽險，保費支出不論金額大小均不計入員工的薪資所得 (B) 由企業與保險公司洽談團體保險，可以得到比較好的條件 (C) 提供優惠的員工福利可以吸引優良的人才加入公司 (D) 法令規定企業必須提供某些特定的員工福利。 【104 年保經代】

( ) 12. 世界銀行提出了三層保障的老年經濟安全制度，下列哪一項符合其三層式的退休制度設計精神？ (A) 國民年金＋勞工保險＋勞工退休新制 (B) 公教人員保險＋勞工退休新制＋個人退休金 (C) 國民年金＋勞工退休新制＋個人商業年金 (D) 農民保險＋勞工退休新制＋個人商業年金。

【109 年保經代】

( ) 13. 下列何者非退休後所需面對財源不足的風險？ (A) 失業率高漲與通貨緊縮風險 (B) 長壽風險 (C) 投資風險 (D) 通貨膨漲風險。

( ) 14. 對於企業應提供退休金的相關理論，某一派認為退休金為雇主對員工長期任職期間的辛勞及貢獻所作的金錢補償，是為何種理論？ (A) 人力折舊說 (B) 勞務報酬說 (C) 勞務管理說 (D) 遞延薪資說。

( ) 15. 下列對於員工持股信託之敘述，何者正確？ 甲、同一企業內之員工以取得管理所服務公司股票為目的，共同組成 乙、每月自員工薪資提撥特定金額 丙、屬於他益信託 丁、公司相對提撥金額得列為費用 (A) 甲、乙、丙 (B) 甲、乙、丁 (C) 乙、丙、丁 (D) 甲、乙、丙、丁。

三、問答題

1. 何謂員工福利？員工福利通常包含哪些類型？

2. 請說明企業提供員工福利的理由。

3. 與個人保險相較，團體保險具有哪些特質？請說明之。

4. 請明團體保險在保險費與保險給付分別享有哪些稅賦上的優惠？

5. 團體保險對雇主與員工而言，具有哪些效益？

6. 試說明世界銀行所提出的退休三層式保障，其內涵為何？

7. 個人退休需求分析需考量哪些因素？

8. 請依據世界銀行所提出的退休三層式保障內容，說明我國勞工所享有的退休保障為何？

9. 請從所屬制度、年資認列、投資風險承擔與給付方式等，說明勞退舊制與勞退新制的差異。

10. 請說明所得替代率的計算方式及其所涵意。

CHAPTER 21

保險科技與未來趨勢

學習重點

1. 何謂保險科技
2. 保險科技的角色
3. UBI 車險保險科技
4. 區塊鏈應用
5. 網路保險公司
6. 保險科技未來趨勢與發展

INSURANCE

保險NEWS

美國 Lemonade 純網保的成功

Lemonade（檸檬水）成立於 2015 年，是全球保險科技的先驅。通過應用人工智慧和機器學習技術，Lemonade 顛覆了整個保險業的銷售和經營模式。經過四年的發展，Lemonade 成為當代最受關注的保險科技創新之一。在 2020 年全球新冠肺炎疫情嚴峻的情況下，Lemonade 在紐約證交所上市，成為當年的一大亮點。

那麼，是什麼讓 Lemonade 贏得了消費者的青睞呢？其關鍵在於：

1. 提供 24 小時不打烊的客戶服務，保證 3 分鐘內的快速理賠。

2. 針對年輕族群推出多元化保險產品，並精確定價。

3. 實行 ESG 理念，捐贈一部分保費以支持公益事業，並邀請保戶參與其中。

其中，Lemonade 最初推出的房屋保險和寵物健康保險深受全美年輕族群市場的喜愛。此外，Lemonade 是經過認證的 B 型企業，注重營收利潤的同時，也關注回饋社會的正能量。Lemonade 之所以取這個有趣、方便記憶的名字，是希望號召大眾參與，讓每個人都能負擔得起保險，更好地守護孩子們的未來。因此，Lemonade 在購買保險時要求客戶指定一家慈善機構或非營利組織。若保險期限到期仍未發生理賠，公司將捐出這筆保險費用。這一做法得到了大多數保戶的認可。

至今，Lemonade 作為保險業的革新者，仍持續提供實惠、便捷、划算和善意的服務內容，為客戶提供優質保障和體驗。

資料來源：遠見 2022/10/20；https://www.gvm.com.tw/article/95443

 解讀

「純網保」的經營模式已成現實，Lemonade 的成功是科技新創公司及保險業界的楷模。隨著時代與消費者喜好的改變，各行各業都需要適時調整產品內容，保險業也不例外。傳統思維的人或許認為保險科技過於冷漠，更懷念與保險業務員面對面溝通的感覺。Lemonade 則以捐出無理賠案件之保費給慈善機構和非營利組織的溫暖舉動，實踐普惠金融與無私奉獻，並透過此舉扭轉了保險科技的負面印象。

前　言

在 2015 年之前，保險科技通常被歸類於金融科技（Fintech）的範疇中，直到當年世界經濟論壇（World Economic Forum, WEF）針對金融科技進行深入研究後，保險科技終於成為一個獨立的重要領域，引起全球的熱烈討論。至今，保險科技仍是相當熱門的話題之一，我國也積極發展保險科技的智慧，以因應時代變革及消費者需求。

21-1 何謂保險科技

保險科技（InsurTech）即以保險（Insurance）與科技（Technology）相結合的方式，開發出更多元、更符合消費者需求的商品、保障以及服務體驗。在 2015 年之前，保險科技通常被歸類於金融科技（Fintech）的範疇中，直到當年世界經濟論壇（World Economic Forum, WEF）針對金融科技進行深入研究後，保險科技終於成為一個獨立的重要領域，引起全球的熱烈討論。至今，保險科技仍是相當熱門的話題之一，我國也積極發展保險科技的智慧，以因應時代變革及消費者需求。

一、保險科技的定義

傳統的保險業務方式為保險業務員與保戶面對面的接觸與溝通，直到 2014 年金管會開放民眾透過網路或保險公司申請帳號、密碼，進而實現線上投保，使得保戶能不受時間及地點的限制快速有效地完成投保，同時享有較實體通路更便宜的保費。簡而言之，保險科技的定義是使保戶無論身在何處，皆能運用保險科技的功能與智慧來輕鬆、簡易地查詢保單資訊、比較各保單上的保險金額及保障內容、購買符合自身需求的保單、掌握已購買保單的相關資訊、在事故發生時申請理賠並在保險公司提供的平臺上獲得理賠金。這一連串的科技應用顛覆了傳統保險業的運作模式，並為保險領域帶來全新的面貌。

二、保險科技的種類

(一) AI 人工智慧

AI 人工智慧是一種技術，可以讓電腦執行各種進階的功能，例如查看、理解、翻譯、文字語言和資料分析等。從 2016 年 Google 公司的 AlphaGo 擊敗人類頂尖棋士以及自動駕駛技術的出現後，AI 人工智慧掀起了世界上的一股熱潮。然而，實際上，AI 人工智慧的應用早已融入我們的生活中。目前，AI 人工智慧在金融和保險行業的趨勢是採用行為定價模型，結合保險和人工智慧的銷售能提高理賠處理效率，降低保險詐騙的風險。AI 人工智慧主要是由以下三個元素相互關聯而成。

1. **機器學習（Machine Learning）**

   機器學習是一種系統，它專注於建立能夠根據所使用資源來學習或提高效能的系統。通過統計數據、研究資料和類神經等方式，機器在學習後可以預測問題的結果，從而自動產生解決問題的程序。在人們與銀行交易、線上購物和使用社交媒體時，機器學習扮演著至關重要的角色。

2. **深度學習（Deep Learning）**

   深度學習是一種機器學習技術的延伸，可實現一些人類能輕鬆完成的任務，例如在無人駕駛中，深度學習可以自動判斷紅綠燈、分辨車旁是否有人、計算與兩旁車子的距離等。

3. **大數據資訊（Big Data）**

   隨著大數據時代的到來，神經網絡變得更加複雜，這導致了電腦進行計算、比對、解析客觀結果的速度更加迅速，甚至可能比人類的思維速度還要快。這些模型會持續使用大量的數據標示和多層神經網絡來進行測試，以便更好地模擬出複雜的人類行為。

(二) 智慧物聯網

物聯網技術可將龐大的資訊傳輸至保險業者，並進一步分析數據，以用量、次數及頻率等因素計算保費，提供個人化的服務給保戶。將物聯網技術有效地導入

業務流程，能夠創造更完整的生態圈。在保險科技的應用中，智慧物聯網可分為以下三類，分別說明如下：

1. 智慧醫療

國泰人壽在 2017 年成立了國泰健康照護平臺，使用穿戴裝置取得保戶資訊，以此超越競爭對手。穿戴裝置是一種常常配戴的裝置，而非需要持續操作的產品。市面上的穿戴裝置包括小米手環、智慧型戒指和智慧型手錶等。這些新興的穿戴裝置能夠追蹤健康狀況及記錄數據，甚至支援付款等功能。許多保險公司將穿戴裝置技術與壽險保單整合，根據穿戴裝置紀錄的步數及睡眠品質等狀況，換算成點數，保戶可以自行累積點數，並享有保費折扣及保費減免等優惠。這無形中也鼓勵保戶更積極關注自己的身體健康，進而達成風險控管的效果。

2. 智慧交通

目前臺灣的保險市場已推出一種新的保費制度，利用車載資訊系統測試的數據來計算保費，促進用戶的用車行為管理。這種制度融合了物聯網、進階分析、點數遊戲化及自動化保險顧問等概念，旨在打造一個讓用戶可以依賴的生態系統。物聯網在保險價值鏈中扮演著重要角色，從產品的研發、行銷、核保規範、承保業務、風險控制、理賠申請，到理賠給付等各個過程都運用到了物聯網技術。智慧汽車不僅能夠記錄駕駛的行為，還可以感應汽油溫度及胎壓狀況等間接數據，以蒐集駕駛數據。

3. 智慧家庭

在產險業中，智慧家庭在臺灣的普及率並不高，但隨著 3C 產品智慧服務的崛起，近年來智慧家庭的發展趨勢迅速。智慧家庭的應用對於保險科技的發展扮演著重要的角色。同樣地，透過智慧交通的概念，用戶可以輕鬆地使用家電，透過語音控制或手機 APP 進行設定，例如：窗簾自動拉開或音響自動播放新聞等，運用互聯網的智慧能更有效地提升用戶的生活品質，節省能源，減少開支，同時保障居家安全。

（三）自動化保險顧問

隨著現代人的生活方式和觀念的轉變，越來越多人能夠接受由機器學習和人工智慧產生的自動化保險理財顧問。消費者無需考慮時間和地點的限制，只需透過平臺上的詢問和數字化資料，以及 AI 的評估就能解決問題。自動化的保險顧問使用演算法驅動的機器人流程自動化，能夠幫助保險業提供更好、更有系統性的服務品質。它帶來的優勢包括同時處理多份保單，縮短業務處理所需的時間，快速蒐集更大量的資訊並進行預測分析，簡化工作流程並減少資訊錯誤的機率。

（四）異常詐欺辨識

根據美國 FBI 的數據，2021 年美國因保險詐欺而損失了近 400 億美金。這些保險詐欺事件導致每家戶額外支付 400 至 700 美金的保費。這樣的保險詐欺數字已成為一個嚴重的問題。有些業者使用 AI 技術的學習演算法來有效地排除這種不法行為，可以檢視成千上萬的數據並判斷是否有異常情況，成功地降低了保險詐欺的風險。

21-2 保險科技的角色

保險科技一直被認為是成長幅度不大的產業之一，但隨著金融科技的創新步伐加速，保險科技開始逐漸嶄露頭角。新興科技，如行動裝置、遠程資訊處理系統、物聯網、人工智慧和共享經濟等，都對傳統保險公司提供的業務內容產生了深遠的影響，成為了金融服務業中受衝擊最劇烈的一環。因此，保險科技在此趨勢下扮演著不同的角色，包括創新破壞者、去仲介化者和保險業支持者，分別說明如下：

一、創新破壞者

第一種角色，創新破壞者，是指新興科技和新業者的出現破壞了傳統保險價值鏈，並引入新的保險商品，以滿足不同消費者的需求、期望和生活方式。智慧物聯網的科技創新更是對整個保險業的運作模式造成破壞，使得保險價值鏈中的主要和次要活動都需要重新控制和管理，包括產品設計、定價核保、通路管理和

出險理賠等一系列過程都面臨著改變。在這個趨勢下，保險公司需要探索創新的管理方針，以應對未來的挑戰。如表 21-1 為保險價值鏈的轉變過程中傳統與創新方式的比較。

❖表21-1　保險價值鏈之裂解比較

	過程順序（由左至右）			
	產品設計	定價核保	通路管理	出險理賠
傳統方式	大型單一且適用於大多數的保單。	資料受限，依照歷史資料判斷。	業務員面談、電話客服或線上基本客服。	人力完成死板的保單管理，及理賠流程。
創新方式	智慧連結客製化應用，保費依使用量來計算。	大數據機器學習及時預測分析。	於專門的平臺快速評比，精準解決保戶的問題。	雲端計算自動化分析，同步計費帳務系統。

二、去仲介化

隨著網際網路和行動科技的迅速發展，保險商品的銷售通路逐漸轉向網路平臺，成為主要的銷售管道，這將逐漸取代傳統的保險業務員和保險經紀人。透過模組化的平臺、人工智慧蒐集的數據以及智慧物聯網裝置服務，可以進行精準的風險評估、定價保險費和決定保險金額，系統能根據保戶的個人資料，透過平臺即服務（PaaS,Platform as a Service）或軟體即服務（SaaS,Software as a Service）等模式，精確計算出相對應的保險資訊，讓消費者在短時間內能夠清楚了解自己的保險需求、保障內容及保費支出等。

三、保險業的支持者

保險科技的迅速發展要歸功於日常生活中不可或缺的科技應用，例如與日常交通有關聯的車載自動診斷系統和對生活健康紀錄有幫助的穿戴裝置等。這些科技最初並非與保險有關，只是為了協助行車資訊、健康紀錄和身體管理等，然而隨著這些科技融入日常生活，間接促進與保險之間的聯繫。從保險業的角度來看，這些保險科技的智能、便利和精準，確實有利於公司的經營，並且能節省多餘的費用支出。這些科技已經成為我們日常生活中熟悉的一部分，保戶使用起來也很容易上手。保險科技的出現大幅推動了保險公司和顧客之間的聯繫。

21-3 UBI車險保險科技

近年來,保險科技快速發展,透過智慧物聯網技術,保險公司能夠收集車輛感測裝置所蒐集的行車數據,透過車載資通訊系統(Telematics)即時上傳至雲端,及時掌握駕駛行為和駕車狀態。

保險車載資通訊系統(Telematics)是將用戶駕駛產生的數據源、電信通訊及資料分析等整合運用的技術,足以支持與保險相關的產品和服務,多涉及與車輛和駕駛行為相關的數據蒐集、傳遞、標準化及分析等程序,常與互動式行動電話、衛星通訊、智慧手機和應用 APP 連結,同時將數據傳輸至專用的資料蒐集中心,根據車主的實際駕車情況,給予保費的彈性調整,保險公司也能夠即時追蹤和記錄保戶的駕駛行為。

保險公司與新創公司合作,投入大量精力和時間,設計出創新的車險商品,為保戶提供更貼切的服務,也創造了許多商機,對傳統車險業的運作產生了衝擊,新創車險與傳統車險之間也存在著相對程度的競爭關係。

一、何謂 UBI 車險

UBI 車險是透過物聯網和人工智慧的結合來分析駕駛行為,並根據車輛的使用情況如里程數、駕駛時段及駕駛速度等指標,以及急煞次數、急加速度及平均速度等行車數據,計算保費並提供個人化保單,讓保戶享有更公平、合理的保險保障。相較於傳統車險,UBI 車險以因果型指標取代結果型指標,採用行車數據分析來評估風險,革命性地改變傳統的靜態審核方式。

車載資通訊系統能即時監控駕駛行為、里程及位置等,實現更準確的風險評估和保費定價。消費者選擇 UBI 車險是保險公司長期成功的關鍵,因此保險公司通常通過獎勵良好的駕駛行為來鼓勵消費者選擇此保險,強調良好的駕駛行為可獲得大幅保費折扣等回饋,而不是懲罰不良駕駛行為。此外,運用此保險科技可以培養良好的行車行為,對交通安全的發展也有助益。如表 21-2 為傳統車險與 UBI 車險的比較表。

❖表21-2　傳統車險與UBI車險之比較

	傳統車險	UBI車險
評斷標準	年齡、性別、婚姻 車輛廠牌、車齡、肇事紀錄等	OBD-II 車載機、 行駛里程、用車時段等
適用險種	車體險、第三人責任險	
保費計算	較固定	較彈性
缺點	評斷標準過於主觀	存在駕駛個資行車隱私的疑慮

二、UBI 車險的作法

(一) 車載自動診斷系統 OBD-II (On Board Diagnostics-II, OBD-II)

　　現今市面上的車載自動診斷系統皆為第二代 OBD-II，是車輛本身的內建系統。其主要功能是監控汽車引擎的運作效能，包括電池電壓、含氧感知器、觸媒轉換器、節氣門開度、爆震數量、空燃比、各項油耗記錄和燃油引擎等項目。當這些項目發生異常狀況時，儀表板會亮起「引擎故障燈」，提醒駕駛者注意車況。基於 OBD-II，任何技師都能使用同一個診斷儀器診斷符合標準生產的任何車輛，並追蹤部件的損壞，滿足汽車排放的嚴格限制。市面上多數的 UBI 車險都是透過車輛上的 OBD-II 獲得行車數據，進而計價保費。由於車載自動診斷系統為車輛的內建系統，因此需要專用的數據連接線來取出車況數據，再顯示在相應的顯示屏上；或是在 OBD 接口加入無線通訊模塊的單片機，透過藍牙或網路將數據傳送到手機。然而，這種系統存在設備成本和數據傳輸成本，所以保險公司在推廣 UBI 車險時必須自行負擔這些成本，以吸引更多消費者投保。

(二) 智慧手機應用程式 (Samrtphone APP)

　　隨著保險公司採用 OBD-II 的數量和成本增加，他們必須尋找其他獲取車輛數據的方式。例如，2011 年美國保險集團 Progressive 推出了 Snapshot UBI 計畫，最初需要使用 OBD-II 獲取資訊，現在則可以透過具有藍牙功能的智慧手機應用程式 Snapshot 來獲取車速、駕駛時間和位置等數據。從長遠的保險經營效果來看，使用智慧手機應用程式來獲取車輛數據比使用 OBD-II 更經濟實惠，但需要大量的前期投資，才能建立準確監控車輛使用情況的應用程式。

（三）車聯網／自駕車（Connected Car）

就自駕車本身的技術而言，若能上傳行車數據至雲端，保險公司和汽車製造商建立合作夥伴關係，即可獲取相關的駕駛數據和資料，以便製造商和車主授權下能夠快速取得有利資訊。

三、UBI 車險在臺灣的發展

在臺灣，保險公司推出的 UBI 車險包含 PAYD（Pay As You Drive）和 PHYD（Pay How You Drive）兩種類型。這兩種保險都需要在汽車內加裝智慧偵測裝置，以記錄車況。不同之處在於 PAYD 會根據車輛行駛的里程數和路況資訊計價，而 PHYD 則會根據駕駛人的駕駛習慣和行為評估風險，並以此計算個人化保費。在 2016 年，泰安產物保險公司推出了臺灣第一張 UBI 車險，其後，富邦、國泰和和泰產險也陸續發表了 UBI 保單。然而，這些保單的銷售情況都不如預期。這是因為 UBI 車險在臺灣市場的發展遭遇了兩大困境，分別是交通狀況和保戶隱私問題。臺灣的交通狀況複雜，尤其是城市交通擁擠，所以車主普遍不願意將自己的行車習慣和位置信息與保險公司分享。此外，由於 UBI 車險需要記錄車主的個人駕駛習慣和行為，因此保戶隱私問題也成為了 UBI 車險發展的障礙。

實務分享

一臺行車記錄器，為保險業者來轉型？

全名為「Usage Based Insurance」的 UBI 車險，是一種以車輛使用狀況與駕駛人行為來評估的保險。相比於過去單純以性別及年紀甚是肇事紀錄作為承保依據的標準，UBI 車險能透過如行車記錄器等裝置，並結合急煞車次數或平均車速等大數據進行全面行的綜合評估，能提供給駕駛人更具彈性及合理的汽車保險。

核保、理賠與風險管理，成保險業者三大挑戰。首先是核保。對保險業者來說，消費者的年齡、性別以及駕駛行為都可能是核保關鍵，兩兩間也相互影響，但其中關鍵的決策資訊卻難以真實掌握，更讓保險業者傷透腦筋。其次是理賠。為人詬病的是一直以來理賠過程耗費冗長的往返時間，從資訊收集、通報及等待，「有些事故發生時用路人早已慌了手腳，難以說明清楚，」所以車險的轉型不只是為了保險業者，有效提升用路人的使用體驗，讓理賠環節能夠再更順暢。最後，則是風險管理。KPMG 出具的《2020 自動駕駛汽車準備報告》，指出預計在 2040 年，拜自動駕駛的普及，國內交通事故發生率將會降低 6 成，屆時保險業者將面臨的是當風險降低時，用路人對於保險的需求是否有不同的期待與需求？而保險業者又該如何針對自動駕駛時代的到來，搶先佈局規劃產品呢？

資料來源：數位時代 Business Next 2023/02/24；https://lurl.cc/MYpta7

21-4 區塊鏈應用

　　區塊鏈（Blockchain）是一種非常新穎的技術，早在 1991 年就被研究學者提出，但當時並未受到重視。直到 2008 年，一位神祕的人物中本聰在《比特幣白皮書》中提出了區塊鏈的概念。2009 年，中本聰創立了比特幣網路，開發了全世界第一個區塊，也就是所謂的「創世區塊」，這才引起了人們的關注。此外，在經歷了 2008 年金融海嘯的動盪後，人們對金融業失去了信心，對政府發行的貨幣也不再信任，這種情況進一步促成了比特幣的誕生。

　　區塊鏈是一種點對點網路系統，通過密碼學和共識機制等技術建立和儲存龐大的交易資料區塊串鏈。簡單來說，區塊鏈是一種使用密碼學技術保護的交易分散式數字分類帳，隨著時間推移進行。這種分類帳的資料分佈在整個電腦網路中，使用者可以直接交互並驗證交易，而不需要通過中間人。區塊鏈技術為使用者提供了一個安全、獨立、防篡改和透明化的平臺，可以安全地儲存、傳輸和處理敏感資訊。

一、區塊鏈在保險業中的應用

隨著金融科技的成熟發展，保險科技的興起也在國內外蓬勃發展。區塊鏈的應用更爲保險業帶來了完善的經營模式，可讓保戶與保險公司雙方減少時間成本，並方便且有效率地完成作業流程。在過去，保戶若要申請理賠資料或修改個人資料，需向各家保險公司分別提出申請，分別處理，但現今區塊鏈基礎下的保險系統，保戶只需向一家保險公司提出申請，其他保險公司中的理賠資訊或修改內容也會同步更新。此外，在發生保險事故時，保險公司可藉由手機等產品遠程評估損失金額與保險金額，透過公正的數據評估整件事故，可節省客戶支出、減少公司理賠支出，並使事件處理流程更爲流暢。區塊鏈在保險業中的應用還有一個重點，即可解決數據遺漏的人爲疏忽，以去中心化的方式獨立且公正地評估保戶的理賠資訊，同時也可防止保戶資訊被竄改，透過加密機制確保數據的可靠性、隱私性和安全性。相關應用說明如下：

1. 再保險分擔風險（Reinsurance and Shared Risk）

當實體有價資產被移轉爲數位代碼或數位憑證等方式進行追蹤時，保險公司可參照金融業管理有價證券的策略，將這些實體有價資產進行風險分擔或分配。例如，區塊鏈保險業計畫（B3i）使用區塊鏈技術簡化參與計畫公司之間的再保險實務內容。

2. 保險處理的智能合約（Smart Contracts for Insurance Processing）

區塊鏈中的智能合約是一種能夠依據預設條件自動執行的程式。這種程式可用於自動審查保單、發送保單、處理理賠、核實和結算等程序，極大提高保險業務的處理效率，同時減少人爲疏忽。智能合約運用保險科技的專業和技能，具有高度的潛力。

3. 社群保險（Peer-to-Peer Insurance）

由於個人可能因各種原因而無法單獨購買合適的保險，或因不符合資格條件而無法投保。如果運用去中心化的信任及區塊鏈中具有自動處理功能的智能合約，個人可以組織爲群體，以較低的成本承擔風險，達成群體進行自我保險的目的。

4. 微型保險（Micro-Insurance）

傳統保險公司通常無法處理價值極低或價值不凡的產品，例如價值過低或過於珍貴稀有的物品，因為保險公司很難定價保費以及事後的理賠金額。但現今保險科技新創公司運用區塊鏈自動化的技術，進入傳統保險公司未開發的市場。例如在農作物保險方面，一些區塊鏈與智能合約合作的微型保險，可以適用於現實生活中的乾旱或水災等極端氣候，農夫無需提出理賠申請，保險公司也無需發送理賠申請單，全部的流程從理賠申請到撥款皆依照區塊鏈中的智能合約自動執行。

5. 物聯網自保（Internet of Things, IoT Self-insurance）

物聯網的運用對於智慧型感測裝置及設備來說是一項清晰、客觀又方便的創新科技。透過與智能合約互動，保險公司能夠根據保戶購買的保單，或從感測裝置所收集的數據來提供理賠。有些保險科技新創公司會使用衛星和無人機的拍攝，來提供預測農作物健康程度的資訊，也會提供保戶使用手機 APP 應用程式來接收農作物的探測結果和客製化的建議等。

二、區塊鏈在保險業中的益處

在實務上，保戶不僅能享有上述提及的一站式服務，還可從保單電子化和區塊鏈加密兩方面獲得益處。保單電子化使保戶無需仰賴業務員就能輕鬆投保，只需登入平臺系統，自主選擇所需的保單。這不僅能加快信息傳遞速度及節省時間，更能讓保戶完全掌握自己的保障和權益。區塊鏈加密則是指將保戶的隱私數據進行加密，保障其隱私安全。例如，當保戶傳送相關病歷、醫療紀錄和住院時間等資訊時，區塊鏈能確保其隱私安全，同時保險公司也能快速及精確地確認醫療過程並理算出賠償金額，實現快速及低成本的保險交易，提供更加貼心及溫暖的服務，進一步改善保險商品的設計。

對於消費者而言，更換保險公司的過程既繁瑣又耗時，而且存在失去掌控資訊的風險。然而，區塊鏈的出現提供了資訊的安全性、可靠性和操作效率。當保戶登錄於區塊鏈時，便能夠完全掌控資訊。對於保險業而言，區塊鏈技術的運用可解決各種問題。例如，運用區塊鏈中的智能合約便能夠透明且快速地監督各項理賠過程，也能夠詳細記錄並儲存於區塊鏈上的保險契約。此外，在保戶提交理

賠申請時，區塊鏈能夠確保公司僅核准有效的理賠，並且在同一風險事件有多件理賠申請時，區塊鏈也能夠確保公司僅核准適當的理賠。這些理賠程序均無需人工介入，不僅加速理賠速度，而且減少保險公司的人力成本。在保險業中，每年因詐欺而遭受的損失超過數百億美元。然而，有了區塊鏈的技術，可用來檢測並進行保單的交易和理賠真實性，從而防止詐欺案件的發生。

三、區塊鏈於保險業中的展望與挑戰

保險業對於區塊鏈技術的應用仍處於測試階段，需要進一步了解區塊鏈在保險價值鏈中的角色以及能夠解決哪些問題和痛點，因此需要進行進一步的概念測試。在區塊鏈技術中，智能合約的發展將成為保險業的創新主流，為保戶和公司帶來雙贏的局面。未來還將出現更多的區塊鏈聯盟和產業合作組織，將產業參與者聚集起來研究各種概念測試，共同制定區塊鏈的產業標準。

區塊鏈被認為是一項前景廣闊的科技，但也面臨許多風險和挑戰。現有法規無法適當地解決新技術所創造的應用環境，導致區塊鏈的許多功能可能與現行保險法內容不一致。因此，國家和監理機關需要更多地關注區塊鏈的應用，尋求解決之道。區塊鏈技術可以有效促進產業的創新，提高數據的準確性和透明度，但運用區塊鏈技術進行基礎的創新仍需要長期的投入和跨領域的配合。發展成熟需要大量的時間和多元的資源和人才培育，才能讓新穎的創新模式發揮最大的成效。

臺灣的理賠區塊鏈

壽險公會在 2019 年 4 月開始推動保險科技運用共享平臺 POC，包括了區塊鏈底層技術，逐步發展各項金融科技服務。到了 2020 年 6 月，壽險公會先完成了一套電子保單認證與存證平臺的系統建置工作，當時先跟國泰人壽、新光人壽、臺灣人壽、南山人壽、中國人壽、富邦人壽、三商美邦人壽及元大人壽等共 8 家壽險公司串通，成了打通壽險公司的重要第一個里程碑。

2020 年，保險科技運用共享平臺正式開辦「保全／理賠聯業務」正式開辦上線，更推出一站式服務，保戶只需於一家保險公司提出申請，透過系統通報其他同

業，達到多家同步申請的效果，不用像過去得一家一家各自申請。不過，保戶仍須到保險公司繳交紙本醫療資料，以及理賠資料轉送同意書。2020 年 12 月也推動電子保單認證與存證服務，可以記錄投保與異動的歷程，也可以在日後對保單內容發生爭議時，成為公正的第三方佐證。2021 年 5 月結合北市醫療院所推動保險理賠醫起通服務，整合了 20 家醫院，保險公司可以直接向醫院索取電子醫療資料，保戶也不用繳交紙本醫療資料，這就大大減少了保戶在保險公司和醫院之間兩頭跑的次數，減少到只需要去一次簽署紙本同意書。

到了 2022 年 5 月，保險理賠醫起通進入 1.5 版，保戶終於只需要到保險公司一趟，就可以一次提供兩種同意書，不用再到醫院。另一方面，2022 年中也推出保險存摺服務，民眾可以直接在線上看到自己的所有保單資料，更方便管理自己的保險情況。2022 年底進一步啟用了保險業身分驗證中心功能，也就進入了理賠聯盟鏈 2.0 時期，可透過 FACE ID 或指紋快速登入，介接到線上申請保險理賠、查詢保險理賠聯盟鏈，或是保險理賠醫起通案件的申請轉送進度。保護不再需要向保險公司繳交紙本理賠資料轉送同意書，對於保戶來說，這就做到了理賠全程數位化。

資料來源：iThome 新聞 2023/01/20；https://www.ithome.com.tw/news/155211

21-5 網路保險公司

網路保險是指透過網路實現保險相關業務的一系列流程，包括提供保險相關訊息、設計保單、保戶投保、繳納保費、核保及承保等。此外，網路保險還包括理賠申請及理賠給付等一系列網路化的過程。因為網路的快速及便利特點，網路保險可以集結各大保險公司的保險產品，讓消費者輕鬆取得保單相關資訊，並自行比較最適合自己的商品。透過網路技術，保戶還能享受到多樣的便捷及貼心服務，只要輕輕點擊滑鼠就能獲得所需的資訊和保障。

純網路保險公司與傳統保險公司最大的不同點在於，前者並未設立實體通訊處或業務員，僅設有總公司和客服中心，所有投保、核保、保費繳納、理賠申請和理賠給付等業務流程都在網路上進行。相較之下，傳統保險公司儘管也提供網路投保，但僅屬於保險購買的一種管道，其他服務仍然需要在線下進行。

網路投保的優點在於可以直接透過平臺完成投保，節省了時間和人力成本，所以保費通常會更優惠。此外，消費者投保不受時空限制，只需要準備好相關資料即可即時在線上申請，保障立即生效。保戶還可以在網路上檢視金管會要求公開的商品資訊，清楚了解保單的運作流程、保險給付項目、相關的保險銷售文件等。此外，透過平臺上的保費試算，保戶還可以預先了解保費金額，方便進行理財規劃。

一、全球前十大網路保險公司介紹

(一) Everquote

Everquote 總部位於美國麻州，是美國最大的網路保險市場，主要專注於汽車市場的數位保險代理商。他們致力於重塑保戶購買保險的習慣，透過簡單、高效及個性化的保險購買過程吸引消費者在網路上購買保險。Everquote 的消費者訪問量每月超過 1,000 萬次，為消費者尋找保險產品與保險公司進行匹配與連結，統計至 2018 年，Everquote 已將超過 2.4 億次的消費者訪問轉化為 3,500 多份汽車、家庭、人壽保險報價需求。

(二) Coverfox

Coverfox 是印度孟買的網路保險比價銷售平臺，是印度數一數二的網路保險公司。他們提供車險、機車險、壽險、健康險及旅行險等多種類的保險產品，還提供保險相關的專業知識、良好的售後服務及理賠服務。Coverfox 已與印度 35 家保險公司合作，提供超過 150 種的保險服務。獲得 2,200 美元的 C 級融資後，他們將開始將網路保險推向印度的二、三線城市。

(三) 眾安

眾安保險由螞蟻金服、騰訊及中國平安等企業出資設立，於 2013 年成為中國首家及規模最大的互聯網保險公司。他們以互聯網的方式進行銷售，並無線下代理。眾安透過夥伴公司的網站、保戶端輸入連結及整合界面等方式獲得流量，並配合大數據分析的輔助，精準地選定向保戶取得聯繫的時間，鼓勵購買合適的保險產品。眾安保險的單月流量已達 28 萬以上，名次更較 2016 年 11 月前進 5 名。

(四) The Zebra

The Zebra 成立於 2012 年，總部位於美國奧斯汀，旨在為消費者提供公開、公正及方便的網路汽車保險購買和實時比價服務。憑藉高精度的實時比價系統，The Zebra 已成為全美最大的汽車保險報價比較平臺。消費者只需填寫自己的年齡、駕駛記錄和信用狀況等個人信息，便可在一分鐘內收到來自全美超過 200 家保險公司的報價資訊。同時，The Zebra 還提供基於個人情況的個性化汽車保險購買推薦，讓消費者可以直接在網站上購買所需的保險。

(五) Bought By Many

Bought By Many 成立於 2012 年，總部位於倫敦，是一家以寵物保險為核心業務的網路保險公司，專門為有特殊需求的客戶提供客製化的保險服務。借助先進的數位技術、卓越的客戶服務和新穎的商業模式等優勢，Bought By Many 在短時間內成長為歐洲領先的寵物保險提供商之一，深受眾多消費者的好評。該公司在 2020 年的 Insurance Choice Awards 中被評為最佳寵物保險提供商。

(六) Oscar Health

Oscar Health 是美國於 2013 年創立的網路健康保險公司，旨在重新塑造美國醫療制度體驗。該公司的目標客戶是沒有醫療保險的年輕人，致力於提升他們的健康水平。Oscar Health 提供免費的穿戴設備，搭配精準的健康測量技術，並透過 APP 主動提供客戶相關訊息。客戶還可以使用 Oscar Health 結合的醫療資源，輸入疾病名稱便能馬上找到附近的醫生。此外，Oscar Health 還強調疾病的預防勝於治療。

(七) Metromile

Metromile 成立於 2011 年，總部位於美國舊金山，是美國唯一提供以里程數計算保費的保險公司。他們根據行駛里程數計算保費，相較於里程數較低的保戶，可以平均每年節省 500 美元的保費。此項技術提供駕駛者量身訂製且優惠的保險方案。Metromile 現已獲得全美 50 州保險執照，成為一家合法的保險公司，同時也致力於發展共享租車平臺及 Uber 司機的保險市場。

(八)慧擇網

慧擇網成立於 2006 年，總部位於中國深圳，是中國第一家保險商品比價系統，並實現了線上垂直交易的保險電子商務平臺。慧擇網已與超過 100 家保險公司合作，提供超過 1,000 種保險商品，產品範圍廣泛及保險服務多元。慧擇網因應保險銷售的轉型政策，成為中國第一家在美國上市的保險電商。對中國民眾而言，慧擇網的出現帶來了許多便利，他們可以直接透過網站投保意外險、產險、健康險、貨物運輸險及商品責任險等，打破了傳統的投保方式。

(九)Insureon

Insureon 是一個專為中小企業提供商業保險的保險經紀平臺，讓中小企業、自由工作者及獨立承包商等輕鬆尋找所需的保險商品。該平臺致力於簡化投保流程，保戶只需要依據平臺上的服務類別選擇相應的產品，平臺即可為保戶配對相關業務專員，提供最適合的商品資訊，讓整個流程快速、輕鬆和專業。

(十)PolicyGenius

PolicyGenius 是美國的保險經紀比價網站，最初的業務主要集中在人壽保險，後來擴展到健康保險、租房保險、長期傷殘保險以及寵物保險等多種保險產品。作為一個在線保險經紀公司，PolicyGenius 與多家不同的保險公司合作，可以在短時間內評估消費者的財務狀況和需求，讓消費者逐一比較符合自己資格和能力購買的保險。此外，PolicyGenius 還提供一項保險核查工具，協助保戶發現他們所購買的保單中可能存在的承保範圍缺失，並通過購買其他類型的保險來進行補充。

二、臺灣網路保險公司的可行性

隨著繼純網銀在臺灣開業後，金管會也宣布將開放設立沒有實體通路及沒有業務員的純網路保險公司，並預計於 2022 年開放申請，若順利通過審核，隔年 4 月份即可公布許可名單。國際上已有美國、中國、日本、新加坡及歐洲等國家實行純網保模式，金管會表示透過網路銷售保險已是國際趨勢，希望透過法規開放來推動臺灣保險業轉型並創造新商業模式。儘管觀察臺灣目前保險業的營運狀

況，大部分產壽險產品仍以業務員、銀行及保險經代人等傳統通路銷售，因此要將這些通路全部轉由純網保公司負責，將是一項極大挑戰。

回顧純網銀的發展，當初吸引許多電信、網路科技和零售業者前來投資，但實際成績卻未如預期，甚至出現虧損。例如獲客數超過 110 萬的 LINE Bank 表現也不盡理想。因此，許多專家對臺灣推出的純網保公司也持懷疑態度，主要原因包括以下三點。

（一）純網保的銷售只能直接面對消費者

目前的法規限制了純網銀無法代理銷售純網保的保險產品，因此純網銀和純網保之間無法合作。純網保只能採用一種銷售模式，直接面對消費者（即 D2C，Direct to Consumer），並且必須透過網路取得客戶。但是，透過網路取得客戶的平均單客獲取成本已經超過千元以上。再加上保險商品中有許多專業術語，有些過於複雜，有些難以解釋，這些因素都讓純網保的商品難以推廣。

（二）純網保的商品結構過於簡單

依照目前的法令，純網保只能銷售限定的「保障型」壽險和「創新型」產險。相較於傳統保險公司，純網保能夠銷售的保險產品非常有限。純網保販售的保險產品結構過於簡單，消費者可以直接在網路上進行比價。因此，價格戰往往對純網保不利。此外，由於純網保的商品種類和銷售方式過於單一，要在長期的價格戰中勝出是非常困難的。

（三）公會是否會對純網保堅持保守態度

回顧純網銀的發展，他們提出許多創新的金融科技方案，但這些方案都需要經過公會的審核才能實施。公會成員包括純網銀本身以及其他傳統銀行的主管，因此純網銀的競爭對手也能夠了解到這些創新方案的內容。有些方案，像是放寬網路身份認證，卻因公會的保守態度而被批評。公會認為這樣會危及資訊安全，因此反對此類提案。現在純網保的發展是否也會遭遇與純網銀相同的困境呢？如果公會仍然堅守保守的態度，這項保險科技的創新發展就會受到限制，無法實現其潛在的成長空間。

21-6 保險科技未來趨勢與發展

　　隨著金融科技的發展浪潮，保險業遭受到的衝擊最爲深刻。保險價值鏈的裂解，商品基礎轉爲顧客導向，保險科技的應用場景和領域也變得更加廣泛。根據 Deloitte 報告顯示，從 2016 年到 2019 年，全球對保險科技的投資額逐年增加。由於新冠疫情的爆發，保險業首次面臨極大的挑戰，以尋求更有效率的經營模式和成本節省，並依據金融科技的發展調整策略。國內許多保險公司已經針對部分工作職位和內容進行修改，培育相關人才進行轉型。這顛覆了保險商品的傳統銷售通路、投保、核保、理賠審核、理賠給付及後臺操作等傳統價值鏈。外部銷售渠道將會更加數位化，服務模式將更加以顧客爲導向，人工智慧預計將廣泛運用以減少人力成本，物聯網將改變風險辨識的基礎，並改變過去的定價方式。綜合上述，基於保險科技的創新發展，傳統保險業將面臨全面性的改變。

　　在金融科技的浪潮下，保險公司正在探索更便捷的保險銷售形式，例如透過網路保險平臺和保險資訊整合代理平臺。眾多的網路商城、搜尋入口網站和社群網站等平臺擁有大量的客戶群體和網路流量。若將這些網路平臺整合或合併，可以提供豐富的保險資訊和商品比價服務，成爲保險公司的策略夥伴或良性競爭對手。保險公司也正在轉向顧客導向，並推出多元保險商品，涵蓋壽險、健康險、傷害險、意外險、車險及住宅險等多種風險因素。共享經濟的運作使得財產所有權的概念變得模糊，因此保險商品所保障的範圍必須擴大，以提供更完整的服務和保障。爲了實現這一目標，保險公司需要投入更多的專業技能，評估各種風險因素和提供更優質的服務。

本章習題

一、名詞解釋

1. 保險區塊鏈

2. UBI 車險

3. 外溢保單

4. P2P 保險

5. 碎片化保險

6. 保險科技

7. 車聯網

8. 客戶身份驗證

9. 智能合約

二、選擇題

( ) 1. 保險科技主要可以降低下列何種資訊的不對稱？ (A) 保險人與投資人 (B) 保險人與被保險人 (C) 保險人與再保險人 (D) 被保險人與投資人。

( ) 2. 保險業在保險科技的何種技術幫助下，對動態客戶管理系統（CRM）中之數據進行實時監控分析並有效建立客戶風險模型？ (A) 物聯網 (B) 雲端計算 (C) 區塊鏈 (D) 基因檢測。

( ) 3. 由存款中介機構承擔風險，並利用其規模與槓桿操作，將存戶存款貸放給借款人，並獲得利差作為利潤，這是何種機構的營運模式？ (A) 傳統存貸中介機構（例如：商業銀行） (B) 傳統錢莊 (C)P2P 貸款平臺 (D) 人壽保險公司。

( )4. 大數據在金融業的應用已相當普遍,何者非其產生的效用及價值? (A) 瞭解客戶的需求,精準行銷 (B) 客戶關係管理 (C) 風險管理應用 (D) 降低雲端運算的需求。

( )5. 保險科技的崛起對保險生態造成很大衝擊,下列敘述何者錯誤? (A) 迫使保險業的經營策略發生轉變 (B) 使保險商品及服務以客戶為中心 (C) 重塑了保險商業模式與業務型態 (D) 提高了面對面行銷的比率。

( )6. 保險科技的崛起對保險生態造成很大衝擊,下列敘述何者錯誤? (A) 迫使保險業的經營策略發生轉變 (B) 使保險商品及服務以客戶為中心 (C) 重塑了保險商業模式與業務型態 (D) 提高了面對面行銷的比率。

( )7. 保險科技應用區塊鏈技術的何種特性可以有效解決保護保戶隱私和安全問題? (A) 去中心化 (B) 開放性 (C) 透明性 (D) 匿名性。

( )8. 保險科技對保險業帶來之影響,下列何者錯誤? (A) 未來將增加大量的數位消費者 (B) 保險公司在經營策略上發生改變 (C) 改變了核心金融業務之風險屬性 (D) 客戶服務不再受時間空間的限制。

( )9. 保險公司運用保險科技技術建立保險商品比價平臺,這是經營策略上何種方面的改變? (A) 銷售通路方面 (B) 核保方面 (C) 理賠方面 (D) 客服方面。

( )10. 保險科技對傳統保險業可能會產生的直接影響,通常不包括下列何者? (A) 核保 (B) 理賠 (C) 再保 (D) 產品設計。

( )11. 下列何項並非保險科技的發展可能帶來的挑戰? (A) 資安風險提高 (B) 如何確認保戶的真正保險需求,難度將大為提高 (C) 可能造成保險業務人員與客服人員的失業問題 (D) 使用 eKYC 方式確認客戶身分,其生物辨識技術有可能面臨辨識錯誤的問題。

( )12. 保險科技可能會帶來的影響,不包括下列何項? (A) 保險服務不受時間與空間的限制 (B) 促使更多的創新保單被開發出來 (C) 保險業保費收入必然增加 (D) 保險公司可以透過各式媒體行銷保單。

( ) 13. 有關保險科技（InsurTech）的敘述，下列何者錯誤？ (A) 保險科技是金融科技的一環 (B) 保險科技是科技業者針對保險價值鏈中不效率的地方，使之變得更有效率 (C) 保險科技的崛起，促使保險業者開始要考慮經營策略的轉變 (D) 保險科技的發展，通常會促使保險業者開發出成本較高，附加價值也高的產品。

( ) 14. 下列何種保單在目前有應用到比較高程度的保險科技？ (A)Usage-based Insurance（UBI）保單 (B) 長期照顧保單 (C) 實物給付保單 (D) 傷害險保單。

( ) 15. 有關保險科技在行銷方面的應用，下列何者錯誤？ (A) 保險科技可以提升客戶的體驗 (B) 保險科技可以協助釐清客戶對保險真正需求 (C) 應用保險科技可以讓客戶更能感受有溫度的保險服務 (D) 保險科技可以協助業務員在適當的時機行銷保險業務。

( ) 16. 保險商品結合物聯網技術，最早在何類險種被實踐？ (A) 車險 (B) 火險 (C) 健康險 (D) 海上保險。

( ) 17. 有關保險科技的敘述，下列何者錯誤？ (A) 保險科技可以降低人力成本 (B) 保險科技可以降低保戶資料被竄改的風險 (C) 保險科技可以提供客製化的服務 (D) 保險科技無法減輕資訊不對稱的問題。

( ) 18. 有關保險科技之敘述，下列何者錯誤？ (A) 隨著保險科技的發展，保險公司將來可以提升經營效率 (B) 消費者與保險公司均可由保險科技創新中受益 (C) 在政策上，主管機關應該多多鼓勵保險公司發展以提升保戶的權益為中心的保險科技 (D) 保險科技不會影響未來保險通路的發展。

三、問答題

1. 試述金融科技對傳統金融業之衝擊。

2. 試述保險科技可能的效益。

3. 目前常見的保險科技技術有哪些？

4. 保險科技的發展可能帶來的挑戰有哪些？

5. 面對金融科技時代、網路消費習慣的來臨，純網保公司提供快速、好用又便宜的保險應有一定的發展與契機，針對純網保有何建議？

NOTE

參考文獻

INSURANCE

一、中文文獻

1. 一臺行車記錄器，為保險業者帶來轉型？明台產險總座：技術到位後，以後我們急著賠你錢，數位時代Business Next 2023/2/24，https://lurl.cc/MYpta7。

2. 人身保險業務員資格測驗統一教材（民110），中華民國商業保險同業公會出版。

3. 日本生命保險，自維基百科，https://reurl.cc/DAMK26。

4. 王志仁、林椿東、蘇金珠等，《意外保險（第1輯）》，財團法人保險事業發展中心，2005年12月初版。

5. 什麼是車載自動診斷系統OBD？CAA汽車網，https://zh.caacar.com/wiki/1951.html。

6. 石燦明、吳酉德、李耿誠等，《火災保險》，財團法人保險事業發展中心，2010年11月三版。

7. 老人互助會與保險，《現代保險》雜誌2011.09.01（月刊），https://www.rmim.com.tw/news-detail-2605/news。

8. 全國法規資料庫，https://law.moj.gov.tw/。

9. 江朝國編著，《強制汽車責任保險法》，元照出版有限公司，2006年10月二版。

10. 全臺最大規模保險區塊鏈應用，保戶、醫院和保險公司三方共贏，iThome新聞2023/01/20，https://www.ithome.com.tw/news/155211。

11. 宋明哲、翁翠柳著，《圖解保險學》，五南圖書出版股份有限公司，2015年7月初版。

12. 防疫保單大海嘯！代價1,500億的這堂課，臺灣學到甚麼？經濟日報2022/10/14，https://money.udn.com/money/story/122377/6687627。

13. 李顯正（民109），《保險科技：趨勢與應用》，新陸書局股份有限公司。

14. 後疫情時代下的新思維：更敏捷的網路風險管理方針，工商時報2020/06/17，https://view.ctee.com.tw/business/20648.html。

15. 美國健保制度（1）-Blues，http://thchou.blogspot.com/2008/03/1-blues.html。

16. 保險局限期宏泰、三商壽提改善計劃，工商時報2023/03/18，https://ctee. com.tw/news/insurance/827523.html。

17. 保險科技（Insurtech）的定義為何？有哪些技術應用？，OOSGA，https:// zh.oosga.com/docs/insurtech/。

18. 柯蔡玉瓊，維基百科，https://reurl.cc/v7bpxe。

19. 林伯勳等執筆，《再保險新論》，財團法人保險事業發展中心，2010年10月 初版再刷。

20. 林敏華、賴本隊編著，《人壽保險》，華立圖書股份有限公司，2004年9月初 版。

21. 金融監督管理委員會保險局，https://www.ib.gov.tw/ch/index.jsp。

22. 林麗銖（民96），《人身保險實務》，平安出版社。

23. 保戶服務快速上手（民103），財團法人保險事業發展中心出版。

24. 柯木興（民96），《社會保險》，三民書局。

25. 姜麗智、范姜肱、陳世岳著，《保險行銷概要》，財團法人保險事業發展中 心，2018年3月初版。

26. 健保署，https://www.nhi.gov.tw/。

27. 徐俊明、黃月桂著，《金融市場》，東華書局股份有限公司，2018年12月三 版。

28. 凌氤寶、曾鹿鳴、陳森松著，《風險管理與保險概論》，華泰文化事股份有 限公司，2017年8月初版。

29. 凌氤寶、康裕民、陳森松著，《保險學理論與實務》，華泰文化事股份有限 公司，2020年8月十版。

30. 凌氤寶、陳森松著，《產物保險經營》，華泰文化事股份有限公司，2011年5 月三版。

31. 高雄城中城大樓火災，維基百科，https://reurl.cc/zY45gV。

32. 財團法人保險事業發展中心，https://www.tii.org.tw/tii/。

33. 財團法人農業保險基金，https://www.taif.org.tw/ch/index。

34. 純網保是什麼？何時開放？一次看懂有哪些特色，Money101，https://www. money101.com.tw/blog/%E7%B4%94%E7%B6%B2%E4%BF%9D%E6%98% AF%E4%BB%80%E9%BA%BC。

35. 這2家壽險公司 槓桿比過高被金管會盯上，自由財經，https://ec.ltn.com.tw/article/breakingnews/2516797。

36. 許文彥（民108），《保險學》，新陸書局股份有限公司。

37. 許文彥著，《保險學：風險管理與保險》，新陸書局股份有限公司，2020年7月七版。

38. 胡宜仁、王志鏞著，《保險學》，中華電視股份有限公司，2004年8月初版。

39. 陳建勝、楊和利、徐璧君、張婉玲、陳聰賢（民99），《實用保險學—個案導向》，華立書局。

40. 陳建勝、楊和利、徐璧君、張婉玲、陳聰賢編著，《實用保險學—個案導向》，華立圖書股份有限公司，2014年9月四版。

41. 從保險科技趨勢看未來保險生態系發展，勤業眾信，https://www2.deloitte.com/tw/tc/pages/financial-services/articles/insurtech-trend-insurance-future.html。

42. 陳雲中著，《保險學要義：理論與實務》，著作者出版發行，2014年6月十版。

43. 英國再保公司估「長賜輪」索賠金額逾20億美元　國內保險業認為未必，ETtoday新聞雲 2022/06/16；https://finance.ettoday.net/news/2274561。

44. 區塊鏈，維基百科，https://zh.wikipedia.org/zh-tw/%E5%8C%BA%E5%9D%97%E9%93%BE。

45. 陳瑞、李珍穎、黃自娟編著，《保險監理》，新陸書局股份有限公司，2014年8月初版。

46. 產險及壽險業資金運用表，財團法人保險事業發展中心。

47. 就是不買保險！她20年定存百萬多當醫療費...過來人分享慘痛經驗：家人罹癌100萬不夠燒，今週刊2021/12/09，https://reurl.cc/v7bpbL。

48. 勞動部勞工保險局，https://www.bli.gov.tw/。

49. 博達科技掏空案，維基百科，https://zh.wikipedia.org/zh-tw/%E5%8D%9A%E9%81%94%E7%A7%91%E6%8A%80%E6%8E%8F%E7%A9%BA%E6%A1%88。

50. 楊明憲（民111），臺灣實施農業保險之回顧與展望，農業保險半年刊，第1期。

51. 瑞士再保：今年天災人禍致保險業損失1200億，大紀元時報，https://hk.epochtimes.com/news/2022-12-02/54753051。

52. 彰化和美老人會破產　債權人索討全額償金有困難，中央通訊社，https://www.cna.com.tw/news/asoc/202101280282.aspx。

53. 廖述源（民107），《保險學理論與實務》，新陸書局股份有限公司。

54. 廖述源等（民107），《保險經營概要》，財團法人保險事業發展中心出版。

55. 廖述源、呂慧芬著，《保險學：理論與實務》，新陸書局股份有限公司，2022年9月二版。

56. 網路投保優缺點有哪些？迷思一次破除！，台灣人壽保險知識部落格，https://ezbao.taiwanlife.com/ezbaoblog/article/online-insurance-features。

57. 網路保險公司　全球前10名報你知！現代保險健康理財電子日報2017.04.17，https://xn--rmim-f79h.com.tw/news-detail-15271。

58. 鄭濟世（民108），《保險學經營與監理》，新陸書局。

59. 鄭濟世著（民111），《保險學：經營與監理》，新陸書局股份有限公司。

60. 鄭燦堂（民105），《風險管理-理論與實務》，五南圖書股份有限公司。

61. 鄭鎮樑（民108），《再保險要論》，五南圖書股份有限公司。

62. 盧榮和（民104），《保險學總論》，盧榮和出版。

63. 藍十字保險，維基百科，https://zh.wikipedia.org/zh-tw/%E8%97%8D%E5%8D%81%E5%AD%97%E4%BF%9D%E9%9A%AA。

64. 蘇文斌、林宏誠、陳明國編著，《保險學》，華立圖書股份有限公司，2021年7月六版。

65. UBI車險是什麼？與傳統車險哪裡不同？保費最優75折，Money101，https://www.money101.com.tw/blog/汽車保險費最低75折起-ubi-車險與傳統車險如何選擇。

66. 2021年7月河南水災，維基百科，https://reurl.cc/aVY2zQ。

67. 〈財經週報-新ＵＢＩ車險〉擔心個資問題ＵＢＩ保單乏人問津，自由財經，https://ec.ltn.com.tw/article/paper/1417481。

68.【觀點】難做的生意？爲何「萬人響應」的純網路保險，最後只有兩人到場？，數位時代，https://www.bnext.com.tw/article/72423/taiwan-regulator-financial-supervisory-commission-let-neo-insurer-became-like-nobody-business。

二、英文文獻

1. Chang,V.Y.L.2023.Technology investments and firm performance under the wave of InsurTech. The Geneva Papers on Risk and Insurance-Issues and Practice. https://doi.org/10.1057/s41288-023-00286-w.

2. Che,X.,A.Liebenberg,and J.Xu.2021.Usage-based insurance-Impact on insurers and potential implications for InsurTech.North American Actuarial Journal.DOI:10.1080/10920277.2021.1953536.

3. Emmett J.Vaughan & Therese Vaughan,Fundamentals of Risk and Insurance,John Wiley & Sons,Inc.,2008.

4. George Dionne,Handbook of Insurance,Kluwer Academic Publishers,2000.

5. George E.Rejda,Principle of Risk Management and Insurance,11th ed.,Pearson Education,Inc.,2011.

6. Harrington,Scott E.and Gregory R.Niehaus.2004.Risk Management and Insurance(ISBN-13:9780071232449),McGraw Hill Education.

7. Kenneth Black,Jr. & Harold D.Skipper,Jr.,Life & Health Insurance,13th ed.,Prentice-Hall,Inc.2004.

8. Neale,F.R.,P.P.Drake,and T.Konstantopoulos.2020.InsurTech and the disruption of the insurance industry.Journal of Insurance Issues 43(2):64-96.

9. Philip T.Kotler & Gary Armstrong,Principles of Marketing,17th ed.,Pearson Education,Inc.,2018.

10. Rejda,George E.and Michael J.McNamara.2017.Principles of Risk Management and Insurance(ISBN-13:9781292151038),Pearson Education.

國家圖書館出版品預行編目(CIP)資料

保險學：實用知識與案例分析 / 蘇眞慧, 張永郎, 張婉玲編著. -- 初版. -- 新北市：全華圖書股份有限公司, 2024.05

面；　公分

ISBN 978-626-328-713-6(平裝)

1.CST: 保險學

563.7　　　　　　　　　　　　112015526

保險學－實用知識與案例分析

作者 / 蘇眞慧、張永郎、張婉玲

發行人 / 陳本源

執行編輯 / 林亭妏、黃翔毅

封面設計 / 盧怡瑄

出版者 / 全華圖書股份有限公司

郵政帳號 / 0100836-1 號

圖書編號 / 08313

初版一刷 / 2024 年 5 月

定價 / 新台幣 520 元

ISBN / 978-626-328-713-6

全華圖書 / www.chwa.com.tw

全華網路書店 Open Tech / www.opentech.com.tw

若您對本書有任何問題，歡迎來信指導 book@chwa.com.tw

臺北總公司(北區營業處)
地址：23671 新北市土城區忠義路 21 號
電話：(02) 2262-5666
傳真：(02) 6637-3695、6637-3696

南區營業處
地址：80769 高雄市三民區應安街 12 號
電話：(07) 381-1377
傳真：(07) 862-5562

中區營業處
地址：40256 臺中市南區樹義一巷 26 號
電話：(04) 2261-8485
傳真：(04) 3600-9806(高中職)
　　　(04) 3601-8600(大專)

歡迎加入 全華會員

● 會員獨享

會員享購書折扣、紅利積點、生日禮金、不定期優惠活動…等。

● 如何加入會員

掃 QRcode 或填妥讀者回函卡直接傳真 (02) 2262-0900 或寄回，將由專人協助登入會員資料，待收到 E-MAIL 通知後即可成為會員。

如何購書

1. 網路購書

全華網路書店「http://www.opentech.com.tw」，加入會員購書更便利，並享有紅利積點回饋等各式優惠。

2. 實體門市

歡迎至全華門市（新北市土城區忠義路21號）或各大書局選購。

3. 來電訂購

(1) 訂購專線：(02) 2262-5666 轉 321-324

(2) 傳真專線：(02) 6637-3696

(3) 郵局劃撥（帳號：0100836-1　戶名：全華圖書股份有限公司）

※ 購書未滿 990 元者，酌收運費 80 元。

OpenTech.com.tw 全華網路書店

全華網路書店 www.opentech.com.tw
E-mail: service@chwa.com.tw

※ 本會員制如有變更則以最新修訂制度為準，造成不便請見諒。

讀者回函卡

掃 QRcode 線上填寫 ▶▶▶

姓名：

電話：（　　　）　　　　　　　手機：

e-mail：（必填）

通訊處：□□□□□

註：數字零，請用 Φ 表示，數字 1 與英文 L 請另註明並書寫端正，謝謝。

生日：西元　　　　年　　　月　　　日　　性別：□男 □女

學歷：□高中・職　□專科　□大學　□碩士　□博士

職業：□工程師　□教師　□學生　□軍・公　□其他

學校／公司：　　　　　　　　　　　科系／部門：

· 需求書類：
□ A. 電子 □ B. 電機 □ C. 資訊 □ D. 機械 □ E. 汽車 □ F. 工管 □ G. 土木 □ H. 化工 □ I. 設計
□ J. 商管 □ K. 日文 □ L. 美容 □ M. 休閒 □ N. 餐飲 □ O. 其他

· 本次購買圖書為：　　　　　　　　　　　　　　　　　　書號：

· 您對本書的評價：
封面設計：□非常滿意　□滿意　□尚可　□需改善，請說明
內容表達：□非常滿意　□滿意　□尚可　□需改善，請說明
版面編排：□非常滿意　□滿意　□尚可　□需改善，請說明
印刷品質：□非常滿意　□滿意　□尚可　□需改善，請說明
書籍定價：□非常滿意　□滿意　□尚可　□需改善，請說明
整體評價：請說明

· 您在何處購買本書？
□書局　□網路書店　□書展　□團購　□其他

· 您購買本書的原因？（可複選）
□個人需要　□公司採購　□親友推薦　□老師指定用書　□其他

· 您希望全華以何種方式提供出版訊息及特惠活動？
□電子報　□ DM　□廣告 (媒體名稱　　　　　　　　　　)

· 您是否上過全華網路書店？(www.opentech.com.tw)
□是　□否　您的建議

· 您希望全華出版哪方面書籍？

· 您希望全華加強哪些服務？

感謝您提供寶貴意見，全華將秉持服務的熱忱，出版更多好書，以饗讀者。

填寫日期：　　／　　／

2020.09 修訂

勘　誤　表

書　號	頁　數	行　數	書　名		作　者
				錯誤或不當之詞句	建議修改之詞句

我有話要說：　(其它之批評與建議，如封面、編排、內容、印刷品質等・・・)